国家自然科学基金面上项目(71572057)、国家自然科学基金青年项目(71202134)、文化和旅游部(原国家旅游局)旅游业青年专家培养计划(TYETP 201522)、上海市浦江人才计划(17PJC033)和上海市人民政府决策咨询课题(2015-Z-J03-B、2016-Z-J01-B、2018-Z-J04-A)资助。

# 邮轮港口发展与航线布局
## ——国际经验与中国实践

Cruise Port and Cruise Itinerary

孙晓东 著

上海交通大学出版社

## 内容提要

发展邮轮产业符合我国旅游业深化改革与对外开放、港口经济转型升级与提质增效以及满足人民群众对美好生活追求的诉求。本书主要从港口发展和航线布局的角度对邮轮产业发展的国际经验与中国实践进行探讨。具体从邮轮业国内外发展现状、邮轮业国内外研究现状、国际邮轮港口、全球邮轮航线等几个方面进行阐述。

本书内容丰富,系统性强,深入浅出,兼顾行业分析与学术研究,可作为工商管理以及休闲、旅游、接待业管理等专业的本科生和研究生教材,也可作为邮轮业、旅游业、接待业和水上客运业等行业及政府部门的培训教材。

## 图书在版编目(CIP)数据

邮轮港口发展与航线布局:国际经验与中国实践/孙晓东著. —上海:上海交通大学出版社,2019
ISBN 978-7-313-22689-1

Ⅰ. 邮...　　Ⅱ. 孙...　　Ⅲ. ①旅游船—港口规划 ②航海航线—设计　　Ⅳ. ①F590.7 ②U697.3

中国版本图书馆 CIP 数据核字(2019)第 274533 号

## 邮轮港口发展与航线布局——国际经验与中国实践
YOULUN GANGKOU FAZHAN YU HANGXIAN BUJU—GUOJI JINGYAN YU ZHONGGUO SHIJIAN

| | | | |
|---|---|---|---|
| 著　　者:孙晓东 | | | |
| 出版发行:上海交通大学出版社 | | 地　　址:上海市番禺路 951 号 |
| 邮政编码:200030 | | 电　　话:021-64071208 |
| 印　　制:上海天地海设计印刷有限公司 | | 经　　销:全国新华书店 |
| 开　　本:710mm×1000mm　1/16 | | 印　　张:20.5 |
| 字　　数:388 千字 | | | |
| 版　　次:2019 年 12 月第 1 版 | | 印　　次:2019 年 12 月第 1 次印刷 |
| 书　　号:ISBN 978-7-313-22689-1 | | | |
| 定　　价:68.00 元 | | | |

# 前　言

2014 年,作者第一本关于邮轮产业的专著《邮轮产业与邮轮经济》出版。当时,随着天津国际邮轮港和上海吴淞口国际邮轮港的开港,中国邮轮产业刚刚进入爆发提升期。两年之后,也就是中国邮轮业进入第二个十年期的 2016 年,全球前五大邮轮集团均进驻中国,在华运营的国际邮轮接近 20 艘,中国邮轮游客接待量突破 200 万人,首次超越德国成为全球第二大客源市场。2018 年 11 月,中国第一艘邮轮制造订单签署,标志着我国开始成为继意大利、德国、芬兰和法国之外的重要邮轮制造国。中国邮轮产业正式进入高附加值的产业环节。此外,中船嘉年华邮轮、星旅远洋邮轮等本土邮轮运营商的出现,标志着中国邮轮产业开始步入邮轮制造、邮轮运营、邮轮接待、邮轮旅游消费的全产业链发展模式。

五年中,作者继续深耕邮轮业,主要从"港航旅"(港口、旅游、航线)和游客等角度对这一行业进行系统研究。本书主要从港口发展和航线布局的角度对邮轮产业发展的国际经验与中国实践进行系统而深入的探讨,在把握全球发展特征的基础上,审视中国邮轮业在港口建设、航线设置、顾客维系、目的地打造以及产业链拓展等方面的现状和问题,并提出针对性的管理建议与对策。本书的性质为学术专著,部分内容来自作者多年的研究成果,应该说与《邮轮产业与邮轮经济》相比,涉及的问题更广泛,更前沿,更具体,时效性也更强,数据收集渠道也更多,资料更为翔实,分析讨论更扎实、深入。为了使读者快速把握本书主题,作者用云图将书中重要关键词按出现频率做了直观展示,如图 1 所示。希望本书能继续抛砖引玉,吸引更多"邮轮人"来做"邮轮事",为我邮轮产业健康发展和持续繁荣做贡献。

2006 年,第一艘母港国际邮轮在中国运营,当时作者对该行业一无所知,也并不了解中国已经有了邮轮产品。2007 年,作者第一次接触邮轮产业,起因也并非来自中国的邮轮业信息,而是美国 Syracuse University 管理学院的 Scott Webster 教授(现供职于 Arizona State University)和 Dinesh Gauri 教授(现供职于 University of Arkansas)提供的研究机会。可以说,两位教授是我邮轮研究的引路人。

本书顺利出版,得益于许多圈中之人的无私帮助。事实上,中国邮轮圈中的研究者数量并不多,应该说此处致谢基本穷尽了在关键节点的关键事件对我有过直接帮助的人。感谢华东师范大学楼嘉军教授和冯学钢教授提供的职业机会,让我能从旅游管理的角度继续拓展我的研究视角。感谢上海邮轮经济研究中心的汪泓

图 1　本书的关键词云图

教授,上海工程技术大学的史健勇教授、叶欣梁教授、闫国东教授、邱玲教授、孙瑞红教授,上海海事大学的程爵浩教授、迟晓英教授,青岛大学的张言庆教授,山东交通学院的杜锋帅老师以及华东师范大学以符全胜教授为代表的其他老师一直以来对我的肯定和支持。感谢作者邮轮研究的密切合作者,包括美国 Cornell University 酒店管学院的 Robert Kwortnik 教授、University of Arkansas 管理学院的 Dinesh Gauri 教授和香港理工大学的 Yui-yip Lau 老师以及我的研究生侯雅婷、倪荣鑫、林冰洁、徐美华和曹秀莲。没有他们全方位、全身心的合作,就没有本书深入、细致和扎实的研究。感谢作者研究生课程《邮轮旅游与市场开发》的几届研究生,他们的案例分析对我有非常大的启发。感谢多位来自歌诗达邮轮、皇家加勒比邮轮、诺唯真邮轮、地中海邮轮、丽星邮轮、中国交通运输协会邮轮游艇分会(CCYIA)、广州思库邮轮管理咨询公司等业界同行的交流与支持。感谢上海交通大学出版社倪华老师对本书出版所付出的心血,倪老师细致深刻的审校令我受益匪浅。

本书受国家自然科学基金面上项目(71572057)、国家自然科学基金青年项目(71202134)、中国博士后科学基金特别资助项目(2013T60431)、上海市浦江人才计划(17PJC033)、国家旅游局旅游业青年专家培养计划(TYETP201522)、上海市人民政府决策咨询课题(2015-Z-J03-B、2016-Z-J01-B、2018-Z-J04-A)资助。本书内容丰富,系统性良好,兼顾行业分析与学术研究,可作为工商管理以及休闲、旅游、接待业管理等专业的本科生和研究生教材,也可作为邮轮业、旅游业、接待业和客运业等行业的培训教材。

谨以此书献给我的家人!

孙晓东

2019 年 9 月 9 日

华东师范大学,上海

# 目　录

# 第1章　国际邮轮旅游业发展现状与趋势

经过约半个世纪快速发展,作为旅游业(Tourism)和接待业(Hospitality)完美结合的现代邮轮业成为国际旅游与休闲业中发展最活跃、经济效益最显著的产业之一,被称为"漂浮在黄金水道上的黄金产业"。本章主要基于国际邮轮协会(Cruise Line International Association,CLIA)的统计资料,对全球邮轮业发展的总体发展及区域发展情况、邮轮产业的经济效益及区域分布以及国际邮轮运营市场、邮轮消费市场的现状、基本特征与发展趋势进行全面分析。近年来随着国际邮轮业开始由北美、欧洲等成熟市场向亚太地区市场倾斜,亚太区域成为全球增长最快的新兴邮轮市场之一,对国际邮轮业发展的影响日渐显著。本章在对北美和欧洲等成熟市场分析的基础上,还将对亚太地区特别是中国所在的东北亚邮轮产业与市场发展现状进行介绍。

## 1.1　导言

现代邮轮业经历了20世纪60年代末至70年代初的萌芽阶段、20世纪70年代至80年代的诞生阶段、20世纪80年代至90年代的成长开拓阶段以及20世纪90年代之后的繁荣成熟阶段,已经成为全球休闲与旅游业中发展最迅速、经济效益最显著的业务之一(孙晓东,2014)。从全球价值链来看,邮轮产业环节众多,主要涉及邮轮修造、邮轮运营、邮轮服务和邮轮消费四个大的板块,其中各环节企业和组织以垂直分工的方式分布于全球各地,呈现大区域离散、小地域集聚的基本特征(孙晓东、冯学钢,2012)。而邮轮修造业务主要分布于意大利、德国、芬兰和法国欧洲四国,邮轮运营则主要被嘉年华(Carnival)邮轮集团、皇家加勒比(Royal Caribbean)邮轮集团、地中海(MSC)邮轮集团和诺唯真(Norwegian)邮轮集团控制。在邮轮消费和邮轮服务方面,则形成了以加勒比地区、新英格兰地区、巴哈马/百慕大地区、阿拉斯加地区、夏威夷地区、地中海地区、北欧地区、亚太地区、南美地区和中东地区等区域为中心的邮轮港口聚集区和邮轮航线布局区。可以说,邮轮产业与邮轮经济具有天生的"集聚性"(胡建伟和陈建淮,2004),表现为显著的节点经济特征、产业集群特征、规模经济特征和区域不平衡特征(张言庆等,2010)。正是邮轮产业的集群性与复合型特征使得其对区域经济的拉动效应非常明显(孙晓东和冯学钢,2012)。

## 1.2 国际邮轮业发展概况

### 1.2.1 邮轮业总量情况

近十年来国际邮轮旅游业增长迅速,全球邮轮乘客从 2009 年的 1 780 万人次增长到 2017 年的 2 670 万人次,增长率超过 50%,2018 年接近 2 720 万人次,如图 1-1 所示。邮轮市场观察(Cruise Market Watch:www. cruisemarketwatch. com)的统计数据表明,2018 年全球新增 13 艘邮轮和 33 379 个床位。2018 年到 2020年,将有 37 艘新邮轮下水,使全球运力增加 99 895 个床位,将累计为远洋邮轮业增加 117 亿美元的收入。邮轮产业新闻(Cruise Industry News)的年度报告显示,2017 年全球共部署了 329 艘邮轮,床位(Berths)数量达到 52.5 万个,2018 年全球共部署 340 多艘邮轮,船舶可容纳 300 个乘客到 4 500 个乘客,床铺数量超过 55 万个,如图 1-2 所示。邮轮旅游业能在半个多世纪里实现蓬勃发展,主要得益于北美、欧洲以及最近亚洲和澳大利亚等市场的快速增长。国际邮轮协会 2018 年 6 月发布的最新报告显示,2017 年全球邮轮业继续保持积极的发展态势,邮轮游客量同比增长 6% 左右(CLIA,2018),其中北美和欧洲地区是最大的邮轮市场,游客量分别达到 1 300 多万和 690 多万,亚洲邮轮游客量为 406 万,年增长率超过 20%,成为全球发展最快的新兴邮轮市场;而美国以拥有近 1 200 万游客的规模成为全球第一大客源国,其次是中国(239.7 万)和德国(218.9 万),如图 1-3 所示。

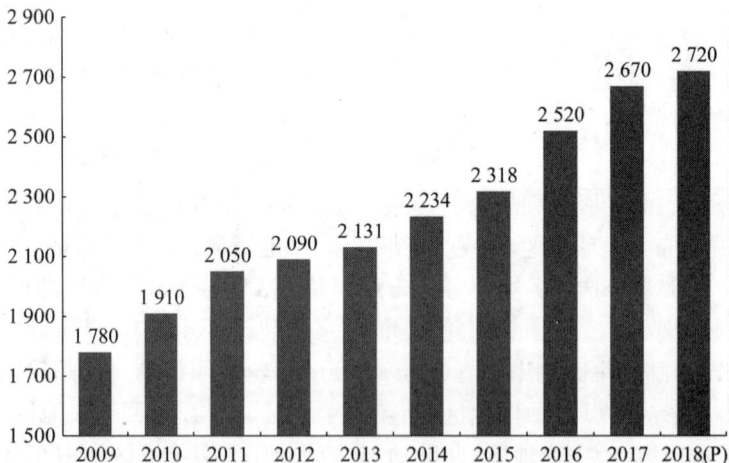

图 1-1 2009—2018 年全球远洋邮轮乘客数量(单位:万人次)

数据来源:国际邮轮协会(CLIA),2018

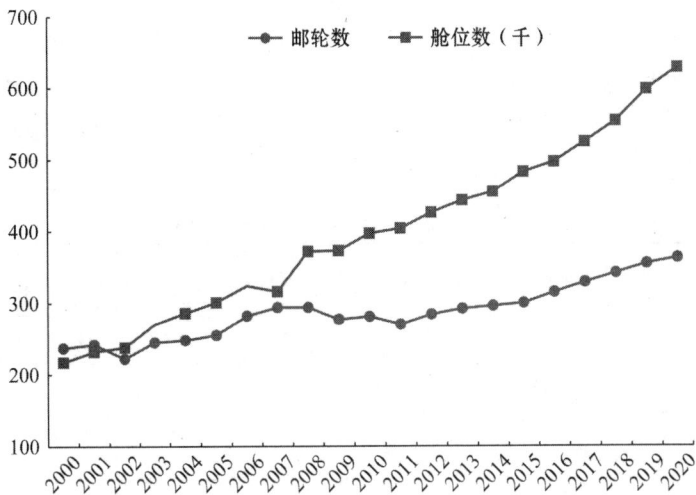

图 1-2　全球邮轮数量与舱位数量(单位:千艘)

数据来源:Cruise Industry News 2016—2017 Annual Report

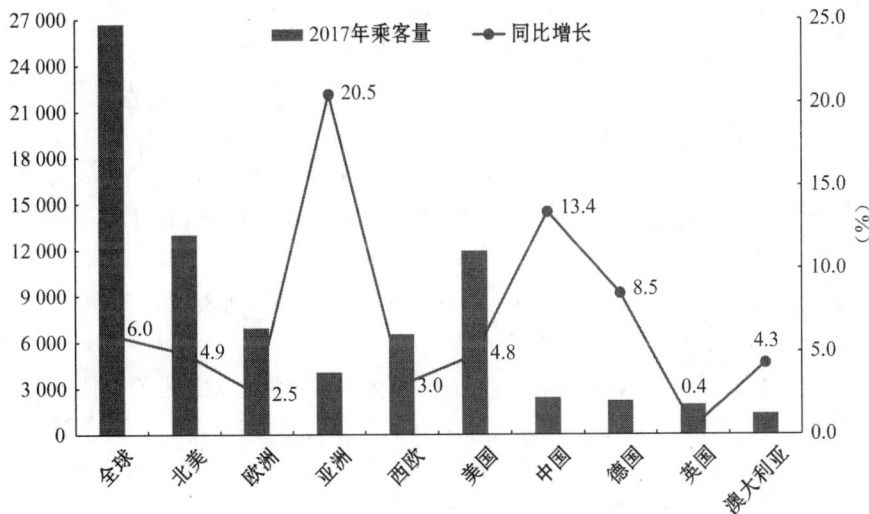

图 1-3　2017 年全球远洋邮轮乘客规模(单位:千人次)

数据来源:国际邮轮协会(CLIA),2018

## 1.2.2　邮轮业增长情况

从市场增长率来看,在 2006 年至 2016 年之间,全球邮轮需求的增长率达 63.7%
(CLIA,2017:2016 Global Economic Impact Study)。全球陆上游客数量从 2006

年的 8.56 亿增加到 2016 年的 12.35 亿,增长率约为 44%。邮轮行业在 30 多年的时间里一直保持着动态增长,最初是受北美需求的推动,然后是欧洲和最近的澳大拉西亚需求的增长。表 1-1 列出了 2006 年至 2016 年国际邮轮行业的增长情况。在这 10 年期间,全球邮轮需求从 1510 万增加到 2473 万(+63.7%),2015 年至 2016 年的增长率为 6.7%。

表 1-1 2006—2016 年全球邮轮游客 （单位:百万人）

| | 2006 | 2011 | 2012 | 2013 | 2014 | 2015 | 2016 | 10 年增长率（%） |
|---|---|---|---|---|---|---|---|---|
| 北美地区 | 10.38 | 11.44 | 11.64 | 11.82 | 12.21 | 12.2 | 12.49 | 20.30 |
| 欧洲地区 | 3.44 | 6.15 | 6.23 | 6.4 | 6.39 | 6.58 | 6.67 | 94.00 |
| 小计 | 13.82 | 17.59 | 17.87 | 18.22 | 18.6 | 18.78 | 19.16 | 38.70 |
| 世界其他地区 | 1.29 | 2.91 | 3.03 | 3.09 | 3.74 | 4.4 | 5.57 | 331.90 |
| 全球总计 | 15.11 | 20.5 | 20.9 | 21.31 | 22.34 | 23.18 | 24.73 | 63.70 |

作为全球最大的邮轮客源市场,北美地区自 2006 年以来邮轮乘客量增加了约 20%。然而全球需求的变化持续推动北美以外邮轮市场的增长,使得北美在全球客源市场的份额从 2006 年的近 70% 下降到 2016 年的 50% 左右。与此同时,欧洲也经历了强劲的增长,邮轮游客量几乎翻了一番。2006 年,欧洲拥有 340 万左右的乘客,占全球邮轮市场的 23%,2016 年增至 670 万人次,增长了 94%,占全球邮轮市场的 27%。世界其他地区的乘客数量和市场份额都出现了显著的增长。2006 年,世界其他地区仅有 129 万乘客,占全球邮轮市场的 8.5%,但到 2016 年市场份额已增至 23%,已拥有 557 万名乘客,10 年增长率达到 332%,其中 2016 年比 2015 年增长了 27% 左右。

从床日(Bed Days)衡量标准来看,邮轮业部署的运力也出现了类似的增长和分布情况。从 2011 年到 2016 年,全球床日供应增加了 34%,从 1.22 亿床日量增加到 1.64 亿,其中 2016 年的增长率为 5.9%。邮轮市场观察(Cruise Market Watch)的另一份统计数据表明,发展历程来看,除了 2005 年邮轮客运量增长率为负值外,其余年份客运量均保持持续增长,且在 2002 年和 2007 年增长率达到最高,分别为 15.3% 和 21.8%,如图 1-4 所示。近年来,为了满足不断增长的邮轮度假需求,全球邮轮运力(Capacity)保持持续增长。从较长远的发展历程来看,国际远洋邮轮运力由 2000 年的 237 艘邮轮和 21.7 万个床位将迅速增长到 2020 年的 363 艘邮轮和 62.8 万个床位,增长率分别达到了 53.2% 和 189.4%,如图 1-2 所示。床位数量的增长远远大于船舶数量的增长,充分说明国际邮轮市场船舶大型化的趋势非常明显。

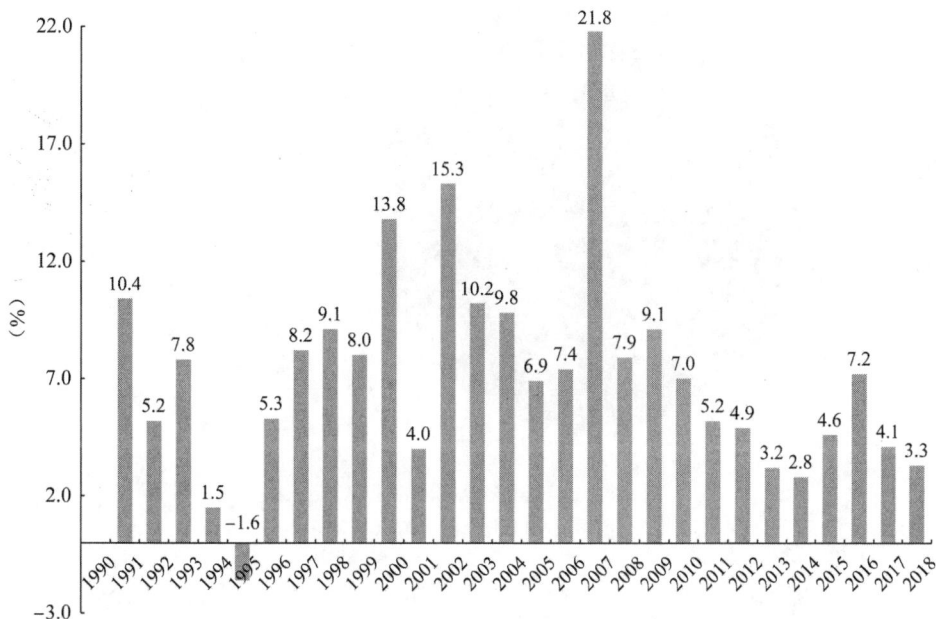

图 1-4　全球邮轮客运量增长率(1990—2018 年)
数据来源:《邮轮市场观察》Cruise Market Watch

## 1.3　国际邮轮业区域发展现状

　　从邮轮投放的区域分布来看,世界范围内的邮轮活动出现分散化的发展趋势,目前形成了加勒比海、地中海、欧洲(不含地中海)、阿拉斯加、新西兰/澳大利亚、亚洲、南美等著名的邮轮旅游活动区,其中加勒比海地区和欧洲/地中海区域的邮轮活动密集,邮轮到访量分别占全球的 35.4% 和 27.1%。近年来,亚洲地区开始崛起,邮轮部署份额从 2006 年的 0.9% 增长到 2017 年的 10.4%,其中中国成为亚洲最活跃的市场,邮轮部署量占全球的 6% 左右,超过澳大利亚/新西兰/太平洋(总共 6%)、阿拉斯加州(4.3%)和南美(2.1%)等地区,如图 1-5 所示。
　　从床位天数(Bed Days)供应量来看,在 2011 年到 2016 年五年间,全球邮轮业运力增加了 34%,床位天数从 1.281 亿增加到了 1.635 亿。其中,2016 年北美邮轮床位天数为 6 180 万,比 2015 年增长了 2.7%,占全球 38% 左右的市场份额,其次是欧洲和地中海地区,邮轮床位天数为 4 970 万,比 2015 年增加了 4.8%,占比为 30% 左右。亚太地区的床位天数为 2 500 万左右,比 2015 年增长 30.4%,占全球 15% 左右。南美洲及其他地区占比为 16.5%,邮轮床位天数为 2 700 万,如图 1-6 所示。

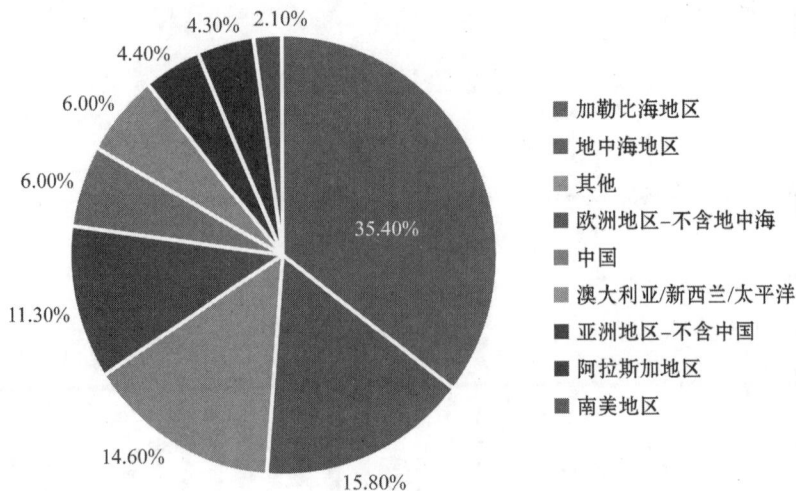

图 1-5　2017 年全球邮轮部署区域占比

数据来源:国际邮轮协会(CLIA),2018

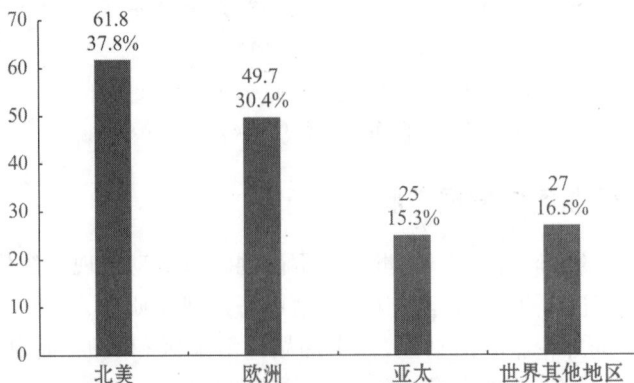

图 1-6　2016 年全球市场邮轮床位天数分布(单位:百万天)

数据来源:国际邮轮协会(CLIA),2017

　　从客源情况来看,北美仍是全球最大的客源市场,2017 年共有超过 1 300 万名邮轮乘客,占全球近 50% 的市场份额,其中仅美国和加拿大的邮轮游客数量就占全球市场的 49%。欧洲是全球第二大客源区域,游客数量超过 690 万,占全球市场总份额的 26%,年增长率约 2.5%,其中德国、英国和意大利等是主要客源国。亚洲是全球第三大客源市场,占比约 15%,2017 年游客量达到 406 万人次,年增长超过 20%,成为国际邮轮市场中增长最快的新兴市场,其中中国是最大的客源国,游客量近 240 万,占亚洲市场的 50% 以上。澳大利亚和太平洋地区邮轮游客数量达到 144 万人,占整个邮轮市场的 5.4%,年增长约 5%。此外,南美和中美洲邮轮游客数量占比为 3.2%,其他地区占比约为 1.6%。从单个国家来看,2017 年美国依旧是全球最大的客源国,接待邮轮游客约 1 194 万人次。中国以 239 万人次的邮轮游客总量成为全球第二大客源国,而德国、英国和澳大利亚分别位列三、四和五位,其次是加拿大、意大利、法国、西班牙和巴西,如图 1-7 所示。

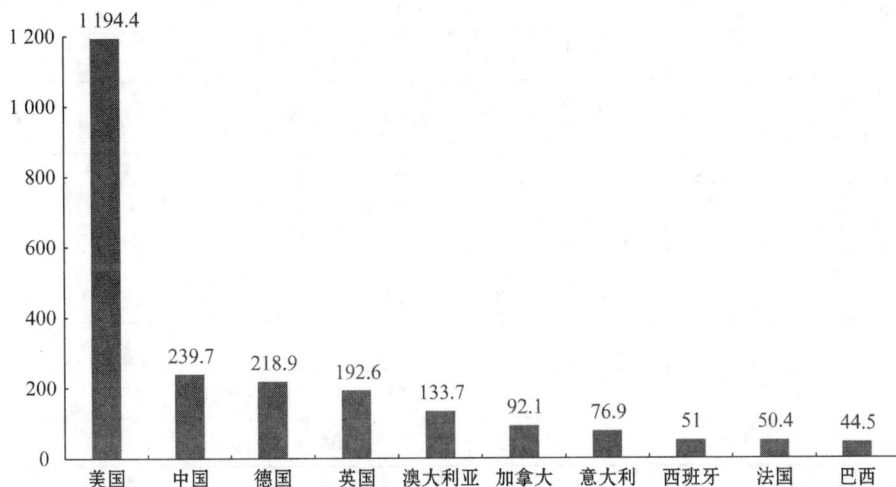

图 1-7　2017 年全球十大邮轮市场(单位:万人次)

数据来源:国际邮轮协会(CLIA),2018

### 1.3.1　北美地区

2018 年 2 月,国际邮轮协会(CLIA)发布了最新的北美市场报告。报告显示,2017 年,北美地区的乘客数量超过 1301 万人次,同比增长 4.9%,仍然是全球邮轮第一大客源市场,约占全球市场份额的一半。然而,近年来随着北美以外客源市场和目的地市场的快速增长,北美市场份额由 2006 年的近 69% 下降至 2017 年的 49%。2017 年有超过 1194 万人来自于美国,占据北美邮轮市场份额的 92%,加拿大的乘客数量为 92 万,占据北美地区市场份额的 7%,比 2016 年增长了 6.4%,其余 1% 左右的邮轮游客则主要来自墨西哥和百慕大群岛等。北美乘客的平均年龄为 46 岁,平均巡游时间为 6.9 天。其中,加拿大乘客的平均巡游时间最长(8.6天),平均年龄也最大(51 岁)。墨西哥邮轮乘客的平均年龄为 39 岁,平均巡游时间为 7.9 天,美国乘客的平均巡游时间最短(6.8 天),平均年龄为 45 岁。

北美地区在全球的运力占比要低于游客量占比,其中运力占比 38%,游客量占比约 50%。在运力方面,加勒比海区域以超过 5 500 万个床位天数占北美市场份额的 89%,成为该地区甚至是全球最大的邮轮目的地市场。在 2011 年到 2016

年间,加勒比地区提供的床位天数增长了20%,但其所占全球运力份额从2011年的38%下降至2016年的34%,如表1-2所示。

表1-2 2011—2016年全球目的地运力情况(床位天数) （单位:百万天）

| | 2011 | 2012 | 2013 | 2014 | 2015 | 2016 | 2016年占比(%) | 年增长(%) |
|---|---|---|---|---|---|---|---|---|
| 阿拉斯加 | 5.42 | 5.87 | 6.25 | 6.15 | 6.65 | 6.77 | 4.14 | 1.7 |
| 亚洲 | 2.32 | 3.21 | 4.72 | 6.17 | 11.33 | 15.06 | 9.21 | 32.9 |
| 澳大利亚/新西兰/太平洋 | 4.50 | 5.49 | 6.51 | 7.09 | 8.36 | 9.97 | 6.10 | 19.2 |
| 加勒比地区 | 45.89 | 44.20 | 44.66 | 51.00 | 53.58 | 55.07 | 33.67 | 2.8 |
| 欧洲(除地中海) | 10.92 | 12.71 | 14.37 | 14.88 | 17.48 | 19.16 | 11.72 | 9.6 |
| 地中海 | 27.75 | 28.54 | 28.38 | 25.14 | 29.93 | 30.53 | 18.67 | 2.0 |
| 南美 | 4.33 | 4.80 | 4.93 | 4.42 | 4.27 | 4.50 | 2.75 | 5.3 |
| 世界其他地区 | 20.68 | 21.01 | 20.53 | 20.63 | 22.81 | 22.49 | 13.75 | -1.4 |
| 总计 | 121.8 | 125.8 | 130.3 | 135.5 | 154.4 | 163.5 | 100 | 5.9 |

数据来源:CLIA

从目的地市场来看,加勒比海地区是北美的最大市场,2017年游客占比超过70%,并且仍然保持了较快增长,相比2016年增长了5.1%,其次是夏威夷、美国西海岸、墨西哥和加利福尼亚等地区,占北美9%左右的市场份额,且乘客数量下降明显,同比减少6.8%。阿拉斯加地区的乘客数量则急剧上升,增幅为17%左右。

### 1.3.2 欧洲地区

2018年3月,国际邮轮协会发布2017年欧洲市场报告。在过去十多年中,欧洲邮轮市场经历了强劲的增长,游客数量几乎翻了一番。2006年,欧洲占全球邮轮市场的23%,拥有340万邮轮乘客。2016年增加到670万人次,占全球市场的27%,与2006年相比,增长超过90%。2017年,欧洲邮轮乘客的年增长率约2.5%,游客总量达到690多万人次。

从运力投放来看,欧洲的床位容量在10年期间(2006—2016年)增长了29%,从2006年的3870万个床位天数增加到2016年的4970万个。地中海地区是一个相当独立的市场,大多数邮轮始发于该地区,邮轮运力最为充沛,2016年以3050万个床位天数分别占全球和欧洲市场运力的18.6%和61.4%。北欧地区提供的床位天数为1920万,占欧洲市场运力的38.6%,如表1-2所示。与地中海一样,北欧也是大多数邮轮的始发地和访问地。

从客源市场来看,德国、英国、爱尔兰和意大利是欧洲的主要客源国。特别是德国一直成为引领欧洲邮轮市场发展的最大客源国。在过去 10 年里(2006—2016年),德国市场的增长速度是全球邮轮市场的两倍。2017 年德国本土品牌推出了两条新邮轮,使得乘客总数创下了 219 万的新纪录,同比增长 8.5%。此外,英国和爱尔兰的邮轮旅游人次超过 195 万,也创下了历史新高,比 2016 年增长了 0.5%,预计 2018 年将突破 200 万,成为世界上第四个超过这一门槛的客源市场。意大利仍然是欧洲第三大客源国,接待邮轮游客近 77 万人次,比 2016 年增长了 2.5%,增幅低于德国,高于英国和爱尔兰。在经历经济低迷之后,西班牙近两年的邮轮市场一直保持稳定增长。2017 年,西班牙邮轮游客量以年增长 6.5% 的速度突破 50 万人次,超过法国成为欧洲第四大客源市场。2017 年由于第三大供应商"Croisières de France"关闭邮轮业务,法国邮轮运力减少,前往地中海和北欧的法国邮轮乘客数量大幅缩减。此外,瑞士、奥地利、荷兰、比利时、葡萄牙和波兰等其他欧洲市场均呈现出较为积极的发展态势,进一步促进了欧洲邮轮市场的稳步增长。

从目的地市场来看,国际邮轮协会的数据表明,2017 年超过 75% 的欧洲人选择了欧洲邮轮目的地。其中,50% 的游客选择了地中海和大西洋的加那利群岛,25% 选择了位于北欧和波罗的海的目的地,使得北欧航线的预定量增长约 8%,其中奥地利、比利时、荷兰和瑞士等地邮轮港口游客接待量呈现了 3%~6% 的涨幅。横跨大西洋的行程和亚洲行程,成为其余 25% 欧洲游客的选择。从客源国与目的地之间的关系来看,最受德国邮轮乘客欢迎的第一大目的地是北欧,其次是地中海。而对于英国乘客,地中海仍然是最受欢迎的度假目的地,尽管同比略有下降,2017 年仍有 37% 的航次预定去往地中海。北欧是最受英国邮轮乘客欢迎的第二大目的地。此外,加拿大、阿拉斯加和南极洲等寒冷地带的邮轮目的地也越来越受到英国乘客的欢迎。意大利往往是地中海东部邮轮航线的第一个目的地,也是地中海西部旅程的重要目的地,所以地中海成为最受意大利乘客欢迎的邮轮目的地。

从巡游时间来看,2017 年欧洲邮轮游客的平均巡游时间为 8 晚,各国存在较明显的差异,其中德国游客的平均巡游时间均为 8.8 天,英国乘客巡游时间最长,达到 10.4 天,其次是荷兰、爱尔兰、法国、意大利、比利时和西班牙的游客,平均巡游时间分别为 9.2 天、8 天、8 天、7.7 天、7.5 天和 7.3 天。在游客年龄方面,意大利游客最年轻(平均年龄 43 岁),英国游客的年龄最大(平均年龄 57 岁),且平均巡游持续时间最长,德国游客的平均年龄为 50 岁左右。从目的地来看,前往地中海地区的邮轮乘客平均年龄最小,巡游时间也最短,而老年游客更喜欢前往波罗的海和加那利群岛,巡游时间也相对较长。

### 1.3.3　澳大利亚/新西兰地区

从舱位容量来看,2016 年亚太地区提供的床位天数占全球总数的 25%,比

2015 年增长了 13% 左右。其中以中国为首的亚洲地区提供的床位天数为 1 506 万,占亚太地区份额的 60%,比 2015 年增长了 15.06%,而与 2011 年的 230 万个床位天数相比增长了 549%。此外,澳大利亚、新西兰和太平洋地区自 2011 年以来也经历了三位数的增长,床位天数从 450 万增加到 2016 年的 1 000 万,增长近122%,占到 2016 年亚太地区市场运力的 40%。

2017 年,澳大利亚和太平洋地区乘客人数占整个邮轮市场的 5.4%,与 2016 年相比上涨 5% 左右,成为全球第四大客源市场。澳大利亚是该地区最大的市场,同时也是全球第五大客源国,在 2006 到 2016 年 10 年间,平均保持两位数的快速增长。最新的 CLIA 报告显示,澳大利的邮轮市场的渗透率(5.7%)很高,每 18 名国民就有 1 人乘坐邮轮,乘客主要来自新南威尔士(53.5%)、昆士兰(21.3%)、维多利亚州(12.8%)、西澳大利亚州(5.7%)和南澳大利亚州(4.5%)。澳大利亚乘客的平均巡游时间为 9 天左右,以 8～14 天为主,其次为 5～7 天和 1～4 天,游客平均年龄为 49 岁,主要前往的短途巡游目的地包括南太平洋(35%)、澳大利亚本土地区(34%)和新西兰(8%),而长途目的地主要有亚洲(7.3%)、地中海(4.6%)、阿拉斯加(2.8%)、夏威夷/墨西哥(2.3%)和加勒比地区(2.1%)。

在新西兰,乘坐邮轮的游客数量越来越多。在过去 10 年(2006—2016 年)中,新西兰远洋邮轮乘客的年均增长率达到 14.7%,2017 年为 9.8 万人次,同比增长8.7%,市场渗透率超过 2%。新西兰地区邮轮乘客的平均年龄为 52 岁,平均巡游时间为 9.8 天,其中 8～14 天的巡游行程最受欢迎,游客到访的目的地主要是南太平洋(30%)、新西兰本土地区(24%)和澳大利亚(13.5%),长途巡游到达的目的地主要包括地中海(11.5%)、亚洲(5.2%)、阿拉斯加(5%)和加勒比地区(5%)。

## 1.3.4 亚洲地区

随着邮轮市场重心的东移,2013 年之后的 5 年中,亚洲邮轮旅游市场以两位数的年均增长率发展,成为全球战略性新兴市场,其中 2016 年比 2015 年增长了55%,2015 年比 2014 年增长了 20%,2014 年比 2013 年增长了 19.8%,如图 1-8 所示。国际邮轮协会最新数据表明,2017 年亚洲邮轮乘客数量达到 406 万,较 2016 年的 337 万人次同比增长 20.5%,占全球远洋邮轮市场的 15%。其中,中国大陆邮轮乘客总量占亚洲 60% 左右的市场份额,成为该地区最大的客源市场,其次为中国台湾、新加坡和日本。

从邮轮靠泊量来看,2017 年日本境邮轮靠泊量达到 2 378 艘次,位居亚洲第一,成为该地区最受欢迎的邮轮旅游目的地。中国以 1 156 艘次位列第二,韩国以737 艘次位居第三。共有 35 个邮轮品牌活跃在亚洲市场,停靠港口次数为 7 196,在亚洲所有港口的访问量上,排在前 9 位的分别是上海宝山(中国)、济州岛(韩

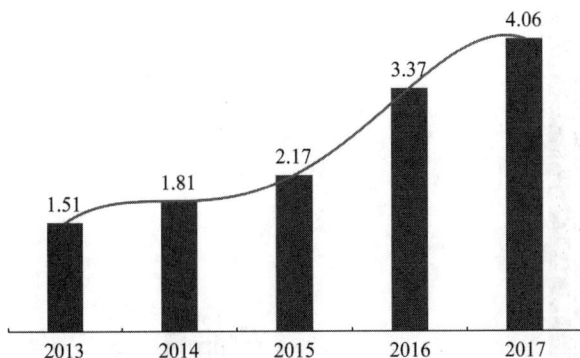

图 1-8　亚洲邮轮市场乘客量变化(单位:百万人次)
数据来源:国际邮轮协会(CLIA),2018

国)、新加坡、白田福冈(日本)、香港(中国)、长崎(日本)、台北基隆(中国)、冲绳纳哈(日本)、槟城乔治敦(马来西亚)和釜山(韩国),可以看出中国、日本、韩国是入境靠泊量最大的三大区域。从巡游时长来看,2017 年亚洲邮轮产品的平均巡游时间为 4.4 天,以 4～6 晚为主,占比超过一半(52%),其次是 2～3 晚的航次,占比超过三分之一(31%)。日本游客的平均巡游时间最长(6.9 天),其次为中国大陆(4.9天)、中国香港地区(3.8 天)、新加坡(3.1 天)和中国台湾地区(2.8 天)的游客。从年龄来看,亚洲游客的平均年龄为 46 岁,40% 的游客年龄在 40 岁以下。

从邮轮部署来看,2016 年国际邮轮公司在亚洲投放的 60 艘船只中,中型邮轮占比最大,达到 21 艘,大型邮轮占到 15 艘,小型邮轮 16 艘,探险邮轮 6 艘,巨型邮轮 2 艘。2017 年亚洲市场共部署 66 艘邮轮,比 2013 年增加了 23 艘。其中巨型邮轮共 5 艘,大型邮轮 13 艘,中型邮轮 26 艘,小型和探险类邮轮分别为 17 艘和 5艘,如图 1-9 所示。相比 2016 年,2017 年巨型邮轮在亚洲的部署增长了 3 艘。为了满足不断增长且多样化的休闲度假需求,在亚洲地区投放大中型邮轮的趋势越来越明显。

从客源分布来看,2017 年,中国市场乘客占据了亚洲市场 60% 的市场份额,邮轮游客数量达到约 239 万人次,同比增长 13.4%,成为亚洲最大的客源市场,同时也成为继美国之后全球第二大客源国。中国台湾地区邮轮游客数量为 37.4 万,同比增长 24.8%,占亚游游客总量 9.2%;新加坡邮轮游客为 26.7 万人次,同比增长24.5%,占亚洲游客总量 6.6%;日本游客数量为 26.2 万,同比增长 26.4%,占比6.4%。此外中国香港地区、马来西亚和印度的邮轮乘客数量也在迅速增长,分别达到 23 万、18.8 万和 17.2 万人次,具体如图 1-10 所示。

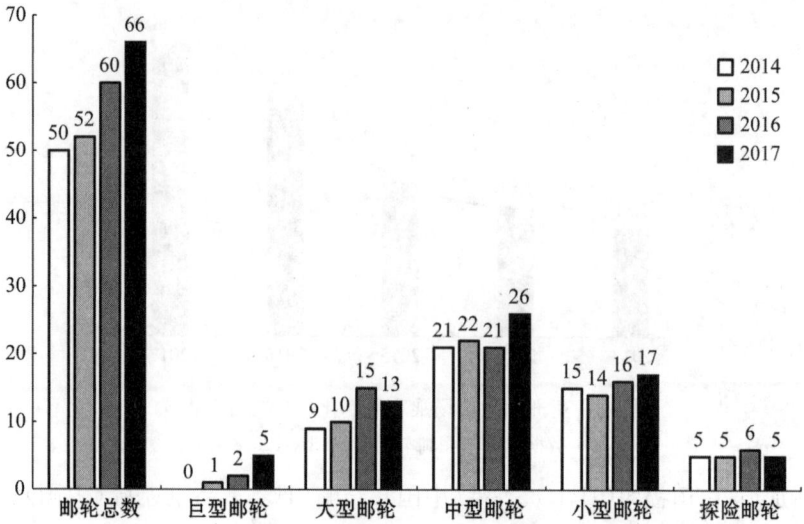

图 1-9 亚洲地区邮轮部署

数据来源:国际邮轮协会(CLIA),2018

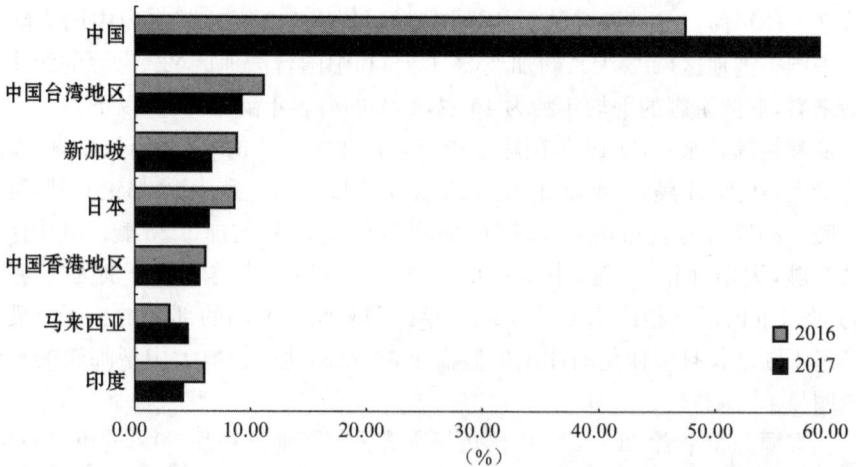

图 1-10 亚洲邮轮市场客源分布

数据来源:国际邮轮协会(CLIA)

## 1.4 国际邮轮产业经济贡献

从产业链角度来看,邮轮业是由邮轮制造、邮轮经营、邮轮消费和邮轮服务等环节组成的经济系统(孙晓东和冯学钢,2012)。其中邮轮制造、邮轮运营与邮轮消费是最重要的经济效益源泉。从邮轮制造环节来看,邮轮产业可直接带动装备制造、维修保养、机械电子及相关供应链的发展,经济效益十分可观,属于邮轮产业链的高端环节。从邮轮运营和旅游消费环节来看,邮轮业是以邮轮为载体,以海洋巡游为方式,为乘客提供船上餐饮、住宿、休闲、娱乐、岸上观光等综合服务的海上旅游与休闲业,业务内容涉及运输业、旅游业和休闲娱乐业。邮轮业的发展可全面带动总部经济、政府服务、物流运输、专业服务、产品贸易、地产租赁、观光旅游、休闲娱乐、港口码头、金融保险、食品加工、商务咨询以及教育培训等相关行业的发展(孙晓东,2014)。

从全球价值链角度来看,邮轮产业不同环节的地理分布呈现大区域离散、小地域集聚的特点,一方面邮轮生产制造、邮轮运营、邮轮接待、旅游消费等各环节企业和组织以垂直分工的方式分布于世界各地,另一方面又在较小的区域上形成了以邮轮港口为中心的产业聚集现象。可以说,邮轮经济具有天生的"集聚性"(胡建伟和陈建淮,2004)以及显著的节点经济特征、产业集群特征和规模经济特征(张言庆等,2010)。正是这种集群性和复合型特征,使得邮轮产业对区域经济的拉动效应极为明显(孙晓东和冯学钢,2012;Sun、Jiao 和 Tian,2011),甚至众多港口城市很大程度上依赖于这个行业(Teye and Leclerc,1998)。总之,邮轮业是一个全球性和复合型的产业,一方面邮轮旅游具有全球化特性,游客来自世界各地,邮轮航线也分布在全球各国及其港口,另一方面邮轮业本身就是一个复合型产业,涉及的产业环节和利益相关者众多。因此,邮轮产业发展会影响区域经济乃至全球经济,其经济贡献表现为创造了大量的直接(Direct)、间接(Indirect)和诱发/诱导(Induced)的产出、税收、就业以及工资福利。

## 1.4.1　综合经济贡献

国际邮轮协会的数据表明,2016 年邮轮业创造了 1260 亿美元的商品和服务总额,比 2015 年增加了 7.6%,创造了超过 102 万个就业岗位,比 2015 年增加了 6.8%,带来的员工福利超过 411 亿美元,比 2015 年增加了 7.7%。从区域分布来看,得益于强大的邮轮制造业务,邮轮产业对欧洲的经济贡献最大,总产出约 502 亿美元,占全球约 40% 的份额,创造出就业岗位约 38 万和工资福利约 123 亿美元,分别占全球就业贡献的 30% 和 37%。在北美地区,美国邮轮业的总产出为 478 亿美元,占全球份额的 38%,创造了约 39 万个就业岗位和 206 亿美元的工资福利,分别占全球总额的 50% 和 38%。在北美其他地区,邮轮业的总产出贡献为 100 亿美元,创造了 9.9 万个就业岗位,支付了 20 亿美元的工资福利,分别占全球总额的 4.9% 和 9.7%。除了欧洲和北美地区外,世界其他地区的邮轮产业总产出为 181 亿美元,占比 14.3%,创造了近 15 万个工作职位和 62 亿美元的员工福利,分别占全球总额的 15.0% 和 14.9%,如图 1-11 所示。

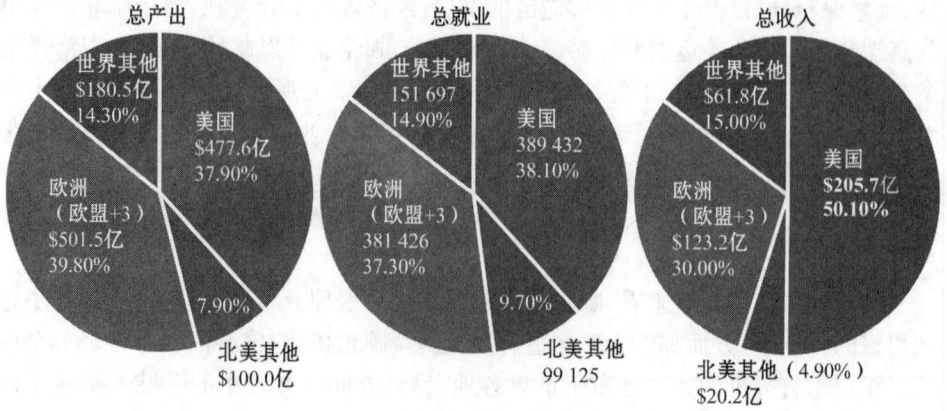

图 1-11　2016 年邮轮产业经济贡献及区域占比

数据来源：国际邮轮协会（CLIA）

从增长率来看，与上年相比，2016 年全球邮轮产业的总产出、总就业和工资福利的增长率分别达到 7.6％、6.8％和 7.7％。从区域增长来看，美国以外的北美其他地区的年增长率最低，低于 5％；欧洲地区的邮轮产业经济贡献的增长率高于北美地区，总产出增长高于 8％，总就业增长率接近 6％。虽然与北美、欧洲相比，世界其他地区邮轮经济的贡献总量较小，但 2016 年增长率均超过 15％，达到全球增长率的两倍以上，分别为 19.2％、16.3％和 16.6％，如图 1-12 所示。

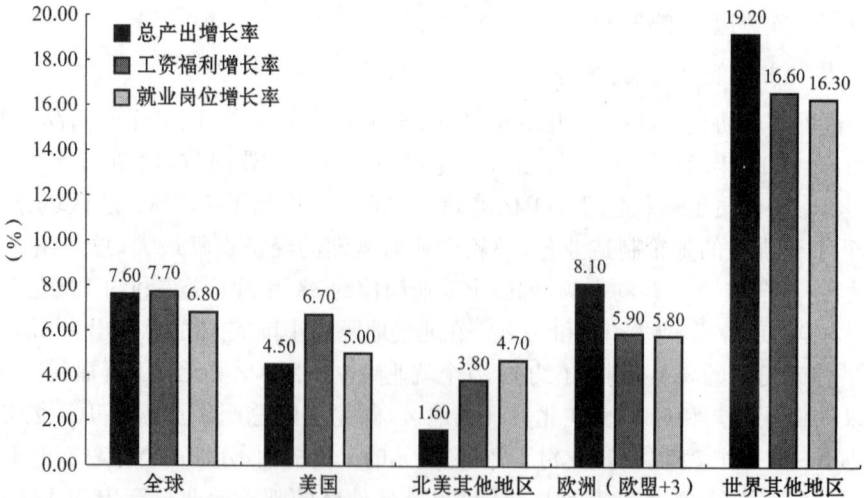

图 1-12　2016 年邮轮产业经济贡献增长率及区域差异

数据来源：国际邮轮协会（CLIA）

在中国所在的东北亚地区,日本作为最大的过境目的地,约占该区域经济贡献的
30%。日本邮轮旅游业经济贡献总额为 21.6 亿美元,创造了 14 724 个就业岗位,为
雇员支付薪酬 7.425 亿美元。中国是北亚地区主要的母港区域,约占该地区经济贡
献总额的 65%,产出为 46.7 亿美元,共创造了 33 770 个就业岗位和 6.293 亿美元的
工资福利。韩国邮轮旅游业创造的产出总额为 3.85 亿美元,带来了 3 137 份工作,支
付员工 1.32 亿美元的薪酬,占北亚地区邮轮行业经济贡献的 5% 左右,如表 1-5 所示。

表 1-3　2016 年全球邮轮旅游业的直接支出　　　　（单位:十亿美元）

| | 全　球 | 美　国 | 北美其他地区 | 欧洲(欧盟＋3) | 世界其他地区 |
|---|---|---|---|---|---|
| 母港游客 | 8.81 | 3.40 | 0.63 | 1.98 | 2.80 |
| 访问港游客 | 7.58 | 0.65 | 2.98 | 2.33 | 1.62 |
| 游客总计 | 16.39 | 4.05 | 3.61 | 4.31 | 4.42 |
| 船员 | 1.40 | 0.34 | 0.53 | 0.16 | 0.37 |
| 邮轮公司 | 40.15 | 17.30 | 1.40 | 16.22 | 5.24 |
| 支出总计 | 57.93 | 21.69 | 5.53 | 20.69 | 10.03 |
| 同比增长 | 7.1% | 3.9% | 2.9% | 5.1% | 22.6% |

数据来源:国际邮轮协会(CLIA)

## 1.4.2　直接经济贡献

邮轮产业的直接经济贡献主要包含三大部分:①游客参与邮轮旅游之前和之
后购买的船票、岸上旅行产品、纪念品和其他零售商品,以及船员在当地购买的一
系列以零售业为主的商品和服务;②邮轮公司购买的各种货物以支持邮轮运营业
务,包括食品、饮料、酒店用品、燃料以及其他港口区域的公共产品或服务;③邮轮
公司支付的各种服务以支持其全球邮轮业务,包括旅行社佣金、广告和促销支出以
及其他专业性和商业性的服务。

对于邮轮旅游也来说,直接支出(Expenditure)主要来自三大主体:邮轮游客、
邮轮船员和邮轮公司。统计数据显示(如表 1-3 所示),全球邮轮游客在母港和访
问港的总花费大约为 164 亿美元,占邮轮总支出的 28%。船员花费约 14 亿美元,
占邮轮总支出的 2.4%。邮轮公司在邮轮运营业务上的花费大约为 402 亿美元,占
邮轮总支出的 69%。从区域分布来看,美国和欧洲的直接支出总额分别为 217 亿
美元和 207 亿美元,分别占全球总支出的 37% 和 36%,其中邮轮公司的支出分别
为 170 亿和 160 亿美元,特别是邮轮公司向欧洲造船、船舶维修和翻新等方面的支
出远高于其他任何地区。近年来美国客运量增长率(17%)远高于欧洲(5.0%),自
2013 年开始,美国邮轮产业的直接支出开始高于欧洲,2016 年差额达到 10 亿美

元。北美其他地区的直接邮轮支出为55亿美元，占全球9.5%左右的份额，其中访问港游客花费最多，大约30亿美元，占该地区乘客和船员总支出的72%，此外14亿美元的邮轮公司支出主要来自加拿大，占比约25%。世界其他地区的直接支出共100.3亿美元，占全球直接支出的17%，邮轮公司花费约52亿美元，占该地区直接支出的52%。

从整个邮轮产业来看（如表1-4所示），2016年全球邮轮产业的直接支出超过579亿美元，比2015年增长了7.1%，创造了约49万个就业岗位，比2015年增长了6.8%，向岸上员工和船员共支付工资福利约178亿美元，比2015年增长了6.9%。欧洲的直接经济贡献占全球邮轮业直接贡献的36%，其207亿美元的直接支出创造了18.58万个就业岗位和约60亿美元的工资福利。其中，造船业是欧洲邮轮产业直接经济贡献的重要组成部分。美国的邮轮公司总部和邮轮港口数量众多，邮轮产业对港口、食品/饮料供应商、燃料、设备提供商以及旅游代理、广告、会计、运输等其他支撑产业的直接经济影响非常显著，直接支出总额为217亿美元，占全球约37%的市场份额，创造了大约15.8万个就业岗位和74亿美元的雇员收入。在北美其他地区，邮轮业则依靠55亿美元的直接支出创造了5.8万个就业岗位和10亿美元左右的工资福利，分别占全球总额的5.8%和12%。此外，从整个北美地区来看，75%左右的直接经济贡献主要来自邮轮乘客和雇员的花费支出。

表1-4　2016年邮轮产业的直接经济贡献　（单位：10亿美元）

| | 全　球 | 美　国 | 北美其他地区 | 欧洲（欧盟＋3） | 世界其他地区 |
|---|---|---|---|---|---|
| 直接总产出 | 57.93 | 21.69 | 5.53 | 20.69 | 10.03 |
| 全球份额 | | 37.42% | 9.54% | 35.71% | 17.32% |
| 直接工资福利 | 17.78 | 7.38 | 1.04 | 5.99 | 3.36 |
| 全球份额 | | 41.53% | 5.83% | 33.71% | 18.93% |
| 直接就业岗位 | 491061 | 158226 | 58081 | 185842 | 88912 |
| 全球份额 | | 32.22% | 11.83% | 37.85% | 18.11% |
| 2015年以来的百分比变化 | | | | | |
| 直接总产出 | 7.1% | 3.9% | 2.9% | 5.1% | 22.6% |
| 直接工资福利 | 6.9% | 6.1% | 4.7% | 3.0% | 17.4% |
| 直接就业岗位 | 6.8% | 4.5% | 5.5% | 5.9% | 14.2% |

数据来源：国际邮轮协会（CLIA）

欧洲、北美之外其他地区的直接支出总额为约100亿美元，创造了8.89万个就业岗位和34亿美元的员工福利，与2015年相比分别增长22.6%、14.2%和17.4%，成为全球邮轮经济发展最快的区域,如表 1-4 所示。近年来,该区域在全球占比增长迅速,直接总产出、总就业和总工资福利分别从 2013 年的约 8.7%、11% 和 9.7% 增加到 2016 年的约 17%、18% 和 19%。

从东北亚来看(如表 1-5 所示),日本直接经济支出为 11.94 亿美元,约占整个北亚直接支出总额的 37%,其中母港乘客支出占比 13%,中转和过夜乘客支出占 51%,船员支出占比 4%,邮轮公司支出占比 32%。邮轮乘客在目的地港口停留期间平均花费 83 384 日元(约 5168 元人民币),约 58% 的游客支出主要集中在零售购物和岸上观光,船员在岸上访问期间平均花费约 5 500 日元(约 341 元人民币),其中 58% 的船员支出主要用于餐饮和零售购物。此外,邮轮公司的直接支出主要集中在制造业,占日本邮轮公司总支出的 71%。

表 1-5　2016 年北亚地区邮轮旅游业经济贡献

| | 日　本 | | | 韩　国 | | | 中　国 | | |
|---|---|---|---|---|---|---|---|---|---|
| | 产出(百万美元) | 收入(百万美元) | 就业 | 产出(百万美元) | 收入(百万美元) | 就业 | 产出(百万美元) | 收入(百万美元) | 就业 |
| 直接经济贡献 | 1 197.4 | 455.4 | 8 669 | 199.8 | 76.2 | 1 835 | 1 831.5 | 222.8 | 13 193 |
| 间接经济贡献 | 961.3 | 287.4 | 6 055 | 185.3 | 55.7 | 1 302 | 385.07 | 131.98 | 3 137 |
| 总计 | 2 158.74 | 742.75 | 14 724 | 2 835.4 | 406.5 | 20 577 | 4 666.9 | 629.3 | 33 770 |

数据来源:国际邮轮协会(CLIA)

中国邮轮业直接经济支出为 18.32 亿美元,约占整个北亚地区总额的 57%,其中母港乘客支出占比 59% 左右,中转和过夜乘客支出约占 4%,船员支出占比 2% 左右,邮轮公司支出占比约 35%。邮轮游客在目的港访问期间的平均花费为人民币 7 629 元,而船员在岸上访问时平均花费约为 294 元人民币。约 60% 的乘客支出集中在住宿、交通和零售购物方面,58% 的船员支出用于食品、饮料以及零售购物。

韩国直接经济支出为 1.998 亿美元,约占整个北亚总额的 5% 左右,其中母港乘客支出占比约 1%,中转和过夜乘客支出占约 90%,船员支出占比约 7%,邮轮公司支出占比 2% 左右。邮轮游客在目的地港口的平均支出为 209 830 韩元(约 1286 元人民币),船员在岸上访问期间的平均花费为 17 001 韩元(约 104 元人民币)。约 41% 的乘客支出集中在岸上观光,约 26% 的支出用于零售购物,船员开支的 48% 用于零售购物,35% 左右用于食品和饮料。

### 1.4.3　间接与诱发经济贡献

间接影响是供应商为了支持邮轮业而购买商品和服务的支出。比如,食品加工

17

商必须购买原材料,水电等公用事业部分需要购买设备和原料,运输部门将产品运送到邮轮或批发商的费用以及财产和雇员保险费用等。诱发影响则来自邮轮公司及其供应商的雇员的家庭用品和服务开支。由此看出,间接经济贡献主要影响 B-B 型的企业,而诱发经济贡献则主要影响 B-C 型的企业。总之,间接和诱发的经济贡献遍及全球和各个区域,主要来自邮轮公司及其供应商的雇员带来的家庭支出效应,具体经济效果取决于各地区的经济与消费结构,因此在区域之间会存在较大差异。

国际邮轮协会的统计数据表明,2016 年邮轮产业共带来 680.3 亿美元的间接和诱发经济产出,比 2015 年增加了 8.0%,创造了 53 万份就业岗位和 233 亿美元的员工福利,分别比 2015 年增长了 6.8% 和 8.3%。其中,美国(38.3%)和欧洲(43.3%)共同占全球间接和诱发经济产出的 80% 以上,且欧洲占比高于美国。但在就业方面,邮轮产业为美国带来的间接及诱发就业量(43.6%)和工资福利(56.6%)贡献高于整个欧洲(分别为 36.9% 和 27.1%)。北美其他地区和世界其他地区邮轮产业带来的间接和诱发经济产出分别占全球的 6.6% 和 11.8%,创造的就业岗位分别占 7.7% 和 11.8%,支付的工资福利分别占 4.2% 和 12.1%,如图 1-13 所示。

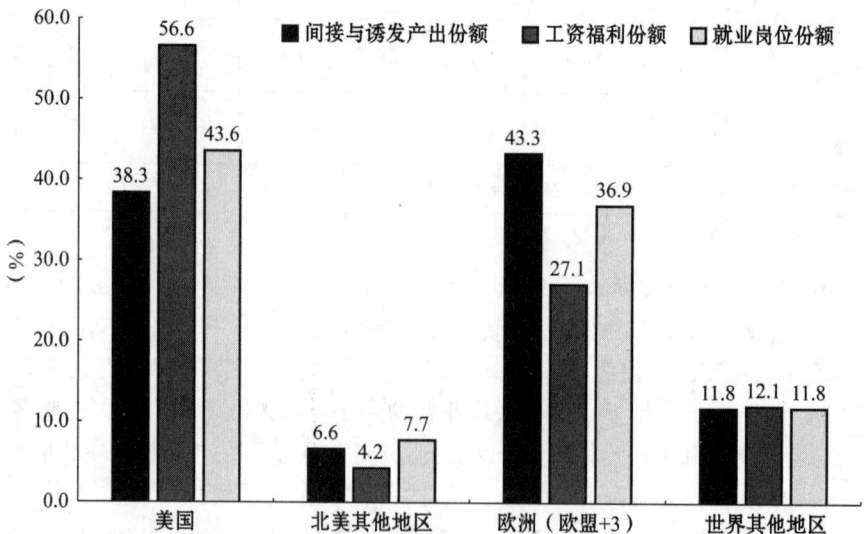

图 1-13　2016 年邮轮产业间接和诱发经济贡献的区域占比
数据来源:国际邮轮协会(CLIA)

## 1.5　国际邮轮市场发展现状与趋势

### 1.5.1　邮轮运营市场现状

从邮轮运营市场来看,邮轮业具有高浓度竞争的特点,虽然竞争者数量不多,但都具有很强的竞争能力(Soriani,2009)。极高的固定成本、管理成本使得远洋邮轮(Ocean Cruise)运营市场的进入壁垒很高,且一旦进入便很难轻易退出。因此,国际邮轮业长久以来一直处于寡头垄断的市场环境中,其中嘉年华邮轮集团(Carnival)、皇家加勒比邮轮集团(Royal Caribbean)、诺唯真邮轮集团(Norwegian)、地中海邮轮(MSC Cruises)、迪斯尼邮轮(Disney Cruise)与云顶邮轮集团(Genting Group)等是最主要市场参与者。

嘉年华邮轮集团是全球最大的邮轮运营企业,拥有爱达邮轮(AIDA Cruises)、嘉年华邮轮(Carnival Cruises)、歌诗达邮轮(Costa Cruises)、冠达邮轮(Cunard Cruises)、荷美邮轮(Holland America Cruises)、P&O 邮轮(P&O Cruises)、P&O 邮轮澳大利亚(P&O Cruises Australia)、公主邮轮(Princess Cruises)和世邦邮轮(Seabourn cruises)等邮轮品牌,总部设在佛罗里达州的迈阿密,公司邮轮主要服务于北美、南美、欧洲以及南亚太平洋地区。邮轮市场观察(Cruise Market Watch)公布的数据显示,2018 年嘉年华邮轮集团共接待邮轮游客 1 230.23 万,经济收益达到 183.05 亿美元。

第二大邮轮集团是皇家加勒比公司,拥有精钻邮轮(Azamara Club Cruises)、精致邮轮(Celebrity Cruises)和皇家加勒比邮轮(Royal Caribbean International)三个全资邮轮品牌以及途易邮轮(TUI Cruises)一个合资邮轮品牌。邮轮市场观察的数据表明,2018 年皇家加勒比邮轮集团共接待 596.38 万邮轮游客,经济收益为 93.90 亿美元。其次是诺唯真邮轮集团,旗下邮轮品牌包括诺唯真邮轮(Norwegian Cruises)、大洋邮轮(Oceania Cruises)和丽晶七海邮轮(Regent Seven Seas),共接待邮轮游客 247.12 万人次,经济收益 58.33 亿美元。

此外,作为单品牌邮轮企业,地中海邮轮(MSC Cruises)也是全球邮轮市场的重要成员,2018 年共接待邮轮游客 187.62 万人次,经济收益达到 31.49 亿美元。而亚洲本土的邮轮运营企业为云顶集团,下设丽星邮轮(Star Cruises)、星梦邮轮(Dream Cruises)和水晶邮轮(Crystal Cruises)三个品牌,2017 年共接待邮轮游客 31.98 万人次,经济收益为 16.72 亿美元。

统计数据表明,以上邮轮运营企业在游客接待量和邮轮经济收益方面占全球超过 90% 以上的市场份额。在游客接待方面,6 大邮轮集团占全球 93.50% 的市场份额,前 4 大集团的占比就接近九成(89.1%),其中嘉年华集团凭借 9 大邮轮品牌占据将近一半(47.40%)的市场份额,皇家加勒比邮轮集团坐拥 4 大邮轮品牌,占据 25% 左右的市场份额,诺唯真邮轮则借助 3 大邮轮品牌占有 10% 左右的市场份额,其次是地中海邮轮(7.20%)、迪斯尼邮轮(2.30%)和云顶邮轮集团(2.10%)。在经济收益方面,这些邮轮集团的占比大约为 88.50%,其中嘉年华集团(39.40%)、皇家加勒比邮轮集团(22.50%)和诺唯真邮轮集团(12.60%)占比最高,其次是地中海邮轮(6.80％)、云顶邮轮集团(5.00％)和迪斯尼邮轮(2.20％),如图 1-14 所示。从邮轮品牌来看,嘉年华邮轮、皇家加勒比邮轮、诺唯真邮轮、地中海邮轮、公主邮轮、歌诗达邮轮、爱达邮轮、精致邮轮、荷美邮轮、P&O 邮轮和迪斯尼邮轮等品牌的市场占有率最高,如图 1-15 所示。

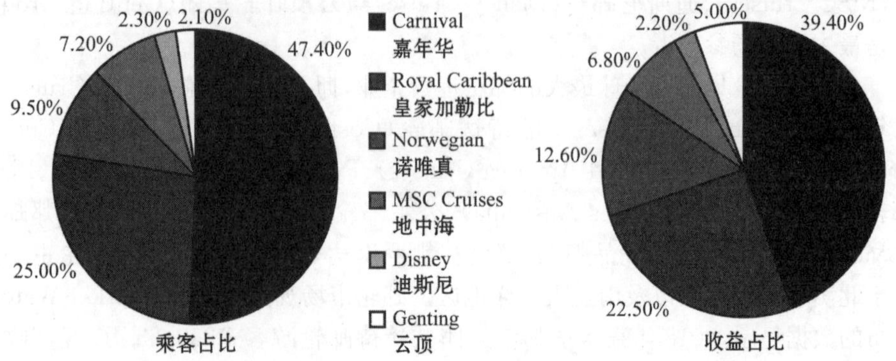

图 1-14　全球主要邮轮母公司的市场份额(乘客数量与收益,2018)

数据来源:Cruise Market Watch 2018

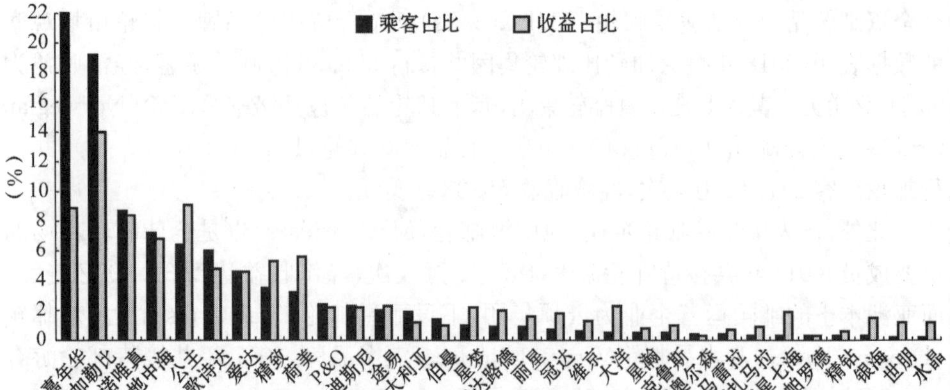

图 1-15　全球主要邮轮品牌的市场份额(乘客数量与收益,2018)

数据来源:Cruise Market Watch 2018

　　从船队规模和运载能力来看,全球邮轮市场共投放了 314 艘远洋邮轮,乘客运量(Passenger Capacity)或床铺(Berth)数量约 537 000 个。其中,嘉年华邮轮集团排名第一,共有 103 艘邮轮,乘客运量为 233 200 个,分别占全球邮轮市场的 32.8％和 43.43％;皇家加勒比邮轮集团排名第二,拥有 42 艘邮轮和 112 300 个乘客运量,占比分别为 13.38% 和 20.91%;其次是诺唯真邮轮集团,邮轮数量和乘客运量分别为 26 艘(8.28%)和 54 400 个(10.13%);其余邮轮品牌共有 143 艘邮轮和 137 100 个乘客运量,分别占整个邮轮市场的 45.54% 和 25.53%,如图 1-16 所示。从邮轮品牌来看,2018 年邮轮市场观察对全球 46 个邮轮品牌运力进行统计后发现,排在前十名的邮轮品牌占据将近 80% 的市场份额。这些邮轮品牌不仅拥有数量较多的邮轮,而且单船的乘客运力也较强,基本都超过 2 000 人的运客水平,其中皇家加勒比邮轮和嘉年华邮轮的运力最强,单船运力在 3 000 人左右,邮轮数量均达到 26 艘,乘客总运量超过 15 万人,总共占全球将近 30% 的市场份额。此外,诺唯真邮轮、地中海邮轮、公主邮轮、爱达邮轮和歌诗达邮轮的乘客运量也较大,市场份额均超过 5%,其次是荷美邮轮、精致邮轮、P&O 邮轮和途易邮轮,市场份额均超过 2%,单船运力同样在 2 000 人左右,如表 1-6 所示。

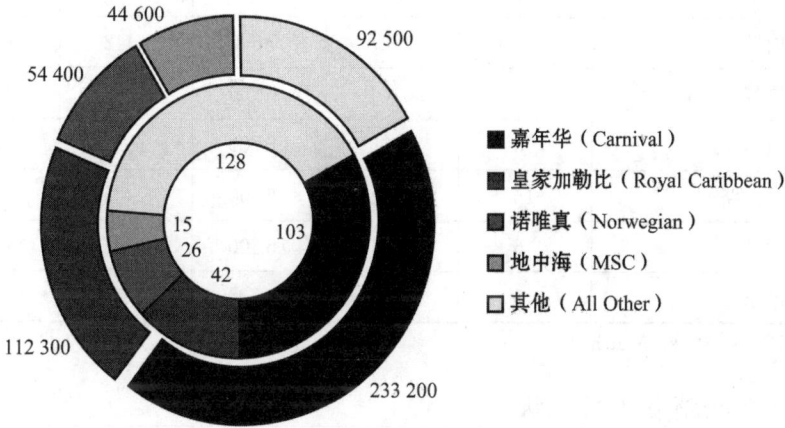

图 1-16　全球邮轮集团运力市场份额(邮轮数量及乘客运量,2018)

数据来源:Cruise Market Watch 2018

表 1-6　邮轮品牌运力市场份额(邮轮数量及乘客运量,2018)

| 排名 | 邮轮品牌 | 邮轮数量 | 占比(%) | 乘客运量 | 占比(%) | 单船运力 |
|---|---|---|---|---|---|---|
| 1 | 皇家加勒比 | 26 | 8.28 | 84 700 | 15.77 | 3 258 |
| 2 | 嘉年华 | 26 | 8.28 | 71 300 | 13.28 | 2 742 |
| 3 | 诺唯真 | 16 | 5.10 | 46 600 | 8.68 | 2 913 |
| 4 | 地中海 | 15 | 4.78 | 44 600 | 8.31 | 2 973 |
| 5 | 公主 | 17 | 5.41 | 42 000 | 7.82 | 2 471 |
| 6 | 爱达 | 13 | 4.14 | 29 300 | 5.46 | 2 254 |

（续表）

| 排名 | 邮轮品牌 | 邮轮数量 | 占比(%) | 乘客运量 | 占比(%) | 单船运力 |
|------|---------|---------|---------|---------|---------|---------|
| 7 | 歌诗达 | 12 | 3.82 | 29 200 | 5.44 | 2 433 |
| 8 | 荷美 | 15 | 4.78 | 25 900 | 4.82 | 1 727 |
| 9 | 精致 | 13 | 4.14 | 25 500 | 4.75 | 1 962 |
| 10 | P&O | 8 | 2.55 | 18 600 | 3.46 | 2 325 |
| 11 | 途易 | 6 | 1.91 | 14 900 | 2.77 | 2 483 |
| 12 | 迪斯尼 | 4 | 1.27 | 8500 | 1.58 | 2 125 |
| 13 | 丽星 | 5 | 1.59 | 8 500 | 1.58 | 1 700 |
| 14 | P&O澳大利亚 | 5 | 1.59 | 8 200 | 1.53 | 1 640 |
| 15 | 伯曼 | 4 | 1.27 | 7 600 | 1.42 | 1 900 |
| 16 | 星梦 | 2 | 0.64 | 6 800 | 1.27 | 3 400 |
| 17 | 冠达 | 3 | 0.96 | 6 700 | 1.25 | 2 233 |
| 18 | 海达路德 | 15 | 4.78 | 6 700 | 1.25 | 447 |
| 19 | 大洋 | 6 | 1.91 | 5 200 | 0.97 | 867 |
| 20 | 维京 | 5 | 1.59 | 4 700 | 0.88 | 940 |

数据来源：Cruise Market Watch 2018

### 1.5.2 邮轮消费市场现状

目前国际邮轮协会对邮轮消费市场特征进行的调研主要以北美地区游客为主。2017年受国际邮轮协会委托,J. D. Power研究公司对来自加拿大和美国年收入超过5万美元且在过去三年曾有过邮轮出游经历的游客进行了调研,共收集了792位邮轮游客和813位非邮轮游客的出游信息。其中90%来自美国,10%来自加拿大。调查公司对两个度假群体的动机和偏好信息进行比较分析,研究结论如下所述。

（1）邮轮度假者更喜欢结伴旅行。从出游伙伴来看,超过四分之三(78%)邮轮游客的出游伙伴是配偶,近三分之一(32%)的游客与孩子一起旅行,近四分之一(22%)和朋友一起旅行。与最近一次调研相比,2017年有更多的邮轮游客选择与家人一起共度假期。与陆地度假者相比,乘坐邮轮的度假者更可能同配偶(+9%)、合作伙伴(+13%)、18岁以下儿童(+7%)和朋友(+6%)一起出行,如图1-17所示。此外,研究发现邮轮游客在结伴(团体以及与家人、孩子和朋友一起)出游时的满意度会更高。

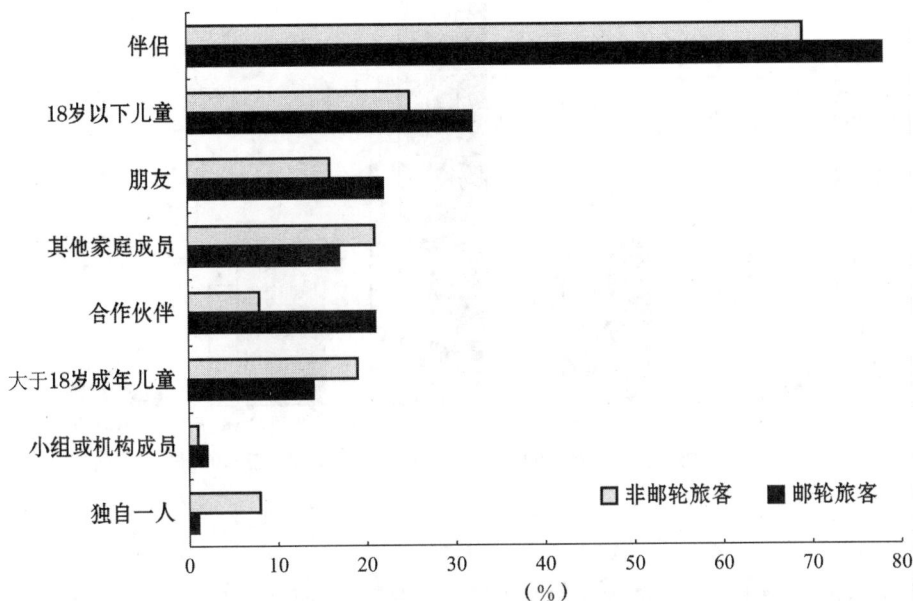

图 1-17　邮轮游客与非邮轮游客的出游伙伴

数据来源：Cruise Line International Association 2018

（2）收入水平对游客出游行为有一定影响。分析发现，不同收入水平游客的出游行为存在一定差异。比如收入水平越高的游客回到邮轮目的地度假的可能性越大。具体来看，年收入低于 10 万美元的邮轮乘客中，有 53％可能回到邮轮游览过的目的地，而年收入在 10～15 万美元、15～20 万美元和 20 万美元以上的邮轮乘客重返邮轮目的地的可能性则分别为 60％、59％和 65％。从行程时长来看，6～8 天的行程是最受欢迎的邮轮产品。其中在收入低于 10 万美元的游客中占比为57％左右，在收入高于 20 万美元的游客中占比最低（43％）。此外，分别有 24％和14％的年收入低于 10 万美元的邮轮游客选择 3～5 天和 9～15 天的产品，而在超过 20 万美元群体中这两种产品所占比例分别为 23％和 17％。总体来看，高收入水平群体更倾向于选择小众化邮轮航线，比如更有可能选择行程小于 3 天（12％）或行程大于 16 天（5％）的邮轮之旅，如图 1-18 所示。

　　分析发现，不同收入水平游客对邮轮类型选择和船上设施偏好也存在差异。从邮轮类型来看，现代邮轮（Contemporary Cruise）最受欢迎。高收入水平的邮轮乘客更有可能乘坐高级豪华邮轮（Luxury Cruise）和内河邮轮（River Cruise）。在邮轮设施方面，套房和阳台舱是大多数邮轮乘客最看重的船上设施。水疗（Spa）和

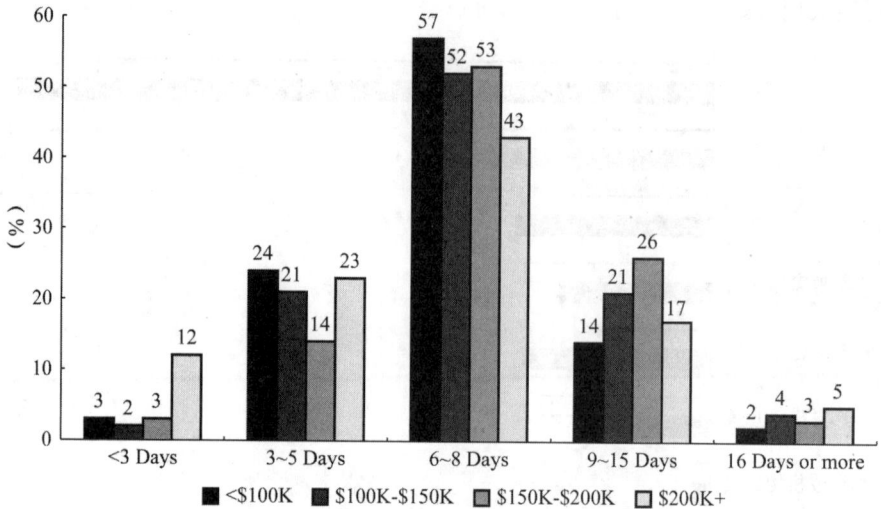

图 1-18　最后一次邮轮度假的停留时间

数据来源：Cruise Line International Association 2018

沙龙（Salon）对于高收入的邮轮游客来说也十分重要，而健康俱乐部（Health Club）和健身房（Fitness Center）对低收入者来说十分重要。

（3）邮轮上的娱乐设施或服务最受欢迎。研究发现，邮轮船上服务和设施的重要性或偏好程度与使用频率之间并不一致。例如，平均约有 41％的邮轮游客对保姆、儿童及青少年节目等服务感兴趣，但只有 13％的人实际使用了这些服务。与此同时，一些服务和活动则出人意料地受到欢迎。比如，只有 23％的邮轮游客表示对博彩感兴趣，24％的游客表示想要在邮轮上免税购物，25％的游客希望享受游泳池和按摩浴缸，26％的游客想要特色餐厅，32％的游客想要体验船上的娱乐服务，但实际上近一半的邮轮游客（49％）体验了船上的博彩服务（＋26％），48％的游客进行了船上购物（＋24％），58％的游客享受了游泳池和按摩浴缸设施（＋33％），45％的游客体验了特色餐厅服务（＋19％）。相比而言，游客使用频率最高的是船上娱乐设施或服务，大约 70％的邮轮游客体验了音乐、演出等娱乐活动，具体如图 1-19 所示。

（4）"猎奇"是邮轮游客的首要出游动机。从出游动机来看，超过 40％的游客认为"猎奇"是选择邮轮旅游的最重要原因，其次是"放松或逃避"，游客比例达到 30％左右。此外，10％以上的游客将"提升家庭关系或家庭时光"也是重要原因，如图 1-20 所示。与普通陆上度假游客相比，邮轮游客的"猎奇"动机更强，而"放松"和"提升家庭关系"则较弱。

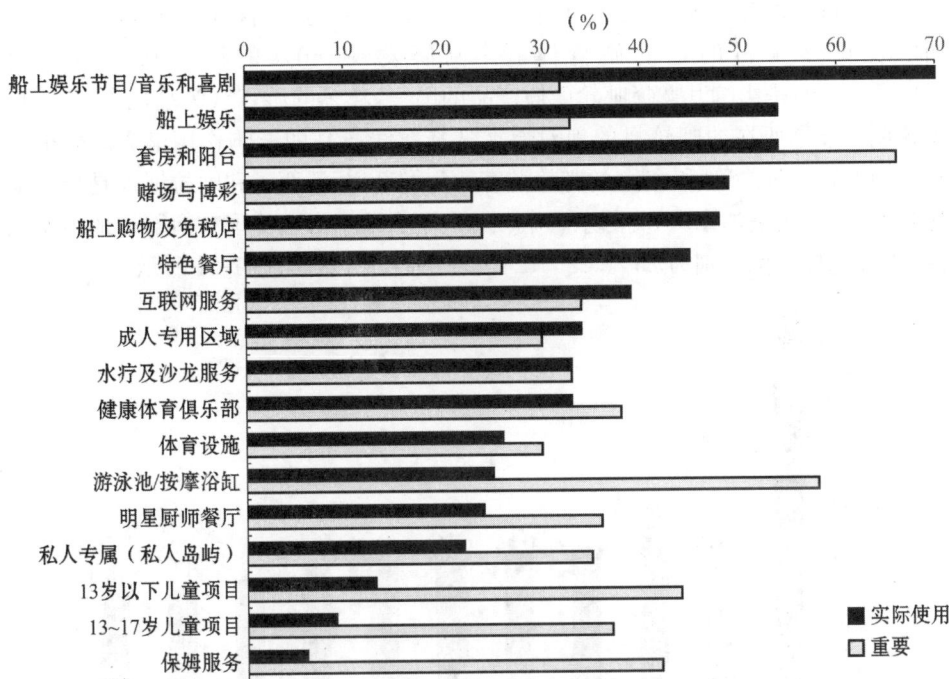

图 1-19　船上便利设施重要性与实际使用率

数据来源：Cruise Line International Association 2018

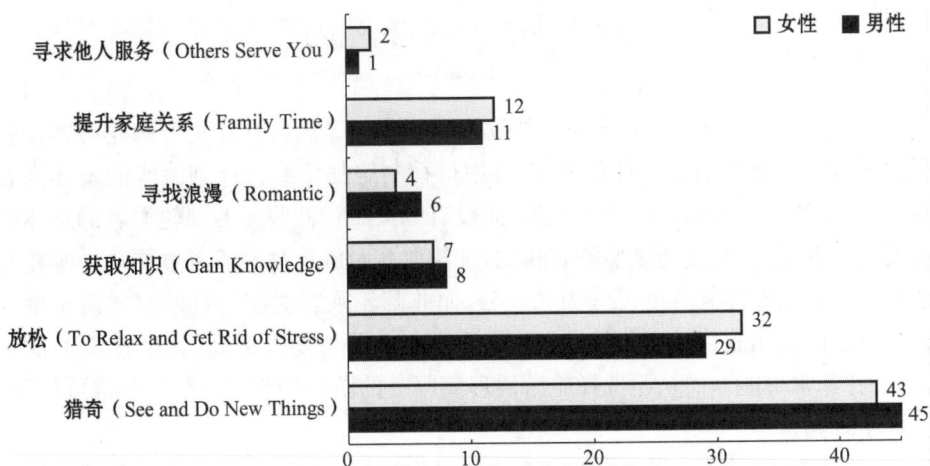

图 1-20　游客选择邮轮度假的原因

数据来源：Cruise Line International Association 2018

(5) 目的地对游客出游具有重要影响。邮轮产品的鲜明特点是可以一次性向游客提供多个目的地的旅行体验。调研发现,60％的游客认为目的地(Destination)是影响其选择邮轮度假产品的因素,33％的游客认为是成本(Cost),这说明挂靠港所在的邮轮目的地对游客选择航线产品的影响作用最大。分析发现,分别有61％、26％和26％的邮轮游客认为加勒比、墨西哥和阿拉斯加是最佳邮轮目的地,其次是加拿大、美国东海岸、欧洲(不含地中海)、美国东南部和地中海地区,游客选择比例分别为23％、22％、21％、21％和20％,如图1-21所示。

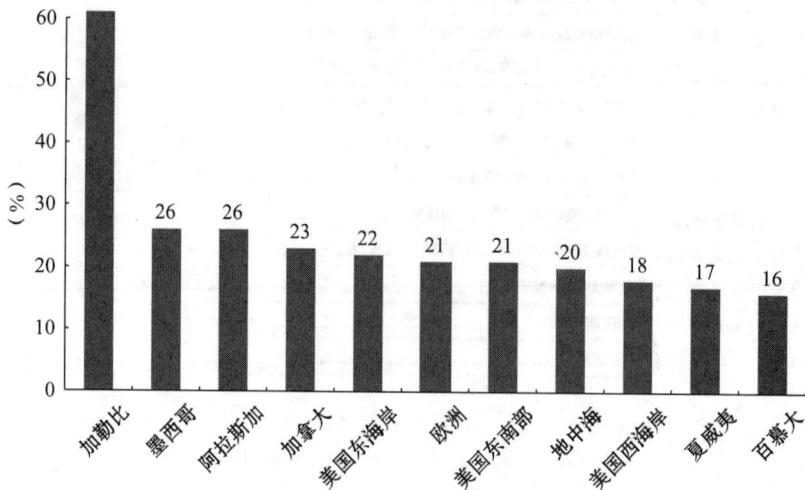

图 1-21　游客心中最佳邮轮目的地

数据来源:Cruise Line International Association 2018

(6) 旅行社在游客体验方面仍然发挥重要作用。旅行社在提升邮轮游客体验方面发挥着重要作用。调研发现,通过旅行社制定邮轮旅行计划游客的整体满意度非常高,达到9.29分(满分10分),而没有购买旅行社服务的邮轮游客的整体满意度为8.85分。与普通度假游客相比,邮轮游客对旅行社的满意度更高。邮轮游客对旅行社的整体满意度评分为8.8分,而非邮轮乘客对旅行社的整体满意度为8.3。此外,使用旅行社服务的游客再次乘坐邮轮的可能性更高,其中有81％的游客认为"非常可能",而从不选择旅游代理商服务的游客中仅有42％"非常可能"再次乘坐邮轮。

(7) 邮轮公司网站成为影响游客选择的重要信息渠道。由于动机是促使游客参与邮轮旅游的所有驱动因素,获取邮轮旅游信息的渠道或来源(Information Source)也成为激发游客出游的一类重要动机。比如,旅游攻略、广播电视、网站推广、在线点评、目的地官网、他人的口碑推介等都可能促使邮轮旅游行为的发生。

在信息源方面,Jones(2011)的研究发现,个人方面的信息源动机更为重要,包括"旅伴"(比如配偶)和"一直想去"等因子;而对于初游者来说,"一直想去"是最重要的动机因子;此外,邮轮网站和目的地网站也是很重要的动机因子。从行业调研来看,早在 2006 年国际邮轮协会的统计数据就表明,"口头宣传""只是一直想去""邮轮目的地网站"和"旅伴"是国际邮轮游客 4 大最主要的信息渠道动机(CLIA,2006)。2017 年最新的调研数据则表明,"邮轮公司网站"成为游客选择邮轮产品的最主要信息渠道,其次是"配偶/旅伴""口碑推荐/口头宣传"和"一直想去"。游客选择这些信息渠道的比例分别达到 52%、31%、29% 和 29%。相反,传统的电视、广播、报纸、杂志、邮件、博客、聊天室等信息源对游客的影响最小,如图 1-22所示。

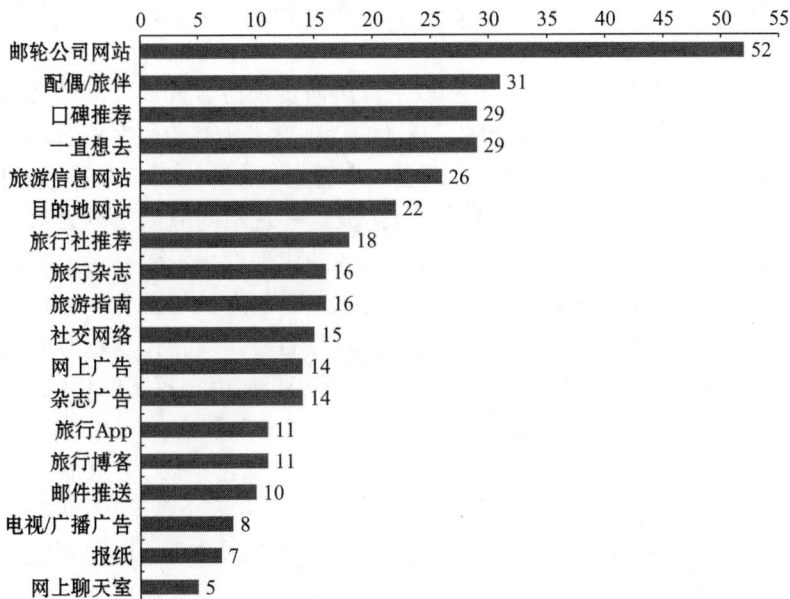

图 1-22　游客选择邮轮产品的信息渠道

数据来源:Cruise Line International Association 2018

### 1.5.3　邮轮旅游市场趋势

(1) 区域集中性依旧,市场垄断持续。虽然近年来国际邮轮市场开始从北美、欧洲向亚太、南美等地区发展,北美地区的市场份额有所下降,但北美仍然是世界邮轮产业中心。而加勒比、欧洲和地中海地区仍将是最大的区域邮轮市场。在旅游目的地方面,环加勒比海地区、阿拉斯加地区等将继续保持世界邮轮首选目的地的地位;欧洲,特别是环地中海地区将紧随其后成为重要的邮轮目的地。到访亚洲的邮轮将越来越多,亚太地区将诞生越来越多的邮轮母港(Homeports)和停靠港(Ports of Call),将成为世界邮轮经济的新增长点。

2017 年第一季度的旅行社报告显示,超过一半(51%)的旅行社表示阿拉斯加邮轮旅游业增长最快,近年来预定量增长名列前茅,前往阿拉斯加的乘客量增加了约 15%。相当比例的代理商认为加勒比海/百慕大/墨西哥(42%)和加拿大/新英格兰(31%)的增长也非常快。此外,欧洲地中海、夏威夷、澳大利亚/新西兰、巴拿马运河、北欧和加州/太平洋沿岸也持续受到邮轮游客欢迎。对于老牌邮轮目的地加勒比地区来说,虽然 2017 年加勒比地区的飓风影响了 2018 年的销售,但 86%的代理商发现顾客仍在大量预订加勒比海航线。尽管受到飓风的影响,2017 年第四季度的报告显示,加勒比地区的乘客数量与 2016 年第四季度相比仍然增长了 2.7%,而且超过四分之三(76%)的代理商认为顾客正在享受邮轮公司推出的各种折扣交易。

此外,2014 年底,古巴自 1958 年以来首次向美国游客开放。邮轮公司陆续推出了针对性的邮轮和岸上度假套餐。43%的代理商表示邮轮顾客对古巴越来越感兴趣,38%的代理商表示在邮轮从美国驶入古巴港口一年多后,邮轮顾客对古巴的兴趣依然高涨。48%的旅游代理商认为,造成这一现象的原因是顾客对"新的、充满异国情调和神秘的""目的地非常憧憬,30%的代理商表示顾客希望沉浸在陌生的文化之中。也许是因为长期以来一直被禁止,婴儿潮一代(生于 1946—1965 年)表现出对古巴的最大兴趣。调查结果显示,69%的婴儿潮一代表示对到古巴的邮轮旅游有兴趣,其次是 58%的 X 代(生于 1966—1980 年),47%的传统主义者(生于 1946 年之前)和 43%的千禧一代(生于 1980—2000 年)。

在邮轮运营方面,市场垄断仍将继续。嘉年华邮轮集团、皇家加勒比邮轮集团、诺唯真邮轮集团和地中海邮轮仍将在较长时间占据全球 80%以上的市场份额。邮轮运营市场具有高浓度竞争的特点,进入门槛非常高。特别是组建邮轮公司的前期投资巨大,运营管理水平要求高,贸然进入市场,容易面临进退维谷的境地。随着消费者需求的增长,小型邮轮公司可以开辟新的细分市场,其利润空间将更为灵活,拥有较好的成长前景。

(2)亚太地区市场份额持续增长。亚太地区将成为邮轮产业的新锐市场。随着人们对邮轮旅游新颖性和多样性需求的增长,以及欧美市场的日渐成熟,越来越多的邮轮公司开始将目光投向具有丰富人文自然景观的亚太地区。特别是亚洲地区已经成为邮轮市场的重要客源地,市场份额已经达到 10%左右。新加坡、韩国、中国大陆、中国香港、中国台湾、澳大利亚和新西兰等国家和地区对邮轮产业的支持和投资力度仍然维持在较高的水平,将成为推动亚太邮轮产业发展的重要力量。特别是随着中国邮轮制造业的兴起以及较大规模的新兴邮轮公司的建立,中国将带领亚洲地区继续引领亚太邮轮市场发展。

（3）邮轮大型化和产品多样化趋势明显。国际邮轮船舶总数的不断增加、船舶规格的不断丰富、运载能力的不断提高、邮轮航线的不断开辟、接待设施的不断改善、服务方式的不断创新、消费价格的不断下降、娱乐体验的不断新奇，将促进邮轮消费的日益大众化和多样化。比如，目前运营的邮轮中，皇家加勒比邮轮公司旗下拥有 4 艘 22 万吨级绿洲级（Oasis Class）巨型邮轮，分别是海洋绿洲号、海洋魅力号、海洋和悦号和海洋交响号，标准双床位（Double Berth）载客量在 5 400 人以上，最大载客量在 6 200 人以上。邮轮市场评论公布的 2019—2020 年全球新建远洋邮轮中，总吨位基本在 10 万吨以上，大部分邮轮标准载客量超过 3 000 人（Cruise Critic,2019），如表 1-7 所示。船舶大型化对于丰富邮轮设施、提升人均公共空间和游客体验具有重要的作用。

表 1-7　2019—2020 年全球新船情况

| 邮轮公司 | 邮轮名称 | 预计投放时间 | 总吨位 | 标准载客（人） |
|---|---|---|---|---|
| 地中海邮轮 | MSC Bellissima | 2019 | 167 600 | 4 500 |
| 歌诗达邮轮 | Costa Venezia | 2019 | 135 000 | 3 936 |
| 皇家加勒比邮轮 | Spectrum of the Seas | 2019 | 167 800 | 4 180 |
| 诺唯真游轮 | Norwegian Encore | 2019 | 163 000 | 3 998 |
| 地中海邮轮 | MSC Grandiosa | 2019 | 177 0 00 | 4 900 |
| 歌诗达邮轮 | Costa Smerelda | 2019 | 180 000 | 5 176 |
| 公主邮轮 | Sky Princess | 2019 | 143 700 | 3 560 |
| 嘉年华邮轮 | Carnival Panorama | 2019 | 133 500 | 4 008 |
| 精致邮轮 | Celebrity Apex | 2020 | 117 000 | 2 900 |
| P&O 邮轮 | P&O Cruises Iona | 2020 | 180 000 | 5 200 |
| 公主邮轮 | Enchanted Princess | 2020 | 145 000 | 3 560 |
| 嘉年华邮轮 | Carnival Mardi Gras | 2020 | 180 000 | 5 200 |
| 地中海邮轮 | MSC Virtuosa | 2020 | 177 000 | 4 900 |

（4）游客趋于年轻化，探险旅游成新宠。近年来，世界邮轮乘客的平均年龄为 45～49 岁,40～49 岁的邮轮乘客占总乘客量三分之一以上，是世界邮轮客源市场的重要组成部分。在今后相当长的一个时期，这个客源市场将持续增长，仍保持市场主力军的地位。由于豪华邮轮和新型邮轮的出现，邮轮公司推出丰富多彩的娱乐活动与方便快捷的服务措施，吸引了越来越多的年轻人加入到邮轮旅游的行列

中来。特别是主题化的巡游,比如蜜月游和探险游等需求旺盛。世界邮轮客源市场将表现出年轻化趋势。旅行代理商的统计报告也显示,越来越多的顾客选择家庭旅行。在产品偏好方面,调查报告显示,与过去相比,邮轮顾客对探险或冒险旅行越来越感兴趣,并且那些朋友或情侣结伴出游的顾客对冒险旅行的需求增长最快。代表性的热门目的地有阿拉斯加和加拉帕戈斯群岛。此外,邮轮游客的花费在不断增长,但短途的邮轮旅行更受欢迎,乘客的旅行花费也更多。

(5)家庭隔代旅行受欢迎,千禧一代青睐内河游轮。2017年4月,国际邮轮协会发布的报告指出,家庭几代人一起搭乘邮轮旅行将逐渐流行。特别是"祖孙行"式的家庭隔代旅行成为新的邮轮旅游趋势。随着千禧一代收入水平的提升和休闲度假意识的转变,可以深入目的地内部的内河邮轮和小型邮轮越来越受到千禧一代的欢迎。随着邮轮旅行日程和活动的日益增多,内河邮轮目的地的深度体验远超徒步旅行和长途自驾游,而且可以拍出更加完美的"朋友圈"。

(6)深度体验式的旅行受热捧,游客环保意识增强。邮轮游客深入探索的体验式旅行是邮轮旅行的转型方向。从文化浸入、公益旅行到极限运动,从享受当地美食到饱览小镇风情,甚至是拜访当地住户,都能使游客从邮轮旅游中获得满足和成就感,并形成观念上的转变。喜欢探险的游客会将"去南非与鲨鱼同游""在阿拉斯加骑哈雷戴维森机车""混入北极圈企鹅群"等列选为邮轮旅游活动中的愿望清单。此外,游客可以期待在船上或岸上参与环境保护的实践,从回收与管理废物到流行的公益旅行再到动植物观赏与保护,以期在全球范围的邮轮目的地都创造一个环境友好的社会影响。

(7)寒冷地区的目的地走俏,健康旅行成热点产品。邮轮旅游的另一个趋势是游客开始偏爱寒冷的目的地,比如波罗的海地区、加拿大地区、美国阿拉斯加和南极洲等区域。无论对新邮轮乘客,还是邮轮常客来说,寒冷地区都极具吸引力,因为在偏远而寒冷的目的地,除了观赏企鹅、冰上钓鱼之外,邮轮游客还可以获得很多其他独特的旅行体验。人们对健康旅行的追求远远早于邮轮业提供身心健康的服务与体验。现在,邮轮游客可以在船上参与由著名健康专家主讲的论坛、健身项目、压力管理以及SPA服务等。有的航线甚至全程致力于体重管理和健康生活,还专门设计满足糖尿病患者、素食者需求的膳食清单。

(8)智慧旅行产品增多,船上科技感增强。国际邮轮协会的调研发现,未来邮轮上会出现更多方便游客生活或体验的新技术,比如从钥匙扣、手环到项链等多种多样的可穿戴技术装备通过传感器交互作用,实现舱房自动照明、游客安全管理,从机器人调酒师到船上互动社交媒体的应用,都能为邮轮游客提供个性化的服务和体验。

# 第2章 邮轮产业研究的
# 国际视角与展望

近年来,邮轮旅游业已经成为国际旅游和接待业中发展速度最快、经济效应最显著的产业之一。随着全球邮轮产业的"东移"和国家"一带一路"战略的实施,中国邮轮业迎来了快速发展时期。然而从现有文献来看,我国邮轮旅游研究一方面严重滞后于产业发展阶段,另一方面与国际学术界相比还存在一定的差距。为了使国内研究者快速捕捉邮轮旅游研究的国际动态,本章对近三十年来国外邮轮旅游研究的主要学术成果进行了整理与分析,从产业链细分的角度识别出了该领域的六大研究视角:①邮轮产业的特性、布局及区域发展研究;②邮轮旅游对经济、社会、文化与环境的影响研究;③邮轮港口规划、选择与评价研究;④邮轮运营与收益优化研究;⑤邮轮乘客心理与行为(包括邮轮乘客的动机、认知、满意、忠诚、感知价值、行为意向与花费行为等)研究;⑥邮轮人力资源管理及其他研究(包括邮轮法规政策以及安全保障等方面)。在对以上研究主题进行详细综述后,提出了若干未来值得研究的方向。作为目前国际邮轮旅游研究最全面的综述性文献,希望本章能起到抛砖引玉的作用,能吸引越来越多的国内学者共同探讨与审视中国乃至世界邮轮旅游的重大议题。

## 2.1 导言

经过 40 余年快速发展,邮轮产业已经成为全球旅游业中最具成长性、经济效益最显著的业务之一(Teye et al,1998;Sun et al,2011;Marti,2004;CLIA,2013)。国际邮轮协会(Cruise Line International Association,CLIA)数据表明,1990 年至 2013 年邮轮乘客数量以年均 7% 以上的速度增长,2013 年达到 2100 余万人(CLIA,2013)。从经济效益来看,邮轮产业涵盖运输经济、航运经济、海洋经济、港口经济和旅游经济,对区域经济的拉动作用十分明显。2015 年,全球邮轮业的总产出超过 1 000 亿美元(CLIA,2016)。然而作为旅游(Tourism)与接待业(Hospitality)中最具活力的业务板块,邮轮旅游从 20 世纪 80 年代才开始被学术界所关注(Teye et al,1998;Sun et al,2011;Toh et al,2005)。

近年来,随着北美邮轮市场日渐步入成熟阶段,国际邮轮产业开始向亚太地区"东移"。2015 年 3 月,《推动共建丝绸之路经济带和 21 世纪海上丝绸之路的愿景与行动》(以下简称《愿景与行动》)正式发布,标志着我国"一带一路"战略正式启动。《愿景与行动》指出,要"加强旅游合作,扩大旅游规模,互办旅游推广周、宣传月等活动,联合打造具有丝绸之路特色的国际精品旅游线路和旅游产品,提高沿线各国游客签证便利化水平。推动 21 世纪海上丝绸之路邮轮旅游合作。"随着"中国丝绸之路旅游年"的启动,海上旅游合作,特别是邮轮旅游成为"一带一路"战略的重要组成部分。在国家"一带一路"和"中国旅游 515"战略的共同推动下,世界邮轮产业的重心快速东移,中国邮轮旅游业进入发展的黄金时期。随着国家邮轮产业支持政策密集出台,邮轮产业发展已上升到国家战略高度。

作为亚洲邮轮产业的核心成员之一,中国已经成为国际邮轮公司竞相争夺的战略性新兴市场(Sun et al,2014;CINQ,2012;Rodrigue et al,2013)。在此背景下,大量邮轮项目不断启动,邮轮挂靠数量和游客接待能力获得了巨大提升。与此同时,中国邮轮旅游研究开始慢慢获得国内学界的注意,研究成果数量增长明显。然而与国际学术界相比,国内邮轮旅游研究存在的主要问题是:研究主题较为宽泛,问题提炼不够具体,方法运用也不够精细。作为资源依赖型很强的产业,邮轮旅游业涉及交通运输、海洋经济和休闲旅游三大领域,产业环节众多,利益关系结构复杂,学术研究视角也十分多样。通过对国际上现有文献的梳理和分析,并基于邮轮接待、邮轮运营、邮轮服务和邮轮消费等产业环节特点,本章识别出了该领域的六大研究视角,并对这些主题下的主要研究成果进行细致回顾,以期能帮助国内学者快速而全面地把握国际邮轮旅游研究的最新动态,共同探讨与审视中国乃至世界邮轮旅游的研究问题。

## 2.2 文献来源与研究视角

在国外文献收集方面,本章对 ScienceDirect、EBSCO、Taylor & Francis Online、Wiley Online Library、ProQuest、SAGE Social Science & Humanities Package 和 SpringerLink Journals 等 7 大数据库进行了检索,其中检索关键词包括"Cruise""Cruising""Cruise Tourism""Cruise Ship Tourism"和"Cruise Industry"等,搜索期刊主要以 SSCI 和 SCI 为主。剔除重复文献后,共获得 160 余篇与邮轮旅游相关的研究文献。首先,从研究历史来看,1985 年美国学者 Mescon 和 Vozikis 在国际旅游管理顶级期刊 Annals of Tourism Research 发表了题为 *The economic impact of tourism at the port of Miami*(Mescon et al,1985)的学术成果。该研究采用投入产出模型对邮轮旅游及其经济效益进行了全面分析,奠定了邮轮旅游(特别是邮轮旅游经济影响)研究的基础。

自此,可以将 30 年来国际邮轮旅游研究划分为三个阶段。第一阶段:1985—2000 年的前 15 年是邮轮旅游研究的认知期,文献数量增长缓慢,成果总量非常少,仅占 30 年总文献的 10％左右;第二阶段:2001—2010 年是邮轮旅游研究的预热期。随着邮轮产业的快速发展,邮轮旅游研究开始成为热点,文献数量增长较快,成果总量约占 30％左右;第三阶段:2010 年之后是邮轮旅游研究的蓬勃期,仅近 5 年的研究成果总量就占 30 年的 60％左右。其中,绝大多数的研究论文发表于2001—2016 年(10 月)的后 15 年中,成果总量占比超过 90％,且年度载文量遵循一种较明显的波动模式,如图 2-1 所示。可以说,邮轮旅游在近 15 年才受到国际学术界的真正关注,未来在旅游管理界将继续成为热门研究领域。

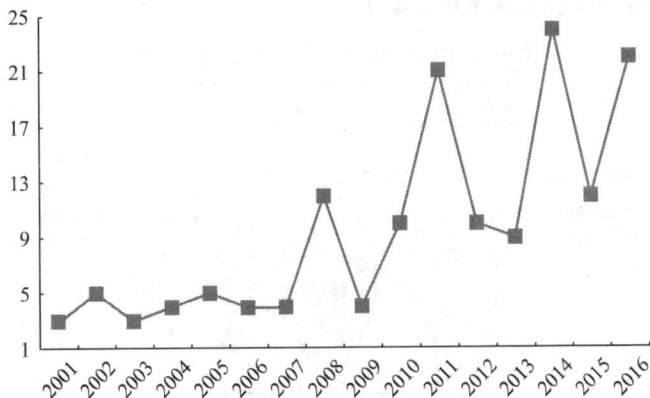

图 2-1　邮轮旅游研究的年度载文量

资料来源:作者整理

从发表期刊来看,由于邮轮旅游涉及交通运输、海洋经济和休闲旅游三大领域,研究成果主要发表在以旅游(tourism/travel)、酒店(hospitality)、海洋(maritime/ocean/coastal)以及地理(geography)等关键词命名的学术期刊上,比如 *Journal of Travel Research*、*Annals of Tourism Research*、*Journal of Sustainable Tourism*、*Tourism Management*、*International Journal of Hospitality Management*、*Ocean & Coastal Management*、*Maritime Economics & Logistics*,*Tourism Geographies*等等。

从研究视角来看,由于邮轮产业链环节众多,且利益相关者之间的关系结构复杂,研究主题十分多样。为此,本章从产业链细分的角度,基于邮轮接待、邮轮运营、邮轮消费和邮轮服务 4 个产业环节,识别出了邮轮旅游研究的 6 个研究视角(如图 2-2 所示),包括:①邮轮产业的特性、布局及区域发展研究,主要从较为宏观的国家或地区层面来探讨邮轮产业的整体发展问题;②邮轮旅游影响研究,主要涉及邮轮产业对经济、社会、文化与自然环境的影响研究,包括正向和负向两个层面;③邮轮港口规划、选择与评价研究,主要涉及邮轮港口的设施与服务配备、港口选择指标体系构建以及港口竞争力评价等方面;④邮轮运营与收益优化研究,主要从邮轮公司的角度探讨如何通过需求预测、舱位分配和动态定价等手段来有效提升销售收入;⑤邮轮游客心理与行为研究,包括对邮轮乘客的动机、认知、满意、忠诚、感知价值、行为意向、花费行为以及这些要素之间关系等进行研究;⑥邮轮人力资源管理及其他研究,主要涉及人力资源管理、员工/船员感知、邮轮法规政策以及安全保障等方面。其中,邮轮旅游影响研究和邮轮游客研究的研究成果最多,占总文献的50%以上。下文将基于120余篇主要的研究文献对邮轮旅游的6大研究视角进行综述,并进一步提出未来值得研究的方向。

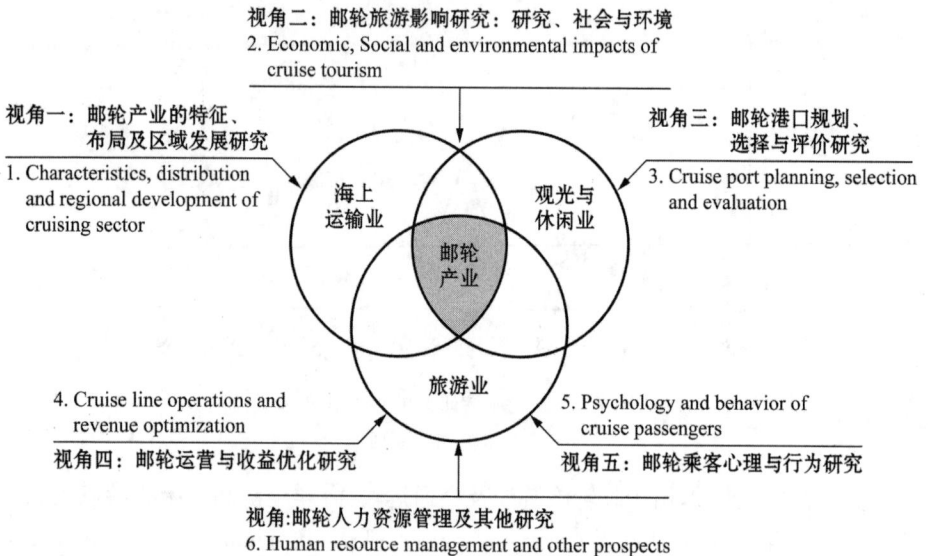

图 2-2　国际邮轮旅游研究视角

资料来源:作者整理

## 2.3　邮轮旅游研究的国际视角

### 2.3.1　邮轮产业的特性、布局及区域发展研究

从现有文献来看,邮轮旅游研究的宏观视角主要集中在对整个产业特性、布局和区域发展方面的研究。从全球价值链的角度来看,邮轮产业是一种由邮轮制造、邮轮运营、邮轮接待、旅游服务和邮轮消费等环节组成的复合型产业。如果将邮轮本身看作产品,那么邮轮产业则可以展示供应链的特点。比如,Veronneau 和 Roy (2009)认为,邮轮旅游业是一种由船舶制造、邮轮公司、船供企业、轮船代理、旅行社和邮轮乘客组成的全球服务供应链(global service supply chain),通过全球性与

区域性的服务供应链向消费者提供邮轮产品,最终通过不同的价值链环节对区域经济施加影响。比如推动区域经济增长,助推港区功能转型,促进邮轮城市再造等。Weaver(2005)则从社会学的角度对邮轮旅游的"麦当劳化"(Mcdonaldization)命题进行了验证。作者采用参与观察(participant observation)法进行研究,并得出结论:邮轮旅游一定程度上体现了"麦当劳化"的五大原则,即高效性(efficiency)、可计量性(calculability)、可预测性(predictability)、可控制性(control)和理性中的非理性(irrationality of rationality),但也表现出与这些原则不一致的特性。特别是对邮轮旅游业具有深远影响的风险问题、以个性化定制为特点的后福特主义(post-Fordism)消费观就难以完全体现"麦当劳化"五大原则(Weaver,2005)。

正如前文所述,全球性和区域化是邮轮旅游业的典型特征,具体体现在产业布局的大区域离散与小区域聚焦现象。Rodrigue 和 Notteboom(2013)对全球邮轮产业的布局、特点进行研究后发现,无论从竞争主体还是市场分布来看,邮轮旅游业均是一种高度聚集的业务。当前,世界版图的邮轮产业已经形成了加勒比海、地中海和北欧地区三足鼎立的布局形态,其中北美市场是世界邮轮产业聚集度最高的区域,而加勒比海和地海两大市场并非孤立存在,而往往通过季节性的邮轮重配(repositioning)手段相互联系。此外,邮轮市场销售的是邮轮航线而非目的地本身,邮轮公司可通过有效的航线布局控制区域乃至全球市场(Rodrigue et al,2013)。

随着北美邮轮市场的日趋成熟,全球邮轮业开始出现新的布局形态。Dehoorne、Tatar 和 Theng(2014)的研究发现,邮轮业正在向多元化趋势发展。国际邮轮业正在加强地中海和波罗的海的市场地位,并持续向东亚地区和南中国海区域投放运力。近年来,北美市场的乘客数量虽然持续增长,但增长速度下降明显。邮轮产业开始向亚太地区"东移"。澳大利亚、新西兰以及亚洲地区的新兴邮轮市场凸显,并表现出不同的发展特点。从现有资料来看,对邮轮旅游区域发展的分析主要集中在行业报告上,而学术研究则十分有限。Dowling(2011)对澳大利亚进行研究后发现,虽然邮轮旅游潜力巨大,但仍然存在基础设施不完备、经济效益低下和长远规划缺乏等问题。

近年来,作为亚洲邮轮市场的核心组成部分,中国邮轮旅游业发展迅速,成为国际邮轮公司争夺的战略性新兴市场。Sun、Feng 和 Gauri(2014)对中国在邮轮产业发展中做出的努力、取得的成绩以及面临的挑战进行了讨论,并对中国邮轮港口系统的布局和邮轮乘客的特点进行了深入分析。作者认为,庞大的中产阶级群体、巨大的出境旅游市场以及政府的大力支持为中国邮轮产业提供巨大的发展空间(Sun et al,2014);并进一步指出,中国在产业初级阶段面临的挑战主要有基础设施不完善、邮轮服务能力不高、长远规划缺乏、环境/风险控制不到位等问题(Sun et al,2014)。

此外,Bagis 和 Dooms(2014)对土耳其及其最大港口伊斯坦布尔(Istanbul)在地中海东部地区邮轮旅游的竞争力进行了研究。作者采用港口投资组合分析和专家访谈等方法得出结论:伊斯坦布尔(土耳其)具备成为东地中海邮轮母港的潜力,但必须提供差异性的航线产品和与地中海其他母港相同的服务水平。为此,促进邮轮码头与邮轮城市融合发展、设计公众友好的邮轮中心、引入国际邮轮集团总部、提升国际机场联通性以及加强区域港口合作将是各邮轮部门的重要工作(Bagis,2014)。最近,Chen(2016)运用模糊德尔菲法(Delphi)和模糊重要性-绩效分析法(IPA)识别出了中国台湾地区邮轮产业推进的建议,包括建立 24 小时的游客服务中心、提供完整的邮轮物流服务、邀请国际邮轮公司考察台湾资源、与其他亚洲国家或地区合作、建立专门的政府部门以及有效开发旅游资源等。Dawson 和 Stewart 等(2016)则以加拿大北极区为例,采用德尔菲法识别出了 60 余种邮轮旅游发展的适应性策略。其中关键需求包括灾害管理计划、更新技术和船舶导航系统、改进海洋资源勘查、制定邮轮游客行为规范以及促进可持续发展等。

### 2.3.2　邮轮旅游影响研究

随着全球邮轮活动的日益增多,邮轮旅游对社会文化、经济、政治与环境的影响越来越显著(Bagis,2014)。一方面邮轮产业依托邮轮母港、停靠港及其所在城市的各类旅游资源,以邮轮巡游为核心产品并向上、下游领域延伸,从而形成跨区域、跨行业、多领域、多渠道的经济现象;另一方面在全球产业转移和市场重构的背景下,邮轮大型化和目的地多样化可能使邮轮业面临停靠港安保、产品创新以及船舶巨人症(gigantism)带来的港口泊靠、通关安检、交通承接、乘客服务、港区安全、环境恶化等问题。

在经济效益方面,邮轮旅游对目的地经济的影响体现在邮轮及其乘客的直接、间接以及相关的诱发支出。国际邮轮协会(CLIA)的统计数据表明,2015 年邮轮旅游业为全球带来超过 1 000 亿美元的总产出、300 多亿美元的工资福利和 70 余万个就业岗位(CLIA,2016)。然而对于特定国家或地区来说,由于邮轮船舶往往悬挂方便旗(flag of convenience)且邮轮员工具有跨国性,邮轮旅游的直接和间接经济效益难以估算。为此,Chase 和 Alon(2002)曾利用凯恩斯模型对加勒比海地区岛国巴巴多斯(Barbados)邮轮旅游的经济影响进行过测算,但采用的数据是游客的旅游支出而非邮轮乘客的支出数据。Brida 和 Zapata(2010)则以哥斯达黎加为例,从邮轮乘客的人口特征、偏好和花费行为入手,对邮轮旅游的经济效应进行了研究,并进一步与陆上游客进行了比较。研究结果表明,在哥斯达黎加,邮轮乘客与陆上游客到访的旅游景点基本一致;但邮轮乘客的年龄更大,富裕程度更低,停留时间更短,花费更少,邮轮乘客的总花费甚至不到陆上旅游的 2%(Brida,2010)。应该说,邮轮旅游对该国的经济贡献十分有限,是否应该被大力推广值得商榷。

从社会文化角度来看,旅游业对社会的影响是广泛的,可能带来价值体系、家庭关系、个人行为、安全水平、道德行为、集体生活、创意表达、传统仪式、社区组织等多方面的变化(Gibson,2006)。一方面居民与游客的交流能产生积极的效应,比如向当地居民提供了获取知识、了解世界、探索新世界观的机会;另一方面,日益增长的邮轮活动会压缩当地居民的生活空间,挤占公共基础设施,破坏目的地的自然环境,甚至有时迫使本地居民选择他人的生活方式。比如,加勒比海地区的一些旅游目的地居民已经选择了游客的生活方式,有些地区甚至丧失了本地语言(Brida,2010)。

邮轮旅游影响的两面性使得居民对产业发展也会持有不同的态度。Del Chiappa 和 Abbate(2012)曾对意大利西西里岛墨西拿(Messina)港 1500 位居民进行研究后发现,虽然居民对邮轮旅游的态度在人口统计学上有显著差异,但总体表现出积极态度。Brida、Chiappa 和 Meleddu 等(2014)对地中海地区西西里岛和撒丁岛的居民进行研究后发现,虽然居民对邮轮业发展表现出总体积极的态度,但同时认为邮轮旅游存在负效应,最大的威胁可能是环境影响。此外,Stewart、Dawson 和 Draper(2011)通过两个社区案例对加拿大北极地区居民进行研究后发现,对于新兴的邮轮旅游地区,居民往往持有积极甚至赞许的态度;而对于邮轮旅游发展较深入的地区,居民则会出现抵抗心理。

另外,Marsh(2012)对美国南卡罗来纳州查尔斯顿地区的研究发现,邮轮旅游会给滨海文化遗产城市旅游业的可持续带来直接威胁。最近,Jordan 和 Vogt 等(2015)在压力应对理论(Stress and Coping Theory)框架下对牙买加法尔茅斯(Falmouth,Jamaica)居民进行研究后发现,78%的当地居民对新建邮轮港口的发展与运营感到压力。压力感主要来自对邮轮旅游期望满足的不确定性、负担过重的基础设施、生活空间拥挤、生活成本增加、环境污染以及警察骚扰等方面。

从环境影响来看,虽然与以往的粗放型港口经济相比,邮轮旅游能够促进港口功能转型,提升港口城市的可持续性发展,但邮轮船舶的引入对海洋环境的负面影响也不容忽视。Carić(2016)认为,除了全球性扩张和由此带来的众多社会经济机会,邮轮旅游同样体现了高污染强度、新规模和新维度下的大众旅游、甚至人类剥削等特征。可以说,邮轮旅游全球范围的增长势必造成海洋环境的破坏(Carić,2015)。除了空气污染物,邮轮船舶会产生大量破坏海洋环境的废水与废物,包括污水(sewage)、杂排水(graywater)、危险废物(hazardous wastes)、油污水(oily bilge water)、压载水(ballast water)和固体废物(solid waste),如表 2-1 所示。此外,邮轮旅游也会带来气候变化、自然资源枯竭以及水和能源的过度需求等环境问题(Kaldy,2011)。

表 2-1　邮轮船舶生产的主要污染源

| 污 染 源 | 说　　明 |
|---|---|
| 黑水 | 生活污水。通常每个乘客每天产生 10 加仑污水 |
| 灰水 | 包括水槽、淋浴废水等;通常每个乘客每天产生 90 加仑灰水 |
| 垃圾和固体废物 | 一艘油轮每名乘客每天可以生产 3.5 公斤固体废物 |
| 危险废物 | 包括干洗材料、印刷车间的废物、化学清洁和电池等。邮轮可每天产生有毒废物 15 加仑 |
| 油性舱底水 | 收集于船舶船体的污染物,包括燃油、机油和废水。邮轮每天可以产生 7 000 加仑有毒废物 |
| 压载水 | 压载水用于保证船舶稳性;;压载水交换可能引起本地物种交换 |
| 柴油车尾气排放 | 邮轮可产生相当于 12 000 辆汽车产生的废气排放,而且在港口社区地带更为严重 |

近年来,越来越多的国际研究者开始关注邮轮旅游的环境影响。从研究范式来看,大多数研究采用案例分析的方法进行研究,案例地多选择邮轮旅游业较为发达的区域。比如,Dawson 和 Stewart 等(2016)以加拿大北极区、Chatzinikolaou 和 Oikonomou 等(2015)以希腊比雷埃夫斯港、Van Beukering 和 Sarkis 等(2015)以百慕大、Ma 和 Halsall 等(2015)以北太平洋到北冰洋区域、Carić、Klobučar 和 Štambuk(2015)以都柏林、Schembari、Bove 和 Cuccia 等(2014)以地中海西部、Carić 和 Mackelworth(2014)以亚得里亚海、Kaldy(2011)以及 Loehr、Beegle-Krause 和 George 等(2006)以阿拉斯加、Poplawski、Setton 和 McEwen 等(2011)以加拿大维多利亚、Howitt、Revol 和 Smith 等(2010)以新西兰、Butt(2007)以南安普顿、Jones(2007)以百慕大等等为例对邮轮旅游的环境影响以及治理方面进行了研究。从实业界来看,邮轮旅游业也正努力通过减少对环境的伤害而变得更加环保(Klein,2011)。随着个人环保意识与绿色需求的日益增强,希望邮轮旅游业能因其良好的责任性而变得更具竞争力。

### 2.3.3　邮轮港口规划、选择与评价研究

邮轮产业、邮轮城市与邮轮港口之间具有相互影响的互动关系。一方面邮轮城市和邮轮港口为邮轮产业的发展提供了保障;另一方面邮轮产业发展为港口转型与城市再造提供了机会,具体表现在为了促进邮轮产业发展,邮轮城市必须做到:①通过城市功能再造以吸引邮轮乘客;②通过交通网络建设以提升港口可达性;③通过邮轮码头建设以接待大型邮轮;④通过港区功能转型以服务邮轮乘客。McCarthy(2003)通过对地中海马耳他共和国(Malta)瓦莱塔(Valletta)港邮轮码头项目中存在的问题和矛盾进行研究后指出,邮轮旅游会带来港口城市在基础设

施建设上的竞争,虽然这些项目会带来明显的经济效益,但同样伴随着可能只有在中长期才会显现的问题,管理者应该更敏感地评估邮轮旅游的发展项目。McCarthy 和 Romein(2012)以荷兰阿姆斯特丹(Amsterdam)和鹿特丹(Rotterdam)为案例,对邮轮码头发展与城市空间规划、功能再造之间的关系进行研究后发现,邮轮码头发展对城市可持续性发展目标(城市化、经济发展与竞争力、环境质量提升与综合集成利用、社会福利等)具有良好的促进作用,但效益与问题并存。因此,在可持续的城市发展背景下,明确的地方、城市以及国家层面的政策指引是优化邮轮旅游整体净效益的重要工具(McCarthy et al,2012)。

在微观层面,现有研究主要对港口规划要素、港口选择标准、港口访问量(cruise traffic)影响因素以及港口竞争力等方面进行了探讨。与其他研究主题相比,目前国内在邮轮港口研究方面的成果较多,与我国目前正处于港口接待的产业发展阶段相适应。众所周知,邮轮港口是邮轮产业发展的基石和依托。邮轮码头泊靠能力的"木桶效应"直接决定邮轮航线布局的可能性。此外,港口城市及周边旅游资源、岸上产品和服务对邮轮业发展同样具有至关重要的作用。McCalla(1998)通过内容分析法和问卷调查法对邮轮港口地址(site:专门用途或特定活动的地点)和区位(situation:周围环境中所处的位置或状态)因素的重要性进行研究后发现,虽然对不同类型的邮轮港口来说,地址与区位因素的重要程度不尽相同,但在宣传推介时邮轮港口会极力表明其同时具备两方面的优势。事实上,除了位置与区位因素,邮轮港口规划还需要考虑其他重要因素。比如,Fogg(2001)通过对美国佛罗里达州三大邮轮港口(Miami、Everglades 和 Canaveral)的研究发现,邮轮停靠能力(泊位、水深、岸线等)、乘客处理能力(通关、服务等)、邮轮接待能力(供水、供电、废物处理等)、邮轮船供能力(船上酒水、食品供应等)、港口支持服务(港口规费、港口安全等)、周边酒店设施、岸上旅游产品、港口扩建策略等是邮轮港口的主要规划要素;而与挂靠港相比,邮轮母港应更加重视周边酒店设施的配备。Satta、Parola 和 Penco 等(2015)的研究表明,邮轮码头设施、乘客登船经历、旅游信息服务、码头购物区域、周边交通设施以及码头安保程序对邮轮港口满意度具有显著的影响,并进一步影响游客的口碑传播行为。Brida、Bukstein 和 Tealde(2013)等从餐饮的角度对邮轮港口设施配备进行了研究。研究发现,基础性的餐饮设施难以吸引邮轮游客,区域性的特色餐饮服务能够提高顾客满意。

在邮轮港口选择方面,Lekakou 和 Pallis 等(2009)以地中海邮轮港口为例,基于港口的船舶服务水平、乘客服务水平、自然条件、基础设施、旅游活动、服务成本、运营效率、经营管理、交通运输、政治法规、城市设施和客源市场等 12 个指标,识别出了邮轮公司母港选择的最重要指标为:港口的船舶服务水平、自然条件、乘客服务水平、基础设施、城市旅游吸引力和港口收费标准。进一步,对细化后的 80 个评价指标研究后发现,邮轮母港的可达性(是否有国际机场)、港口成本、政治稳定性、航班密集性与可靠性、游客设施、邮轮接待能力、安全性、是否接近航线、城市旅游服务、交通衔接能力、政府政策等因素是母港选择的重要变量(Lekakou et al,2009)。近年来,亚洲邮轮港口迅速崛起,纷纷通过设施建设与功能改造以承接国际邮轮市场的"东移"。Wang、Jung 和 Yeo 等(2014)通过问卷调查的方法对东亚运营的邮轮港口、邮轮公司、邮轮代理、旅游社等部门的管理者和研究者进行了调研,并采用因子分析法识别出了邮轮公司选择邮轮港口的4大影响因素,即邮轮码头设施、腹地自然环境、旅游吸引力、交通联通性与灵活性。进一步,作者采用问卷调查和模糊层次分析法(fuzzy-AHP)对东亚五大邮轮港口进行了评价。研究结果表明,4大影响因素的重要度排名为旅游吸引力、交通联通性与灵活性、邮轮码头设施、腹地自然环境。评价结果表明,新加坡是东亚最优良的邮轮港口,其次是中国香港地区、泰国普吉岛、中国三亚和马来西亚巴生港(Wang,2014)。

从上文分析可以看出,邮轮港口只有依托优良的地理位置、气候环境、人文文化、旅游资源以及配套设施才能持续吸引邮轮挂靠和游客访问。在港口访问量影响因素方面,Castillo-Manzano、Fageda 和 Gonzalez-Laxe(2014)采用多元回归分析对西班牙邮轮港口进行了研究。结果表明,位于人口稠密的地区、接近大型机场、与集装箱运输系统隔离、能够与定期客轮共享服务设施、具备一定的泊位水深和渠道深度、航空网络密集程度较高、周边旅游吸引力较好等因素能够显著增加邮轮港口的访问量(Castillo-Manzano,2014)。Esteve-perez 和 Garcia-sanchez(2015)则采用主成分分析和最小二乘回归分析识别出了西班牙邮轮港口访问量的影响因素为旅游吸引力、港口基础设施建设和港口成本,而游客访问量的影响因素为港口腹地吸引力、港口基础设施建设和港口设施管理。

全球市场竞争的加剧迫使邮轮港口必须依照企业管理的方式来努力提升运营效率和竞争力。除了港口基础设施建造和基本功能提升,邮轮港口同样需要借助现代信息与通信技术来提升服务能力和宣传推广力度。可以说,电子服务(e-service)成为邮轮港口竞争力提升的重要工具。Vitić-Ćetković 和 Bauk(2014)将邮轮港口的60余种电子服务分为核心型、增值型、介绍型、业务型、介绍/业务型五大类,并基于网站信息资源,采用二元排序法和层次分析法(AHP)对英国、意大利、法国、西班牙、瑞典、塞浦路斯、黑山共和国等11个邮轮港口的电子服务水平进行了评价。研究结果表明,南安普顿(英国)、威尼斯(意大利)、多佛(英国)、热那亚(意大利)和奇维塔韦基亚(意大利)等邮轮港口的电子服务能力最佳(Vitić-Ćetković et al,2014)。

### 2.3.4 邮轮运营与航线规划研究

在邮轮公司运营管理方面,较早期的研究来自 Mentzer(1989)对邮轮票价影响因素的探讨。研究表明,船员比率、餐饮配比、注册国(是否悬挂方便旗)、邮轮船龄等船舶属性以及巡游时间、停靠港数量等航线属性显著影响邮轮票价,其中邮轮航线规划是邮轮运营的重要工作(Mentzer,1989)。Hersh 和 Ladany(1989)也认为,有效的航线设计和票价结构能够帮助邮轮公司提升整个航期的利润。Lee 和 Ramdeen(2013)在对北美 15 条邮轮航线数据进行研究后发现,邮轮航线对邮轮满舱率(occupancy rates)具有显著的影响作用。而科学有效的航线规划方法能有效提升邮轮企业航线布局的效果。Hersh 和 Ladany(1989)提出了一种两阶段的航线规划方法:第一阶段通过启航时间、航行时长、日均票价、港口停靠时间、船舶规格等参数来估计需求函数;第二阶段则基于需求函数和以上决策变量来确定最优的行程安排。此外,Leong 和 Ladany(2001)假设游客停靠时间越长,停靠港的吸引度就越高,并以航线吸引度(attractiveness)最大化为目标,以总时间和总成本为约束,建立了一种约束规划模型,从而可以确定最佳的停靠港、逗留时间和航行顺序。

除了产品供给和航线设计,船票分销能力对企业利润具有重要影响。在邮轮旅游中,旅行社(travel agencies)是邮轮公司不可或缺的合作伙伴(Toh et al,2005)。全球大部分邮轮产品通过旅行社进行销售,旅行社成为邮轮产品最重要的分销渠道之一。可以说,旅行社的销售能力对邮轮公司来说至关重要。Liu、Tzeng 和 Lee(2013)基于销售技巧(sale skills)、自我效能(self-efficacy)和销售绩效(sale performance)等 3 大类 12 个销售能力指标,采用一种混合多准则决策法(hybrid MCDM)对旅行社邮轮产品销售能力的指标及其权重进行了研究,通过识别出具体指标的期望水平差距,来进一步提出邮轮产品销售能力的提升策略。此外,在渠道管理方面,Ng(2007)基于邮轮公司与旅行社的交易成本数据,采用案例分析法对邮轮业的渠道合同问题进行了研究。

对于邮轮公司来说,除了船票收入,船上销售(包括疗养、美容、博彩、酒吧、购物、特色餐饮、拍照服务、艺术拍卖、通信服务和保险产品等)收入也是重要的利润来源(Vogel,2011),特别是酒吧和博彩收入成为邮轮船上收益的最大贡献者(Klein,2005)。在船上产品的需求弹性小于船票需求弹性假设下,Vogel(2011)通过构建微观经济学需求模型探讨了船上销售对邮轮票价、邮轮利润以及邮轮产业增长的影响作用。研究表明,有效的船上产品与服务供给,不仅能提高乘客满意,而且在利润提升方面也起到了关键作用。因此,船上供应系统的完备性和有效性是邮轮服务质量的重要体现。在船上产品管理方面,Erkoc、Iakovou 和 Spaulding(2005)同时考虑船上收益和顾客满意,采用随机动态规划(stochastic dynamic programming))模型,从库存控制(inventory control)的角度对邮轮船上库存控制决策问题进行了研究。此外,Wie(2004)和 Wie(2005)也从竞争的角度,以有限决策周期内的企业利润最大化为目标,对邮轮公司封闭信息和(或)开放信息结构下的存量分配和投资策略问题进行了研究。

此外,在邮轮运营与收益优化方面,邮轮收益管理成为重要的研究主题。众所周知,与航空与酒店类似,邮轮同样体现了有限而易逝性的舱位存量、类型多样而具有波动性的需求、较高的固定成本而较低的边际成本等特点。因此,以需求预测、动态定价、市场细分、存量控制为内容的收益管理(revenue management)技术可以广泛应用于邮轮业。在邮轮收益管理方面,Sun、Gauri 和 Webster(2011)对邮轮需求预测、Ji 和 Mazzarella(2007)对邮轮舱位分配、Ladany 和 Arbel(1991)对邮轮舱位定价等问题进行了研究,详细的讨论可参见文献(Sun et al,2011)。Biehn(2006)在分析邮轮与酒店的区别时强调,除了舱位数量,船上救生艇的数量对邮轮载客能力也具有很大影响,邮轮舱位分配应同时考虑救生艇的存量。为此,Maddah、Moussawi-Haidar 和 El-Taha 等(2010)在同时考虑舱位和救生艇存量约束的情况下,采用了一种离散时间动态存量控制模型对邮轮随机需求的多维度约束问题进行了研究。Li、Miao 和 Wang(2014)同时考虑了价格、房间分配和乘客的潜在船上花费等变量,建立了一种线性模型来促进邮轮收益管理的需求预测。数据分析表明,该模型在实践中非常有效,能显著提高邮轮公司的年收益(Li et al,2014)。Ng 和 Yip(2011)则以档案研究和案例分析相结合的方法探讨了邮轮公司如何通过由营销、会计、经济、运营等多学科概念组成的一体化收益管理技术来平衡收益优化过程中的供需决策。此外,如果从服务设计的角度看待邮轮运营管理,那么前文介绍的航线设计与规划研究同样属于收益管理的范畴。只是航线规划针对更具战略意义的收益管理问题。然而与传统收益管理的行业不同,邮轮旅游的消费者多为价格敏感的休闲旅客,顾客细分较为困难,给邮轮收益管理的有效实施带来挑战。

### 2.3.5 邮轮乘客心理与行为研究

从文献总量来看,邮轮市场研究方面的成果最多,主要集中在游客心理与行为方面。研究内容涉及乘客的整个巡游过程,分析视角包括邮轮游客的出游体验(experience)、动机(motivation)、满意(satisfaction)、忠诚(loyalty)、感知价值(perceived value)、行为意愿(behavior intention)、花费行为(expenditure behavior)以及决策过程(decision process)等多个方面。

(1)邮轮属性对乘客体验的影响研究。邮轮旅游与陆上旅游最大的不同在于船舶本身就是旅游目的地。现有研究已经证明,邮轮本身的属性对邮轮乘客和潜在顾客的感知和行为具有重要的影响。Kwortnik(2008)曾提出了一个专用名词"Shipscape"来刻画邮轮船上的三个属性:物理环境、社交环境和自然环境(船舶之外的海洋环境等)。研究发现,新奇的船上氛围和社会效应对邮轮乘客的体验具有显著的影响作用。Xie、Kerstetter 和 Mattila(2012)通过探索性因子分析识别出了邮轮的七大属性,即:①娱乐属性(夜生活、社交派对/聚会、游戏/竞赛/锦标赛、赌场、酒吧/休息室、秀场/表演等);②消遣/运动属性(运动室、攀岩、迷你高尔夫、球场和跑道鞲);③美体健身属性(spa、美体中心、训练、美容沙龙、游泳池/热水浴桶/漩涡泳池等);④儿童服务属性(儿童照看服务、儿童活动中心等);⑤船员属性(船员服务、船长与船员交流等);⑥核心属性(客舱、餐馆、食物、客房服务等);⑦辅助属性(图书馆、教室、微机室、商务/会议室、洗衣房等)。进一步,作者发现邮轮乘客认为重要的属性,潜在顾客往往也认为重要,而在邮轮乘客认为不重要的属性方面,潜在顾客的重要性评价会更高。虽然两个群体在邮轮属性重要性评价上具有显著差异,但均对娱乐属性、核心属性和船员属性给予了很高的重要度打分(Xie,2012)。

　　除了以上属性,邮轮品牌和所属国(Country-of-Origin,CO)也会影响乘客心理和行为。Ahmed 和 Johnson(2002)以马来西亚丽星邮轮和美国皇家加勒比邮轮为对象进行研究后发现,邮轮所属国对乘客的质量感知和态度的影响很大,而品牌对顾客的购买意愿有更大的影响。最近,Hyun 和 Kim(2015)的研究则表明,邮轮上的拥挤程度对顾客品牌价值的感知会产生负面影响,从而会阻碍邮轮乘客的品牌识别过程。Hwang 和 Han(2014)的研究表明,餐饮质量、服务质量、员工吸引力、娱乐项目、船上设施、停靠港、儿童项目、舱位质量等因素会显著影响邮轮品牌信誉的形成;进一步,作者采用结构方程模型发现,品牌信誉对顾客品牌认知和品牌忠诚具有积极影响。Meng、Liang 和 Yang(2011)对中国台湾地区邮轮乘客的研究发现,与邮轮本身及邮轮旅游相关的形象感知对乘客心理及行为也具有显著影响。此外,Zhang、Ye 和 Song 等(2013)基于大量邮轮乘客的在线评论数据,采用逐步回归法探讨了邮轮属性对顾客满意与不满意的影响。作者指出,邮轮部门应通过乘客满意与不满意的显著要素来提升服务质量和顾客满意(Biehn,2006)。

　　(2)邮轮乘客的动机因素研究。Iso-Ahola(1999)认为,动机是激发和引导行为的内在因素。在休闲旅游中,动机不仅决定消费者是否会从事旅游活动,而且决定游客会选择何时、何地和何种旅游活动(Pizam et al,1999)。一直以来,邮轮旅游动机方面的研究十分有限(Kerstetter et al,2005)。Qu 和 Ping(1999)通过对中国香港的邮轮乘客进行研究后发现,逃避刻板生活、获得社交机会、欣赏自然风光是游客选择邮轮旅游的主要驱动因素,而住宿、饮食和娱乐则是乘客重游的决定因素。De La Vina 和 Ford(2001)的研究发现,先前的邮轮经历、成本因素、航线周期和访问新目的地是消费者选择邮轮旅游的重要原因。Teye 和 Leclerc(2003)则从种族类型的角度对北美地区白人和少数民族的出游动机进行了研究。结果表明,尽管有许多相似之处,但白人与少数民族在动机方面还是存在若干显著差异。比如,社会层面、文化探索、家庭/亲属关系是白人最重要的动机因素;而追求无拘无束、探索新文化和寻找娱乐机会则是少数民族最重要的动机因子(Teye et al,2003)。

Teye 和 Paris(2010)对以加勒比海为目的的邮轮乘客研究后发现,邮轮旅游的动机因素包括社交与集会、逃避与放松、便利(船上设施与服务)、探索(包括岸上观光、购物、饮食、文化体验与社区交流等)和气候(包括目的地与客源地气候),而这些因素恰恰体现了旅游业中传统的推-拉理论。Hung 和 Petrick(2011)开发了一种邮轮旅游动机量表,并通过在线调查验证了量表的可靠性与有效性。研究表明,逃避/放松是最强的动机因子,其他因子还包括学习/探索/刺激、自尊/社会认同以及加强亲属关系或友情(Hung et al,2011)。Andriotis 和 Agiomirgianakis(2010)通过对地中海邮轮市场的研究也发现,探索和逃避是邮轮游客的主要动机因素。此外,Elliot 和 Choi(2011)采用由 15 项动机因子组成的调查问卷对不同年龄段邮轮乘客的动机进行了研究。结果表明,年龄在 25~44 岁之间的游客更关注社会交往(social bonding)效益;45~64 岁之间的游客更侧重放松效益;65 岁以上的游客则更关注学习效益;而年轻人(18~24 岁)的追求则更广泛,包括逃避日常环境、丰富生活、创造永恒记忆等等(Elliot et al,2011)。

国际邮轮协会的研究表明,目的地、配偶/旅行伙伴、成本、放松/解脱是消费者选择邮轮度假的主要原因,而邮轮目的地网站、配偶及旅行伙伴、口碑效应和"只是想去"(just want to go)是四大主要的信息来源(information sources)(CLIA,2011)。更综合地,Jones(2011)建立了由信息来源、度假属性(vacation attributes)和从传统休闲动机量表(Leisure Motivation Scale)中选取的部分动机因子组成的动机量表,并以 306 份问卷数据为样本,分别从邮轮航线(6 天和 8 天)和乘客经历(初游和重游)两个角度研究了北美邮轮市场的动机因素。结果表明,邮轮旅游动机在巡游经历上存在显著差异而在邮轮航线上的差异不明显。其中,放松或逃避日常琐事型(stimulus-avoidance)的动机因素对乘客出游具有很大的影响,而能力掌控型(competence-mastery)动机的影响作用较小(Jones,2011)。从信息来源来看,口碑效应和配偶/旅行伙伴的影响作用最大;对于初游者来说,"只是想去"是重要的动机因子。特别地,基于互联网的信息来源(比如邮轮公司和邮轮目的地的网站)对邮轮乘客出游的影响作用显著(Jones,2011)。

(3) 邮轮顾客体验、满意与忠诚研究。作为高端性、豪华型的旅游形式,邮轮旅游一直重视游客体验对顾客满意度与顾客忠诚的影响。可以说,邮轮旅游是体验经济(experience economy)的真实写照。在对邮轮乘客体验进行测量后,Hosany 和 Witham(2010)发现,学习(Education:Learning something new)、娱乐(Entertainment:Being entertained)、逃避(Escapism:Diverging to a new self)和审美(Esthetics:

Indulged in environments.)是邮轮乘客体验的 4 个维度,并且在解释乘客记忆(memory)、顾客唤醒(arousal)、感知质量、顾客满意和推荐意愿时具有不同的解释能力。与 Oh、Fiore 和 Jeoung(2007)的研究结果一致,审美维度也是邮轮乘客体验的主要决定因素(Kerstetter et al,2005)。Duman 和 Mattila(2005)的研究发现,情感因素(享乐、控制和猎奇)是邮轮乘客感知价值的重要决定因素,其中享乐性因素与感知价值和行为意向之间均存在非常显著的关系。顾客满意在情感因素与感知价值之间起到了调节作用。

在游客体验与满意方面,现有研究表明目的地形象和属性对邮轮游客体验具有显著的影响作用。比如,Toudert 和 Bringas-Rábago(2016)对访问墨西哥的邮轮游客进行研究后发现,目的地形象显著影响游客的访问体验,而游客体验对顾客满意和重游意愿具有决定性的影响。Blas 和 Carvajal-Trujillo(2014)以地中海邮轮港口为例,探讨了挂靠港目的地形象(包括旅游资源、城市基础设施、城市环境以及社会经济环境)对顾客满意与行为意向的影响。研究表明,目的地形象对顾客满意具有直接影响,而顾客满意对行为意向也具有直接影响(Blas et al,2014)。Brida、Garrido 和 Devesa(2012)对喀他赫纳港(Cartagena)邮轮乘客的岸上满意度进行研究后发现,虽然乘客的总体满意度较高,但城市基础设施(包括交通、噪音、卫生、设施)和购物环境需要引起决策者关注,特别是街头摊贩的态度很大程度降低了乘客购物体验的满意度。Ozturk 和 Gogtas(2016)以夏威夷火奴鲁鲁为例,采用逻辑回归发现,虽然目的地距离会限制邮轮游客的重游行为,但目的地满意能显著促进游客的重游行为和口碑推介行为。其中,交通、安全和价格属性对目的地满意影响显著,而岸上活动或观光旅游则没有影响力。

Petrick、Tonner 和 Quinn(2006)则采用关键技术法研究了关键时刻(moments of truth)对顾客满意、感知价值、口碑传播及重购行为的影响。研究表明,关键时刻与顾客保持(retention)直接相关。与正面事件相比,负面事件对顾客事后评价行为的影响更大(Petrick et al,2006)。Yi、Day 和 Cai(2014)以 SERV-PERVAL 量表、Qu 和 Ping(1999)的量表为依据,采用因子分析和结构方程模型对 117 名亚洲邮轮乘客的研究发现,游客的认知性感知价值包括设施、餐饮、娱乐和员工 4 类;认知感知价值对情感感知价值具有正向影响,两者对顾客满意的影响也是显著的;而顾客满意进一步对行为意向具有正向的影响。更为综合地,Chua、Lee 和 Goh 等(2015)将邮轮服务质量分为物理环境质量(physical environment quality)、互动质量(interactional quality)和服务过程的结果质量(outcome quality)三类,并且引入猎奇(novelty seeking)因子,采用结构方程模型对 394 名邮轮乘客进行了研究。结果表明,互动质量和结果质量都与猎奇动机和感知价值具有显著的正向关系,并进而影响顾客满意和顾客忠诚(Chua et al,2015)。作者进一步发现,猎奇因子在低价格敏感群体中对顾客满意的影响更有效,而在高价格敏感群体中对顾客感知价值的影响作用更显著(Chua et al,2015)。

近年来,国际邮轮业表现出三大趋势,即邮轮尺寸越来越大、航线产品越来越标准、新兴顾客群体慢慢显现。在此背景下,单纯依靠邮轮属性和航线特点来提升竞争力变得非常困难。而船上互动体验为邮轮公司提供了区别于竞争对手的潜在机会。大量旅游研究也证明,社会交往对游客体验具有重要的影响作用。目前,游客社交方面的研究主要体现在游客-社区、游客-员工和游客-游客三个方面。在邮轮旅游方面,Papathanassis(2012)通过调查问卷与半结构化访谈相结合的方法对乘客互动(Guest-to-Guest,G2G)行为进行了研究。研究表明,虽然不是最主要的决定因素,G2G 互动在提升顾客满意方面具有相当大的促进作用(Papathanassis,2012)。Yarnal 和 Kerstetter(2005)的研究也发现,邮轮乘客在关注休闲舒适的体验的同时,正努力寻求控制与解放的感觉,并主动通过社会交往(social interaction)来提升出游体验。为此,邮轮公司应通过有效的公共空间布局和活动策划来促进乘客互动的数量和质量。Huang 和 Hsu(2010)采用问卷调查和探索性因子分析对乘客之间的互动质量和数量进行了测量。结果表明,互动质量(而非互动数量)对顾客体验和顾客满意具有显著的影响(Huang et al,2010)。最近,Chua、Lee 和 Goh 等(2015)也发现,互动质量(Interactional quality)对游客的感知价值具有显著而正向的影响,并进一步影响顾客满意与顾客忠诚。此外,采用网站内容挖掘法,Brejla 和 Gilbert(2012)从游客度假评论中识别出了乘客-乘客以及乘客-员工(Guest-to-Staff,G2S)互动对邮轮服务的影响。研究发现,相当一部分邮轮体验具有共同创造(co-creation)的特点,而承载社会互动功能的公共空间和船上服务属性对乘客体验的影响较大(Brejla et al,2012)。

(4)邮轮乘客细分研究。对于邮轮业来说,有效的顾客细分可以帮助企业深刻理解乘客的特征、心理与行为,从而制定针对性的产品和营销策略。Petrick(2005)采用 Lichtenstein、Bloch 和 Black(1988)量表对邮轮乘客的价格敏感性进行了测量,并采用 K 均值聚类方法将游客分为低价格敏感者、中价格敏感者和高价格敏感者。研究表明,较低价格敏感者在船上的花费更高,且更倾向于购买高价格舱位;较高价格敏感者则更为忠诚,且对邮轮体验的要求更高(Petrick,2005)。采用类似的方法,Petrick(2011)将邮轮乘客划分为高声誉感知、中声誉感知和低声誉感知三类,并进一步发现企业声誉对乘客的价格敏感性、质量感知、价值感知、顾客意度、价格行为、口碑行为和重购意愿等都有很大的影响。此外,Petrick(2004)对重游者和初游者群体进行研究后发现,重游者的风险感知更低,更倾向再次消费和进行口碑传播;而初游者的价格敏感度更低,花费也会更多。

最近,Blas 和 Carvajal-Trujillo(2014)通过对(以"低不确定性规避和高个人主义"为特征的)英国/美国乘客和(以"高不确定性规避和低个人主义"为特征的)德国/意大利乘客的对比发现,文化要素在顾客满意与行为意向关系中具有调节作用。Brida、Pulina 和 Riaño 等(2013)以国籍、满意度、安全感知与花费为变量,采用分层聚类分析法将邮轮乘客划分为了 6 大类:①安全感知积极-花费水平低型;②总体满意-安全感知积极-花费水平高型;③重游者-总体评价消极-花费最高型;④安全感知消极型;⑤高满意度-安全感知高型;⑥初游者-年轻人-总体评价高型。并针对不同的细分市场,进一步提出了促进乘客重游和吸引年轻游客等方面的管理建议。此外,Brida、Pulina 和 Riaño 等(2012)以目的地停留时间为变量,采用因子聚类分析法识别出了三类游客:中转型、短暂型和久待型。研究发现,大部分(85%以上)邮轮乘客为短暂停留的游客,对当地的经济贡献非常有限(Brida et al,2012)。Brida、Fasone 和 Scuderi 等(2014)采用一种处理定量—定性混合数据的 ClustOfVar(一种基于 R 统计软件的聚类算法)方法,以访问乌拉圭邮轮港口的乘客数据为样本,识别出了 5 大显著的聚类因子和 5 大邮轮乘客群体。此外,Brida、Scuderi 和 Seijas(2014)以居住国、职业、访问地、满意度、旅游经历为变量对乌拉圭的邮轮乘客进行了细分研究。另外,De Cantis 和 Ferrante 等(2016)基于传统问卷调查和 GPS 技术相结合的方法对目的地邮轮游客的时空活动进行了监测,并采用分裂式层次聚类算法将游客进行了细分,并对不同群组的社会人口特征和问卷中的其他变量差异性进行了比较。

(5) 邮轮乘客花费行为及其他市场研究。深刻理解邮轮乘客的花费行为和旅游活动是目的地的设施配备和景点规划的关键。Brida、Bukstein 和 Garrido 等(2012)对访问哥伦比亚喀他赫纳港(Cartagena)的邮轮乘客进行研究后发现,游客的人口统计特征(年龄、国籍、收入等)与花费行为和花费水平之间具有对应关系。Larsen、Wolff 和 Marnburg 等(2013)借助三个独立的研究获得了一致的结论,即邮轮乘客在目的地的花费明显少于一般游客,且倾向于高估自己的总开支用。作者用"Belly full,purse closed"(肚子饱了,钱包紧闭)形象地展现了邮轮乘客的花费特点(Larsen et al,2013)。此外,Brida、Bukstein 和 Tealde(2013)则采用 Logit 选择模型和受限因变量 Tobit 模型对乌拉圭邮轮乘客的餐饮支出、旅游支出、交通花费、购物支出等花费行为及其影响因素进行了研究。

除了以上传统的研究主题,近年来国际学术界开始关注自我感知和他人看法对邮轮乘客心理与行为的影响。比如 Hung 和 Petrick(2011)以豪华邮轮乘客为例对乘客的自我一致性(self congruity)和功能一致性(functional congruity)进行测量后发现,自我一致性包括现实的、理想的、社会的和社会理想的 4 个维度;功能一致性包括服务、空间和活动 3 个维度;自我一致性与邮轮旅游意愿正相关,其中理想的自我一致性的解释能力最强,其次是社会理想的、现实的和社会的。此外,功能一致性与邮轮旅游意愿也表现出正相关关系。Hyun 和 Han(2015)则探讨了他人看法(other customer perception,OCP)对邮轮乘客社会价值感、品牌依恋和溢价支付意愿的影响。通过对 342 个邮轮乘客进行研究后发现,相似性、外貌形象、得体行为等 3 大 OCP 维度对社会价值感具有正向的影响作用;社会价值感有助于品牌依恋的形成,而品牌依恋对溢价支付意愿具有正向的影响作用(Sehkaran et al,2011)。

(6) 邮轮人力资源管理及其他研究。实践表明,邮轮员工的高质量服务既能提升乘客体验,又能提高企业竞争力。深刻理解员工动机和工作满意对邮轮公司来说至关重要。Sehkaran 和 Sevcikova(2011)采用模板分析法(template analysis)对邮轮员工的工作动机进行研究后发现,省钱的工作机会、渴望旅行、结识新朋友、渴望学习和吸引力的生活方式是员工选择邮轮旅游业的主要动机。作者认为,独特的工作环境对员工动机影响较大,因此对邮轮来说非常重要。此外,Larsen、Marnburg 和 Øgaard(2012)研究了工作环境感知对员工组织承诺和工作满意的影响。结果表明,员工工作感知涉及员工与上司、同事与客人之间的关系以及物理工作环境等方面。其中上司的尊重与公平、客人与朋友展现的社会风气、良好的食物和生活空间对组织承诺和工作满意的影响作用最强。

Gibson(2008)认为,文化多样性、全球化、邮轮大型化、乘客新特征会导致员工工作环境发展变化。过去的研究表明,民族文化差异会显著影响员工对领导关系的评价,并进一步影响员工对上级的应对行为。众所周知,与其他旅游业不同,邮轮员工具有鲜明的多文化和多国别特征。这一特点为有效的邮轮人力资源管理带来挑战。采用多元方差分析法,Testa(2002)以 367 位邮轮管理者为对象,探讨了文化一致性对领导关系的影响。研究表明,在具备文化一致性关系的组别中,下属对上级的评价更高,对上级表现出更高的满意度和信任感。Lee-Ross(2008)的研究也发现,邮轮上存在一种很强的职业文化,称为职业团体或社区(occupational community),而且航行时间越长这种文化氛围越强。因此,管理者应该深刻理解并识别出职业团体与组织文化之间的关系,努力保持员工的积极性和工作效率(Lee-Ross,2008)。

随着邮轮业的全球布局,邮轮人力资源管理出现了一种明显的悖论,即虽然国际邮轮业享有最灵活和最具全球性的劳动力市场,但整个行业却面临潜在的劳动力短缺。在对大量邮轮员工及相关部门招聘人员进行访谈后,Terry(2011)认为,邮轮旅游业劳动力供给的全球化受限于应聘者特殊的政治、经济以及文化背景,使得该行业劳动力市场具有很强的地理限制。而且,劳动力全球性使得船员的雇佣成本相当高,主要体现在船员从居住地到邮轮出发港的调度成本。特别是船员上下船的不确定性进一步增加了人员调度工作的复杂度。为此,Giachetti、Damodaran 和

Mestry 等(2013)提出了一种两阶段的员工调度方法,一方面帮助邮轮公司确定最优的人员超订(over-booking)水平以应对员工违约和提早下船的状况,另一方面通过构建整数目标规划模型来帮助企业确定足够人员水平和特定区域组合下的最优人员配置策略。另外,在邮轮旅游教育和培训方面,Papathanassis、Matuszewski和 Havekost(2013)对邮轮业的实习计划与高等教育方案融合问题进行了探索性研究。

　　除了以上研究视角,近年来出现了若干关于邮轮政策和安保方面的研究。为了享受船舶登记宽松政策和规避各种严格的管制,全球绝大多数邮轮悬挂了方便旗。美国出于对本国水上客运业的保护,于 1886 年颁布了客轮服务法,要求搭载美国公民的邮轮船舶必须在外国港口停留。为了排除竞争,运营于夏威夷海域的一艘邮轮(该邮轮悬挂美国国旗)曾向美国海关与边境保护部门提出对外籍邮轮加强限制的要求。针对此项提议,Mak、Sheehey 和 Toriki(2010)的研究认为,政府不应该继续助长这种贸易保护主义,而应废除这一法案。此外,在旅游研究中,海上恐怖主义和邮轮潜在威胁一直是被忽视的研究领域。Bowen、Fidgeon 和 Page (2014)采用情景分析法对邮轮乘客的风险感知进行研究后发现,尽管安全性(safe and security)被业界看作是邮轮旅游的“标志”,但仍有 44% 的受访者认为邮轮恐怖袭击事件很有可能发生。为了最大限度地降低风险和威胁,相关部门应该不断提升邮轮船舶和邮轮港口的安全保障措施(Larsen et al,2013)。更为具体地,Mileski、Wang 和 Beacham(2014)对 580 次邮轮事故与灾难产生的原因进行分析后认为,缺乏适当的维护保养和人员失误是造成邮轮事故的最主要原因。

## 2.4　结论与研究展望

　　就发展速度和活跃程度来看,邮轮旅游是国际旅游与接待业中当之无愧的佼佼者。然而从学术研究来看,该行业引起的关注还远远不够。近年来,随着邮轮业的全球布局与快速发展,邮轮旅游的文献成果迅速增长,研究视角也日渐多样。作为当前被大力扶持的旅游新业态,中国邮轮业经历了近十年的快速发展。然而国内学者对该领域的关注却非常有限,在视角选择、问题识别、方法运用等方面与国际学术界相比还存在一定的差距。为了让国内研究者快速捕捉邮轮旅游研究的最新动态,本章对该领域的 6 大研究视角、相关研究方法和主要研究结论进行了细致阐述。作为目前邮轮旅游研究最全面的综述性文献,希望本章能起到抛砖引玉的作用,吸引越来越多的国内学者共同关注和审视这一令人瞩目的旅游业态,探讨中国乃至世界邮轮旅游的发展问题及解决之道。

　　从研究视角来看,国际邮轮旅游研究已经涵盖了广泛的研究主题。未来可以从以下几个方面加以扩大和深化:

（1）邮轮产业的区域发展。在全球邮轮产业布局大调整背景下，重点探索亚太地区、地中海地区以及其他新兴邮轮旅游市场的发展问题，可特别关注邮轮产业对邮轮城市转型、港区空间规划以滨海旅游发展的影响。

（2）邮轮旅游经济效益的测度。目前，邮轮旅游经济效应的衡量还比较困难，可以针对特定区域构建邮轮旅游经济指标，并通过产业数据和顾客调研相结合的方法加以测评，应重点关注邮轮经济的纯效益而非经济总产出。

（3）邮轮旅游的可持续性与责任性。任何事物的发展变化均存在两面性。未来的研究可重点关注邮轮旅游的外部性问题，特别是负面效应，比如从社会文化与环境方面探索邮轮旅游的可持续发展与责任性问题，可进一步关注邮轮旅游对当地社区和居民态度的影响作用。

（4）邮轮港口规划与航线设置。特别针对新兴邮轮市场，对邮轮港口的规划要素、功能配备以及区域协作问题进行研究。可重点对邮轮公司和邮轮消费者对母港和挂靠港选择的偏好和影响因素进行研究。此外，在邮轮航线规划与岸上产品配备方面，可以借鉴发达市场经验，探索新兴邮轮市场港口之间的空间协同、旅游产品配备和航线规划等问题。

（5）邮轮运营管理。目前国际上的研究成果较少。未来可继续对邮轮公司的需求预测、存量分配、动态定价以及竞争策略进行研究；此外可重点关注邮轮船供系统优化，比如邮轮船上物品的库存管理以及供应链协调等问题。

（6）邮轮乘客心理与行为。此类研究将继续成为国际邮轮旅游研究的热点领域。未来可重点关注新兴邮轮旅游市场的顾客满意指标体系、测度方法以及提升策略、邮轮旅游动机以及市场培育、乘客花费行为以及购买决策等问题。

# 第3章 中国邮轮产业
# 发展历程、现状与启示

随着全球邮轮业由欧美向亚太地区的"东移",在中国政府大力支持以及邮轮政策强力推动下,在十余年间,我国邮轮产业快速经历了探索成长期和爆发提升期,开始进入一个优化调整的全产业链发展阶段。当前,我国邮轮港口基础设施建设与功能配备基本完成且日渐完善,已经形成了由大连、天津、青岛、烟台、上海、舟山、温州、厦门、福州(在建)、广州、深圳、海口、三亚、北海、防城港组成的邮轮港口系统。近年来,中国邮轮旅游业务增长迅速,邮轮游客数量已经突破200万,并在邮轮产业链拓展与延伸方面取得了令人瞩目的成绩。2016年,中国超越德国成为全球第二大邮轮旅游客源市场。2018年11月6日,中国第一艘邮轮订单签署,标志着我国有望成为继意大利、德国、芬兰和法国之外的重要邮轮制造国。本章将全面回顾和深入分析中国邮轮产业的发展历程及关键事件、邮轮产业政策以及未来发展对策。

## 3.1 导言

国际邮轮业的大众化和蓬勃发展开始于20世纪60年代末至70年代初皇家加勒比、嘉年华、诺唯真等邮轮巨头的产生,至今已经经历了半个世纪左右的快速发展,已然成为全球旅游业中经济效益最为突出、发展速度最为迅猛的行业之一,被称为"黄金水道上的黄金产业"(Sun et al,2011)。近年来,随着欧美邮轮市场的日渐成熟,国际邮轮公司加快了"东移"步伐,积极向亚太、南美和中东等地区投放邮轮。特别是以中国和澳大利亚为代表的亚太地区成为战略性新兴市场,成为全球邮轮经济新的增长点(Rodrigue et al,2013)。

早在1976年,中国(大连)便首次接待过国际邮轮,严格来讲还不能算中国进入邮轮产业的起点。2006年,歌诗达邮轮"爱兰歌娜号"(Costa Allegra)首次在上海运营母港邮轮航线,这才真正拉开了我国邮轮产业快速发展的序幕。2016年,中国邮轮业开始进入第二个十年,邮轮游客接待量首次突破200万人,并超越德国成为全球第二大客源市场。2017年,中国交通运输协会邮轮游艇分会(CCYIA)的统计数据表明,上海、天津、大连、青岛、舟山、温州、厦门、广州、深圳、海口、三亚等11大邮轮港口全年共接待邮轮1181艘次,同比增长17%,共接待出入境游客 495.4 万人次,环比增长 34%,同比增长 18%(汪泓,2018),远高于世界平均增长率。

伴随着邮轮旅游的飞速发展,我国努力推动邮轮产业的全产业链拓展。2017年 2 月,在国家主席习近平和意大利总统马塔雷拉(Sergio Mattarella)见证下,中国船舶工业集团公司与嘉年华(Carnival)集团、芬坎蒂尼(Fincantieri)集团签了我国首艘国产大型邮轮建造备忘录协议(MOA)。2018 年 11 月 6 日,上海外高桥造船有限公司、中船嘉年华邮轮有限公司、中船邮轮科技发展有限公司在"中国首届国际进口博览会"上,签订了"2+4"艘 Vista 级(13.55 万吨)、超过 50 亿美元的大型邮轮建造合同。其中实船 2 艘,选择船 4 艘,每艘邮轮船价为 7.7 亿美元,首个合同总价为 15.40 亿美元,这标志着中国首艘大型邮轮开始了实质性的设计与建造。此外,中船嘉年华邮轮有限公司将同时成为深耕中国市场的本土邮轮运营商。中国邮轮产业开始步入邮轮旅游、港口接待、邮轮制造、邮轮运营的全产业链发展模式。

## 3.2 中国邮轮业发展历程

从历程来看,中国邮轮产业大致经历了三个发展阶段,如图 3-1 所示。

一是探索成长期(2006—2011 年)。该阶段的工作主要集中在邮轮港口的基础设施建设和吸引国际邮轮公司开展母港航线业务,属于邮轮产业的萌芽期。

二是爆发提升期(2012—2016 年)。该阶段邮轮产业发展迅猛,国家陆续设立了邮轮旅游发展实验区,多家国际邮轮公司进入中国,母港邮轮数量剧增;中国在 2016 年开始成为全球第二大邮轮市场,上海成为亚洲第一、全球第四大邮轮母港。

三是调整优化期(2017—至今)。在该阶段,国际邮轮公司在华部署与发展战略略有调整,邮轮母港业务发展速度放缓,华南地区成为邮轮重要市场,新增邮轮旅游发展实验区,初步形成了华北环渤海、华东长三角、东南海峡两岸、华南粤港澳、南海琼州海峡等邮轮港口群发展格局。中国开启首艘本土邮轮建造项目,多船本土邮轮运营公司将出现。

### 3.2.1 探索成长期(2006—2011 年)

2006 年,中国迎来第一艘母港邮轮——歌诗达"爱兰歌娜号"。我国开始积极为初入中国的邮轮产业谋篇布局。中国邮轮业进入探索成长期。国家率先关注新兴的邮轮产业,并积极对产业发展提供前瞻性的意见指导。在探索成长期,各级政府与不同部门通力合作,推动邮轮产业由探索期进入成长期。若干政策制定、邮轮投放、港口建设等关键性事件表明了中国邮轮产业的大发展。

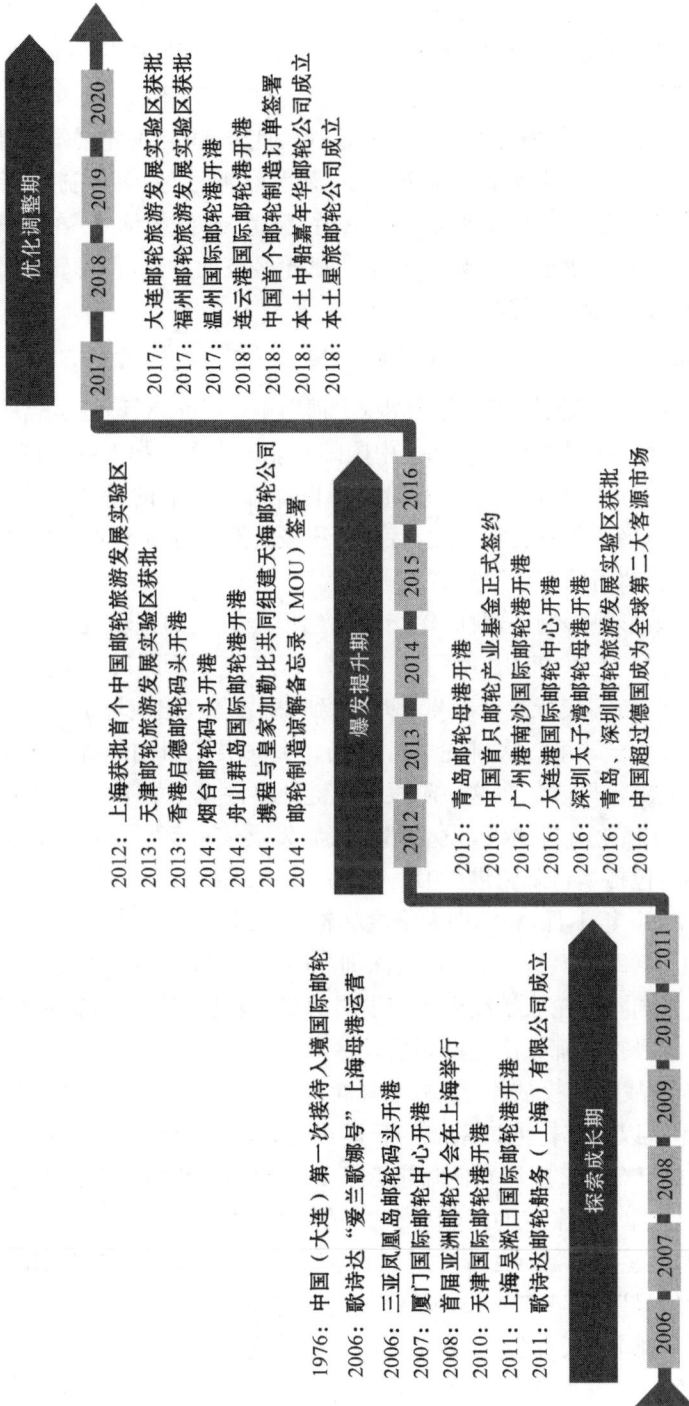

图 3-1　中国邮轮产业发展历程及事件

优化调整期

2017：大连邮轮旅游发展实验区获批
2017：福州邮轮旅游发展实验区获批
2017：温州国际邮轮港开港
2018：连云港国际邮轮港开港
2018：中国首个邮轮制造订单签署
2018：本土中船嘉年华邮轮公司成立
2018：本土星旅邮轮公司成立

爆发提升期

2012：上海获批首个中国邮轮旅游发展实验区
2013：天津启德邮轮码头开港
2013：香港启德邮轮码头开港
2014：烟台邮轮码头开港
2014：舟山群岛国际邮轮港开港
2014：携程与皇家加勒比共同组建天海邮轮公司
2014：邮轮制造谅解备忘录（MOU）签署

2015：青岛邮轮母港开港
2016：中国首只邮轮产业基金正式签约
2016：广州港南沙国际邮轮港开港
2016：大连港国际邮轮中心开港
2016：深圳太子湾邮轮母港开港
2016：青岛、深圳邮轮旅游发展实验区获批
2016：中国超过德国成为全球第二大客源市场

探索成长期

1976：中国（大连）第一次接待入境国际邮轮
歌诗达"爱兰歌娜号"上海母港运营
2006：三亚凤凰岛邮轮码头开港
2007：厦门国际邮轮中心开港
2008：首届亚洲邮轮大会在上海举行
2010：天津国际邮轮港开港
2011：上海吴淞口国际邮轮港开港
2011：歌诗达邮轮船务（上海）有限公司成立

53

在政策引领下,沿海主要港口积极建设或改造邮轮码头,为邮轮停靠提供实质性硬件支持。三亚凤凰岛邮轮码头(2006年11月)、厦门国际邮轮中心(2007年10月)、天津国际邮轮港(2010年6月)、上海吴淞口国际邮轮港(2011年10月)等港口相继开港,为华北邮轮市场的繁荣打下了基础。此外,国际邮轮公司开始向中国市场投放邮轮。2006年7月歌诗达邮轮旗下"爱兰歌娜号"上海首航,开启中国第一次母港运营模式。皇家加勒比邮轮紧随其后,派遣"海洋神话号"在上海开启母港航线。我国邮轮旅游业逐步兴起,中国渐入邮轮经济的时代,但邮轮产业仍然处于萌芽发展发展,产业链还不健全。

### 3.2.2 爆发提升期(2012—2016年)

2011年,上海吴淞口国际邮轮港开港,上海"两主一备"双母港运营为中国邮轮旅游接待业务蓬勃发展奠定了基础。中国邮轮业进入爆发提升期。国家非常重视邮轮港口系统的打造,并积极通过政策体系保障邮轮产业的持续繁荣。沿海港口城市加大对此新兴产业的支持力度,特别是积极打造邮轮母港,努力促进邮轮经济发展,母港建设与"引轮工作"进入"战国时代"。

在良好的政策形势影响下,我邮轮产业达到里程碑式的蓬勃发展。2016年大连、天津、烟台、青岛、上海、舟山、厦门、广州、海口、三亚、深圳11大港口城市共接待邮轮1040艘次,游客接待量突破200万,达到228万人(出入境4567370人次),首次超过德国,成为全球第二大邮轮客源市场。上海吴淞口国际邮轮港成为亚洲第一、全球第四大邮轮母港。在这一阶段的关键性事件具体如下。

(1)持续推进邮轮港口建设,设立邮轮旅游发展实验区。该阶段邮轮港口开港数量持续增加,包括烟台邮轮港(2014年7月)、青岛邮轮港(2015年5月)、广州港南沙邮轮港(2016年1月)和深圳太子湾邮轮港(2016年11月)。国家旅游局依次批复同意在上海(2012)、天津(2013)、深圳(2016)、青岛(2016)设立中国邮轮旅游发展实验区,将国际邮轮旅游纳入国家发展战略,鼓励各地进行邮轮政策创新与先行先试工作,积极推进邮轮产业链拓展。

(2)国际邮轮战略性投放剧增,本土邮轮运营蹒跚起步。随着我国政府对邮轮产业的日渐重视以及邮轮港口系统的日渐成熟,国际邮轮公司纷纷向中国市场投放邮轮。2012年6月皇家加勒比邮轮旗下13.8万吨的"海洋航行者号"进入中国"服役",开启中国邮轮旅游的巨轮时代。丽星邮轮"双子星号"(2013年4月)、公主邮轮"蓝宝石公主号"(2014年5月)、歌诗达邮轮"赛琳娜号"(2015年4月)、歌诗达邮轮"幸运号"(2016年4月)、皇家加勒比"海洋量子号"(2015年6月)上海首航。此外,丽星邮轮"天秤星号"(2015年11月)海口首航,公主邮轮"黄金公主号"(2016年6月)、皇家加勒比邮轮"海洋赞礼号"(2016年6月)天津首航,星梦邮轮"云顶梦号"(2016 年 11 月)广州南沙港首航。在此阶段,本土企业开始尝试国际邮轮运营业务,投放的邮轮包括海航邮轮"海娜号"(2013 年 1 月三亚首航)、携程与皇家加勒比共同运营的天海邮轮"新世纪号"(2015 年 5 月上海首航)以及渤海轮渡旗下"中华泰山号"(2014 年 8 月烟台首航)等。

(3) 邮轮航线日渐丰富,邮轮建造初现倪端。为响应国家"一带一路"之"21 世纪海上丝绸之路"倡议,2015 年 2 月北部湾(北海)至东南亚"海上丝绸之路"邮轮航线首航,为游客提供邮轮航线新选择。2015 年 10 月,"21 世纪海上丝绸之路"邮轮旅游发展联盟在三亚市宣布成立。此外,作为邮轮产业链的高端环节,邮轮制造成为本阶段的重要内容。2014 年 11 月,意大利邮轮造船企业芬坎蒂尼集团(Fincantieri)与嘉年华集团、中船集团签署了两项谅解备忘录(MOU),联手开拓中国邮轮建造领域。此外,2016 年 12 月中国首支 300 亿规模的邮轮产业基金正式签约,主要投向豪华邮轮的设计与建造以及配套产业等方面,对推动我国邮轮产业链拓展具有重要意义。

### 3.2.3　调整优化期(2017 至今)

在经历十余年快速发展之后,中国邮轮旅游业已经具备较大规模,母港游客数量位居全球第二,但仍然存在入境旅游逆差明显、邮轮产业链环节缺失以及市场分布不均衡等问题。中国邮轮业开始进入阶段性调整优化期,主要表现为邮轮制造取得实质性进展,部分国家邮轮撤出中国市场,运力投放有所下降。比如,2017—2018 年航季之后,诺唯真邮轮"喜悦号"、公主邮轮"盛世公主号"、歌诗达邮轮"维多利亚号"、天海邮轮"新世纪号"以及皇家加勒比邮轮"海洋量子号""海洋赞礼号"和"海洋水手号"等邮轮都将临时抽调出中国市场。在短短两年内,我国仍然密集发布了 48 份邮轮产业相关政策(国家层面 28 份,地方层面 20 份),从不同领域指导邮轮产业优化发展。

在优化调整期,国家十部委于 2018 年 9 月联合发布了《关于促进我国邮轮经济发展的若干意见》,全面提出了我国至 2035 年邮轮产业的发展目标,努力使我国邮轮市场成为全球最具活力的市场之一,邮轮自主设计建造和邮轮船队发展取得显著突破,体系完善、效率显著的邮轮产业链基本形成,邮轮经济规模不断扩大,对城市转型、产业升级、经济发展和人民消费的支撑力和保障作用显著增强。在优化调整期,更为完善的邮轮政策体系造就了如下邮轮产业的若干关键事件。

(1) 邮轮港口布局不断完善,增添邮轮旅游发展实验区。2017 年和 2018 年我国新增两个邮轮港口:温州国际邮轮港(2017 年 12 月)和连云港国际邮轮港(2018 年 4 月)。福州和大连于 2017 年先后被国家旅游局批复同意设立邮轮旅游发展实验区。

(2) 国际邮轮仍然重视中国市场。2017 年中国母港运营邮轮数量创历史新高,上升为 18 艘。其中,上海首航的邮轮包括诺唯真邮轮"喜悦号"(2017 年 6 月)和公主邮轮"盛世公主号"(2017 年 7 月)、地中海邮轮"辉煌号"(2018 年 5 月)。2018 年 6 月丽星邮轮旗下"宝瓶星号"在青岛首航。2019 年皇家加勒比邮轮"海洋光谱号"也将在上海正式启航。另外,专为中国量身打造的歌诗达首艘 vista 级邮轮"威尼斯号"将于 2020 年为中国消费者服务;此外,地中海邮轮"荣耀号"、诺唯真邮轮"之勇号"也将陆续进驻中国。

(3) 邮轮建造取得实质性进展。2017 年 2 月,中船集团与嘉年华集团、芬坎蒂尼集团签署了首艘邮轮建造备忘录协议(MOA)。2018 年 11 月 6 日,三方在中国首届国际进口博览会上,签订了"2+4"艘邮轮建造合同,并举行了邮轮建造项目启动仪式。此外,2018 年 3 月,中国首个豪华邮轮制造配套项目在招商重工(江苏)有限公司开工。

(4) 积极践行国家"一带一路"倡议。2018 年 3 月我国开通了首条跨东南亚六国的"一带一路"邮轮航线,并于同年 4 月成立了"21 世纪海上丝绸之路沿线邮轮旅游城市联盟",积极与东盟国家开展全方位的邮轮旅游合作。

## 3.3　中国邮轮产业发展现状

在改革开放 40 年之后,中国邮轮业取得了令人瞩目的成绩,已经稳坐全球第二大邮轮客源市场位置,并在产业链拓展与延伸方面取得了重要进展。

(1) 在港口系统打造方面,2006 年上海国际客运中心开出第一条邮轮航线,揭开了我国邮轮港口基础设施建设的序幕。我国邮轮港口建设经历了从白热化竞争到有序化发展的过程,目前大陆地区已经形成由大连、天津、青岛、威海、烟台、连云港、上海、舟山、温州、厦门、广州、深圳、海口、三亚、北海、防城港、福州(在建)17 个主要沿海港口组成的邮轮港口系统。截至到 2019 年,上海、天津、青岛、深圳、大连和福州获批"中国邮轮旅游发展实验区",在邮轮产业创新发展方面先行先试,积累经验,推及全国。2019 年 8 月,文化和旅游部批复上海创建"中国邮轮旅游发展示范区",鼓励上海在创新邮轮政策、扩大辐射范围、拓展发展格局、提升服务能级等方面实现再次跨越。

(2) 在邮轮旅游方面,中国邮轮游客数量已超过 200 万人,位列全球第二。2018 年,由于诺唯真邮轮"喜悦号"、公主邮轮"盛世公主号"、歌诗达邮轮"维多利亚号"、天海邮轮"新世纪号"、皇家加勒比邮轮"海洋量子号""海洋赞礼号"和"海洋水手号"等邮轮在华发展战略的调整,中国邮轮和游客接待量有所下降。据中国交通运输协会邮轮游艇分会(CCYIA)和中国港口协会邮轮游艇码头分会的统计数据显示,2018 年我国 13 个邮轮港(大连、天津、青岛、威海、连云港、上海、舟山、温州、厦门、广州、深圳、海口、三亚)共接待邮轮 969 艘次,同比下降 17.95%,其中母港邮轮 889 艘次,同比下降 19.03％,访问港邮轮 80 艘次,同比下降 3.61％;接待出入境邮轮游客 4 906 583 人次,同比下降 0.98％,其中母港游客 4 728 283 人次,同比下降 1.10％,访问港游客 178 300 人次,同比增长 2.32％。2019 年,皇家加勒比邮轮和歌诗达邮轮分别将最新船舶"海洋光谱号"和"威尼斯号"投放中国,将继续维系我国邮轮业的持续繁荣。

(3) 在邮轮制造方面,中国努力打通产业环节,已经取得了实质性进展,具体包括:

一是 2017 年 2 月,中国船舶工业集团公司与嘉年华集团、芬坎蒂尼集团签署了我国首艘国产大型邮轮建造备忘录协议(MOA);

二是 2018 年 11 月 6 日,上海外高桥造船有限公司、中船嘉年华邮轮有限公司、中船邮轮科技发展有限公司在中国首届国际进口博览会上签订了"2＋4"艘Vista 级(13.55 万吨)的大型邮轮建造合同;

三是 2018 年 3 月 16 日,我国第一艘极地探险邮轮在招商局重工(江苏)有限公司开建,预计到 2019 年 8 月份交付,在开工现场,美国 SunStone 公司追加一艘极地探险邮轮订单;

四是 2018 年 9 月 18 日,招商局邮轮制造有限公司正式注册成立;

五是 2019 年 3 月 12 日,招商局工业集团(简称"招商工业")极地探险邮轮 1 号下水,于 9 月 6 日交付,于 10 月首航南极。

(4) 在邮轮运营方面,2018 年底,由携程与皇家加勒比组建的天海邮轮宣布解散。目前,在华运营的中国本土邮轮中华泰山号(Chinese Taishan)和钻石邮轮辉煌号(Glory Sea),分别隶属渤海轮渡和精致钻石邮轮两家本土邮轮公司。但较之前的单船运营模式,中国在优化调整期将出现多船邮轮企业,竞争力进一步提升。2018 年 10 月,中国旅游集团和中国远洋海运集团有限公司共同出资成立星旅邮轮品牌,两大旅游与海运集团进入中国市场。2018 年 11 月,全球最大的休闲旅游集团嘉年华集团与中国船舶工业集团有限公司成立了邮轮合资运营公司——中船嘉年华邮轮有限公司,并将于 2019 年底之前运营邮轮船队。中国本土邮轮公司将进入多船运营时代,在国际市场上的竞争力将更强。我国主要的本土邮轮公司情况如表 3-1 所示。

表 3-1　中国主要本土邮轮公司情况

| 邮轮公司 | 基本情况 | 船舶情况 |
| --- | --- | --- |
| 渤海邮轮 | 中华泰山号隶属于渤海邮轮有限公司,该公司成立于 2014 年 2 月,是渤海轮渡股份有限公司全资子公司,总部设在香港 | 中华泰山号邮轮船长 180.45 米,船宽 25.5 米,总吨位 2.45 万吨,拥有 927 个客位 |

（续表）

| 邮轮公司 | 基本情况 | 船舶情况 |
|---|---|---|
| 精致钻石邮轮 | 2015 年 7 月，上海辉煌旅游发展有限公司成立子公司精致钻石邮轮管理（上海）（Diamond Cruise）有限公司，涉足邮轮产业、投资管理运营，首艘邮轮购于德国，命名为 Glory Sea（辉煌号） | 辉煌号由德国汉堡 Blohm 和 Voss 造船厂 2001 年联合建造，曾用名 Olympia Explorer，MV Explorer，Celestyal Odyssey；2015 年加入精致钻石邮轮船队，更名为辉煌号（Glory Sea）；辉煌号船长 180.45 米，船宽 28 米，排水量 4.5 万吨，甲板层数 8 层，平均航速 22 节，最高航速 28 节，船员 325 人，载客量 1300 人，舱房共 418 间 |
| 星旅邮轮 | 星旅邮轮国际有限公司（筹）（Travel Cruise）（简称星旅邮轮）是由中国旅游集团（CTS）与中远海运集团（Cosco Shipping Group）共同投资成立的一家新邮轮旅游公司；公司的服务宗旨是为广大中国游客提供优质、便利、具有典型本土经营风格且广为国人喜爱的海上度假旅游服务 | 邮轮购自嘉年华集团，1995 年由德国的迈尔造船厂（Meyer Werft）建造，总吨位 69,153 吨，邮轮长度 260 米，邮轮宽度 32.2 米，载客人数 1870 人，船员人数 760 人 |
| 中船嘉年华邮轮 | 2018 年 11 月 6 日，中船嘉年华邮轮有限公司成立，2019 年下半年开始运营；中船嘉年华邮轮有限公司将向嘉年华集团旗下的歌诗达邮轮集团购买两艘现有邮轮；合资公司中船邮轮科技有限公司将在上海为中国邮轮市场建造首批两艘新邮轮，第一艘将于 2023 年交付 | 首艘新购进邮轮"歌诗达大西洋号"总吨 85 861 吨，载客量 2 210 人，计划于 2019 年年底前交付至新公司名下；另一艘为大西洋号的姊妹船"歌诗达地中海号"，载客量为 2 114 人，其交付日期待定 |

目前，我国邮轮产业正经历由快速扩张向高质量发展的转变。《Global Times》（http://www.globaltimes.cn，Published：2019/1/31）的文章指出，2018 年共有 969 艘邮轮停靠在中国 13 个港口，同比下降 17.95%。据中国交通运输协会邮轮游艇分会和中国港口协会统计，中国邮轮乘客出入境人次为 4 906 583 人，同比下降 0.98%。我国邮轮产业已进入阶段性调整期。与成熟的海外邮轮市场相比，中国邮轮市场起步晚，发展时间短。目前仍处于勘探调整阶段，但在未来几年仍具有广阔的发展前景。2018 年，中国出境旅游人数达到 1.48 亿人次，同比增长 13% 以上，消费支出超过 1 200 亿美元。据邮轮行业独立研究机构邮轮行业新闻《Cruise Industry News》报道，到 2024 年，中国邮轮市场很可能满足 560 万本地乘客的需求。

## 3.4  中国邮轮产业发展政策

### 3.4.1  政策总体情况

中国邮轮产业的发展离不开各级政府和不同部门的大力支持,邮轮政策这只"有形之手"的作用举足轻重。在产业发展之初,国际邮轮在中国属于舶来品,涉及出入境、海关、海事、交通、旅游、航运、客运、港口、环保、公安、税务等众多要素,我国原有的船舶管理制度并不适应。自 2006 年以来我国频繁出台的邮轮政策成为促进邮轮产业发展的重要推手。2008 年 6 月,为推动邮轮业健康持续发展,国家发改委发布第一个促进邮轮业发展的部级文件《关于促进我国邮轮业发展的指导意见》。2015 年 3 月,《推动共建丝绸之路经济带和 21 世纪海上丝绸之路的愿景与行动》明确指出,要"推动 21 世纪海上丝绸之路邮轮旅游合作",为我国邮轮航线布局与旅游合作提供了更大的发展空间。同时,邮轮旅游也成为践行"一带一路"倡议的重要内容。2012 年到 2017 年,原国家旅游局先后批复设立了上海、天津、深圳、青岛、大连、福州六个"中国邮轮旅游发展实验区",鼓励这些地区在完善邮轮产业政策体系、提高母港运营能力、提升邮轮产业及产品质量、培育本土邮轮服务力量、拓展邮轮产业链等领域先行先试,为我国邮轮产业创新发展积累经验。2019 年 8 月,上海邮轮旅游再次升级,获批中国首个"邮轮旅游发展示范区"。目前,上海邮轮旅游业务已经连续三年位列亚太第一、全球第四。

2018 年 9 月 27 日,交通运输部、发展改革委、工业和信息化部、公安部、财政部、商务部、文化和旅游部、海关总署、税务总局、移民局联合发布《关于促进我国邮轮经济发展的若干意见》。全面提出了我国至 2035 年邮轮产业的发展目标,努力使我国邮轮市场成为全球最具活力的市场之一,邮轮自主设计建造和邮轮船队发展取得显著突破,体系完善、效率显著的邮轮产业链基本形成,邮轮经济规模不断扩大,对城市转型、产业升级、经济发展和人民消费的支撑力和保障作用显著增强。关键目标:①到 2035 年邮轮旅客年运输量将达到 1400 万人次;②重点突破豪华邮轮设计建造技术,鼓励合资合作方式,形成多元投入格局;③积极打造邮轮旅游发展试验区;④积极培育邮轮市场与邮轮文化;⑤逐步扩大外国旅游团乘坐邮轮入境 15 天免签政策实施范围;⑥推动旅行社包船模式向多样化船票销售模式发展;⑦支持开辟多点挂靠航线;⑧拓宽邮轮境外市场营销渠道;⑨深入研究公海游航线发展模式及配套制度;⑩拓展提升港口服务能力,形成 2~3 个邮轮母港;⑪加强与长江等内河及沿海游轮市场的衔接;⑫鼓励中资方便旗邮轮发展,逐步推进五星红旗邮轮发展。

### 3.4.2  政策总量情况

在政策文本选择方面,作者及合作者通过中华人民共和国中央人民政府

(www. gov. cn)、中华人民共和国国家发展和改革委员会(www. ndrc. gov. cn)、中华人民共和国交通运输部(www. mot. gov. cn)、中华人民共和国文化和旅游部(www. mct. gov. cn)等政府官方网站进行搜集。地区层面的邮轮政策主要通过各邮轮港口所在地的各省市区级人民政府、发展和改革委员会、交通委员会/交通运输委员会、旅游局/旅游发展委员会等官方网站进行搜集。政府官方网站政策依申请公开累计 38 次,电话咨询共 26 次。

从 2006 年第一次发布部级邮轮政策开始,我国邮轮产业开始受到国家和各级部门的重视,政策数量不断增加,政策内容越来越丰富,产业地位不断提升。经统计,我国于 2006 年至 2018 年间共颁布超过 130 份涉及邮轮产业的国家及地方层面邮轮政策,政策性质包括由中央和地区政府及其下属机构颁布的法律、行政法规、部门规章、规范性文件等不同效力级别的文件类型,直接涉及邮轮产业的政策文本共计 135 份,其中国家层面的政策文本 89 份,地区层面的政策文本 46 份。

### 3.4.3 政策发布年度

2006—2011 年为邮轮产业发展萌芽期,中央和地方政府共颁布 18 份邮轮政策,包括中央政策 15 份,地区政策 3 份;2012 年至 2016 年为邮轮产业发展爆发期,中央和地区政府共颁布政策文件 69 份,其中中央政策文本 46 份,地区政策文本 23份;从 2017 年开始,中国邮轮产业进入调整期,邮轮旅游增速放缓,邮轮产业链拓展取得显著进步,共颁布邮轮政策 48 份,其中中央政策文本 28 份,地区政策文本20 份,如图 3-2 所述。

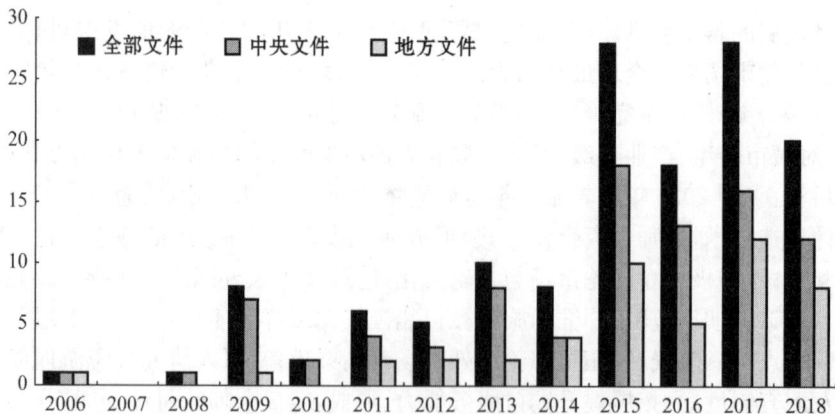

图 3-2　中国邮轮产业政策的年度数量

### 3.4.4 政策文本形式

从政策形式来看,我国颁布的 135 份邮轮政策涉及规划、意见、办法、通知、公

告、规定、命令、方案、纲要、制度、规范、措施、批复、报告、指南、复函和其他 17 种主
形式。国家层面的政策形式主要包括意见、方案、规划、公告、通知、命令、纲要、办
法、制度、计划、规范和其他等 12 种形式。其中以意见、方案、规划、公告、通知五种
形式出现的政策文本数量最多,占政策总量的 85% 以上。地区层面政策形式则主
要包括意见、通知、方案、规划、办法、措施、批复、报告、指南、复函、规范和公告等
12 种形式。其中以意见、通知、方案、规划和办法 5 种形式出现的政策文本数量最
多,占政策总量的 80% 以上,如图 3-3 所示。

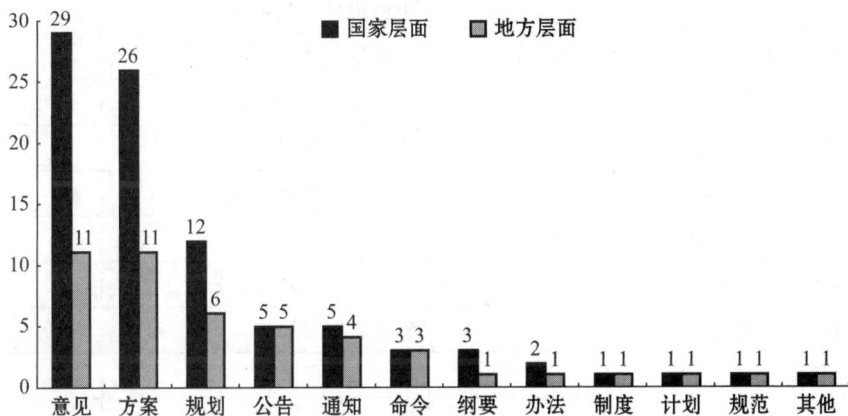

图 3-3　中国邮轮产业政策的主要形式

　　从内容上来看,由于我国邮轮产业起步较晚,发展经验不足,因此引导性的邮
轮政策居多,占政策总量的 75% 以上,主要形式为规划、方案、通知和意见等,主要
功能是指导设定邮轮产业发展目标、规划方案、具体任务、实行措施等,反映了国家
对邮轮产业发展初期的重视和支持。相反,以办法、制度、规范、指南等文本形式出
现的操作性政策相对偏少。

### 3.4.5　政策发布主体

　　我国邮轮产业政策的制定与发布主体主要分为国家层面和地方层面的政府机
构。其中国家层面政策文本的发布主体主要包括国务院、国务院办公厅、国务院组
成部门、国务院直属机构;而地方层面政策文本的发布主体主要以省级政府、省级
机构、市级政府、市级机构为主。邮轮产业政策发布主体呈现出以下三个特点。

　　(1) 主体多元,领域多样。在本研究的 135 份政策文本中,其中单独发文 109
份,联合发文 26 份。涉及国务院、国家发展和改革委员会、交通运输部、文化和旅
游部等 28 个中央政府部门和机构,以及各港口所在地的人民政府、发展和改革委
员会、旅游局、交通运输委等 53 个地方政府部门和机构,这表明邮轮产业政策发布
的主体多元性,政策内容涉及多个部门和领域,如表 3-2 所示。

表 3-2　邮轮产业政策发布主体及发文数量

| 国 家 层 面 | | 地 方 层 面 | |
| --- | --- | --- | --- |
| 发文机构名称 | 发文数量 | 发文机构名称 | 发文数量 |
| 国务院 | 34 | 上海市人民政府 | 2 |
| 国务院办公厅 | 4 | 上海市旅游局 | 3 |
| 外交部 | 1 | 上海市出入境边防检查总站 | 2 |
| 国家发展和改革委员会 | 20 | 上海市交通委员会 | 3 |
| 教育部 | 1 | 上海市发展改革委员会 | 1 |
| 工业和信息化部 | 3 | 天津市交通运输委员会 | 1 |
| 公安部 | 3 | 天津市人民政府办公厅 | 1 |
| 财政部 | 3 | 天津市旅游局 | 1 |
| 民政部 | 1 | 大连市人民政府办公厅 | 1 |
| 人力资源和社会保障部 | 1 | 青岛市人民政府 | 2 |
| 自然资源部 | 3 | 青岛市人民政府办公厅 | 2 |
| 住房和城乡建设部 | 3 | 青岛市旅游局 | 1 |
| 交通运输部 | 32 | 广州市人民政府 | 1 |
| 商务部 | 5 | 广州市商务委 | 1 |
| 文化和旅游部 | 13 | 广州市财政局 | 1 |
| 国家卫生健康委员会 | 1 | 深圳市人民政府 | 2 |
| 海关总署 | 1 | 深圳市交通运输委 | 1 |
| 国家税务总局 | 2 | 深圳市文体旅游局 | 1 |
| 国家市场监督管理总局 | 5 | 厦门港口管理局 | 2 |
| 国家广播电视总局 | 1 | 厦门市旅游局 | 4 |
| 国家体育总局 | 1 | 厦门市财政局 | 2 |
| 中国银行保险监督管理委员会 | 1 | 厦门市旅游发展委员会 | 2 |
| 国家移民管理局 | 1 | 福州市人民政府 | 1 |
| 中国民用航空局 | 4 | 海口市发展和改革委员会 | 1 |
| 国家铁路局 | 2 | 海口市人民政府办公厅 | 1 |
| 国家邮政局 | 2 | 三亚市人民政府 | 2 |
| 国家能源局 | 1 | 北海市人民政府办公室 | 1 |
| 国家文物局 | 1 | 烟台市人民政府 | 1 |

（2）部门关注程度不同。在多领域多主体参与发文的模式下,国务院、交通运输部、国家发展和改革委员会、文化和旅游部（国家旅游局）等中央机构,以及各港口所在地的人民政府、交通委（交通运输委）、旅游局、财政局等地方机构出台的邮轮产业相关政策较为密集,发布的政策文本数量多,对邮轮产业的关注度较高,对邮轮产业的支持力度较大。

（3）多部门合作决策水平较高。多部门联合发文的比例占政策文本总数的19.26%,其中有两部门联合发文 12 份,三部门联合发文 8 份,四部门及以上联合发文 6 份。这些政策文本中包括中央机构之间联合发文共 14 份,地方机构之间联合发文共 10 份。此外,还有 2 份中央机构和地方政府联合发文的政策,是由交通运输部分别与上海市和天津市人民政府联合发布,以期推动地方港口的建设。此外,地方层面多部门联合发文的占比约为 21.74%,略高于国家层面联合发文比例。

## 3.4.6　政策文本主题

邮轮产业是一个环节复杂的复合型产业,涉及诸多行业和领域。通过对全部邮轮政策进行词频分析发现,如表 3-3 所示。"邮轮""旅游""旅客""发展""服务"和"建设"等是政策文本中出现最多的词,表明作为邮轮产业的核心板块,邮轮旅游最先受到重视,其中港口建设和游客服务是重要的发展内容。而"港口""企业""船舶""国际邮轮""航线""码头"等高频词的出现则说明邮轮政策主要涉及邮轮旅游的基础要素。自 2010 年至 2017 年,中国邮轮产业发展主要集中于港口建设与旅游服务方面,政策文本中的"规划""设施"等高频词也说明国家和地方政府机构非常重视基础设施建设和邮轮产业的整体规划。

表 3-3　邮轮产业政策主题及所占比重

| 国 家 层 面 | | | | 地 方 机 构 | | | |
|---|---|---|---|---|---|---|---|
| 文本主题 | 数量 | 占比（%） | 占文本总数比（%） | 文本主题 | 数量 | 占比（%） | 占文本总数比（%） |
| 自由贸易试验区 | 13 | 14.61 | 9.63 | 财政奖励资金 | 15 | 32.61 | 11.11 |
| 旅游业 | 13 | 14.61 | 9.63 | 邮轮经济发展工作方案 | 10 | 21.74 | 7.41 |
| 经济发展 | 9 | 10.11 | 6.67 | 邮轮产业发展规划 | 6 | 13.04 | 4.44 |
| 交通运输业 | 9 | 10.11 | 6.67 | 邮轮旅游发展实验区 | 5 | 10.87 | 3.70 |
| 促进消费 | 7 | 7.87 | 5.19 | 母港建设 | 3 | 6.52 | 2.22 |

（续表）

| 国 家 层 面 | | | | 地 方 机 构 | | | |
|---|---|---|---|---|---|---|---|
| 文本主题 | 数量 | 占比（%） | 占文本总数比（%） | 文本主题 | 数量 | 占比（%） | 占文本总数比（%） |
| 航运业 | 6 | 6.74 | 4.44 | 港区管理 | 1 | 2.17 | 0.74 |
| 制造业 | 4 | 4.49 | 2.96 | 经营规范 | 1 | 2.17 | 0.74 |
| 区域合作 | 4 | 4.49 | 2.96 | 试点邮轮船票制度 | 1 | 2.17 | 0.74 |
| 邮轮业 | 3 | 3.37 | 2.22 | 邮轮旅游合同 | 1 | 2.17 | 0.74 |
| 邮轮产业总规 | 3 | 3.37 | 2.22 | 邮轮产业责任分解 | 1 | 2.17 | 0.74 |
| 绿色环保 | 3 | 3.37 | 2.22 | 邮轮线路 | 1 | 2.17 | 0.74 |
| 服务业 | 3 | 3.37 | 2.22 | 领导小组 | 1 | 2.17 | 0.74 |
| 出入境管理 | 3 | 3.37 | 2.22 | 总计 | 46 | 100.00 | 34.07 |
| 离境退税 | 2 | 2.25 | 1.48 | | | | |
| 行业规范与标准 | 2 | 2.25 | 1.48 | | | | |
| 港口布局 | 2 | 2.25 | 1.48 | | | | |
| 船舶管理 | 2 | 2.25 | 1.48 | | | | |
| 安全管理 | 1 | 1.12 | 0.74 | | | | |
| 总计 | 89 | 100.00 | 65.93 | | | | |

根据政策文本的标题和主要内容,本书进一步将国家和地方层面政策文本的主题进行了识别,其中国家层面政策涉及邮轮业、航运业、旅游业、服务业等17个主题,地方层面的政策主要针对邮轮产业发展规划、母港建设、经营规范、财政奖励资金等11个主题,如表3-4所示。整体来看,国家政策较为宏观,主要涉及与邮轮产业相关的行业和领域,而地方政策较为微观,主要涉及邮轮产业链的不同环节和相关业务。具体来看,国家层面政策主题主要涉及自由贸易实验区、旅游业、经济发展、交通运输业、促进消费等方面,占比为57.3%。政策制定的基本逻辑为:重视邮轮旅游等新兴产业的培育,提质增效,促进居民消费;重视邮轮产业链发展,助推自由贸易实验区建设,带动经济增长。地方层面的政策与中央政策相呼应,旨在通过制定具体的实施措施来推动邮轮产业发展,政策主题高度集中于财政奖励资金、邮轮经济发展工作方案、邮轮产业发展规划、邮轮旅游发展实验区、邮轮母港建设等方面,占比达84.8%,尤其是财政奖励相关政策最为丰富,共有15份政策文本,占比为32.6%。比如,各邮轮港口城市陆续推出邮轮产业财政奖励资金政策,

以吸引国际邮轮公司邮轮挂靠业务,鼓励旅行社和地接社从事邮轮票务与岸上观光服务等工作。

表 3-4　不同邮轮产业发展阶段政策文本的词频分析

| No. | 探索成长期 | 频次 | 爆发提升期 | 频次 | 调整优化期 | 频次 | 全时期 | 频次 |
|---|---|---|---|---|---|---|---|---|
| 1 | 邮轮 | 174 | 旅游 | 184 | 邮轮 | 1 076 | 邮轮 | 1 426 |
| 2 | 旅游 | 145 | 邮轮 | 176 | 发展 | 417 | 旅游 | 730 |
| 3 | 旅客 | 116 | 发展 | 175 | 旅游 | 401 | 发展 | 706 |
| 4 | 发展 | 114 | 建设 | 117 | 服务 | 353 | 服务 | 580 |
| 5 | 服务 | 111 | 服务 | 116 | 建设 | 314 | 建设 | 512 |
| 6 | 建设 | 81 | 船舶 | 94 | 奖励 | 271 | 港口 | 378 |
| 7 | 港口 | 81 | 港口 | 83 | 港口 | 214 | 旅客 | 358 |
| 8 | 出入境 | 67 | 旅客 | 77 | 邮轮旅游 | 214 | 邮轮旅游 | 268 |
| 9 | 口岸 | 66 | 离境退税 | 59 | 福州 | 213 | 奖励 | 268 |
| 10 | 船员 | 66 | 企业 | 52 | 国际邮轮 | 162 | 企业 | 243 |
| 11 | 布局 | 47 | 邮轮运输 | 49 | 企业 | 155 | 管理 | 238 |
| 12 | 管理 | 44 | 技术 | 46 | 管理 | 149 | 福州 | 220 |
| 13 | 技术 | 43 | 管理 | 45 | 经济 | 146 | 船舶 | 216 |
| 14 | 设施 | 41 | 经营 | 43 | 旅客 | 165 | 经济 | 182 |
| 15 | 经营 | 38 | 码头 | 43 | 邮轮公司 | 124 | 设施 | 173 |
| 16 | 海口 | 38 | 航运 | 40 | 航线 | 123 | 国际邮轮 | 170 |
| 17 | 船舶 | 37 | 设施 | 39 | 规划 | 118 | 规划 | 164 |
| 18 | 企业 | 36 | 休闲 | 38 | 市场 | 112 | 航线 | 162 |
| 19 | 沿海 | 35 | 沿海 | 37 | 资金 | 109 | 码头 | 155 |
| 20 | 规划 | 35 | 市场 | 36 | 邮轮产业 | 103 | 市场 | 148 |

## 3.4.7　政策运行框架

从邮轮政策制定与运行机制来看,随着我国邮轮产业的不断演化,邮轮港口规划与建设、邮轮旅游与产品优化、邮轮产业链拓展与延伸、运行管理系统和宏观与辅助支持系统 5 个主要方面显著影响邮轮政策制定运行机制。邮轮产业政策制定的实质是邮轮产业要素(邮轮港口规划与建设、邮轮旅游与产品优化、邮轮产业链拓展与延伸)的不断完善和持续发展,在这个过程中受到运行管理系统和宏观与辅助支持系统的影响,产业间有机循环、整体动态平衡的过程共同构成邮轮产业政策制定运行机制的逻辑框架,如图 3-4 所示。从政策框架可以梳理出了 9 条主要的政策要素之间的作用路径,涉及产业要素内部、产业管理与产业要素、产业环境与产业要素等 3 个大的层面。

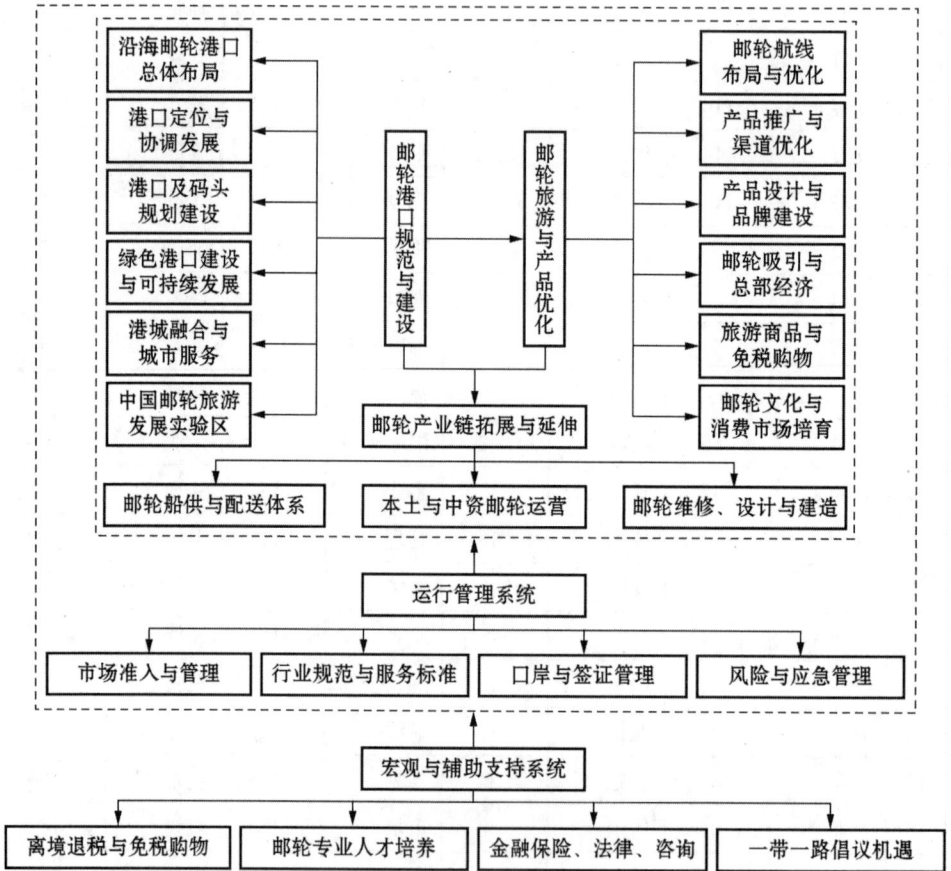

图 3-4　中国邮轮产业政策框架

(1)邮轮产业要素及相互影响。在邮轮产业要素层面,邮轮港口规划与建设、邮轮旅游与产品优化和邮轮产业链拓展与延伸各要素之间相互影响。首先,邮轮港口建设对邮轮旅游发展具有最为直接的影响。只有配备了功能完善的邮轮港口及相关配套设施,才能具备邮轮停靠的硬性条件,才能吸引邮轮公司布局航线、设计和优化邮轮产品、开拓中国邮轮旅游市场。其次,邮轮旅游是产业链拓展与延伸的前提条件。伴随着邮轮旅游的发展和邮轮文化的普及,国内客源市场将越来越大,邮轮船供物业务需求将增加。此外,为了邮轮市场的稳定发展,打造本土邮轮的诉求增强,进而推动本土或中资邮轮运营、邮轮维修、设计与建造技术的突破。最后,邮轮港口的建设是沿海港口转型升级的需要,同时也是邮轮城市发展成熟的基础标准。在港口基础设施条件完备的情况下,应推动邮轮产业链向上游环节不断拓展,逐步提升邮轮相关产业在港口区域或邮轮城市的聚集性,提高邮轮产业对当地经济的贡献度。

（2）产业管理系统保证产业要素正常运作。运行管理系统是从行政管理角度促进产业各要素的发展,具有显著推力作用。首先,邮轮运输法规体系、邮轮港口服务标准、邮轮客票制度和邮轮旅游管理规范等行业规范与服务标准直接影响邮轮港口规划与建设水平、邮轮港口服务质量、邮轮旅游服务水平和邮轮市场的规范性,有利于构建管理规范、市场开放、配套完善、健康有序的邮轮产业市场体系。其次,口岸与签证管理的政策便利、风险与应急管理的程序完备性将进一步推动邮轮旅游发展与产品优化。比如,入境免签政策可促进入境邮轮市场发展;口岸管理可以为旅客出行、通关提供高效便捷的服务;市场准入与管理制度可丰富产业链利益相关者数量,并通过打破市场垄断打造统一开放、竞争有序的市场体系;邮轮码头管理可提高码头使用效率,降低运营成本;安全管理制度与突发事件应急保障体系则为邮轮产业发展提供最后的堡垒。

（3）产业环境为产业要素的发展创造良好环境。邮轮产业要素离不开宏观与辅助支持系统的保障。首先,邮轮港口、邮轮旅游、邮轮全产业链发展都需要大量专业化人才。国家已将邮轮专业纳入全国招生目录,通过引进、合作交流、联合办学、教育培训等加大人才培养力度。其次,境外旅客购物离境退税、"一带一路"倡议机遇显著影响邮轮旅游业的发展。前者可促进入境邮轮业务,提升邮轮旅游购物体验;后者则有利于邮轮航线的布局优化,加强与沿线国家的旅游投资与合作,推动上海、深圳、广州、海口、三亚、北海、防城港等邮轮港口与沿线国家的"海上丝绸之路"邮轮旅游合作,推动我国邮轮港口的区域化与全球化,提升"一带一路"旅游品牌的知名度和影响力。最后,融入金融、保险、法律、咨询业务是邮轮产业链成熟完善的重要标志,国家应鼓励邮轮辅助业务的拓展,探索引入多元资本,建立邮轮产业培育基金,加强与外资企业合作,扶持本土邮轮企业起步,保证邮轮产业长远发展。

## 3.4.8　未来政策建议

在经历了邮轮产业探索成长期和爆发提升期以后,中国邮轮港口系统基本形成,航线布局日渐丰富,邮轮旅游业务增长显著。邮轮产业步入调整优化期,表现为邮轮港口服务功能不断提升,邮轮旅游市场日趋规范,邮轮产品认知度逐步提高,多船运营的本土邮轮公司出现,邮轮制造业务取得实质性进展。依据本书提出的邮轮政策制定与运行机制理论模型,提出如下未来邮轮产业政策制定方向。

(1)在邮轮港口建设方面,继续有序推进邮轮码头功能配备与服务升级,形成母港、始发港和访问港合理布局的港口体系;探索港口投资与运营的多元资本结构,提升邮轮码头利用率和综合效益;重点支持港口群落发展,鼓励环渤海、长三角、海峡两岸、粤港澳大湾区、琼州海峡、西南沿海等区域邮轮港口群落的协同发展,探索港口投资与运营的多元资本结构,提升邮轮码头利用率和综合效益;尝试多母港运营机制,支持开辟多港挂靠型开口邮轮航线;推进港口技术创新,打造绿色港口系统,实现低碳发展;创新"区域一体化"政策,打通港口与腹地边界,深化"邮轮+交通""邮轮+旅游"融合发展。

(2)在邮轮旅游与产品优化方面,探索设立专项基金用于培育邮轮文化,做大客源市场;拓宽邮轮境外宣传推介渠道,优化口岸政策与管理机制,扩大入境免签政策实施范围,吸引入境邮轮游客。创新邮轮旅游一体化政策,打通港口与腹地边界,深化"邮轮+交通""邮轮+旅游"融合发展,加强与内河及沿海游船市场的衔接,整合沿岸文化和旅游资源,打造精品内河邮轮航线产品;创新邮轮相关政策,试点支持娱乐博彩、文化演艺等邮轮旅游岸上及船上活动,简化港澳台航线的审批;摸索开辟公海游、沿海游、对台游、"海丝"游等邮轮航线。

(3)在邮轮产业链拓展与延伸方面,首先创新船舶引入与管理政策,优化关税、融资、审批、注册、登记、船检、海运、船龄、运营年限与船员比例等政策,支持本土企业通过购买或租赁国际邮轮参与邮轮船队运营,鼓励中资方便旗、五星红旗邮轮的在华运营业务。其次,优化生产加工、食品安全、保税仓库、出口退税、贸易报关、检验检疫、物流配送、国际转运、审批监管、信息服务等政策机制,扩大中国本土的邮轮船供业务。再次,完善财政、资金、用地等政策,鼓励配套产业园园区建设,支持邮轮设计与建造关键技术突破,不断培育与健全邮轮制造与维修供应链。

(4)在运行管理系统方面,继续优化出入境手续、入境免签、跨境电商与离境退税等一系列支持政策;注重行业标准与服务规范在全国层面的适应性与统一性;探索限制性与鼓励性政策相结合的治理体系,完善市场准入机制,设立适当的市场进入与退出壁垒,保障中国邮轮产业中长期稳定发展;建立健全市场监管和服务机制,打击扰乱市场秩序的非竞争行为,规范邮轮运输合同和船票制度,引导不同经营环节的有序竞争与合作共赢。

(5)在宏观与辅助支持系统方面,首先应深化人才培养政策,针对邮轮运营管理人才、邮轮服务人才、邮轮设计与建造人才建立差异化的培养机制;鼓励国内高等与职业院校开设邮轮管理方向,加强与境外邮轮企业与人才培养机构的合作与交流;创新人才引进政策,促进邮轮专业人才集聚。其次,邮轮产业应主动对接人才战略、装备制造、自贸区发展、"一带一路"倡议、旅游业发展、航运中心建设等方面发展战略与相关政策,发挥多方效能,深化邮轮产业与邮轮经济发展。

## 3.5　中国邮轮业发展对策

### 3.5.1　创新邮轮产品,提高多元化

目前,中国邮轮公司提供邮轮产品倾向简单及较少国际航线选择。长航线、公海游、沿海游、内河游等产品不足。虽有少量海外产品,但多联式交通模式(邮轮+飞机)旅行产品尚未在中国大陆旅游市场普及兴起。与此同时,港口腹地旅游景点与旅游资源尚未充分整合与开发,岸上观光产品缺乏。因此,邮轮乘客对于乘搭邮轮的体验及满意度尚待改善。邮轮产品多元化发展不仅能带给邮轮乘客与众不同的体验,而且能提升邮轮业的弹性。

### 3.5.2　依托邮轮旅游一体化,驱动港口群落化发展

中国已经形成了东北地区以大连港为始发港,津冀沿海以天津港为始发港,环渤海地区以青岛港和烟台港为始发港,长三角地区以上海港为母港并以舟山港、温州港、连云港等为辅助港,东南沿海以厦门港为始发港,珠三角地区以深圳港和广州港为始发港,海南省以三亚港和海口港为始发港、西南沿海以北海为始发港的邮轮港口系统。未来中国邮轮港口应走"群落化"发展道路,通过统一宣传推广平台、多港挂靠下的多母港收客模式,做大区域客源市场,提升区域邮轮旅游圈的竞争力。

### 3.5.3　提升出入境便利化,简化审批程序

虽然中国邮轮港口众多,但是海关运作模式、效率、实施办法等呈现了标准不一致的情况。复杂的海关程序会导致邮轮乘客登船等候时间过长,进一步延迟乘客船上娱乐与岸上观光活动。此外,各口岸应继续创新实施 144 小时过境免签政策和国际邮轮旅游团 15 天入境免签政策;配备足量自助通关系统,使用邮轮通关条码等手段,提升通关服务质量,达到全球领先水平。从目前邮轮码头运营来看,我国邮轮出入境工作已经做得不错。然而部分审批程序过于繁琐,不利于邮轮业发展。比如多港挂靠难以实施,虽然交通部支持,但实际操作手续复杂,审批时间较长,邮轮公司没动力,邮轮游客没需求。此外,营业性演出仍然受限,博彩政策限制了公海游、沿海游。保税仓库和跨境船供已经获得突破,比较便捷。外商投资的旅行社,只要注册在自贸区,允许销售邮轮船票,但邮轮公司不能单独售票。

### 3.5.4　培育邮轮文化,提升邮轮产品认知度

自 1978 年,中国经济起飞,中产阶层人口比例增加,为邮轮市场提供了充足的客源基础。尽管如此,中国邮轮业市场渗透率低,大部份中国人对于邮轮文化及察

觉性处于未成熟阶段,导致邮轮产品推广仍受到不同程度限制。

### 3.5.5　加强邮轮教育,弥补高端人才短板

毫无疑问,邮轮教育专业化水平较高。目前,中国邮轮人才出现较大空缺,急需弥补短板。特别是在邮轮岸上运营方面,中国还缺乏本土管理团队。虽然中华泰山号是本土管理、已经离开的天海邮轮有携程入股(邮轮运营由皇家加勒比掌控),但并未改变我国邮轮运营的弱势,特别是将来的多船运营,还需依靠国际邮轮公司。随着合资与合作的不断深入,中国有望学会并自主运营本土邮轮船队。然而中国高等教育尚未全面开发与改善邮轮课程与培训体系。人才需求是多方面的,只有邮轮设计、邮轮制造、邮轮运营管理(而不是海乘)、邮轮总部管理人才充足了,中国邮轮产业发展的人才障碍才能突破。政府应该支持在高职、高校申请邮轮专业,甚至与酒店专业融合成立特色邮轮学府,分别针对岸上管理部门与船上运营部门培养业界专才,将邮轮业打造成特色鲜明的产业。

### 3.5.6　扶持配套产业,打通邮轮产业系统

要发展成为邮轮枢纽中心,邮轮配套产业不可或缺,要加强产业链拓展,扶持旅游、酒店、会议展览、免税购物、物流、金融、咨询、培训、海事保险、船泊注册、物资船供、船舶修造等邮轮支撑产业发展。特别是在邮轮制造方面,虽然中船邮轮科技有限公司成立,"2+4"邮轮建造合同的首期已经签约,但我国仍然依赖国外技术和进口,本土邮轮设计、邮轮建造、供应商培育仍然任重道远。只有配备成熟的支撑与辅助产业,才能吸引外来邮轮及乘客访问,真正成为国际邮轮母港。

# 第4章　中国邮轮产业的
## 研究现状与展望

　　随着国际邮轮业由欧美市场向亚太市场的转移,中国已经发展成为全球第二大邮轮客源市场。中国邮轮产业的发展离不开政府部门、企业组织和研究机构的不断努力。目前,中国邮轮业已经进入快速发展的第二个10年。为了适应中国邮轮产业的快速发展,近年来邮轮学术研究在中国出现了前所未有的高峰期,2006—2017年的研究文献占全部成果的97%以上,其中仅2013—2017年的学术成果就占70%左右。为了让实践者和研究者能快速而全面地掌握中国邮轮研究的相关成果与研究重点,本章主要基于2006—2017年10余年的文献资料,对相关研究内容进行了收集、梳理与分析。分析发现,目前中国邮轮业学术研究的视角主要集中在邮轮产业宏观分析、邮轮区域发展、邮轮港口竞争力与航线规划、邮轮旅游者以及邮轮法律法规、环保安全以及人才培养等方面。在此基础上,本章对未来值得研究的方向提出了展望,以期能更好地促进中国邮轮研究和产业发展。

## 4.1　导言

　　现代邮轮业始于20世纪60年代,经历50余年的快速发展,邮轮产业已成为全球旅游与接待业中发展最迅猛、经济效益最显著的行业之一,被称为"漂浮在黄金水道上的黄金产业"。近年来,随着国际邮轮市场的逐渐饱和,邮轮市场的重心呈现东移趋势,中国已成为国际邮轮公司竞相争夺的战略性新兴市场,歌诗达邮轮、皇家加勒比游轮、公主邮轮、地中海邮轮、丽星邮轮、诺唯真游轮、星梦邮轮等国际邮轮公司均已进驻中国大陆邮轮市场。2016年中国大陆输送邮轮游客超过200万人次,占国际邮轮市场10%左右的市场份额。巨大的客源市场、密集的政策支持以及邮轮产品认知度的不断提高将使邮轮旅游成为我国重要的旅游新业态。邮轮产业的发展需要学术界在理论与经验等方面的指导。目前,中国邮轮产业处于快速发展轨道,而与之对应的学术研究却与产业发展不够平衡,应该说还滞后于邮轮产业发展阶段。为了让研究者能全面掌握中国邮轮学术界的研究情况,本章对10余年的相关文献进行了分析与述评,以期更好地促进中国的邮轮产业研究。

## 4.2 总体研究概况

在文献收集上,以中国知网(www.cnki.net)为数据库,以"邮轮"为关键词仅搜出 100 余篇期刊论文,而以"邮轮"在篇名和以"邮轮"在摘要进行检索,则搜出 1 100 余篇期刊论文,其中核心期刊论文 160 余篇。从发文数量来看,2006 年之后中国邮轮研究成果增长迅速,其中 2006—2017 年的研究文献占全部成果的 97% 以上,特别是 2012 年之后增长更为迅猛,仅 2013—2017 年的近 5 年中就有 800 余篇论文发表,占全部成果的 70% 左右,如图 4-1 所示。从发表期刊来看,绝大部分论文发表在普通期刊,160 余篇成果发表在核心期刊,而仅有不到 30 篇论文发表在中国科学引文数据库(CSCD)和中文社会科学引文索引(CSSCI)列选的期刊上,其中超过三分之二成果发表于 2010 年之后。本章不对中国邮轮产业研究成果的泛泛而谈,而是主要对发表于核心期刊的重要研究成果进行分析。

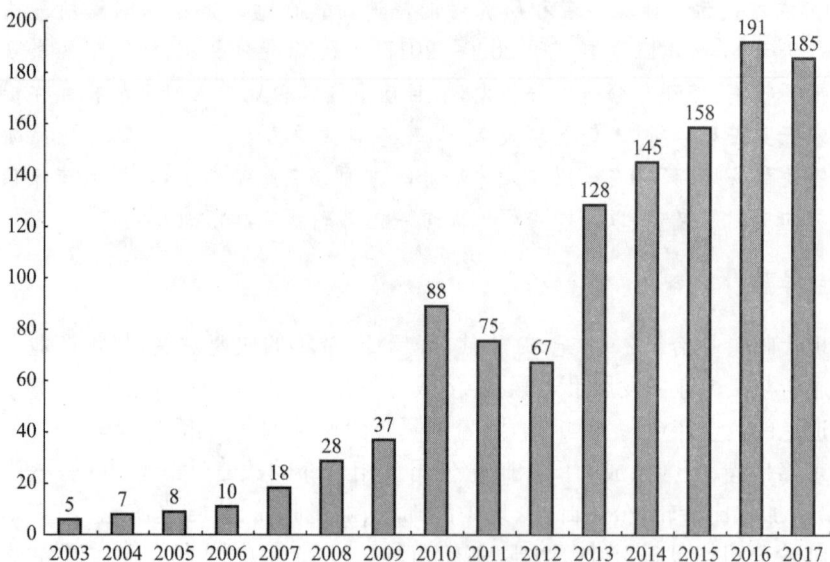

图 4-1　中国邮轮研究文献数量
资料来源:作者整理

为了吸引国内学者对邮轮旅游的研究目光,张言庆等(2012)对境外邮轮旅游市场研究进行了综述,并提出了未来值得研究的方向。孙晓东等(2012)则分别从宏观和微观两个视角对国内邮轮产业研究成果进行了总结和述评。作者指出,目前国内文献的研究内容较为宽泛,研究视角不够具体,未来可从产业集群视角、利益相关者视角、邮轮旅游市场和游客心理与行为等方面进行研究。此外,张伟强和骆泽顺(2011)、杨建明(2015)从邮轮旅游发展、邮轮旅游者、邮轮旅游影响等方面对国外文献进行了梳理归纳分析。沈世伟(2011)对国内邮轮业研究进行了分析，发现我国邮轮研究多集中在基本概念、国内外邮轮业发展情况与对策、邮轮码头、邮轮中心、邮轮母港的规划与建设、邮轮船型和邮轮制造业等方面，对邮轮业的核心问题和热点问题关注不够，总体上存在深度不足、方法单调等缺陷。周欢欢(2013)发现邮轮研究文献多集中在具体港口城市邮轮旅游研究、邮轮产业人才培养研究、国际邮轮产业的研究以及邮轮旅游市场研究等方面，此外指出学术文章未来发展趋势有研究内容涉及范围将会更加广泛、实证分析方法将被更多的应用以及邮轮旅游消费者特征、邮轮旅游线路和具体港口城市邮轮旅游的研究将成为热点。除对邮轮研究整体进行综述外，也有学者针对其中某一视角展开综述讨论。蔡二兵和史健勇(2014)针对我国邮轮港口的文献进行了单独梳理，发现文献主要集中在邮轮港口对区域经济社会发展的影响、旅游竞争力研究、邮轮港口规划、选址研究、邮轮港口建设及评价指标体系研究等方面。

## 4.3　邮轮产业影响与区域发展研究

从现有文献来看，目前较多学者以宏观视角研究邮轮产业，特别是关注邮轮产业的特征及影响、沿海港口城市邮轮业发展等方面，对于把握中国邮轮的整体发展态势有很好引导作用。

### 4.3.1　邮轮产业特征及影响

邮轮产业是依托大型豪华邮轮，涵盖交通运输、港口服务、旅游观光、娱乐购物等行业的复合型产业。徐虹和高林(2010)分析了邮轮产业供应链的构成要素，包括邮轮公司、邮轮产品、旅行社及旅游流体系，并结合邮轮旅游产品的特点，有机地将供应链的核心思想融入邮轮产业这一新型产业中，从供应链的视角分析了邮轮产业的构成及各环节的相互关系，提出了优化邮轮产业供应链的措施。

随着邮轮旅游的快速发展，其带来的影响也愈加显著，国内不少学者研究了邮轮产业带来的经济影响。栾航(2008)对邮轮母港及挂靠港对区域经济的带动量进行了研究，确定了母港及挂靠港对于区域经济带动量的大小，计算出了两者的比值。并运用神经网络理论建立了基于BP神经网络对其中发展最为成熟的美国邮轮母港同挂靠港的比值进行预测，分析了其今后走势。张晓娟(2008)利用回归分析法对2000—2006年北美邮轮旅游发展的相关数据进行分析，研究了邮轮旅游发展与地区经济增长之间关系，即邮轮旅游经济效应。研究结果表明，邮轮旅游发展水平和程度影响经济增长，而经济增长也会影响邮轮旅游发展水平和程度，即两者之间存在双向的因果关系。孙妍(2017)从邮轮产品及邮轮经济的特点着手，分析国际邮轮母港对区域经济发展的影响机理。并基于邮轮母港的发展极效应、投资乘数效应、区域产业与空间结构重组效应的角度研究邮轮母港发展对区域经济的带动效应。结果发现国际邮轮母港创造了新的经济发展极,打造新的区域经济空间结构,并产生了空间近邻效应。

从研究内容来看,现有文献还关注了邮轮旅游的环境影响。比如,谢芳等(2010)基于生命周期理论探讨了邮轮设施建造、设施运营、运输配送、消费利用和废物处置等过程对环境的影响作用,并提出环境污染管控的基本思路。杜譞等(2016)探讨了德国汉堡邮轮码头绿色岸电在工程设计、法规政策、融资途径、社会参与等方面的经验,对中国邮轮港口岸电项目的实施具有一定的启示作用。王珏等(2015)则从循环经济视角下探讨了邮轮旅游业在微观、中观与宏观方面的环境污染管控问题,但讨论比较宽泛,没有落地的案例研究。

### 4.3.2 邮轮产业区域发展

在不同地区邮轮产业发展方面,研究者从不同视角进行了分析。胡建伟、陈建淮(2004)运用产业集群理论和核心能力理论分析上海作为港口发展邮轮业的可行性与必要性,指出了上海发展邮轮经济的制约因素,并提出培育上海邮轮产业集群的动力机制。张芳芳、方百寿(2006)用 SOWT 分析青岛港发展邮轮旅游的条件,认为青岛具备自然、经济、政府及市场需求,但在硬件设施、知名度、周边港口竞争方面存在劣势和威胁,并对其发展趋势做出预测认为邮轮旅游是青岛的一种新旅游产品形式。李华、周溪召和智路平(2015)运用 SWOT-PEST 分析方法,对南京发展邮轮经济的条件进行了深入分析,探讨了其邮轮码头及配套服务设施条件、政策文化和产品等软环境、区域港口竞争等主要约束的响应对策,从而提出南京邮轮经济的发展应凸显河口海港的特色,选择综合"邮轮城"发展模式,政府主导的多元经营的管理方式,并注重产业和港口联盟等发展的策略。

近年来,中国各沿海城市抓住邮轮这一新兴市场,大力发展邮轮业的同时,邮轮产业的发展也受到多种因素的影响。谢凌峰、赵彬彬和陈有文(2012)提出影响邮轮旅游发展的主要因素包括消费群体、旅游资源、邮轮码头建设条件等方面,并结合广东省邮轮码头的发展环境,指出广东省邮轮码头的发展定位和总体发展格局,即形成国际邮轮母港、地区性母港和多点挂靠的分层次格局。为更好更快促进邮轮业的发展,学术界不少学者提出了邮轮旅游发展对策建议。叶欣梁和孙瑞红(2007)运用了 SOWT 方法分析上海邮轮旅游情况,提出上海发展邮轮旅游的对策,具体包括准确定位目标市场、加大宣传、改进通关制度等。张树和程爵浩(2012)针对我国目前邮轮旅游业市场规模小、总体收益低、政策不完善,区域发展不衔接等问题,提出对应的发展对策,如形成统一协调的政策制定和统筹协调机制;出台相关的产业扶持政策,并形成互相协调和全面覆盖的体系化"顶层设计"以及积极培育邮轮市场主体,提高我国邮轮产业的国际竞争力。

## 4.4　邮轮港口竞争力及航线规划研究

### 4.4.1　邮轮港口竞争力

为进一步了解中国邮轮市场竞争情况,不同学者采用不同计量统计方法分析了港口竞争力。于得全(2008)从码头、资源、区位、交通等角度分析了大连邮轮母港的现状以及国内的主要竞争对手,建立起邮轮母港竞争力的 AHP 模型指标体系,对大连邮轮母港竞争力进行了综合评价,并针对大连建设邮轮母港存在的问题提出了相应的对策建议。

朱乐群(2010)采用因子分析方法建立了邮轮港口旅游竞争力评价指标体系,该指标体系涵盖港口所在城市旅游服务能力、城市人均经济水平、邮轮港口发展能力、旅游资源等条件,并利用该指标体系对中国沿海 15 个港口城市进行定量评价和排名,得出这些城市排名依次是:上海、厦门、珠海、深圳、天津、青岛、广州、三亚、宁波、大连、汕头、湛江、烟台、海口和北海。

聂莉、董观志(2010)建立了基于熵权-TOPSIS 法的城市邮轮旅游竞争力评价模型,该评价体系则包括资源赋存、市场规模、经济水平、环境保护、区位条件、发展潜力 6 个一级指标和 22 个二级指标,并使用该评价体系对国内 9 个港口城市的邮轮旅游竞争力进行了实证分析。结果表明,上海、天津和深圳排在前三位,广州、厦门和大连处于中等水平,青岛、宁波和海口的竞争力较差。

蔡晓霞、牛亚菲和韦智超(2010)构建了涵盖港口支持条件、旅游资源潜力、旅游市场潜力、旅游企业运营能力、城市经济支撑能力、交通运输保障能力 6 个方面的邮轮产业发展潜力评价指标体系。并基于此指标,采用因子分析法对中国 8 个城市进行了定量的比较分析和邮轮产业潜力评价,将其分为三个类别:以上海为首的邮轮旅游优势区,以深圳、天津为代表的邮轮旅游比较优势区以及以宁波、青岛、厦门、大连、海口为代表的一般优势区。综合来看,对于港口城市竞争力的排名前面几位大致相同,上海、天津、深圳等邮轮旅游发展较好,有较强竞争力。提升市场竞争力,除提升内在的产品、价格外,还需注重营销策略的运用。

乔勇(2010)则从旅游者、旅行社和邮轮公司三方面入手,分析了上海邮轮旅游市场存在的问题,为邮轮公司设计了针对上海市场的营销策略,具体包括进行充分市场调研,准确定位目标市场,加大邮轮旅游的宣传力度,积极培育上海市场以及组合营销资源,开拓上海市场。

### 4.4.2　邮轮航线规划

在邮轮市场竞争中,除价格这一影响因素外,丰富独特的邮轮旅游产品也成为吸引游客的重要因素。目前学术界关于邮轮产品的研究主要分为岸上航线及岸上观光产品的研究。关于邮轮航线的研究,孙晓东、武晓荣和冯学钢(2015)认为,目前,我国正处在邮轮产业发展的初级阶段,航线设置较为单一。母港航线主要布局于东北亚韩国地区(主要以天津、青岛和上海为出发港)、东南亚越南地区(主要以三亚为出发港)以及海峡两岸区域(主要以厦门为出发港),尚未形成特色鲜明、主题多样、长短结合的布局态势。徐虹和高林(2010)指出,邮轮本身就是一种旅游产品。船上的星级客房、各种购物、娱乐及会务等设施一应俱全,对游客而言,享受邮轮上的生活娱乐设施是海上旅游的主要组成部分,中途靠岸是为了观光、购物或游览,回到出发地时海上旅游即宣告结束。

在邮轮岸上产品研究方面,段学成(2013)指出邮轮旅游者上岸后的活动半径通常在距码头 2 小时车程以内,并以浙江为例具体设计了其岸上旅游产品,浙江适合邮轮游客的精品旅游产品主要有:美丽群岛舟山海岛观光游、东方大港宁波溪口名人故居游、温州雁荡山世界地质公园游、嘉兴文化古镇游、海上名山天台游等。叶欣梁和孙瑞红(2007)文中提到邮轮游客岸上活动主要是各类观光游览和购物,除去邮轮上可以享受到的各类娱乐活动,如果邮轮停靠的目的地具备优美的风景、独特的观光体验和多样的购物选择,则这样的邮轮产品对游客来说会有更大的吸引力。孙晓东、武晓荣和冯学钢(2015)按照皇家加勒比邮轮公司的产品性质分类标准,分析发现邮轮航线岸上产品的基本类别有休闲观光、探险之旅、美食之旅、演出与娱乐、野生动植物探索、沙滩与水上活动、浮潜与潜水、飞行观光以及高尔夫等九大类。休闲观光/城市旅游是邮轮旅游岸上活动的主导产品,沙滩与水上活动、演出与娱乐、探险之旅、野生动植物探索以及美食之旅也是重要的产品形式。

## 4.5 邮轮运营管理

作为快速发展的新兴产业,邮轮市场也备受学术界关注,不少学者立足邮轮市场视角,研究了邮轮票价、邮轮产品、市场竞争力等内容。目前,中国邮轮市场上低价恶性竞争现象严重。孙瑞红、叶欣梁和徐虹(2016)采用电话访谈和市场观察的方法,探讨了我国邮轮市场的价格形成机制,研究发现导致邮轮市场价格降低的原因有邮轮包价旅游产品占据主导、旅游中间商成为竞争主体、垄断竞争市场、价格竞争激烈以及外部环境不确定性。文章还引入 SCP 模式从市场结构、市场行为和市场绩效 3 个方面来评价邮轮市场价格竞争有效性,研究结果证实当前价格竞争已成为低价过度竞争,国内邮轮市场陷入"低价困境"。

在邮轮产品定价方面,孙晓东、冯学钢(2013)提出了一种简单的两阶段框架来研究邮轮的需求学习和价格调整方法,假定邮轮游客的保留价格服从区间上的均匀分布,从而获得不同周期的线性需求函数,并基于此来确定未来航次、不同周期的票价,该方法可以帮助邮轮公司挖掘消费者的最大保留价格和市场规模的动态变动趋势。刘润茜、杨鹏辉和张露等(2016)则综合使用插值法、曲线估计法、相关分析法、描述统计法、典型相关分析等方法,构建了价格人数预测相关分析模型、最大预期售票收益模型,并采用 SPSS、MATLAB、LINGO 等软件编程求解,预测到每次航行各周预定舱位的人数和航行的预期售票收益,分析预定舱位价格与预定人数、意愿预定人数之间的关系,为公司完善每次航行预定舱位价格表并制定了最优升舱方案。何玲、朱家明和蔡经纬等(2016)运用经典增量法得出周意愿预定人数,构建了预定人数与价格的关系模型,预测出邮轮公司周预定平均价格。利用马尔科夫链预测法,建立不同舱位的游客升舱意愿模型,求出在不同升舱方案下的预期售票收益增量。

## 4.6　邮轮消费者研究

　　游客作为邮轮旅游的体验对象,其需求、动机、行为及满意度情况对于邮轮发展至关重要。纵观邮轮研究文献,在邮轮旅游出游前的需求与动机方面,叶欣梁,孙瑞红(2007)针对上海邮轮旅游的发展现状的基础上,分析了上海市邮轮旅游的消费需求分析,即上海市居民旅游消费水平逐年提升,对邮轮旅游的兴趣渐浓,邮轮游客登岸后最主要的活动项目就是各类观光游览和购物活动。孙琳(2015)针对中国邮轮旅游消费的现状,根据邮轮旅游的定义与特征,发现邮轮旅游者消费动机主要有休闲消费动机、假期消费动机以及消费目的动机,并针对性的提出提升我国消费者购买邮轮旅游意愿的策略。在研究方法上,除基于发展现状的理论分析外,也有学者基于数理统计方法分析游客需求。孙琳,周其厚(2017)采用调查问卷的方式了解消费者对邮轮旅游的认知、了解渠道、消费行为、消费意向和消费者选择邮轮出游的原因等问题,发现大部分人会选择和家庭成员、和朋友一起去参加邮轮旅游,获取渠道上主要通过电视广播、网络等方式,出游目的主要是休闲度假、观光游览,并进一步提出"一带一路"战略推动下广西邮轮旅游创新发展策略。

　　关于邮轮旅游出游中游客行为的研究,刘永涓和孟世文(2017)采用问卷调查的方法,以厦门市曾参加过和未曾参加过邮轮旅游的旅游者为研究对象,分析厦门市邮轮旅游市场的消费行为特征发现,邮轮旅游的家庭每月收入是细分邮轮旅游市场的依据,市场价格因素是邮轮旅游决策的关键因素,安全因素是邮轮旅游的重要因素等,并在此基础上提出厦门邮轮旅游开发的相关对策。同样,许曹炎和吴新宇(2015)也采用问卷调查的方式,分析上海邮轮旅游者的旅游时机选择、出游动机、信息获取渠道、消费水平和结构等行为特征,发现以邮轮旅游目前主要吸引邮轮母港城市及其周边城市中等收入以上的中青年家庭旅游者和会奖旅游活动举办企业,出游时机多选择除春节以外的节假日和带薪假期。此外,旅行社仍是邮轮旅游产品的主要传播和销售中介机构。黄旦妮和邱羚（2014）以"海洋航行者号"上中国游客为调查对象，采取问卷调查与访谈相结合的方法，研究发现游客的消费行为特点表现为收费餐厅消费意愿不强、倾向选择性价比高的内舱房、免税商品消费意愿强烈等，并提出改善邮轮消费行为建议，如增设面积较大的特色中国餐厅，宣传高级舱房和收费服务以及引入更多高端品牌等。

为更加全面的了解中外邮轮游客的消费行为，邱羚和夏雪梅（2017）采用了问卷调研和访谈等方法对387名中国游客及318名英美游客进行分析研究。结果发现，旅游前决策行为阶段主要受需求识别、旅游动机、邮轮旅游认知、邮轮旅游经验以及相关配套政策等因素的影响；邮轮旅游中的消费行为差异则主要表现为中外邮轮游客的文化素养的差异，我国可以重视起本土邮轮文化的培育；旅游后评价行为受到中外邮轮行业成熟度、邮轮产品品质、邮轮审美体验以及邮轮产品营销方式等的影响。

对于邮轮旅游出行后的满意度方面，鲍青青（2014）以丽星邮轮双鱼星号上邮轮游客为研究对象，对其在双鱼星号的各项服务满意度进行了调查分析。结果发现，总体满意度偏高，其中对于康乐和客房的满意度最高，其次是餐厅，前厅服务的满意度最低，最后根据调查结果提出了提高客人满意度的邮轮服务管理措施，如加强宾客关系价值管理、升级双鱼星号的设施设备以及提高邮轮乘务员素质。管思源和吴新宇（2014）通过实地调查和问卷调查方法对以上海为母港出发的邮轮游客满意度情况进行了分析，将游客对邮轮各项设施和服务的满意度分别进行测评，研究不同群体特征的游客对邮轮满意度的差异。研究结果发现，不同的游客群体对邮轮的满意度基本趋向一致，游客对邮轮各部门服务员所提供的服务满意度是最高的，邮轮所选择的航线和岸上游行程也都得到了认可；但在邮轮网吧、图书馆这类附带硬件设施上，满意度较差。此外，游客的重游率和推荐度较高，游客对邮轮旅游的总体印象不错。孔洁和刘利娜（2015）通过皇家加勒比发布的中国母港航次游客满意度调查结果，并结合自身在"海洋水手号"上的亲身实践体验，发现邮轮游客对国际邮轮乘务服务的满意度远远高出传统度假方式；国际邮轮乘务人员为了给乘客带来更加愉悦而难忘的旅程体验，同时为了增加自身的收入而努力提高服务质量。孙晓东和侯雅婷（2017）采用多指标综合评价的方法构建了邮轮母港的游客满意度指标体系，并基于该指标对上海出发的邮轮游客进行了满意度测评，进而识别出了单项指标的期望满意差距，发现上海吴淞口邮轮港口与游客期望满意差距较大的指标包括：网络服务/WiFi、购物/免税店、通关/安检效率、外汇兑换、儿童区域、登船、休息室、停车场、人车分流、登记过程、邮局/厕所/公共电话、下船以及公共交通/乘客输送等，并提出了上海母港满意度提升的对策和措施。孙晓东和倪荣鑫（2017）立足邮轮游客感知，基于文献分析、专家访谈、领队调研和问卷调查等方法,构建了邮轮船上服务与设施配备满意度的指标体系,其次以上海母港出发的国际邮轮为调查对象,研究发现,邮轮上的网络服务、洗衣服务、船上购物、教育/学习/培训课程、食品(中餐)、康体会所、图书馆、美容沙龙、商务/会议中心、游戏/比赛、酒吧和乘客交流/互动等指标与游客的期望满意差距较大,应重点关注。

## 4.7　其他研究

### 4.7.1　邮轮制造

除上述研究视角外,也有学者关注了邮轮领域其他视角,如邮轮文化、邮轮制造、邮轮法律法规、人才培养等方面,这些视角涉及文献较少。在邮轮制造方面,许婷、孙连成和李铁良(2008)对天津港国际邮轮码头工程泥沙数模试验进行了细致的研究。王葳、张文玉(2008)以香港启德邮轮港、洛杉矶世界邮轮中心、巴塞罗那D号邮轮码头以及温哥华邮轮码头为例对邮轮母港的规划设计进行了探讨。孙亮,王翠婷(2009)分析了世界邮轮制造业的现状和发展趋势以及我国发展邮轮制造业的必要性和可行性,并对我国发展邮轮制造业提出了若干建议。

### 4.7.2　邮轮安保

在邮轮安全方面,栾晨焕(2016)对邮轮运输中的突发事件类型和特征进行了分析,并进一步从应对方法以及法制承接方面探讨了邮轮应急体系的构建问题。汪军等(2012)则从邮轮码头应急疏散的角度,构建了人员逃生的元胞自动机模型,对紧急情况下的人员疏散情况进行了仿真模拟,并从疏散口数量、疏散口宽度、疏散线路和疏散管理等方面提出了优化策略。事实上,邮轮旅游的社会影响还应体现在对目的地文化、遗产、社区、居民、员工、乘客、甚至其他游客等方面的影响。然而目前国内并无相关研究成果。

### 4.7.3　人才培养

在邮轮人才支持方面,赵玲(2009)研究了目前中国在邮轮旅游人才教育方面存在的问题,阐述了高等院校邮轮旅游人才培养的特征、目标定位和课程设置原则,进而提出中国高等院校邮轮旅游人才的培养模式。葛亚军(2010)结合中国实际提出了政府主导、行业推动,业界、高等教育和培训机构参与,与国际接轨的人才培育模式。

### 4.7.4　法律法规及其他

在法律法规方面,邵磊和张良(2007)对制约邮轮检查效率的因素进行分析并指出,应该制定相对独立的邮轮管理法规,使邮轮检查有法可依,并且适当放宽邮轮游客的签证政策,对随邮轮来华的船员、游客实行便捷的签证过程。马得懿

(2008)基于法律视角分析了培育和发展环渤海区域邮轮经济产业所涉及的海上游客运输、邮轮建造、邮轮母港的规划、邮轮游客的通关等诸多相关问题,并提出了相应对策。在邮轮文化培育方面,沈瑞光,闵德权(2007)从邮轮文化的传统内涵和新特征入手,分析了邮轮文化的深层次寓意以及邮轮文化的新特征体现,并提出发展我国邮轮产业与邮轮文化的建议。

## 4.8　结论及研究展望

通过对中国邮轮产业研究的重要成果进行分析后发现,近年来随着中国邮轮产业的迅速崛起,邮轮旅游研究开始进入相对繁荣期,研究内容进一步具体和细化,涉及邮轮旅游的需求预测、邮轮舱位分配、邮轮舱位定价、邮轮航线规划、邮轮市场季节性特征、邮轮旅游网络关注度特征、邮轮港口竞争力评价、邮轮母港满意度测评、邮轮法律法规、邮轮人才培养、邮轮环保安保等方面。根据目前邮轮产业的发展现状及国内学术研究情况,本章提出如下几个未来值得研究的方向。

(1)居民对于邮轮产业发展的态度。在邮轮旅游快速发展的过程中,港口城市居民对于邮轮旅游的态度对于邮轮经济的发展起着重要的作用。只有全面了解我国居民对于邮轮旅游的感知和需求意向,才能有针对性的涉及符合其旅游需求的邮轮产品,进一步挖掘邮轮市场潜力,更好促进邮轮产业的发展。

(2)邮轮市场拓展及营销模式。中国邮轮市场的营销模式为切舱包船模式,90%的邮轮产品都是通过包船模式进行分销,这样的营销模式会造成低价甩舱,进而造成恶性的低价市场竞争。为此,未来学术界可关注中国邮轮行业的营销模式是否可创新,摆脱现有的低价困境。

(3)邮轮环保及安全问题。邮轮安全是一个非常值得关注的问题,邮轮在行驶过程中有可能会受到不可抗力因素的影响,造成安全事故。邮轮一旦发生事故,后果不堪设想。已有学者关注到邮轮安全问题,并提出可引导游客购买邮轮出行保险。未来学术界可关注邮轮安全问题,提升游客出游保障。

(4)研究方法细化及学科交叉。研究者在进行邮轮研究时可采用多样化研究方法。比如采用数理统计分析方法,通过定性与定量相结合方法进行案例分析与实证研究,从而能更加科学全面地研究邮轮产业。此外,邮轮行业是涉及较多行业的复合型产业,产业链上会涉及生产制造、产品设计、推广营销等方面。因此,在研究邮轮产业时要注重学科间的交叉,比如地理学、营销学、心理学、生态学、环境学、社会学、法学等学科的综合运用才能更全面地识别和解决产业发展的现实问题。

# 第 5 章 欧美地区主要邮轮港口
# 发展与典型案例分析

从区域分布来看,全球版图内的邮轮产业已经形成了较为稳定的布局形态。北美、地中海、地中海之外欧洲是邮轮港口和航线布局最密集的地区。特别是美国佛罗里达州所在的加勒比海地区和欧洲的地中海地区,邮轮母港分布最多,邮轮活动最为活跃,邮轮旅游所占市场份额最高。此外,亚洲、澳大利亚/新西兰、南美及中东地区成为发展迅猛的新兴邮轮市场,邮轮港口发展与航线布局日渐成熟。本章将对欧美主要邮轮港口(特别是邮轮母港或始发港)的发展现状进行全面讨论,涉及美国(东北、东南、西南和西北地区)、加拿大、加勒比海地区、地中海地区、北欧地区等区域的重要邮轮港口。

## 5.1 导言

邮轮港口和邮轮码头是邮轮产业发展的基石,必须具备完善的话配套设施和服务,才能承接全方位的邮轮旅游业务。特别是邮轮母港是邮轮、游客和配套产业的集散地,是一个由相关产业要素相互衔接、相互支持而组成的庞大管理系统,可充分发挥产业聚集和总部经济的效应。可以将邮轮港口划分为邮轮母港、邮轮挂靠港、简易码头和混合港口四种类型。从功能配套来看,邮轮母港系统通常包括港口基础设施、港口邮轮运营和产业支撑三大部分组成。邮轮码头和配套服务是邮轮港口最重要的基础设施,口岸管理和旅游服务是港口运营重要的软环境;而与邮轮挂靠、在港服务和离岸服务密切相关的业务是重要的辅助支撑(孙晓东,2014)。对于挂靠港来说,除了基本的出入境功能,城市环境、居民友好性、岸上观光服务、政府支持政策等属性对邮轮的目的地选择和邮轮游客的旅游体验具有重要作用。

世界版图内的邮轮港口已经形成了较为稳定的布局形态(孙晓东,2014)。从地理区位分布看,全球邮轮港口主要分布在四大地区:北美、欧洲、亚洲和大洋洲地区。凭借良好的区位优势、自然环境、旅游资源和人文景观,北美和欧洲成为世界上邮轮港口聚集度最高的区域。深刻理解欧美邮轮港口的发展情况对我国优化邮轮港口管理具有重要意义。本章将首先对欧美邮轮港口的基本布局和邮轮港口的经营业绩进行简要介绍,然后分别对北美和欧洲主要邮轮母港或始发港在基础设施、服务配套、岸上观光、港口规划等方面的内容进行全面讨论。本章涉及美国(东北、东南、西南和西北地区)、加拿大、地中海、北欧等区域的 12 个邮轮港口,包括美国纽约(New York)、美国迈阿密(Miami)、美国卡纳维拉尔(Canaveral)、美国埃弗格雷斯港(Port Everglades)、美国洛杉矶(Los Angeles)、美国西雅图(Seattle)、美国加尔维斯顿(Galveston)、英国南安普顿(Southampton)、西班牙巴斯罗那(Barcelona)、罗马(Rome)/奇维塔韦基亚港(Civitavecchia)、威尼斯(Venice)和雅典(Piraeus Athens)。

## 5.2　邮轮港口发展基本情况

根据自然条件、技术要求和服务功能的差异,国际上将邮轮港口划分为四种类型:一是邮轮母港(Homeport),二是邮轮挂靠港(Port of Call),三是邮轮简易码头(Jetty),四是混合码头(Hybird Port)。邮轮母港是邮轮的基地,设置邮轮公司的地区总部或公司总部,为邮轮提供全面的服务,包括提供邮轮的维护和修理等。挂靠港码头是邮轮网络的延伸点,邮轮在挂靠港的停靠时间较短,一般停靠 4～8 个小时,不仅供乘客上岸观光,而且还进行一定的补给、补充和废料处置。简易码头型港口仅供乘客上岸观光,做较短的停靠,基本上不增加补给。混合型码头则兼顾母港或始发港、挂靠港的功能。目前,世界版图内的邮轮港口已经形成了较为稳定的布局形态。从地理区位分布看,全球邮轮始发港口主要分布在四大地区:北美、欧洲、亚太和中东地区,其中北美和欧洲是邮轮港口聚集度最高的区域,如图 5-1所示。

凭借良好的区位优势和自然环境,北美地区特别是美国成为世界上邮轮港口最为集中的区域,从东海岸到西海岸分布着迈阿密(Miami)、劳德代尔堡(Fort Lauderdale)、杰克逊维尔(Jacksonville)、卡纳维拉尔(Canaveral)、坦帕(Tampa)、查尔斯顿(Charleston)、莫比尔(Mobile)、新奥尔良(New Orleans)、圣胡安(San Juan)、巴尔的摩(Baltimore)、波士顿(Boston)、纽约(Manhattan、Cape Liberty、Brooklyn Cruise Terminal)、蒙特利尔(Montreal)、魁北克(Quebec)、诺福克(Norfolk)、安克雷基(Anchorage)、火奴鲁鲁(Honolulu)、温哥华(Vancouver)、维多利亚(Victoria)、西雅图(Seattle)、旧金山(San Francisco)、加尔维斯顿(Galveston)、加州长滩(Long Beach)、洛杉矶(Los Angeles)、圣地亚哥(San Diego)、恩塞纳达(Ensenada)等众多优良的邮轮港口。美国主要邮轮港口游客接待量如表 5-1 所示,其中佛罗里达州(简称佛州)是全球邮轮业发展最成熟的地区,占全美 60% 左右的市场份额。

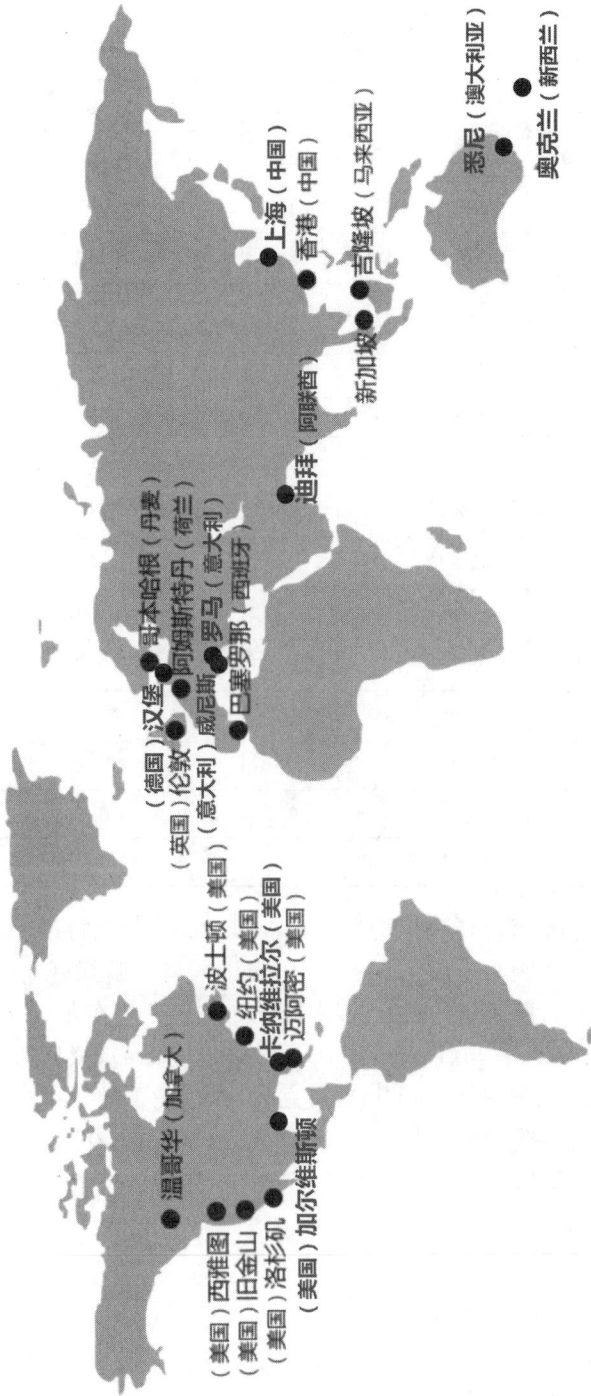

图 5-1　全球主要邮轮港口分布情况

表 5-1　美国重要邮轮港口登船乘客数量(2007—2014 年)　　(单位:千人)

| 邮轮港口名称 | 2007 | 2008 | 2009 | 2010 | 2011 | 2012 | 2013 | 2014 |
|---|---|---|---|---|---|---|---|---|
| 迈阿密 | 1 893 | 2 109 | 2 055 | 2 166 | 2 003 | 1 887 | 2 015 | 2 549 |
| 卡纳维拉尔 | 1 298 | 1 226 | 1 195 | 1 289 | 1 483 | 1 708 | 1 701 | 1 769 |
| 劳德代尔堡 | 1 289 | 1 293 | 1 422 | 1 758 | 1 795 | 1 797 | 1 845 | 1 940 |
| 洛杉矶 | 581 | 599 | 400 | 366 | 304 | 213 | 214 | 291 |
| 纽约 | 537 | 524 | 420 | 553 | 611 | 586 | 500 | 576 |
| 加尔维斯顿 | 523 | 377 | 395 | 435 | 459 | 604 | 605 | 642 |
| 西雅图 | 386 | 435 | 418 | 466 | 443 | 464 | 430 | 408 |
| 加州长滩 | 370 | 365 | 412 | 414 | 408 | 457 | 298 | 549 |
| 坦帕 | 367 | 382 | 397 | 397 | 449 | 487 | 410 | 451 |
| 新奥尔良 | 258 | 179 | 235 | 260 | 369 | 488 | 489 | 502 |
| 其他港口 | 1 682 | 1 469 | 1 555 | 1 590 | 1 510 | 1 404 | 1 457 | 1 388 |
| 美国总计 | 9 184 | 8 958 | 8 904 | 9 694 | 9 834 | 10 095 | 9 964 | 11 065 |
| 前十名港口 | 7 502 | 7 489 | 7 349 | 8 104 | 8 324 | 8 691 | 8 507 | 9 677 |
| 前十名份额(%) | 81.69 | 83.60 | 82.54 | 83.60 | 84.65 | 86.09 | 85.38 | 87.46 |
| 佛州港口 | 4 847 | 5 010 | 5 069 | 5 610 | 5 920 | 6 074 | 6 150 | 6 891 |
| 佛州份额(%) | 52.78 | 55.93 | 56.93 | 57.87 | 60.20 | 60.17 | 61.72 | 62.28 |

　　欧洲地区的著名邮轮港口包括巴塞罗那(Barcelona)、阿姆斯特丹(Amsterdam)、鹿特丹(Rotterdam)、雅典(Athens,Port of Piraeus)、哥本哈根(Copenhagen)、斯德哥尔摩(Stockholm)、奥斯陆(Oslo)、多佛(Dover)、伊斯坦布尔(Istanbul)、里斯本(Lisbon)、尼斯(Nice)、罗马(Rome,Port of Civitavecchia)、威尼斯(Venice)、南安普顿(Southampton)、都柏林(Dublin)、科克(Cork)、爱丁堡(Edinburgh)等。欧洲主要邮轮港口的游客接待量如表 5-2 所示,其中巴塞罗那、罗马、威尼斯、南安普顿是邮轮业最发达的港口之一。

## 5.3　北美地区

### 5.3.1　美国纽约(New York)

　　纽约州是美国的神经中枢和经济心脏,其金融商业、文化艺术、休闲娱乐等方面

表 5-2　欧洲重要邮轮港口登船乘客数量（2007—2014 年）

（单位：千人）

| 邮轮港口名称 | 国家 | 2007 | 2008 | 2009 | 2010 | 2011 | 2012 | 2013 | 2014 |
|---|---|---|---|---|---|---|---|---|---|
| 地中海地区 | | | | | | | | | |
| 巴塞罗那 | 西班牙 | 1 765 838 | 2 069 651 | 2 151 465 | 2 350 283 | 2 657 244 | 2 408 960 | 2 599 232 | 2 364 292 |
| 罗马 | 意大利 | 1 586 101 | 1 818 616 | 1 802 938 | 2 458 000 | 2 400 000 | 2 394 423 | 2 538 259 | 2 140 039 |
| 威尼斯 | 意大利 | 1 003 529 | 1 215 088 | 1 420 980 | 1 617 011 | 1 786 416 | 1 739 501 | 1 815 823 | 1 733 839 |
| 马约卡岛帕尔马 | 西班牙 | 1 048 906 | 1 131 147 | 1 056 215 | 1 347 009 | 1 419 502 | 984 785 | 1 245 244 | 1 336 437 |
| 雅典 | 希腊 | 1 000 000 | 1 290 000 | 1 500 000 | 1 210 000 | 1 560 000 | 1 198 047 | 1 302 581 | 1 055 556 |
| 萨沃纳 | 意大利 | 761 000 | 772 000 | 712 681 | 780 672 | 948 459 | 810 097 | 939 038 | 1 018 794 |
| 热那亚 | 意大利 | 520 197 | 547 905 | 671 468 | 860 290 | 798 521 | 797 239 | 1 051 015 | 824 109 |
| 北欧地区 | | | | | | | | | |
| 南安普顿 | 英国 | 798 463 | 971 258 | 1 054 900 | 1 243 463 | 1 445 000 | 1 577 790 | 1 683 160 | 1 573 428 |
| 哥本哈根 | 丹麦 | 502 000 | 555 819 | 675 000 | 662 000 | 819 000 | 840 000 | 800 500 | 740 000 |
| 汉堡 | 德国 | 132 678 | 89 791 | 126 839 | 245 761 | 314 494 | 430 329 | 552 359 | 588 690 |
| 基尔 | 德国 | 173 000 | 222 130 | 291 388 | 341 000 | 377 205 | 348 180 | 363 476 | 354 000 |
| 阿姆斯特丹 | 荷兰 | 147 947 | 226 079 | 181 548 | 198 530 | 258 576 | 289 757 | 276 912 | 253 092 |

资料来源：MedCruise，Cruise Europe and individual port data

在美国各州居于领导地位。从行政区划上来看,纽约州主要包括纽约市、布法罗城、洛彻斯特、杨克斯、雪城以及亚柏尼。纽约市(New York City.),位于美国纽约州东南部大西洋沿岸,是美国第一大城市及第一大港,是一座世界级国际化大都市,也是世界第一大经济中心(https://baike.baidu.com)。按照行政区来说,纽约一共有曼哈顿、布鲁克林、布朗克斯、斯塔滕和昆斯(皇后)5个区。

纽约港是北美洲最繁忙的港口,亦是世界上天然深水港之一,是美国第三大集装箱港口,包括纽约、新泽西、纽瓦克(新泽西州的一个城市)三部分,分属纽约和新泽西两个州的辖区,是美国最大的海港。纽约港位于美国东北部哈得孙河河口,东临大西洋,面积约为1 200平方英里(3 100平方千米),拥有超过1 000英里(1 600千米)的海岸线。岸线分布于曼哈顿、布鲁克林、皇后区、布朗克斯、史坦登岛等11个独立港区。在邮轮产业发展方面,纽约港已经成为美国东北部重要的邮轮母港,全年均有母港航线布局,吸引了世界上最重要的邮轮公司,包括嘉年华邮轮、皇家加勒比邮轮、公主邮轮等,涉及嘉年华、荷美、冠达、歌诗达、皇家加勒比、精致、丽晶七海以及银海邮轮等十余个邮轮品牌。其中,大多数邮轮停靠在曼哈顿邮轮码头(Manhattan Cruise Terminal)和布鲁克林邮轮码头(Brooklyn Cruise Terminal)。两大码头均由私人码头管理公司美国港口(Ports America)管理,码头及周边基本情况如表5-3所示。此外,也有少量邮轮航次从新泽西的自由角邮轮港(Cape Liberty Cruise Port)出发。纽约邮轮港口的布局如图5-2所示。

表5-3 纽约邮轮港口数据

| 港口属性 | 曼哈顿邮轮码头 | 布鲁克林邮轮码头 |
|---|---|---|
| 码头情况 | 泊位数量:5个<br>泊位总长:1040英尺(317米)<br>泊位水深:36英尺(11米) | 泊位数量:1个<br>泊位总长 880英尺(268.2米)<br>泊位水深:36±2英尺(11米) |
| 接待最大邮轮情况 | 长度:1 000英尺(304.8米)<br>宽度:150英尺(45.72米)<br>吃水:36英尺(11米) | 长度:1 135.2英尺(346米)<br>宽度:132英尺(40.2米)<br>吃水:33英尺(10米) |
| 港口服务 | 安全<br>照明<br>废物处理<br>电力<br>维护<br>停车场<br>食品服务<br>零售<br>海关CBP处理区 | 终端安全<br>燃料:港口代理安排<br>装卸工和废物服务<br>照明<br>电力<br>维护<br>停车场<br>全CBP处理<br>加工区 |

（续表）

| 港口属性 | 曼哈顿邮轮码头 | 布鲁克林邮轮码头 |
|---|---|---|
| 曾获荣誉<br>Cruise Insight<br>2011 Awards | 最有效的码头操作<br>最佳周转港运营<br>最完善的港口设施（88 号码头）<br>最高效的港口服务<br>最佳目的地体验（独立观光） | 最有效的码头操作<br>最佳周转港运营<br>最完善的港口设施（88 号码头）<br>最高效的港口服务<br>最佳目的地体验（独立观光） |
| 交通可达<br>（By Taxi in<br>the Year<br>of 2019） | 肯尼迪机场（JFK）：52 美元<br>拉瓜迪亚机场（LGA）：25～35 美元<br>纽瓦克机场（ERW）：80～100 美元<br>港务局巴士总站：约 8～10 美元 | 肯尼迪机场（JFK）：45～60 美元<br>拉瓜迪亚机场（LGA）：28～38 美元<br>纽瓦克机场（ERW）：80～100 美元 |
| 岸上观光 | 纽约市是美国最大的城市，也是人口最密集的城市，是世界上最多元化的城市之一，拥有众多购物、时尚、博物馆、建筑、演艺、历史、文化等观光资源；比较典型的邮轮岸上观光产品包括：<br>城市旅游（City Tour）<br>9/11 纪念馆（9/11 Memorial）<br>帝国大厦（Empire State Building）<br>自由女神像（The Statue of Liberty）<br>中央公园（Central Park）<br>洛克菲勒中心（Rockefeller Center）<br>时代广场（Times Square）<br>埃利斯岛（Ellis Island）<br>布鲁克林大桥徒步旅行（Brooklyn Bridge Walking Tour）<br>大都会艺术博物馆（Metropolitan Museum of Art） | |

主要数据来源：www. nycruise. com；www. cruisecritic. com

　　纽约城是美国服务邮轮最早的城市，被 *TravelAge West* 评为"最佳美国母港"。2004 年，为了确保一流邮轮码头地位，纽约市耗资 2 亿美元实施邮轮码头投资计划。曼哈顿邮轮码头升级计划以及独立花费 400 万美元配备的乘客登船桥（Boarding Bridge）使得 88 号和 90 号码头（Pier 88 和 Pier 90）可以接待世界上最大的船只。新曼哈顿邮轮码头成为最先进的邮轮码头之一，包括现代化的可调舷梯（Gangway）和扩大的码头裙板，从而可以更迅速、更舒适、更高效地装卸乘客和物资。重新开发的候船楼还可以将乘客上下隔离到单独的楼层，从而更有效地利用乘客空间，减少拥挤。

　　新布鲁克林邮轮码头于 2006 年 4 月开业，受到了众多赞誉，包括公主邮轮公司的"年度邮轮码头"和 *PortHole Magazine* 的"最佳新母港"。现代化的航站楼提供了世界一流的邮轮设施，包括 20 万平方英尺的灵活航站楼空间、先进的登船舷梯/步桥、独立的公共汽车站和充足的停车场。专用的登船和卸货区允许乘客无需

图 5-2　纽约港邮轮码头布局

等待即可上船。在运营的第一年,占地 18.2 万平方英尺的布鲁克林邮轮码头迎来了 40 个航次,并为布鲁克林海滨增加了 330 个永久性工作岗位。

纽约市是名副其实的邮轮母港城市,具备游客集散、加载燃油、补充物资和邮轮养护与维修等基本功能,客源市场、地理位置、交通运输、旅游资源、商业服务、物资供应和政策条件等邮轮产业发展基础良好。据统计,2017 年纽约邮轮产业总产值为 2.28 亿美元,与 2016 年相比增长了 41%。据纽约和新泽西港务局统计,乘客和船员岸上花费约为 1.711 亿美元,人均支出约为 300 美元,与 2016 年相比增长 30%。从纽约/新泽西出发的邮轮航线遍布百慕大、加拿大/新英格兰、欧洲、加勒比海、佛罗里达、巴哈马、甚至冰岛地区。因地理区位原因,纽约邮轮航线产品的季节性明显,尤其是曼哈顿港口,其中 8 月、9 月和 10 月是曼哈顿邮轮码头的旺季,而 12 月、1 月和 2 月是淡季。

从客源基础来看,充足的客源市场是邮轮产业发展的关键要素之一。纽约州本土人口将近 2 000 万(2015 年约 1 980 万),纽约市人口将近 900 万(2017 年约 851 万人),另外每年有超过 6 000 万游客访问纽约市。纽约市政府旅游宣传机构"NYC & Company"最新数据显示,2018 年造访纽约市的游客总量达到 6 520 万人,其中美国人约 5 160 万人,外籍游客约为 1 350 万人,成为纽约邮轮产业发展的重要支撑。

从交通状况来看,交通可达性在邮轮母港建设与作用中的重要性毋庸置疑。首先从外部交通来说,纽约市拥有三大国际机场,包括肯尼迪国际机场(JFK)、拉瓜迪亚机场(LGA)以及纽瓦克自由国际机场(EWR)。其中国际游客主要降落于肯尼迪机场和纽瓦克机场,而拉瓜迪亚机场更多的是接待美国国内航线。曼哈顿和布鲁克林邮轮码头距离拉瓜迪亚机场最近,其次是纽瓦克自由国际机场和肯尼迪国际机场。与此同时,纽约港附近有 200 多条水运航线、14 条铁路运输线、380 千米地下铁道及稠密的公路网和 3 个现代化空港。此外,在大市区各岛之间,筑有多座桥梁和多条河底隧道相连接,交通可达性非常高。其次,从内部交通来看,由于邮轮停靠时间和游客上下船时间有限,安全、便利、快捷、舒适的交通服务是邮轮码头的基本功能。在以纽约邮轮码头为中心构建的交通枢纽中,各个子系统相互配套组合,能有效实现邮轮码头与城市各部分的无缝衔接。

从旅游资源来看,纽约市是世界上最令人兴奋的城市之一。中央公园、时代广场、大都会艺术博物馆、现代艺术博物馆、洛克菲勒中心、自由女神像、联合国大厦、帝国大厦、华尔街、布朗克斯动物园、威廉斯堡、贝德福德大道、皇冠高地、百老汇演出等均是纽约市的代表性旅游吸引物。

## 5.3.2　美国迈阿密(Miami)

迈阿密享有"世界邮轮之都"(Cruise Capital of the World)的美称,拥有大小邮轮码头 12 个,泊位岸线长度超过 2 公里,有近 20 艘邮轮以其作为母港,港口的邮轮年靠泊周转量位居世界第一,拥有完备的码头配套设施,驻扎着 15 个国际邮轮公司的总部。迈阿密邮轮枢纽码头能同时为超过 8 000 名游客提供出入境服务。邮轮码头交通便利,离机场仅 15 分钟车程,通关便捷;附近有大型购物中心、宾馆、餐饮区,具体情况如表 5-4 所示。

迈阿密港口始建于 1960 年,位于美国弗罗里达州迈阿密比斯坎湾,北至纽约 813 海里,至查尔斯顿 282 海里,南至古巴哈瓦那 210 海里,经弗罗里达海峡至巴拿马科隆城 1220 海里,具有多方向开发邮轮航线的优势。依托加勒比海、加州、百慕大海域以及辐射欧洲和南美的旅游资源,从迈阿密出发的邮轮行程非常丰富,航程 2 天到 72 天不等。

**表 5-4　迈阿密邮轮港基本情况**

| 维　度 | 基　本　情　况 |
|---|---|
| 地理 | 位于美国佛罗里达州,邮轮港口和邮轮码头位于市中心海滩的黄金地段,距机场仅有 15 分钟车程,离市中心最近的大型购物、宾馆、餐饮区仅有几分钟车程 |
| 气候 | 迈阿密拥有温暖、湿润的亚热带气候,只有在冬天才偶尔会遇上寒冷的天气,是美国本土冬季最温暖的城市,1 月平均气温 19.5℃,7 月 28.3℃;年平均降水量 1 290毫米,大部分降于夏季 |
| 文化 | 迈阿密被认为是文化的大熔炉,受庞大的拉丁美洲族群和加勒比海岛国居民的影响很大;与北美洲、南美洲、中美洲以及加勒比海地区在文化和语言上关系密切,因此还被称为"美洲的首都" |
| 旅游 | 迈阿密是一个旅游度假胜地,延绵不绝的白色沙滩占据了全美沙滩的四分之一长度,处处洋溢着美国其他城市所没有的拉丁风情,美丽的沙滩、蔚蓝的海水、闪耀的阳光、众多帅哥美女,让其成为电影和电视拍摄取材的最佳场景,有"美国东岸的好莱坞"之美称 |
| 码头 | 8 个邮轮码头:B,C,D,E,F,G 在 Dodge 岛的北部,J 在南部,H 在西部海岸 |
| 岸线 | 邮轮岸线总共 2 286 米 |
| 泊位 | 可同时停靠 20 艘邮轮 |
| 能力 | 8 艘邮轮,可接待世界最大邮轮;同时接待 8 400 人 |
| 设施 | 拥有舒适的休息大厅、商务会议大厅、全封闭的上船通道、完善的订票系统、安全系统、登轮查验系统、行李操作系统、容纳 733 辆汽车的车库、先进的信息化服务,为游客出行提供近乎完美的服务;码头大厦 D 和 E 功能更完备 |
| 邮轮 | 迈阿密港目前共有 22 家邮轮集团总部,服务 55 艘邮轮;2018 年邮轮手册显示,迈阿密港有 11 家邮轮集团做了航线安排,分别是精钻邮轮、嘉年华邮轮、精致邮轮、迪士尼邮轮、地中海邮轮、诺唯真邮轮、大洋邮轮、丽晶七海邮轮、皇家加勒比国际邮轮、世朋邮轮和维京邮轮<br>共计 35 艘邮轮,超过 10 万吨的邮轮有 14 艘,8~10 万吨的邮轮 4 艘,8 万吨以下的邮轮 17 艘 |
| 航线 | 东加勒比海、西加勒比海、巴哈马群岛、南美、巴拿马运河到西海岸和亚马逊等,主要包括去往巴拿马运河、东部加勒比海、西部加勒比海、南部加勒比海、巴哈马群岛、横跨大西洋、古巴的航线,此外还有 10 天以上去往南非、百慕大海域、法属波利尼西亚、南美、加拿大、阿拉斯加、南太平洋的航线。航次最多的是去巴哈马的 3 天航线,全年有 51 次 |
| 岸上观光 | 迈阿密沙滩(Miami Beach)<br>迈阿密戴德县艾德丽安阿什特表演艺术中心(Adrienne Arsht Center for the Performing Arts of Miami-Dade County)<br>贝赛德市场(Bayside)<br>布里克尔商业区(Brickell City Centre) |

（续表）

| 维　度 | 基　本　情　况 |
|---|---|
| 岸上观光 | 弗罗斯特科学博物馆(Frost Science Museum)<br>迈阿密历史博物馆(History Miami)<br>丛林岛(Jungle Island)<br>迈阿密美术馆(Miami Art Museum)<br>迈阿密儿童博物馆(Miami Children's Museum)<br>迈阿密市中心商店(Midtown Miami Shops)<br>迈阿密佩雷兹美术馆(Perez Art Museum Miami)<br>迈阿密-戴德县影视旅游(Miami-Dade County Movie & TV Tour) |

　　迈阿密港目前有超过 8.7 公里的岸线,其中 2.6 公里供邮轮使用,拥有 8 个超级码头,可同时停泊 20 艘邮轮;还有 2 个邮轮客运站,拥有世界上最先进的管理设施系统,可同时服务 8400 名游客。迈阿密港口邮轮接待量居世界首位且整体呈逐步增加的趋势。迈阿密邮轮港口年均接待邮轮游客超过 400 万人次,游客在迈阿密消费超过 200 亿美元。作为南弗罗里达州的主要经济引擎之一,迈阿密港 2017年接待 530 万邮轮乘客,岗位产生 414 亿美元的经济效益。

　　迈阿密港具备舒适的休息大厅、多个商务会议大厅、能容纳 733 辆汽车的车库、全封闭并加装中央空调的游客上船通道,有完善的订票系统、安全系统、登轮查验系统和行李管理系统等;有私人汽车看管、汽车出租、搬运车预约、公共汽车查询、自动银行和问询处等,服务内容无微不至。邮轮旅客只需买票、验票、候船、登船,行李则由行李处理设备送到各自的座位。同样,行李处理系统也会在邮轮旅客回到目的港后将其行李送到指定的位置,甚至可直接送到飞机上或酒店里。

　　作为庞大的迈阿密港口再开发项目的一部分,新超现代化邮轮码头,公路和停车场也已经建成。码头 A 是由皇家加勒比集团设计、建造、运营的一个新的邮轮码头,可以接待世界上最大的邮轮,在 2018 年底投入使用。此外还在港口东北部建造一个停车场,最多可同时停放 1000 辆车。

　　迈阿密岸上旅游资源也非常丰富。迈阿密港口与迈阿密会议及旅游局合作,推动了迈阿密港口作为世界第一港口的发展,使迈阿密市成为邮轮活动前后重要的旅游目的地。迈阿密戴德县提供世界一流的住宿、餐饮以及港口附近岸丰富观光产品:多元文化景点,无尽的购物场所和数英里的美丽海滩等。此外还有一些可供体验的具有当地文化特色的活动。如参观历史悠久的庄园比斯卡亚博物馆和花园或卡特勒的德林庄园、参加迈阿密海滩生态冒险活动等。

## 5.3.3　美国卡纳维拉尔(Port Canaveral)

　　卡纳维拉尔港口位于杰克逊维尔和迈阿密之间的布里瓦德县,邻近奥兰多,交通非常便利。布里瓦德县交通非常便捷,除了和其他沿海地区一样采用常见的交通方式,包括高速公路、铁路、航运和航空,还有全球独树一帜的航空运输。服务于布里瓦德县的机场包括墨尔本国际机场、亚瑟邓恩机场等五大机场。此外还有美丽的自然资源蚊子潟湖、印第安河、梅里特岛、国家野生动物保护区和卡纳维拉尔国家海岸。2016 年,旅游业产值占全县 GDP 的 9%左右,13%的员工从事旅游业。布里瓦德国内游客主要来自佛罗里达州、俄亥俄州、伊利诺伊州等美国国内。国际游客主要来自加拿大、英格兰、德国、中国和意大利。依托天然海滩、肯尼迪航天中心以及卡纳维拉尔邮轮港口,布里瓦德县每年会吸引数百万游客。

在邮轮产业方面,卡纳维拉尔港是一个独特的邮轮出发地,是佛罗里达州发展最快的邮轮港口,被称为世界上最受欢迎的邮轮港口之一。卡纳维拉尔港的邮轮码头具有全新、创新和超现代三大特点,旨在提升游客从进入码头直到登上邮轮的整体体验。卡纳维拉尔 2017 年接待游客超过 450 万,带来的经济收益为 4 520 229美元。邮轮港的基本情况如表 5-5 所示。

表 5-5　卡纳维拉尔港基本情况

| 维　度 | 基　本　情　况 |
|---|---|
| 地理 | 位于布里瓦德县,奥兰多以东仅 45 英里的地方,游客可以将奥兰多城市旅游与邮轮体验完美结合;528 号国道和 I-95 号高速公路连接港口;从奥兰多国际机场、奥兰多桑福德机场和奥兰多墨尔本国际机场到达卡纳维拉尔港非常便利 |
| 气候 | 属于湿润亚热带气候,有明显的干湿季节区分,1 月平均气温 10～22℃,7 月平均气温 22～32℃,尽管位于飓风盛行的佛罗里达东部半岛,但因特殊自然原因受飓风直接登陆的影响较小 |
| 旅游 | 卡纳维拉尔港拥有比其他所有弗罗里达州港口更多的休闲设施,有专门提供相关休闲娱乐信息的网站,包括配套完善、近在咫尺的海滨沙滩、码头公园、景点、餐饮以及众多休闲旅游资源 |
| 码头 | 卡纳维拉尔港允许进港船只最大吃水 10.67 米,水的载重密度 1025;潮差 1.07 米(一般)、1.37 米(大潮);有修船、小艇、遣返设施,可提供淡水、食品、燃料和医疗条件;目前拥有 7 个运营码头,计划预算 1.1 亿美元建造新邮轮码头一号,480 万美元改造邮轮码头五号,35 万美元改造邮轮码头十号,200 万美元翻修邮轮码头八号,为未来邮轮发展做好准备 |
| 设施 | 卡纳维拉尔港务局及其邮轮合作伙伴将投资约 1.5 亿美元建造了一座占地 1.88万平方英尺(17 465.77 平方米)新的两层高科技码头和配套停车楼,届时可容纳多达 6 500 名邮轮客人;该码头将配套现代化技术系统,提升海关和边检便利化,还配有移动旅客一体化登记技术以加快客船登机过程 |
| 邮轮 | 2017—2018 年航季服务嘉年华、迪士尼、诺唯真和皇家加勒比等邮轮公司的 11 艘邮轮,提供 3～14 日不同时长邮轮航线 |

（续表）

| 维　度 | 基　本　情　况 |
|---|---|
| 航线 | 卡纳维拉尔港拥有达到巴哈马、加勒比海东部、西部和南部以及其他热带目的地或半天的公海游等邮轮航线<br>2018年邮轮航线：<br>嘉年华邮轮将提供18条从3～13天时间不等的加勒比海和巴哈马群岛的航线<br>迪士尼邮轮计划安排迪士尼梦想号和幻想号提供3～4晚巴哈马群岛航线，奇迹号邮轮将提供7～11晚加勒比的航线<br>诺唯真邮轮爱彼号提供7～14天东部和西部加勒比海的航线，太阳号则提供3晚巴哈马航线和4晚古巴过夜和基韦斯特岛航线<br>皇家加勒比超级邮轮海洋绿洲号提供3～8晚东部、西部、南部加勒比海的航线，国王号将提供3～5晚巴哈马群岛的航线 |
| 岸上观光 | 可可海滩直升机（Cocoa Beach Helicopters）<br>胜利赌场邮轮（Victory Casino Cruises）<br>防波堤公园-码头公园海滩（Jetty Park）<br>码头公园营地（Jetty Park Campground）<br>弗雷迪帕特里克公园（Freddie Patrick Park）<br>罗德尼·凯特姆公园（Rodney S. Ketcham）<br>勘探塔（Exploration Tower） |

## 5.3.4　美国埃弗格雷斯港（Port Everglades）

埃弗格雷斯港（Port Everglades）位于佛罗里达州劳德代尔堡（Fort Lauderdale），与迈阿密港同为全世界知名度最高的邮轮港口，几乎是全世界所有邮轮公司的靠泊港。迈阿密港是世界第一大邮轮港口，但埃弗格雷斯港在规模、服务和道路连通方面与之相差不多。近年来，佛罗里达州非常重视该港邮轮业务发展。目前，劳德代尔堡与迈阿密每年在佛罗里达州一起举行的全球最大邮轮产业大会——迈阿密邮轮大会（Cruise Shipping Miami）。作为旅游胜地，劳德代尔堡每年接待超过1300万的游客，花费超过106亿美元。此外，劳德代尔堡市的会议中心每年有约300万名游客参与会议和旅游。

埃弗格雷斯港总共有9个邮轮码头，拥有可同时容纳30艘邮轮的泊位，具有世界顶尖级邮轮港的水平，港区布局如图5-3所示。此外，埃弗格雷斯港有从领海到邮轮泊位的入港距离比其他的任何邮轮港都短的优势，并具备先进的乘客运输系统。而且南港的货物处理设施也能很好地供应邮轮船舶所需要的货物。埃弗格雷斯北港的停车场十分宽余，可以同时停2500台车辆。此外，为了给游客提供便利，码头周边不仅到处都设有指示牌，而且还设有免税店、旅游咨询处和银行等设施，为邮轮旅客增加便利。

劳德代尔堡市可以为邮轮游客提供了众多休闲娱乐项目。从天然海滩到自然公园,从博物馆到包船捕鱼和游船参观。著名的劳德代尔堡大沼泽地只是休闲乐趣的开端,埃弗格雷斯港口附近还有其他休闲娱乐项目。埃弗格雷斯港在1931年迎来其第一艘邮轮,逐步成长为每年接待近400万游客的邮轮码头。2011—2016年,埃佛格雷斯港接待的邮轮游客总量均高于360万。其中,2016年,埃弗格雷斯港口接待邮轮停靠876次,接待邮轮游客3 826 415人次,邮轮经济收入达到5 532.26万美元。

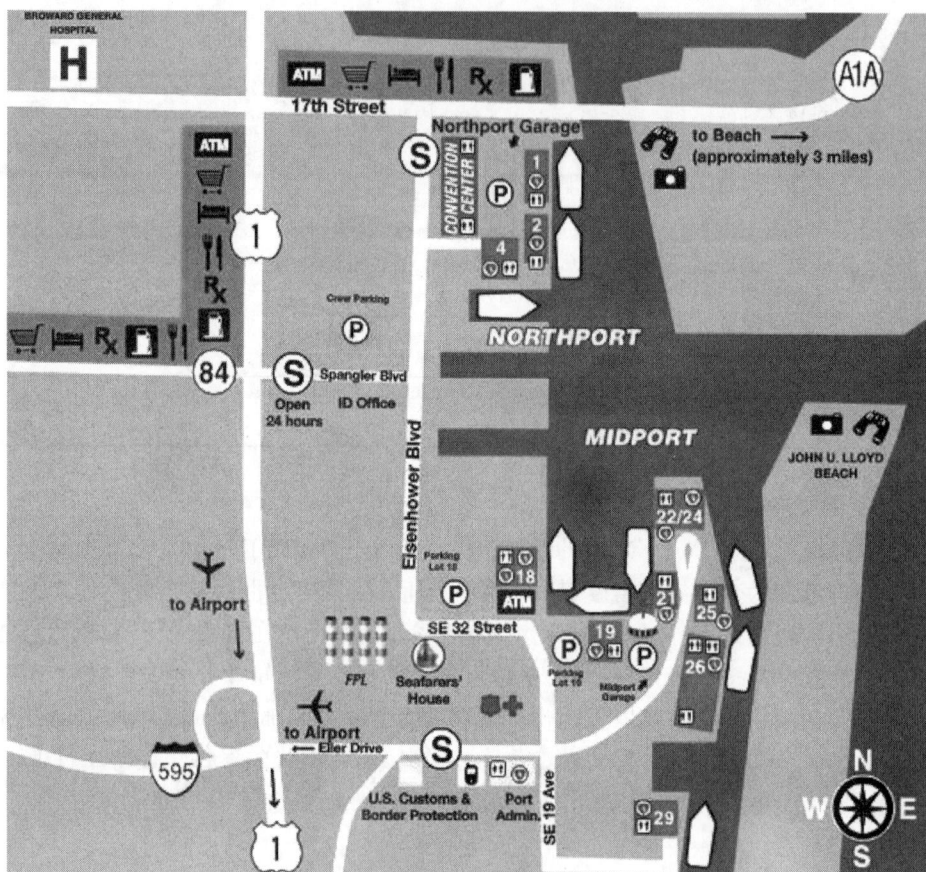

图 5-3 埃弗格雷斯港邮轮泊位分布

表 5-6 埃弗格雷斯港基本情况

| 维　度 | 基　本　情　况 |
|---|---|
| 地理 | 埃弗格雷斯港是美国唯一一个毗邻国际机场的邮轮港口;劳德代尔堡—好莱坞国际机场是该市的主要机场,也是美国发展最快的主要机场,距离邮轮港口只有几分钟车程;港口以南距离27英里(43.45千米)的迈阿密国际机场和港口以北距离50英里(84.67千米)的棕榈滩国际机场。此外,布劳沃德县公交(BCT)、国家公共汽车(Greyhound和Megabus)均可抵达 |

（续表）

| 维　度 | 基　本　情　况 |
|---|---|
| 气候 | 属于热带雨林气候,5～10 月天气炎热潮湿,多季节性降雨,平均气温 22～32℃;11 月到次年 4 月温暖干燥,9 月、10 月受飓风影响显著 |
| 旅游 | 劳德代尔堡市(Fort Lauderdale)号称"美国的威尼斯",旅游业非常发达,旅游资源非常丰富,包括艺术和娱乐活动、著名景点、购物中心、自然景观、体育活动等等,以其海滩、艺术、文化和活动而闻名,比如拉斯奥拉斯大道购物、佛罗里达大沼泽地探险和欣赏历史悠久的名胜游览;劳德代尔堡市的经济发展非常多元化,以邮轮和航海娱乐为主的旅游业非常发达,拥有游艇制造和维护中心,游艇码头和造船厂超过 100 个 |
| 码头 | 埃弗格雷斯港口调头港池东西宽 365.76 米、南北宽 746.76 米,最大吃水深度 11.28 米,10 个商业码头,设 27 个泊位,总长 4 871.3 米,共有超过 1.46 万平方米的码头区和 2.27 万平方米的行李处理区 5 个现代化的客运站;埃弗格雷斯港有 9 个邮轮码头和 2 个大型停车场及现代化乘客运输系统。港口由北港、中港和南港 3 个区域组成,与劳德代尔堡市内相邻的北港有 3 个邮轮码头和游艇停靠码头;中港是邮轮码头的主要区域,有 6 个邮轮码头;南港则主要用来聚集货物 |
| 设施 | 港区服务设施有船舶修理、拖船、燃料舱、干船坞、淡水、汽艇、食品供应、医疗设施和遣返,无排污,港内可进行修理服务,可加各种燃料油;为了进一步提高游客服务水平,埃弗格雷斯港与美国海关和边境推出了两个试点项目——自动护照管控亭(Automated Passport Control kiosks, APC)和移动护照管控(Mobile Passport Control,MPC),以加快进入美国的安检速度;埃弗格雷斯港口是美国第一个试用 APC kiosks 和提供 MPC 服务的港口 |
| 邮轮 | 2018 年服务于 11 个邮轮公司,分别是巴利亚利亚加勒比邮轮、嘉年华邮轮、精致邮轮、歌诗达邮轮、水晶邮轮、冠达邮轮、荷美邮轮、珍珠邮轮、公主邮轮、皇家加勒比邮轮和银海邮轮;靠的邮轮共 39 艘邮轮,比迈阿密港多出 4 艘,超过 10 万吨的邮轮有 12 艘,8～10 万吨的邮轮 14 艘,8 万吨以下的邮轮 13 艘 |
| 航线 | 邮轮航线主要包括去往加勒比海各地区、巴拿马运河、巴哈马群岛的行程;此外还有去往北欧、横跨大西洋、意大利、热带、南美亚马逊、智利等地的航线;相比迈阿密港,埃弗格雷斯港航线选择更为丰富 |
| 岸上观光 | 劳德代尔堡海滩(Fort Lauderdale Beach)<br>探索和科学博物馆(Museum of Discovery and Science)<br>艺术博物馆(Museum of Art)<br>埃弗格雷斯湿地之旅(Everglades Swamp Tours)<br>斯特拉纳汉之家(Stranahan House)<br>蝴蝶世界(Butterfly World) |
| 岸上观光 | 丛林女王河游船之旅(Jungle Queen Riverboat)<br>火烈鸟花园(Flaming Gardens)<br>锯草休闲公园(Sawgrass Recreation Park)<br>休泰勒伯奇州立公园(The Hugh Taylor Birch State Park)<br>邦尼特博物馆和花园(Bonnet House Museum & Gardens) |

通过分析迈阿密港、卡纳维拉尔港和埃弗格雷斯港三大港口所在区域及港口的条件和状况,可以发现优良的邮轮港口通常具备以下四个条件。

(1) 雄厚的综合经济实力。邮轮经济的发展,需要强大的经济实力支撑。首先,邮轮设计与建造需要投入大量资金。其次,邮轮基础配套设施建设和邮轮旅游客源的形成都依赖于一个国家和地区的综合经济实力,特别是邮轮码头、对外交通建设投入巨大,动辄需要几十亿甚至上百亿美元的资金投入。

(2) 完善的基础配套设施。邮轮码头根据其重要性可分为港口码头、停靠港码头。停靠港码头一般停靠时间较长,不仅旅客上岸观光,邮轮还进行一定的补给、补充和废料处理。邮轮港口也称邮轮基地,为邮轮提供全面的服务,邮轮在港口过夜、进行维护和修理,在港口设置邮轮公司总部或地区总部。分析发现,国际邮轮经济发达的港口城市都具有现代化的码头、停泊设施和邮轮城(邮轮中心)配套设施。邮轮港口所需设施包括:①专业的邮轮码头及附属设施;②配套的餐饮、酒店、商店、银行、写字楼、休闲娱乐等服务设施;③便捷的交通设施;④物资供应及维修保障设施。

(3) 发达的对外交通网络。对外交通网络是发展邮轮经济的一个重要条件,包括公路、铁路、航空、水运等。对于邮轮港口来说,由于邮轮旅客来源广泛,往往对航空运输要求较高,单艘邮轮的载客量可以达到大型客机载客量近 10 倍,邮轮中心的形成需要机场充足便捷的航班保障,以及邮轮中心与机场之间交通、管理、票务方面的无缝隙衔接。

(4) 丰富的旅游观光资源。纵观国际邮轮经济发达的港口城市,它们本身都是国际著名的旅游目的地,是世界的旅游胜地,周边拥有丰富的历史人文古迹,有些具有大都市深厚的文化旅游资源,有的则是公认的世界购物天堂、时尚之都。同时,这些大都市附近又联结了众多的特色旅游城镇,以邮轮码头和邮轮城为中心,可以形成邮轮旅游和目的地旅游完美结合的线路。

## 5.3.5　美国洛杉矶(Los Angeles)

洛杉矶港始建于 1897 年,是太平洋沿岸最大的人工港口。目前洛杉矶港是美国通过国际贸易货物价值最大的港口,也是美国最大的集装箱港口。洛杉矶港与长滩港(Long Beach)共同构成了洛杉矶市港口系统,称为圣佩德罗湾港口综合体,由市长任命的 5 位委员会成员来管理,为港口进行决策。

洛杉矶海滨是由洛杉矶港口资助和维护的旅游服务港口目的地。港口周围配备了大量的娱乐设施场地,可满足游客的岸上观光需求,包括洛杉矶港第 22 街登陆处的第 22 街公园、港口休闲码头、卡布里洛海滩休闲中心、圣卡塔利娜岛、各类博物馆(The Banning Museum、Battleship IOWA、Cabrillo Marine Aquarium、

Drum Barracks Civil War Museum)等。邮轮码头所在地圣佩德罗和威尔明顿滨水地区(正式名称为"LA Waterfront")项目始建于 2017 年,计划于 2020 年完工。该港口开发项目耗资约 9 000 万美元。

圣佩德罗(San Pedro)是洛杉矶港世界邮轮中心的所在地,位于洛杉矶市中心以南 25 英里(40.23 千米)处,沿着 43 英里(69.2 千米)的滨水区展开,占地 7 500 英亩(3 037.52 公顷),岸线长 1 150~1 550 英尺(350.52~472.44 千米),水深 37 英尺(11.28 千米),拥有 2 个邮轮泊位(Berths 91-93)和两栋航站楼、1 万平方英尺以上的旅客处理区,配备美国海关安全快速通关和行李处理区,安全过夜停车位 2 560 个。洛杉矶世界邮轮中心最近内部和外部在翻修、扩建和升级,旨在提高乘客处理效率并执行美国国土安全部的要求,满足最大邮轮的客流需求,该码头由美国最大的码头运营商美国港口(Ports America)运营。每一艘邮轮停靠在洛杉矶港,估计会给当地增加 100 万美元忙乱入。周边美国爱荷华州博物馆、洛杉矶海事博物馆和卡布利洛海洋水族馆等深受邮轮游客欢迎。

洛杉矶邮轮中心是美国西海岸最繁忙的邮轮码头,主要服务 Azmara Club 邮轮、精致邮轮、歌诗达邮轮、嘉年华邮轮、水晶邮轮、冠达邮轮、挪威邮轮、大洋洲邮轮、公主邮轮、皇家加勒比邮轮和 Catalina Express 等邮轮公司,提供到墨西哥、夏威夷、阿拉斯加、巴拿马运河和世界各地其他目的地的邮轮航线。洛杉矶邮轮接待业务可以追溯到 1990 年,2018 年共接待邮轮 111 艘次,接待有游客 518 904 人。从近 30 年发展历程来看,洛杉矶邮轮业主要经历了三个阶段。第一阶段是 1990—2002 年,是美国西海岸邮轮码头有限的时期,洛杉矶邮轮业迅速发展,游客接待量从 50 万左右快速增长到 100 万左右,并一直保持在较高水平,之后有所下降。第二阶段为 2003—2012 年,经历了快速增长而后快速下降,主要由于其他邮轮码头的竞争出现。第三阶段为 2013 年到现在,随着邮轮设施的提升,邮轮业务有了较明显增长,由于长滩港分流了部分游客,使得近年来游客接待量基本保持在 50 万人左右的较低水平,如图 5-4 所示。

从总体来看,洛杉矶港发展邮轮旅游喜忧参半。首先从外部发展环境来看,洛杉矶港口地处洛杉矶市,区位优势明显,周围交通发达,可以满足国际、国内和州内游客的需求,而且洛杉矶市拥有大量品级优良的旅游景点资源,在洛杉矶港口周围高级别旅游资源分布密集,对游客会产生极大的吸引力。洛杉矶是美国著名的城市,其经济发展水平较高,周边城市经济发展也很迅速,港口周围配备了足够的娱乐场地,以满足游客的岸上娱乐需求,这些条件为洛杉矶港口进一步发展成为邮轮港口打下了坚实的基础。洛杉矶港口初建时间较早,港口建设多为货运港口,港口虽多但档次不高。另外,由于港口赖以生存的是货运生意,给周围的环境也带来了许多污染,成为阻碍游客选择洛杉矶港口作为邮轮母港的主要原因。

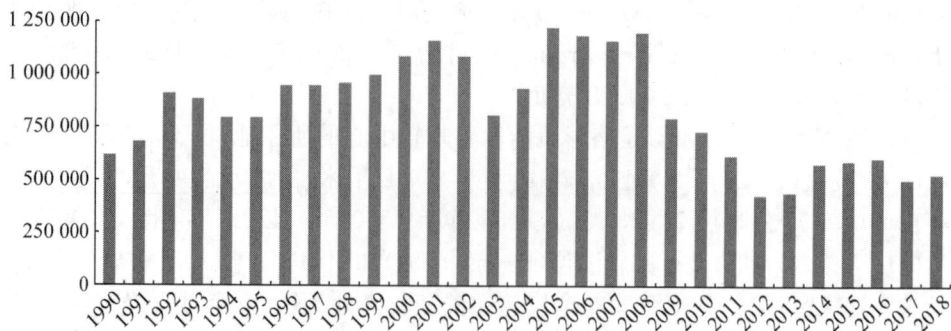

图 5-4  近 30 年洛杉矶邮轮游客接待量
资料来源:港口官方网站(www. portoflosangeles. org)

其次,与洛杉矶相邻的长滩港口较为年轻,其建筑功能更能满足现代游客需求,且长滩港一直以"绿色港口"作为自己发展理念,对于环境的关注较早,容易吸引更多的游客,因此也会成为洛杉矶发展邮轮旅游路上的一大阻碍。

最后,洛杉矶港口部门并没有意识到洛杉矶港口发展邮轮旅游的重要性。邮轮旅游在洛杉矶港口经济效应中的效果还不突出,港口部门缺乏发展邮轮旅游的意识。因此虽然洛杉矶港口具备完善的发展邮轮旅游的条件,但是现在发展的邮轮旅游档次还较低,在未来的发展中,需要管理部门提升对此的意识,进一步提高洛杉矶港邮轮旅游的档次。

## 5.3.6  美国西雅图(Seattle)

西雅图港,位于美国西北部华盛顿州(Washington)西部沿海,是美国距离远东最近的港口。从 20 世纪初开始西雅图的邮轮业得到快速发展,主要承载阿拉斯加航线,是加拿大温哥华的强大竞争对手。西雅图港有两个邮轮码头,即码头 66 和码头 91。西雅图港务局成立于 1911 年,是为普吉特海湾地区提供机场运营和海事服务的公共机构。2015 年,西雅图和塔科马的港口组成了西北海港联盟(NWSA),统一了海运货物设施和相关业务的管理。2017 年,西雅图港宣布最新的旅游营销支持计划,重点是增加州外旅游,促进西雅图港的旅游相关设施,如西塔机场、邮轮码头和休闲码头等。

西雅图向来是世界级的旅游城,旅游资源丰富,曾被评为"全美最佳居住地"(1995 年《货币》)、"最佳生活工作城市"(1996 年《财富》)和美国生活质量最高的城市(1998 年),拥有西雅图中心(Seattle Center)、摇滚乐博物馆(The Experience Music Project)、奇胡利玻璃艺术园(Chihuly Garden and Glass Museum)、太空针塔(Space Needle)、西雅图艺术博物馆(Seattle Art Museum)、西雅图交响乐团(Seattle Symphony)、派克市场(Pike Place Market)、先锋广场(Pioneer Square)、埃利奥特湾(Elliott Bay)、西雅图摩天轮、西雅图水族馆等著名景点和休闲娱乐区,可以充分满足邮轮游客的多种体验。

西雅图港是美国西海岸最重要的邮轮始发地,拥有两个位于中心位置的邮轮码头以及便捷的机场通道,是阿拉斯加、西海岸、西北太平洋邮轮之旅的主要出发地之一,如图 5-5 所示。66 号邮轮码头紧靠贝尔大街,又称贝尔大街邮轮码头(Bell Street Pier),有 6 300 平方米,为双层码头,南北长 488 米,东西长 122 米,主要停靠挪威邮轮和精英邮轮;91 号邮轮码头长 610 米,有 2 个邮轮泊位,主要停靠加勒比邮轮、荷美邮轮、公主邮轮和嘉年华邮轮。两码头的交通都十分便捷。

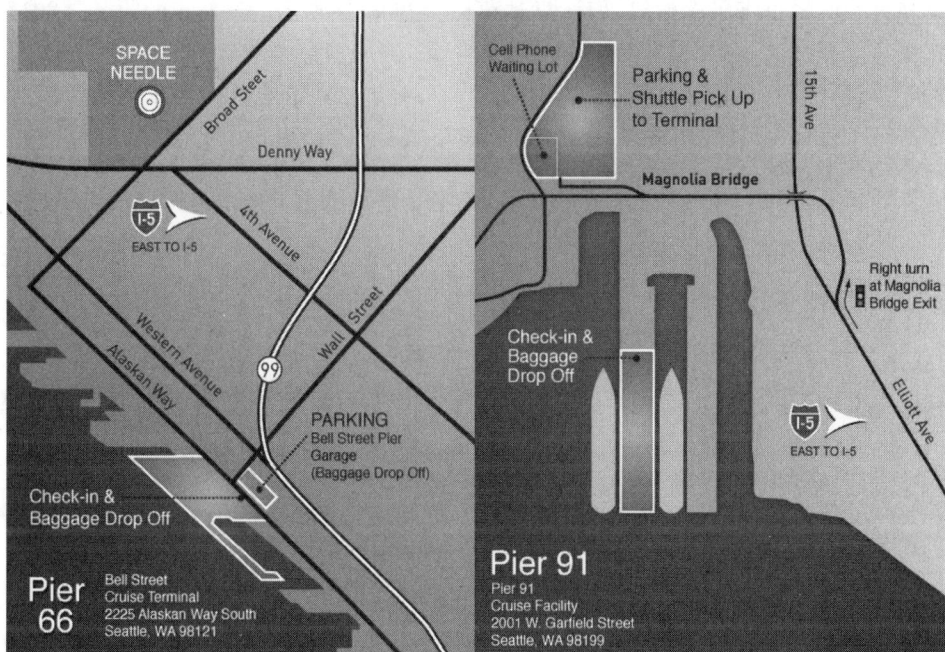

图 5-5 西雅图邮轮泊位分布

西雅图的双邮轮码头承载不同的邮轮接待功能。贝尔大街码头 66 承载多功能用途,前沿滨水区开发成熟,为高品质休闲娱乐区,该码头耗资 1 650 万美元,可承载 2 600 名游客的邮轮接待大厅,码头区配备零售亭、咖啡、休闲区、行李搬运、高端消费、VIP 休闲和停车场等。91 码头位于市区南端,紧靠货运码头和大型露天运动场,为邮轮专用或临时性码头,具有灵活性和一定的功能性。从码头功能布局中可以发现,西雅图致力于扑捉和分析市场信息,以单功能码头和多功能码头应对市场变化,码头建设考虑长远规划。

两个邮轮码头的交通都十分便捷。西雅图港在两个邮轮码头均设有泊车位,并特别提供为期一周的邮轮停车收费政策。游客可在网上为预订车位预付费用，这极大地节省了乘客们的泊车时间并有效维护了港口交通秩序。66 号码头停车场设有 1500 个泊车位，停车场和邮轮码头之间由一座天桥连接，十分方便；91 号码头停车场可提供 1100 个停车位，并为乘客提供房车和超大车泊车位，距离航站楼很近，有免费的短驳车。此外，西雅图港的在线服务比较成熟、服务项目较为齐全，涵盖交通、邮轮产品。在线服务网站布局简明清晰，常见问题板块十分细致，相关网站和信息之间有快速链接，注重用户运营，且部分服务开发了移动端应用。

近年来，西雅图邮轮业务发展迅速，每年有 7 家邮轮公司 11 艘不同的邮轮提供超过 200 条母港邮轮航线，但此靠港可以为当地带来 270 万美元的收入。2017 年接待邮轮游客 1071594 人，业务收入高达 5.01 亿美元，州及地方税收 1890 万美元，增加就业 4029 人。2018 年，在邮轮业务开展 20 周年之际，西雅图邮轮码头接待了 1114888 名邮轮乘客，比 2017 年增长 4.04%，如图 5-6 所示。

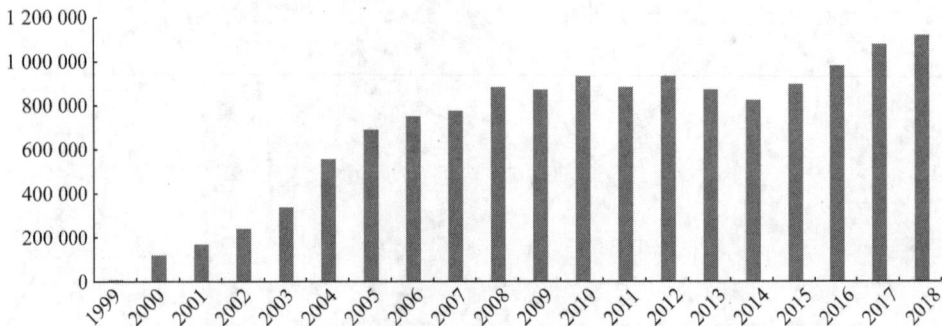

图 5-6 近 20 年西雅图邮轮游客接待量
资料来源：港口官方网站(www.portseattle.org)

西雅图港务局出台的《世纪议程 2018—2022 年》提出了在未来 25 年里，通过港口带动的经济增长创造 10 万个就业岗位，为地区提供总计 30 万个港口相关岗位，同时减少人类活动对环境影响等几大目标。港口还确定了可持续机场总体规划，在近期投资 50 亿美元的项目和设施服务改进方面，西塔国际机场正在建设一个新的国际入境设施。虽然有了长远规划，西雅图邮轮业也存在一定问题。首先，西雅图港位于城市中心区域，虽然乘客在乘船之前和之后都可以轻松地游览西雅图的主要景点。但人口较为密集，活动也较多，难免会形成拥堵和带来环境的污染。第二，在产品方面，邮轮旅游产品游线路涉及较为单一，只是在服务上进行差别化。第三，在游客服务设施方面，91 号码头的航线多、客流量大，虽可以停放大车，但车位有限，提升空间也比较缺乏。

### 5.3.7　美国加尔维斯顿(Galveston)

加尔维斯顿是美国得克萨斯州东南部加尔维斯顿岛东北端港口城市,港口距公海(墨西哥湾)约 15 公里,港务局公司是"加尔维斯顿码头董事会"。加尔维斯顿港建于 1825 年 10 月,是墨西哥湾最古老的港口,在 19 世纪末是美国第二大最繁忙的港口。2017 年,加尔维斯顿成为美国第四大邮轮港。根据港口的统计数据,2016 年德克萨斯州从邮轮运营中获得约 14.20 亿美元的直接经济收益、25 166 就业岗位和大约 16.20 亿美元的工资收入。加尔维斯顿则获得了 5 840 万美元的邮轮乘客支出、1 910 万美元的港口服务收入和 1 232 个直接就业岗位。邮轮港口业务的主要贡献者是嘉年华和皇家加勒比邮轮公司。加尔维斯顿港有 2 个客运码头,其中"邮轮码头 1 号"主要服务公主邮轮和嘉年华邮轮的船只;"邮轮码头 2 号"则主要由迪斯尼邮轮、精致邮轮和皇家加勒比使用。两个航站楼均配备了现代化、高效率的邮轮设施。加尔维斯顿邮轮港口的基本数据如表 5-7 所示。

**表 5-7　加尔维斯顿港基本情况**

| 维　度 | 基 本 情 况 |
|---|---|
| 地理 | 加尔维斯顿港位于得克萨斯州大陆的上海岸和该岛的东端,距公海(墨西哥湾)15 公里,港务局公司是"加尔维斯顿码头董事会",距休斯顿霍比国际机场约 70 公里(约 60 分钟车程),距休斯顿洲际机场约 110 公里(约 90 分钟车程) |
| 气候 | 亚热带;冬季平均华氏 57 度,夏季平均华氏 81 度 |
| 旅游 | 超过 30 英里的海滩加上丰富的文化和历史机构,使这一墨西哥湾小岛成为度假的热点地区 |
| 码头 | Terminal 1:2502 Harborside Dr. 加尔维斯顿,TX 77550;公主和嘉年华邮轮<br>Terminal 2:2702 Harborside Dr. 加尔维斯顿,TX 77550;迪斯尼和皇家加勒比邮轮 |
| 能力 | 一次容纳 3 艘船只的能力;避风港地区,直接进入墨西哥湾 |
| 设施 | 2018 年,在 2 号航站楼的航道侧增加了新的系泊结构(系船柱),以允许较长的 Carnival Vista 停靠;主系泊升级为 200 吨系船柱(系泊缆的金属支柱);随着周末从加尔维斯顿出发的大型船只的需求不断增长,该港口目前正处于建造第三个邮轮码头的概念阶段,还计划在不久的将来增加液化天然气燃料设施 |
| 航线 | 2019 年邮轮航线:<br>狂欢节梦:嘉年华巡航线狂欢节梦全年提供四天和五天东加勒比邮轮<br>狂欢节自由:嘉年华巡航线狂欢节自由在加尔维斯顿提供了三种不同的七夜行程,都是从星期六开始的;西加勒比旅行路线,中途停留在墨西哥的科苏美尔;伯利兹和洪都拉斯的罗坦岛;西加勒比旅游线路,在牙买加蒙特哥湾、大开曼乔治城和科苏梅尔停留;巴哈马的路线,在基韦斯特停留;自由港和拿骚,巴哈马 |

（续表）

| 维　度 | 基 本 情 况 |
|---|---|
| 航线 | 嘉年华 Vista：嘉年华巡航线嘉年华 Vista 提供两种不同的西加勒比七天行程，每周日起飞；第一次行程包括在蒙特哥湾、大开曼岛和科苏美尔的访问，第二次行程将访问红木尼湾（Isla Roatan）、伯利兹和科苏梅尔<br>迪斯尼奇迹：迪士尼邮轮线迪斯尼奇迹提供七晚的巴哈马之旅，其中包括在佛罗里达基韦斯特、巴哈马拿骚和迪斯尼私人岛屿航班将于 2019 年 11 月 2 日启航<br>附魔海：皇家加勒比国际　海洋的魅力提供四季和五夜的西加勒比巡航，包括科苏美尔、科斯塔玛雅港和尤卡坦港<br>海洋自由：皇家加勒比国际海洋自由全年提供七夜西加勒比邮轮，包括洪都拉斯的拉罗坦岛、伯利兹城、墨西哥的科苏梅尔、牙买加的法尔茅斯、开曼群岛的大开曼岛、牙买加的蒙特哥湾和墨西哥的科斯塔玛雅港 |
| 岸上观光 | 德克萨斯海港博物馆（Texas Seaport Museum）<br>海洋之星海上钻井平台与博物馆（the Ocean Star Offshore Drilling Rig and Museum）<br>穆迪花园（the Moody Gardens）<br>主教宫（the Bishop's Palace）<br>斯图尔特海滩公园（the Stewart Beach Park） |

## 5.4　欧洲地区

### 5.4.1　英国南安普顿（Southampton）

南安普顿位于英国南部，是英国主要大港之一，英国最繁忙的邮轮港口，誉为"北欧邮轮之都"（Cruise Capital of Northern Europe），距离伦敦市中心大约 80 英里（128.75 公里）。邮轮港口功能设施配备全面，共有四个邮轮码头，东西各两个，包括伊丽莎白女王 2 号（Queen Elizabeth Ⅱ Cruise Terminal，QEⅡ）、城市邮轮码头（City Cruise Terminal）、五月花邮轮码头（Mayflower Cruise Terminal）和海洋邮轮码头（Ocean Terminal）4 个邮轮码头，是公主邮轮、皇家加勒比邮轮母港，此外水晶邮轮、歌诗达邮轮、银海邮轮等世界著名邮轮常年挂靠此港。

西面的五月花邮轮码头（106 号码头），码头长度 260 米，最低水深 11.7 米；城市邮轮码头（101 号码头），码头长度 370 米，最低水深 10.2 米；东面码头为 QEⅡ邮轮码头（38/39 号码头）码头长度 360 米，最低水深 10.5 米；海洋邮轮码头（46/47 号码头），其中 46 号码头长度 230 米，最低水深 10.2 米；47 号码头长度 250 米，最低水深 11.7 米，并且这个码头的入口有 121.9 米宽，适合大型邮轮，如图 5-7 所示。四个码头交通便利，距离南安普敦火车站和长途汽车站距离较近。邮轮港口发展条件如表 5-8 所示。

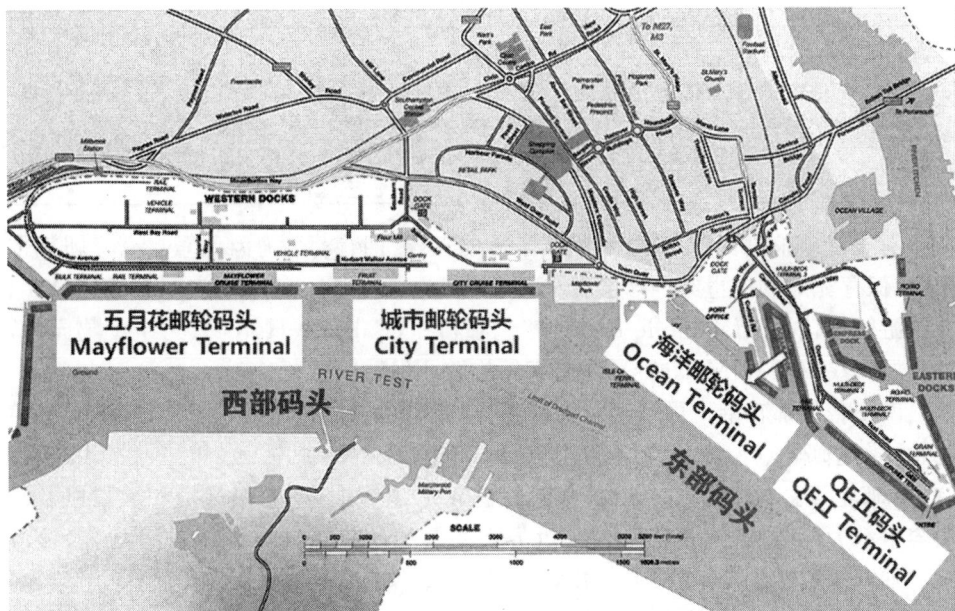

图 5-7　南安普顿邮轮泊位分布

表 5-8　南安普顿邮轮港口基本情况

| 维　度 | 基　本　情　况 |
| --- | --- |
| 地理 | 位于英国南部,是英国最繁忙的邮轮港口,距离伦敦市中心大约 128.75 公里(约 1 小时车程),其中东部码头距离火车站不到 3 公里,距离机场不到 7 公里,距离伦敦机场不到 90 公里;此外,南安普顿距离欧洲大陆不到 160.93 公里,与英国其他城市有着非常良好的交通联系 |
| 气候 | 南安普顿所在的英格兰南部海岸是英国气候最温暖的地区之一,气温也很少在零度以下,比较适宜邮轮运营 |
| 文化 | 南安普顿拥有丰富的历史文化遗产,现代化程度也很高;历史可以追溯到五月花号的起航和泰坦尼克号的沉没;南安普顿是"通往世界的大门",现在依然是重要的国际港口 |
| 旅游 | 南安普顿市位于英格兰南部海岸,乘火车约 1 个小时就可到达伦敦,乘渡轮可抵达法国和欧洲其他国家;海洋村码头经常主办国际帆船大赛,城市里还有几家电影院、两家大剧院、音乐厅、艺术画廊以及南部地区最大的购物中心之一 |
| 码头 | 4 个邮轮码头:五月花邮轮码头(106 号码头)和城市邮轮码头(101 号码头)位于西部码头;海洋邮轮码头(46 号码头)和 QEⅡ邮轮码头(38/39 号码头)位于西码头 |
| 岸线 | 岸线 1708 米;Ocean 480 米;QEⅡ 360 米;Mayflower 260 米;City 370 米 |
| 泊位 | 可同时停靠 6 艘豪华邮轮 |
| 能力 | Ocean 邮轮大厦可同时服务 4 000 人 |

（续表）

| 维 度 | 基 本 情 况 |
|---|---|
| 航线 | 地中海、圣彼得堡、波罗的海、挪威湾、摩洛哥、摩纳哥、斯德哥尔摩、哥本哈根等欧洲国家和地区 |
| 设施 | 服务设施在不同的邮轮码头侧着点不同，包括咖啡、残疾人服务设施、公用电话、购物中心班车、出租车、交通指南、自动售货机、艺术长廊等 |

南安普顿旅游资源丰富，休闲娱乐活动多样，拥有著名海滩、超过60家帆船俱乐部、保存完好的中世纪西多会修道院（Netley Abbey）、皇家维多利亚郊野公园、英国游艇的核心（Hamble-le-Rice）、特色小村庄（Calshot、Hythe）、野生动物园、购物商场（WestQuey、Malands）等，是邮轮旅游业发展的重要基础。

南安普敦邮轮港口可以接待各种各样的邮轮，包括爱达邮轮、P&O邮轮、公主邮轮、冠达邮轮、皇家加勒比邮轮、精致邮轮、地中海邮轮、嘉年华邮轮和 Fred Olsen 邮轮等。20世纪90年代，邮轮旅游越来越受欢迎，船舶规模和数量以及码头容量都大幅增加，南安普敦成为世界上最繁忙的邮轮港口之一。2005年，该港口的乘客总数达到了63.7万人次，之后就处于快速增长中，2010年接待游客116万人次，2011年137万，2012年148.2万，2013年146.2万，2014年140.4万，2015年158.1万，2016年接待量超过160万人次。从总体来看，南安普顿邮轮接待游客人次处于上升中，虽然2012—2014年间有所下降，但是幅度不大。

### 5.4.2 西班牙巴斯罗那（Barcelona）

西班牙的巴塞罗那港位于西班牙河口东岸，濒临地中海的西北侧，是西班牙最大的海港，是西班牙的造船中心之一，也是欧洲最繁忙的港口之一，有现代化的国际机场，可直飞中东、美洲以及欧洲各国。巴塞罗那港是地中海的主要邮轮港，海岸线总长约3700米，邮轮岸线长1680米，前沿水深在-8～-12米，邮轮专用码头7个，可同时停靠小型、中型和大型邮轮。具体泊位信息如图5-8和表5-9所示。巴塞罗那港客运航站楼配备了空调、公用电话、外汇、免税店纪念品、商店酒吧、餐厅、穿梭到市中心的巴士、出租车站等服务。

从各邮轮码头区的服务设施配置可以看出，巴塞罗那邮轮港口采用多类型码头运营模式，其中邮轮码头大厦D为旅客综合接待区，服务设施齐备，服务功能齐全；而其他邮轮码头区也都具备了出入境、安检、悬梯、免税商店、纪念品店、外币兑换等基本服务功能。从巴塞罗那邮轮码头的整个功能分区来看，邮轮中心的游客设施用地为36700平方米，基本可以停靠所有规格的邮轮。

从旅游资源来看，巴塞罗那是加泰罗尼亚的港口城市，是享誉世界的地中海风光旅游目的地和世界著名的历史文化名城。除了游客基本候船和联检设施，巴塞罗那邮轮中心的后方设置了大型购物中心，可以满足邮轮游客的购物需求。此外，

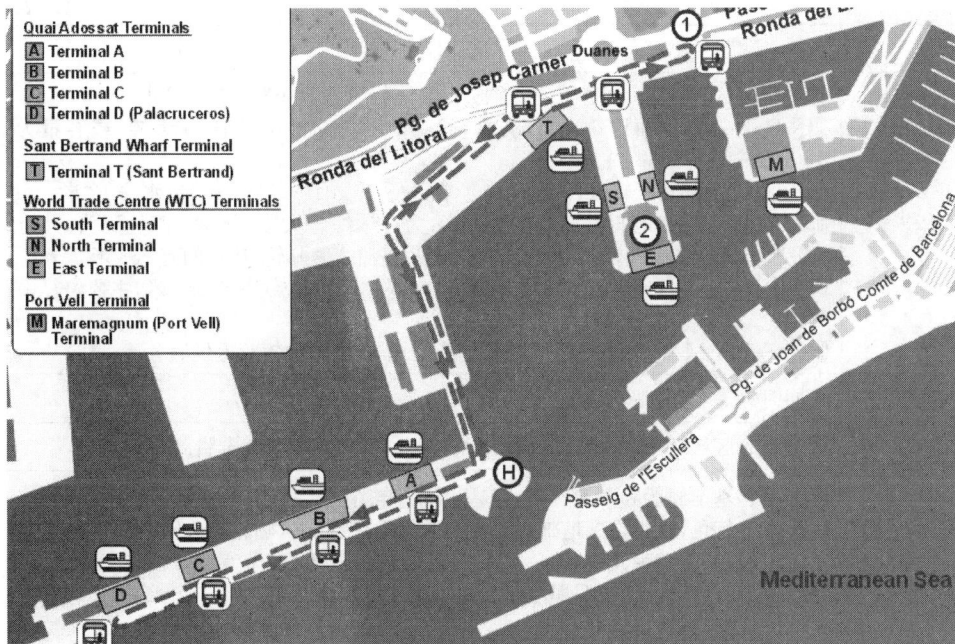

图 5-8　巴塞罗那邮轮码头的空间布局

表 5-9　巴斯罗那邮轮港口基本情况

| 维　　度 | 基　本　情　况 |
|---|---|
| 地理 | 位于西班牙河口东岸,是西班牙最大的海港和造船中心之一,也是欧洲最繁忙的港口之一,有现代化的国际机场,可直飞中东、美洲以及欧洲各国;邮轮码头地处市中心,游客乘坐公交车或出租车进出都十分方便。发达的航空业、贯通整个地区的陆运系统,加上母港距离市中心、火车站和飞机场的距离很近,这些都为邮轮乘客的集散创造了极为便利的条件 |
| 气候 | 巴塞罗那是典型的地中海气候,冬天湿润多雨,夏天炎热干燥,一年四季都适合旅游;冬天平均温度为 11℃,11 月和 1 月是最寒冷的月份,平均为 10℃;夏天的平均气温为 24℃ |
| 文化 | 巴塞罗那整个城市依山傍海、地势雄伟,市区内哥特式、文艺复兴式、巴洛克式建筑和现代化楼群相互辉映,是个有着多种面貌的城市,虽现代化程度很高,但同时完整地保留了许多哥特风格的古老建筑 |
| 旅游 | 巴塞罗那地理位置得天独厚,气候宜人,风光旖旎,古迹遍布,素有"伊比利亚半岛的明珠"之称,是西班牙著名的旅游胜地和世界著名的历史文化名城,有"地中海曼哈顿"之称,被誉为欧洲真正的聚会城市 |
| 码头 | 8 个邮轮码头分布于 3 个地方:A、B、C 和 D 坐落在 Adossat Terminals;N 和 S 在 World Trade Center(WTC);另一个在 Port Vell Terminal M |
| 岸线 | 总共 1680 米,各泊位线在 160 米到 700 米之间,可同时停靠 10 艘左右的邮轮 |

（续表）

| 维　度 | 基　本　情　况 |
|---|---|
| 泊位 | 邮轮码头区 A：有占地面各 3 600 平方米，泊位线长 700 米，水深 12 米<br>码头区 B：有占地面积 6 500 平方米，长 700 米的泊位可停泊 14 万吨、载客量为 3 600 的邮轮<br>码头区 C：为邮轮回转区，占地面积 4 000 平方米，泊位线长 580 米，水深 12 米<br>邮轮码头区 D：占地面积 10 000 平方米，为客运综合大厦，分南北邮轮码头，共有 824 米长的停泊岸线，其中南码头可以同时停泊 2 艘邮轮，最长的有 253 米<br>码头区 S 和 N：占地面积 10 000 平方米，水深 9 米，泊位线总长 664 米，主要停靠中型邮轮<br>邮轮码头区 M 和 T：水深 8～11 米，主要为小型邮轮和轮渡提供服务 |
| 能力 | 可同时停靠 10 艘邮轮；接待 3 000 人以上 |
| 航线 | 西地中海区域、Canary 岛、摩洛哥以及长距离到动地中海和希腊岛 |
| 设施 | 除了游客基本候船和联检设施，巴塞罗那邮轮中心后方还设置了大型购物中心，极具本地特色，可满足外地邮轮游客的购物需求；此外，邮轮码头附近周边也建立了亲水休闲、旅游观光、邮轮总部大楼以及地铁、巴士、旅游专线等公共交通设施；巴塞罗那政府对于巴塞罗那港口及邮轮业的发展也非常支持，同时给予了许多政策上的优惠政策 |

邮轮码头附近周边也建立了亲水休闲、旅游观光、邮轮总部大楼以及地铁、巴士、旅游专线等公共交通设施，从而可以为邮轮旅客提供全方位的服务。凭借优良的港口设施、完善的配套功能和优越的地理位置，巴塞罗那成为地中海最大的邮轮母港。近年来，巴塞罗那水上游客总量在 300 万到 400 万之间，邮轮游客总量超过 200 万人，如图 5-9 所示。

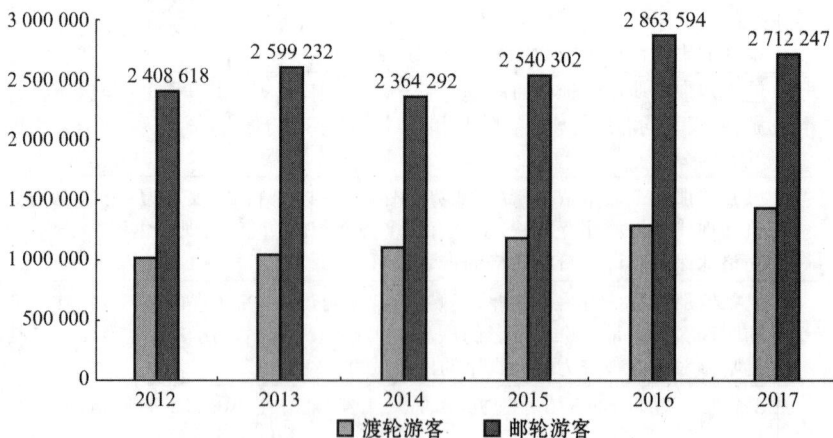

图 5-9　巴塞罗那接待邮轮游客量

### 5.4.3　罗马/奇维塔韦基亚港（Rome/Civitavecchia）

罗马的奇维塔韦基亚市交通便捷，距离罗马东南约 70 公里，1 小时车程，是前往罗马城的停靠站。奇维塔韦基亚市旅游业相当发达，具备良好的接待设施，腹地拥有伊特鲁里亚（公元前 8～6 世纪）时期、中世纪和文艺复兴时期的艺术宝藏，港口附近遗迹至今仍清晰可见，已经成为游客观光游览的重要景点。

奇维塔韦基亚港位于罗马至南伊特鲁里亚的中心，意大利中部区域，首都罗马的主要港口。奇维塔韦基亚港拥有 20 座码头，长度从 86～310 米，是意大利第二大、欧洲第三大客运港。奇维塔韦基亚邮轮港口拥有多个邮轮码头可接待邮轮，25号码头和 10～13 号码头专用于邮轮停靠；配有 3 个停车场，穿梭巴士也可达各个码头。30 多家邮轮公司选择该港作为航线中的一站。作为航运交通枢纽，奇维塔韦基亚港每年接待 2 000 多艘渡轮和邮轮以及近 200 万名水上乘客，成为欧洲第三繁忙的客运港口和地中海最大的海港。邮轮港口具体数据如表 5-10 所示。

**表 5-10　奇维塔韦基亚邮轮港口基本情况**

| 维　度 | 基　本　情　况 |
| --- | --- |
| 地理 | 位于罗马至南伊特鲁里亚的中心，意大利中部区域，首都罗马的主要港口；奇维塔韦基亚市交通便捷，离罗马仅有半小时的路程，距离罗马菲乌米奇诺机场约 1 小时车程，从火车站到邮轮港大约 1 公里；港口入口处有 3 个停车场，乘客也从这里搭乘免费的大巴班车；穿梭巴士既为渡轮乘客服务，也为邮轮乘客服务 |
| 气候 | 地处意大利半岛沿海的中部，这为其提供了理想的地理位置及优良的海洋气候条件。这样的地理位置对于大型转运港口来说具有战略意义 |
| 文化 | 其附近腹地拥有完好保护的美丽风光以及伊特鲁里亚（前 8～6 世纪）时期、中世纪和文艺复兴时期的艺术宝藏，港口的一些遗迹至今仍然可以看到，已经成为游客观光游览的理想起点站 |
| 旅游 | Civitavecchia 是一个很好的消磨时间的地方；由于这是罗马的港口，大多数乘客都争先恐后地去参观这座首都城市及其竞技场、梵蒂冈城、特雷维喷泉、西斯廷教堂和西班牙台阶，但 Civitavecchia 也有很多东西值得一看；它是欧洲最迷人的文化城市之一，可以了解很多关于意大利的生活和历史 |
| 码头 | 大多数邮轮停靠在 western pier，in historic port 附近；有些邮轮停靠在 Traianea 码头（10、11）、Antemurale 科伦坡（12 12bis，13 和 1bis）和商业码头（25）<br>最大吃水 13.5 米 |
| 能力 | 可同时停靠 12 艘邮轮；不受潮汐限制的出入 |
| 航线 | 从奇维塔维奇亚港出发的邮轮路线通常包括亚得里亚海、爱奥尼亚海和地中海；参观人数最多的停靠港是克罗地亚（主要是杜布罗夫尼克，科库拉岛，斯普利特），黑山（科托尔），斯洛文尼亚（科佩尔），阿尔巴尼亚（杜雷斯），还有希腊-希腊群岛，意大利（和西西里岛），马耳他（瓦莱塔），土耳其 |

（续表）

| 维　度 | 基　本　情　况 |
|---|---|
| 航线 | 圣地邮轮访问以色列(阿什杜德,海法),希腊,埃及(亚历山大港,塞得港)和土耳其(伊斯坦布尔)的港口<br>最常见的是 7 天地中海巡航,单程路线从罗马到巴塞罗那(西地中海),到比雷埃夫斯-雅典和伊斯坦布尔(东地中海)<br>巴塞罗那的许多行程包括在法国里维埃拉(蔚蓝海岸)港口停留-昂蒂布、班多尔、戛纳、卡西斯、马赛、萨纳瑞-苏梅尔、圣拉斐尔、圣特罗佩斯、土伦、比勒斯苏梅尔(尼斯)、蒙特卡洛(摩纳哥)<br>单程也是从罗马出发,在热那亚或(往返)罗马结束的"围绕意大利"的路线。然而,意大利也有从罗马出发的往返行程(根据行程/停靠港的不同,在 14~17 天之间)<br>从 Civitavecchia 出发的大多数往返行程提供 7~8 天的亚得里亚海行程(访问克罗地亚、黑山、斯洛文尼亚、阿尔巴尼亚、希腊),通常是意大利的 Bari、Ravenna 或 Ancona 在回来的路上<br>短途旅行(迷你邮轮)从罗马往返 3~4 天,最多参观 3 个亚得里亚海港口<br>从罗马到佛罗里达(劳德代尔堡,迈阿密),加勒比海(巴巴多斯,古巴)或南美洲(桑托斯/圣保罗,布宜诺斯艾利斯)的西行跨大西洋过境点在秋季末<br>苏伊士运河过渡到亚洲的港口,甚至到南非,会在从欧洲出发的东行船舶搬迁路线上提供;南安普敦以外的世界邮轮很少可能会提供从罗马到迪拜,新加坡,香港,甚至澳大利亚港口(布里斯班,悉尼)的单程路线 |
| 设施 &<br>服务 | 罗马邮轮码头提供岸对船电力(岸边电力供应),大大降低了港口的排放、噪音和振动水平;"冷熨烫"(岸边电力)提供给停靠在 Tagliamento 码头(107—108 和 109—110 号泊位)的船舶<br>此港口设施完备,大型公共汽车停车场以及出租车停车场俱在,还包括旅游信息咨询中心、咖啡馆、饭店、贵宾休息室等;服务方面,港口服务囊括港口内泊车管理、游客见面欢迎仪式、穿梭巴士服务、人工服务与港口维护、网络信息服务、特殊运输服务等 |
| 岸上观光 | 罗马广场(THE PIAZZAS IN ROME)<br>特雷喷泉(The Trevi Fountain)<br>米开朗基罗要塞(Forte Michelangelo)<br>圣弗朗西斯科大教堂(The Cathedral of San Francesco)<br>奇维塔韦基亚海滩(Civitavecchia Beach)<br>奇维塔韦基亚考古博物馆(Civitavecchia's Archaelogical Museum)<br>La Scaglia 墓地(La Scaglia Necropolis) |

## 5.4.4　威尼斯(Venice)

威尼斯位于意大利东北部,是亚得里亚海的一个主要海港,也是意大利乃至南欧游客最多的渡船和最重要的邮轮港口之一,提供地中海邮轮航线,并连接北非和中东。威尼斯港不仅是一个区域性的航运枢纽,也是地中海最大的邮轮港口之一。从威尼斯母港出发的邮轮行程主要挂靠亚得里亚海区域的克罗地亚、黑山、阿尔巴尼亚和爱琴海地区的希腊和土耳其等地的邮轮港口。根据地中海邮轮协会所发布的威尼斯邮轮港 2010—2017 年游客数量及邮轮访问量来看,游客数量大致呈平稳趋势,在 150 万人左右上下波动,如图 5-10 所示。

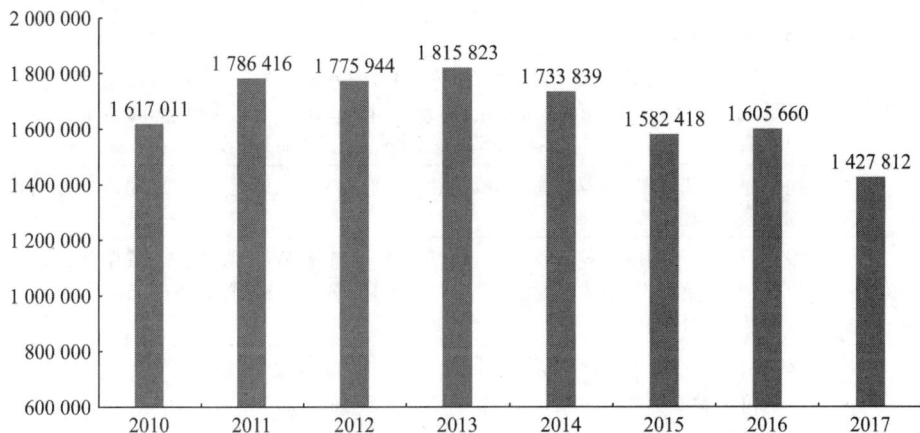

图 5-10　2010—2017 年威尼斯邮轮港口接待游客数量

威尼斯港拥有 6 个专用邮轮码头,其中 3 个为主要邮轮码头区。最大的 Marittima Basin 码头区拥有 TM 码头(泊位 TM)、Piave 码头(泊位 117)、Tagliamento 码头(泊位 107,109,110 和 112)和 Isonzo 码头(泊位 18 和 20)。另 2 个较小的码头区在 Giudecca 运河上,分别是 San Basilio(泊位 29,30,31)和 Santa Marta(泊位 24,25,26,27,28)。邮轮中心可同时接待 9 艘大小不等的邮轮。威尼斯邮轮港口的基本信息如表 5-11 所示。

表 5-11　威尼斯邮轮港口基本情况

| 维　　度 | 基　本　情　况 |
| --- | --- |
| 地理 | 是亚得里亚海的一个主要海港,是意大利第八大商业港口,也是南欧(地中海)最大和最重要的邮轮港口之一;港口长 12 千米,总面积达 250 公顷;威尼斯全市河道,运河共计 177 条,靠 401 座各式桥梁把它们连接起来;威尼斯水道是城市的马路,市内没有汽车和自行车,也没有交通指挥灯,船是市内唯一的交通工具。除了小艇以外,所有交通工具都是明令禁止的 |
| 气候 | 地中海气候,春秋季适合游览,七八月份较闷热潮湿,不宜游览 |
| 文化 | 威尼斯,是世界著名的历史文化名城,威尼斯画派的发源地,其建筑、绘画、雕塑、歌剧等在世界有着极其重要的地位和影响;城内古迹众多,有各式教堂、钟楼、男女修道院和宫殿百余座;有"因水而生,因水而美,因水而兴"的美誉,享有"水城""水上都市""百岛城""亚得里亚海的女王""桥城"等美称 |

（续表）

| 维　度 | 基　本　情　况 |
|---|---|
| 旅游 | 威尼斯是世界上最浪漫的城市之一,有毁于火中又重生的凤凰歌剧院,伟大的文艺复兴和拜占庭式建筑,世界上最美的广场———圣马可广场,被拿破仑誉为"欧洲最美丽的客厅"等 |
| 码头 | 每个泊位的最大船舶尺寸:长度 340 米,最大吃水 9.1 米;码头停泊:6 艘远洋邮轮(Piave:722.5 m, Testata Marmi:203 m, Tagliamento:726.7 m, Isonzo:630 m, S. Marta:465.24 m, S. Basilio:342.57 m);潮汐变化范围:1 米 |
| 航线 | 地中海、圣彼得堡、波罗的海、挪威湾、摩洛哥、摩纳哥、斯德哥尔摩、哥本哈根等欧洲国家和地区 |
| 设施 | 服务设施在不同的邮轮码头不同,包括乘客问询台、WiFi 服务、ATM 服务(Isonzo 1/2,103)、免税店、报摊、购物区、烟草区、药店、餐饮区、急救服务(255 泊位)、行李寄存及失物招领等 |
| 岸上观光 | 圣马可广场(St. Mark's Square)<br>圣马可大教堂钟楼(Bell Tower of St Mark's Basilica)<br>狗宫(Doge's Palace)<br>里阿尔托大桥(Rialto Bridge)<br>佛罗伦斯美术学院陈列馆(Galleria dell' Accademia (Gallery of Fine Arts))<br>古根海姆收藏馆(Guggenheim Collection)<br>圣罗克大学(Great School of San Rocco)<br>玻璃博物馆(The Glass Museum) |

### 5.4.5　雅典(Piraeus Athens))

　　雅典是希腊最大的城市,位于巴尔干半岛南端,属亚热带地中海气候。比雷埃夫斯(Piraeus)港位于希腊东南部,距离雅典 8 公里,是希腊最大的海港,也是地中海地区最大港口之一,由希腊比雷埃夫斯港务局 SA 公司经营,是雅典进出海门户,为雅典提供服务。比雷埃夫斯港位于地中海的心脏地带,是欧洲最大的客港,每年沿岸海域转运游客 1500 万～2000 万人次,被称为"地中海的邮轮体验中心"。

　　比雷埃夫斯港共有 3 个邮轮客运专用码头,有 11 个泊位可同时接待邮轮,可停靠长 340 米的玛丽女王号,最大的 Miaoulis 码头可容纳 12000 名乘客,每小时可通过 1200 名乘客。邮轮码头配备外币兑换、修船、行李、免税商店等服务。从客源基础来看,比雷埃夫斯港也是欧洲重要的邮轮母港,每年接待换乘游客总数超过 130 万人次,但近 5 年来,游客人数的增长有所波动,比如 2017 年和 2013 年相比减少了 20 多万人。邮轮的经济效益和港口的其他业务相比,也有一定的差距。比雷埃夫斯港口码头布局,如图 5-11 所示。邮轮港口的基本情况如表 5-12 所示。

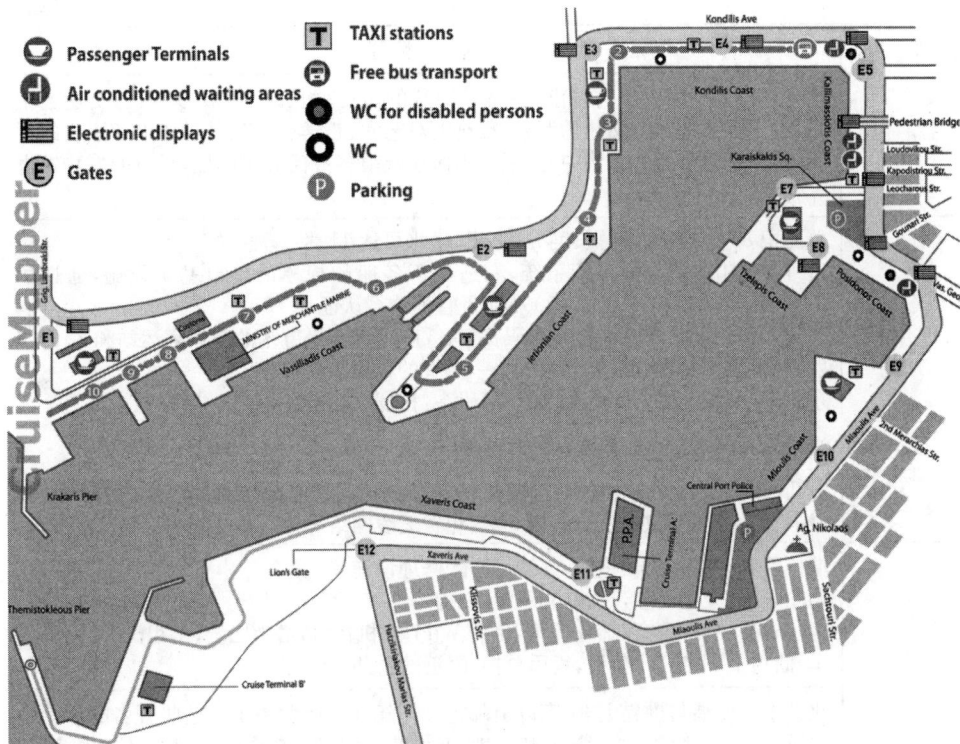

图 5-11　比雷埃夫斯港口码头布局

**表 5-12　比雷埃夫斯港基本情况**

| 维　度 | 基　本　情　况 |
| --- | --- |
| 地理 | 位于希腊东南部、地中海沿岸,雅典地处阿提卡的中心平原地带,三面环山,一面傍海,西南面则是圣罗尼克湾,西南距爱琴海法利龙湾 8 公里,西面是艾加里奥山,北面是帕尼萨山,东北面是彭特里山,东面是伊米托斯山<br>雅典市内交通发达,街头每天有约 80 万辆汽车行驶;雅典国际机场距雅典 35 公里 |
| 气候 | 雅典位于地中海气候带和高山气候带的交界点,气候温和,属典型的地中海气候。冬季温暖潮湿,夏季少雨,阳光充足,最高气温(7 月)18～41℃,最低气温(1 月)0～18℃;每年 7 月 8 月期间偶尔会有热浪,最高气温超过 38℃;2007 年 6 月 27 日,雅典达到有气象记录以来最高温度 46.2℃,即 115.1℉;2004 年 2 月暴风雪期间,雅典天文台观测到的最低温度为－10.1℃ |
| 旅游 | 雅典的丰富的旅游资源也吸引了较多游客前来游览,多数人来到这里只是为了乘坐渡轮前往海岛,一般不去渡轮总站以外的地方;除了一流的考古博物馆之外,比雷埃夫斯并没有太多的景点,但它还是很迷人;比雷埃夫斯繁华的商业中心为海员社区服务,食品市场和古董店集中在地铁站附近 |

（续表）

| 维　度 | 基　本　情　况 |
|---|---|
| 文化 | 雅典是世界上最古老的城市之一,有记载的历史就长达3 000多年,历史遗迹丰富;古代雅典是西方文化的源泉,雅典人对艺术、哲学、法律、科学作出了杰出的贡献;雅典是希腊的古文物中心,至今仍保存着很多古代文化遗址,雅典的博物馆世界驰名 |
| 码头 | 总面积85公倾,码头总长度2 800米,吃水可达11米<br>11个船泊位,有泊位分配系统,有适用于各船舶规模的港口基础设施,通过了ISO9001:2008和ISO1400:2004质量管理体系认证<br>有3个新一代的邮轮泊位专用码头,有3座15 000平方米的空调客运站和20台X射线机。每个码头相连,码头到另一码头的距离不到50米<br>东码头:长度500米,深度18米;西码头:长度320米,深度12米 |
| 岸线 | 岸线总长度24千米,码头的长度为2 800米 |
| 设施 | 电话、酒吧-自助餐厅、厕所、空调休息室、行李柜、港务局、旅游警察-免税、出租车服务、比雷埃夫斯观光巴士、停车区、免费无线网络等等 |
| 服务 | 港口服务:包括引航、拖航、系泊、掩体、修理设施等<br>船舶服务:废物处理,设施,起重机,舷梯等<br>客运服务:旅游警察,邮政信箱,免费WiFi,登机柜台,搭乘巴士、出租汽车、小型火车、储物柜、咖啡厅,免税,货币兑换,附近的公共交通等 |
| 邮轮 | 比雷埃夫斯港与世界上31家以上邮轮公司建立了运营关系。这些著名的邮轮公司所开辟的邮轮旅游线路都与比雷埃夫斯港连线通航。包括Costa、MSC Cruises、CRYSTAL、TUI Cruises、Grand Circle Travel、Carnival、SEABOURN、Celestyal Cruises等 |
| 航线 | 比雷埃夫斯-雅典邮轮港既是启程港,也是东地中海前往意大利、希腊和土耳其的众多行程的停靠港。在爱琴海,雅典往返邮轮前往希腊最大的岛屿-克里特岛、圣托里尼岛、罗得岛、莱斯博斯岛、奇奥斯岛、头法罗尼亚岛、萨莫斯岛、纳克斯岛、扎金托斯岛,大多数邮轮行程都是从雅典到伊斯坦布尔(土耳其)和威尼斯(意大利)之间的单程航线;雅典也是前往以色列、埃及、希腊和土耳其的"圣地邮轮"的港口之一,主要从罗马出发 |
| 岸上观光 | 卫城(The Acropolis)<br>合成广场(Syntagma Square)<br>普拉卡(Plaka)<br>罗马论坛(Roman Forum)<br>希腊海事博物馆(Hellenic Maritime Museum)<br>比雷埃夫斯市立美术馆(Municipal Gallery of Piraeus)<br>比雷埃夫斯考古博物馆(Piraeus Archaeological Museum)<br>比雷埃夫斯跳蚤市场(Piraeus Flea Market) |

# 第6章 亚太地区主要邮轮港口发展与典型案例分析

近年来,国际邮轮公司开始向亚洲、澳大利亚-新西兰地区、南美地区等新兴邮轮市场增加运力。目前,亚太地区的邮轮投放运力占全球市场份额的15%以上。为了有效承接国际邮轮业向亚太地区的转移,各国政府加大了邮轮港口建设与功能提升力度,大量新建邮轮港口在中国大陆、中国香港、中国台湾、日本、韩国、新加坡、菲律宾、越南等地投入运营。本章将对除中国以外亚太地区超过30个邮轮始发港和挂靠港的发展情况进行全面讨论,涉及内容包括岸线泊位情况、港口功能配备、港口发展规划、岸上观光产品、邮轮发展政策等。

## 6.1 导言

近年来,亚太地区的邮轮床位存量占全球份额的20%以上。2017年亚洲地区部署了66艘邮轮,邮轮乘客数量超过400万人,占全球邮轮市场的15%左右。从邮轮靠泊量来看,2017年日本境邮轮靠泊量达到2 378艘次,位居亚洲第一,成为该地区最受欢迎的邮轮旅游目的地。韩国以737艘次位居第三。从港口访问量来看,上海宝山(中国)、济州岛(韩国)、新加坡、白田福冈(日本)、香港(中国)、长崎(日本)、台北基隆(中国)、冲绳纳哈(日本)、槟城乔治敦(马来西亚)和釜山(韩国)邮轮挂靠数量最多。中国、日本、韩国成为邮轮业发展最活跃的公众三大区域。2017年,澳大利亚和太平洋地区乘客人数占整个邮轮市场的5.4%,成为全球第四大客源市场。中国和澳大利亚分别成为区域内最大的邮轮市场,分别位列全球第二和第五。新西兰在2017年接待邮轮游客近10万人,同比增长8.7%,市场渗透率超过2%。亚太地区的邮轮市场主要包括亚洲和澳新地区,著名邮轮港口包括上海(Shanghai)、香港(Hong Kong)、新加坡(Singapore)、悉尼(Sydney)、奥克兰(Auckland)、布里斯班(Brisbane)、墨尔本(Melbourne)等。中东地区的邮轮港口以迪拜(Dubai)为代表。

## 6.2 韩国邮轮港口总体情况

韩国有多个十分理想的邮轮停靠港,济州、仁川、釜山、丽水、木浦等港口均配备了设施较为齐全的邮轮码头和客轮客运站,束草港和东海港可以停靠超大型船舶。韩国主要邮轮港口的布局与设施如图 6-1 所示。每个邮轮港口所在的城市均具有特色鲜明的旅游观光资源。比如,济州岛有着众多联合国教科文组织指定的世界自然遗产;釜山是拥有海云台海水浴场与札嘎其市场的著名海滨城市;仁川的中华街记载着开埠的历史;丽水的梧桐岛开满山茶花;束草拥有朴实而深情的阿爸村;木浦是韩国海洋文化观光特区。

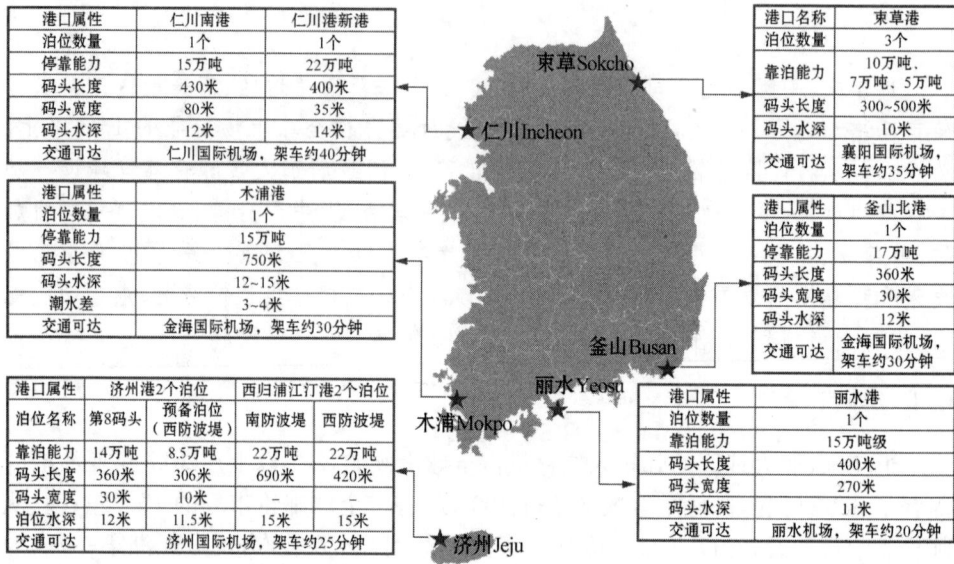

| 港口属性 | 仁川南港 | 仁川港新港 |
|---|---|---|
| 泊位数量 | 1个 | 1个 |
| 停靠能力 | 15万吨 | 22万吨 |
| 码头长度 | 430米 | 400米 |
| 码头宽度 | 80米 | 35米 |
| 码头水深 | 12米 | 14米 |
| 交通可达 | 仁川国际机场,架车约40分钟 | |

| 港口属性 | 木浦港 |
|---|---|
| 泊位数量 | 1个 |
| 停靠能力 | 15万吨 |
| 码头长度 | 750米 |
| 码头水深 | 12~15米 |
| 潮水差 | 3~4米 |
| 交通可达 | 金海国际机场,架车约30分钟 |

| 港口属性 | 济州港2个泊位 | | 西归浦江汀港2个泊位 | |
|---|---|---|---|---|
| 泊位名称 | 第8码头 | 预备泊位(西防波堤) | 南防波堤 | 西防波堤 |
| 靠泊能力 | 14万吨 | 8.5万吨 | 22万吨 | 22万吨 |
| 码头长度 | 360米 | 306米 | 690米 | 420米 |
| 码头宽度 | 30米 | 10米 | — | — |
| 泊位水深 | 12米 | 11.5米 | 15米 | 15米 |
| 交通可达 | 济州国际机场,架车约25分钟 | | | |

| 港口名称 | 束草港 |
|---|---|
| 泊位数量 | 3个 |
| 靠泊能力 | 10万吨,7万吨,5万吨 |
| 码头长度 | 300~500米 |
| 码头水深 | 10米 |
| 交通可达 | 襄阳国际机场,架车约35分钟 |

| 港口属性 | 釜山北港 |
|---|---|
| 泊位数量 | 1个 |
| 停靠能力 | 17万吨 |
| 码头长度 | 360米 |
| 码头宽度 | 30米 |
| 码头水深 | 12米 |
| 交通可达 | 金海国际机场,架车约30分钟 |

| 港口属性 | 丽水港 |
|---|---|
| 泊位数量 | 1个 |
| 靠泊能力 | 15万吨级 |
| 码头长度 | 400米 |
| 码头宽度 | 270米 |
| 码头水深 | 11米 |
| 交通可达 | 丽水机场,架车约20分钟 |

束草Sokcho
★仁川Incheon
釜山Busan
丽水Yeosn
木浦Mokpo
★济州Jeju

图 6-1　韩国主要邮轮港口基础设施

　　2015 年开始,为了招募国际邮轮公司、吸引更多的海外邮轮游客,韩国文化体育观光部、韩国旅游发展局与韩国地方政府主动出击,共同参加了在美国举办的全世界规模最大的邮轮博览会“Seatrade Cruise Global”,与釜山市、釜山港湾公司共同举办了全亚洲规模最大的邮轮博览会“Seatrade Cruise Asia”。此外,还在中国、日本等地区举办邮轮旅游推介会,从多方面展开营销活动,比如开发优质旅游商品、邮轮上演出韩流表演及规划与仁川市主要旅游路线相结合的韩流主题邮轮等。2016 年,韩国共接待国际邮轮 785 航次,出入境游客量近 190 万人次。然而受萨德事件影响,2017 年韩国邮轮游客量下降超过 80%,游客总量仅不到 36 万人次。从区域发展来看,济州是韩国接待邮轮和游客最多的港口,其次是釜山和仁川。2016年,超过 60% 的游客入境济州,99.6% 的游客(186 万人次)访问济州、釜山和仁川三大港口。2017 年,超过 50% 的游客访问济州,加上釜山和仁川,三大港口接待的邮轮游客占整个韩国的 98.7%,如表 6-1 所示。

表 6-1　韩国各港口接待邮轮航次和邮轮游客数量

| 港口 | 2017 | | 2016 | | 2015 | |
|---|---|---|---|---|---|---|
| | 航次 | 游客 | 航次 | 游客 | 航次 | 游客 |
| 济州 | 113 | 181 049 | 507 | 1 177 233 | 283 | 619 170 |
| 釜山 | 108 | 146 023 | 209 | 533 538 | 71 | 151 444 |
| 仁川 | 17 | 26 822 | 62 | 152 961 | 52 | 80 601 |
| 丽水 | 2 | 859 | 1 | 3 300 | 1 | 797 |
| 束草 | 12 | 2 971 | 1 | 6 | — | — |
| 其他 | 10 | 820 | 5 | 3 380 | 5 | 499 |
| 总计 | 262 | 358 544 | 785 | 1 870 418 | 412 | 852 511 |

## 6.2.1　济州(Jeju)

济州岛是位于韩国最南端的岛屿。这座火山岛东西长约 73 公里,南北宽约 31 公里,呈椭圆形,面积 1 847 平方公里,是韩国岛屿中最大的一座,属于温带海洋性气候,年平均气温 16℃左右。济州岛成为一座备受赞誉的休养之岛,得益于汉拿山及其周边的 360 余座寄生火山以及火山之间形成的熔岩地形,再加上四面环绕的蔚蓝大海和细软的沙滩。作为热门的邮轮挂靠港,济州岛的自然景观非常美丽,岛屿的正中央耸立着高大的汉拿山(海拔 1 950 米),以此为中心,分布着 360 余座寄生火山,喷火口与熔岩地形等火山运动的痕迹在岛上随处可见。特别是火山岛所特有的熔岩地形与奇岩怪石、高大的椰子树、美味的热带水果和黑色的火山岩风光融为一体,令整座岛屿洋溢着迷人的别样风情。济州岛被韩国人评选为"最向往的旅游地"之首,同时还被载入联合国教科文组织世界自然遗产名录,慕名前来的外国游客络绎不绝。联合国教科文组织于 2002 年将济州岛的部分地区指定为"世界生物圈保护地区",随后在 2007 年将济州岛评选为"世界自然遗产",之后又于 2010 年将济州岛命名为"世界地质公园"。

济州港作为济州旅游综合开发企划的重要一环,特别修建了客轮客运站,济州港国际客运码头设有可以换汇的银行以及免税店、特产商店和药店等便利设施,附近 7 号码头还配备了前往各大名胜景区的巴士站、出租车候客区以及市区游巴士站,使得济州港跻身于国际旅游港口的行列,成为中国、日本乃至东南亚邮轮旅游的焦点城市。随着 2018 年下半年西归浦江汀军民综合型旅游美港(西归浦江汀港)开始启用,将有更多游客前来济州岛。济州对首次入港等特殊情况的邮轮提供入港迎送仪式;如游览当地代表景区及商业区,可为船运公司优先安排下一年度泊位;入、出港费、靠岸费等优惠 30% 等等。骑马、钓鱼、在岸上观光方面,火山健行、海岸自驾、美食体验等都是济州岛的主流产品。济州港具体的邮轮码头服务设施、邮轮旅游政策与岸上观光产品如表 6-2 所示。

## 6.2.2 釜山（Busan）

釜山位于韩国东南端的广域市，占地 765.94 平方公里，属温带海洋性气候，年平均气温 14.7℃。釜山是以 1876 年开埠的釜山港为中心发展起来的港口城市，是韩国最具代表性的国际贸易之都，经历了 1950 年韩国战争后得到重建，并发展成为韩国第二大城市。釜山在韩国现代史中占据着举足轻重的地位，是跨越浦项和丽水的东南临海工业地带的核心城市。釜山是一座充满活力、朝气蓬勃的城市，也是著名的旅游之都。从保留着旧日情怀的南浦洞小巷到乘坐市区游巴士轻松前往的海边寺院，还有釜山国际电影节与釜山烟花节呼应下的海边风景可以带给邮轮游客岸上体验。

釜山港 1876 年开埠，是韩国最具代表性的国际港口。2007 年 4 月釜山港开通邮轮航线，年均接待游客量可达 200 万人。为了助推邮轮旅游业发展，釜山港不断拓展出入境设施，新国际客轮客运站于 2015 年对外开放，旅游和购物设施得到进一步提升，釜山港国际客运码头配备了各种便利设施和会展设施，包括 WiFi 租借、外汇兑换和免费班车等。釜山港具体的邮轮码头服务设施、邮轮旅游政策与岸上观光产品如表 6-2 所示。

## 6.2.3 仁川（Incheon）

仁川地处京畿道中西部的广域市，占地 1 046.27 平方公里，年平均气温 12.1℃。1883 年，仁川港开埠，使得仁川成为韩国现代化发展的起源之地，西方文明进驻韩国的必经之地。至 20 世纪，仁川已发展成为韩国第二大港口城市，作为韩国西海岸的经贸发展重地，在整个韩国经济发展中一直发挥着举足轻重的作用。在旅游观光方面，仁川旅游资源十分丰富，汇聚了诸多美食、建筑、景点、演艺资源，吸引了无数海内外游客。其中最具代表性的景点有：韩国历史的缩影——江华岛、DMZ 体验地、韩国中的小中国—中华街以及各种艺术表演及韩流音乐庆典等。

作为进入首都圈的门户，仁川拥有世界最高水平的仁川国际机场和东北亚邮轮旅游的枢纽码头。仁川港 1883 年开埠以来一直是外国文化传入韩国、韩国文化走向世界的窗口。码头目前可容纳 15 万吨级船舶。仁川港位于潮汐落差较大的西海岸，以前大型邮轮无法在此停靠，目前的新国际客轮客运站于 2016 年 10 月起依次开放，邮轮客运站 1 栋于 2017 年 10 月完工。竣工后可同时靠泊 15 万吨位（根据船只条件，最多可容纳 22 万吨位）的邮轮专用泊位 1 个。到 2019 年，可以容纳全球最大规模即 22.5 万吨"绿洲级"邮轮的专用码头和客运码头也即将启用。仁川港具体的邮轮码头服务设施、邮轮旅游政策与岸上观光产品如表 6-2 所示。

**表 6-2　韩国主要邮轮港口服务设施与岸上观光数据**

| 港口属性 | | 济州港 | 金山港 | 仁川港 | 束草和东海港 | 丽水港 |
|---|---|---|---|---|---|---|
| 港口设施 | | CIQ设施<br>洗手间<br>包车停车场<br>旅游咨询处<br>换汇处<br>免税店<br>免税品提货处 | CIQ设施<br>洗手间<br>包车停车场<br>旅游咨询处<br>换汇处<br>纪念品商店<br>免税品提货处<br>WiFi服务 | 无CIQ设施(船上审查)<br>洗手间<br>包车停车场<br>旅游咨询处<br>免税品提货处 | CIQ设施<br>洗手间<br>包车停车场<br>旅游咨询处<br>换汇处<br>码头内免税店 | CIQ设施<br>洗手间<br>包车停车场<br>旅游咨询处<br>换汇处<br>纪念品商店<br>WiFi服务 |
| 服务与政策 | | 欢迎仪式<br>免费班车<br>济州旅游咨询处<br>旅游咨询员i-Crew(口译、交通、出租车咨询等)<br>提供矿泉水(三多水)和旅游纪念如游览当地代表景区及商业区,可为船运公司优先安排下一年度泊位<br>人、出港费、靠岸费等优惠30%<br>组织考察游 | 欢迎(欢送)仪式(扇子舞、五鼓舞等传统演出,萨克斯斯演奏等)<br>赠送首次入港及每年首次入港纪念感谢牌<br>提供两天一夜邮轮烟花秀<br>免费班车<br>内设旅游咨询处<br>口译服务<br>人出港费、靠岸费等优惠30%<br>组织考察游 | 欢迎(欢送)仪式<br>赠送新邮轮入港纪念感谢牌<br>免费提供邮轮码头⇄仁川市内班车(10万吨位以上船只提供3辆班车)<br>组织考察游<br>内设旅游咨询处<br>口译服务<br>对人、出港费及停靠费等提供优惠,2016年1月起优惠30% | 欢迎(欢送)仪式<br>停靠奖金<br>首次停靠船上活动或迎宾演出<br>旅游广告费<br>设立旅游咨询处<br>向国内旅行社提供免费巴士(一辆巴士乘坐10人以上,提供交通补贴)<br>进出港费、靠岸费优惠30% | 停泊奖励金<br>专线客运支持<br>欢迎仪式活动<br>向境外当地旅行社给予邮轮招募奖金,每人1万韩元,每艘邮轮最多2 000万韩元<br>向国内旅行社提供专用巴士费用,每辆15万韩元(最多600万韩元)<br>进出港费、靠岸费优惠30%领航费优惠50% |

（续表）

| 港口属性 | 济州港 | 釜山港 | 仁川港 | 束草和东海港 | 丽水港 |
|---|---|---|---|---|---|
| 岸上观光与活动 | 火山岛探险:济州港→万丈窟→城山日出峰→东门地下商场→中央地下商街→济州港<br>火山岛探险:济州港→翰林公园→水月峰→龙头岩(东门地下商业区)→中央地下商街→济州港<br>济州港→中文旅游区→天地渊瀑布→西归浦每日偶来市场→济州港<br>济州港→天地渊瀑布→李仲燮街→西归浦每日偶来市场→济州港 | 釜山治愈之旅:釜山港→梵鱼寺→福泉博物馆→UN纪念公园→二妓台→釜山港<br>寻根之旅:釜山港→中央公园→中央洞→加德岛讷次倭城月峰→当地商业区(东门地下商街)→釜山港<br>海洋之旅:釜山港→海东龙宫寺→乐天名牌折扣购物中心→冬柏岛→The Bay 101→釜山港<br>文化体验:釜山港→国际市场/札嘎其市场→特丽爱3D美术馆→免税店→釜山港面医疗街→免税店→釜山港 | 韩国影视剧及表演:仁川港→松岛石山《来自星星的你》拍摄地→ENTAS免税店→月尾岛→林美→BIBAP(表演)→仁川港<br>韩国影视剧及表演:仁川港→松岛石山《来自星星的你》拍摄地→ENTAS免税店→N首尔塔→明洞→仁川港<br>宝岛之旅:仁川港→江华岛·江华和平瞭望台→挖江华人参(体验活动)→江华人参中心→江华农贸市场→仁川港<br>庆典之旅:仁川港→仁川韩流观光演唱会(The K Festival)仁川Pentaport摇滚音乐节→仁川音乐烟花节→富平地下商业街→仁川港<br>DMZ和平之旅:仁川港→新浦国际市场→中华街(炸酱面博物馆)→仁川港 | 雪岳山之旅:束草港→雪岳山→石峰瓷器美术馆→阿爸村→束草观光水产市场→束草港<br>DMZ和平之旅:束草港→统一瞭望台→DMZ博物馆→花津浦金日成别墅→束草港<br>东海之旅:东海港→望祥海水浴场→正东津·北坪5日集→东海港<br>奥运之旅:东海港→大关岭阿尔卑西亚·平昌→大关岭羊西牧场→乌竹轩→正东津·东海港 | 海洋世博会之都&生态旅游:丽水港→世博会海洋公园→梧桐岛→海洋铁轨镇南馆→购物→丽水港脚踏车→购物→丽水港<br>丽水港→世博会公园→顺天湾庭院→花津生态公园→乐安邑城→购物→丽水港<br>丽水港→海洋铁轨梧桐岛→脚踏车→顺天湾庭院→生态公园→乐安邑城→丽水港 |

## 6.2.4　束草港（Sokcho）和东海港（Donghae）

江原道（Gangwon）地处半岛中部,毗邻东部海岸,是远东地区通往俄罗斯、中国、日本的重要枢纽。江原道依山傍水,自古以名山胜水著称,拥有韩国最洁净的自然环境和最美丽的自然风光,较出名的有雪岳山、滑雪场和温泉度假区。近年来,江原道致力于生产绿色食品和发展观光旅游业,目前是韩国最佳的休养旅游胜地,境内共分布着 300 余个旅游区。江原道还保持了保存了独特传统民俗文化。比如国内唯一的无言假面剧（哑剧）——官奴假面剧,以及阿里郎的源流——旌善阿里郎等。

江原道最具代表性的两个邮轮港口城市是束草与东海,均具备高品质的邮轮岸上观光资源。其中,束草位于江原道东北部东海岸,占地 105.29 平方公里,年平均气温 12.1℃,背靠韩国第三大高山——雪岳山。束草港 1997 年开埠,2005 年 7 月被定为直接进行南北贸易的港口,是连接雪岳山、统一瞭望台等著名旅游景点的国际邮轮旅游港口。束草港距襄阳国际机场 20 余分钟车程,是临近中国、俄罗斯、日本的环东海圈中心港口。与东海岸的其他港口相比,束草港距离市区更近,邮轮游客可以充分享受步行旅游的乐趣。

东海港是江原道最大的贸易港口,天然洞窟资源丰富。东海港可以连接东亚地区的中国、俄罗斯、日本的主要港口。东海港 1974 年被指定为第一类停靠港,是江原道最大的贸易港。作为邮轮旅游港口,东海港在 1998 年 11 月曾开通过金刚山旅游线路,目前拥有邮轮泊位 1 个,可接待 7.5 万吨级邮轮。束草港和东海港具体的邮轮码头服务设施、邮轮旅游政策与岸上观光产品如表 6-2 所示。

## 6.2.5　丽水港（Yeosu）和木浦港（Mokpo）

韩国全罗南道（JeollaNamdo）西邻中国,东南临日本,是东北亚的中心地带,是面向欧亚大陆的重要基地,也是进入太平洋的重要关口。全罗南道拥有 1965 个大大小小的美丽岛屿和绵长而秀美的海岸线,丽水港（Yeosu）和木浦港（Mokpo）是主要的邮轮挂靠港。

木浦是韩国海洋文化观光特区,附近岛屿景观众多。木浦自然历史博物馆、木浦冠岩、木浦金大中诺贝尔和平奖纪念馆、三鹤岛、木浦跳舞大海喷泉、木浦文化街、灵岩王仁博士遗址、康锦南弥勒寺、珍岛塔、珍岛神秘海路、新安曾岛、咸平世博会公园、海南大兴寺、罗州映像主题公园、莞岛清海浦口拍摄现场等均可作为邮轮旅游岸上观光资源进行产品与线路设计。木浦港是自然环保的先进港口,水深可达 15 米,岛屿起着自然防波堤坝的作用。木浦港是自然条件最好的港湾,大型客轮可自由进出,同样提供停泊奖励金、专线客运支持和举办欢迎仪式活动以促进邮轮旅游业发展。

丽水位于全罗南道东南侧,面积 501.3 平方公里,拥有 317 个岛屿,是海洋休闲运动的浪漫之都,被称为"东洋的那不勒斯"。自 2012 年丽水成功举办世界海洋博览会之后,丽水便成为韩国代表性的海洋观光城市,除了拥有丰富的海洋观光资源,还有以山茶花著称的梧桐岛。丽水附近可供岸上观光安排的旅游资源和活动包括丽水世博会海洋公园、丽水铁轨自行车、丽水海上索道、丽水梧桐岛、丽水突山大桥、丽水向日庵、丽水夜景、顺天湾自然生态公园、顺天乐安邑城、顺天湾国家庭院、顺天电视剧外景地、阳光梅花村、扑向光阳制铁厂、光阳 LF 广场和谷城蟾津江火车村等。

丽水港基于大大小小的岛屿构成了天然的防波堤坝,水深条件和宽广的海湾为邮轮港口提供了卓越的自然条件。丽水港设有检疫所、海关、出入境管理办公室和旅游综合咨询中心等,为旅客提供各种便利,停泊奖励金、专线客运支持和举办欢迎仪式活动也为邮轮旅游业发展提供支持。丽水港具体的邮轮码头服务设施、邮轮旅游政策与岸上观光产品如表 6-2 所示。

## 6.3　菲律宾邮轮港口总体情况

### 6.3.1　马尼拉南港(Manila South Harbor Port)

菲律宾是东南亚重要的热带邮轮旅游目的地,拥有 7 107 个魅力海岛,具备多样的东西方文化、建筑、艺术和美食,从古老的西班牙遗产、文化和历史,到繁华的都市中心,再到原始的海滩和迷人的风景、世界级的购物中心、餐饮和游戏应有尽有。特别是受多元文化的影响,菲律宾人民传承了祖先马莱人的服务精神和热情友好、中国人的家庭观念、西班牙人的宗教信仰、美国人的语言能力等。在邮轮旅游资源方面,菲律宾的地理位置得天独厚,地处全球珊瑚大三角区的正中央,是全球海洋生物最多样性的地区,拥有 3 000 多种鱼类,包括巨型鲸鲨和世界 7 大海龟种类中的 6 种。菲律宾坐拥丰富多彩的野生动物,拥有 3 500 多种热带动植物。

菲律宾是一个名副其实的度假天堂。邮轮游客可以享受多样性的岸上观光活动,比如探访震撼壮观的联合国教科文组织世界遗产地,体验芒果丰收季的盛大场面,品尝正宗地道的菲律宾美食和新鲜的海鲜大餐,享受才华横溢的菲律宾人带来的动听旋律和现场表演,在世界级大型购物中心购买物美价廉的国际名牌产品和纪念品,漫步世界最长之一的迷人海岸线,在海滩边放松身心,享受菲式理疗按摩等。总之,菲律宾是一个以目的地为主的邮轮旅游发展区,其邮轮港口以挂靠港为主,港区除了配备邮轮接待的基础设施,周边岸上观光与旅游资源则更为丰富。近年来,菲律宾不仅着力大幅增加过境邮轮航次的数量,而且开始将自己定位为新加坡、中国大陆或中国香港之间的邮轮母港。菲律宾的主要邮轮港口包括马尼拉南港(South Harbor Port,Manila)、苏比克湾自由港(Subic Bay Freeport)、巴拉望公主港(Puerto Princesa Port，Palawan)、库里马奥港(Curimao Port)、萨罗马格港(Salomague Port)和长滩岛卡迪克兰港(Caticlan Jetty Port，Boracav)等。

马尼拉位于吕宋岛美丽的天然港湾—马尼拉湾东岸，也称"小吕宋"，是菲律宾的首都、第一大城市和最大的港口，也是世界上最多元化的国际大都市之一。马尼拉是一座具有悠久历史的城市，在印度文明、中国文明及中亚古文明的基础上，融合西班牙、美国的西洋文明，形成东西合璧的文化，展现了历史遗迹与现代都市的完美融合。马尼拉被誉为菲律宾的"欢乐之都"，是东南亚客流量最大的城市之一，拥有丰富悠久的历史文化、旅游资源以及酒吧、博物馆、剧院、音乐厅、电影院、购物中心等休闲娱乐设施。

马尼拉南港位于马尼拉海港区，占地 80 公顷，由亚洲码头公司(Asian Terminals Incorporated)负责运营管理。港口共有 5 个码头，分别名为第 3 码头、第 5 码头、第 9 码头、第 13 码头和第 15 码头。第 15 码头(Pier 15)为邮轮码头。在第 13 码头和第 15 码头之间有一个名为伊瓦马卡帕加尔超级航站楼(Eva Macapagal Super Terminal)的客运枢纽站，游客可从陆路抵达马尼拉南港。此外，马尼拉南港也是菲律宾著名渡轮公司 2GO 的主要停泊港。作为重要的邮轮挂靠港，马尼拉南港邮轮接待的基础设施良好，周边旅游与观光资源丰富，曾经挂靠的邮轮来自 Azamara Club Cruises、Celebrity Cruises、Cunard Cruises、Oceania Cruises、P&O Cruises、Regent Seven Seas Cruises、Royal Caribbean International、Seabourn Cruises、Silversea Cruises、Star Cruises 和 Dream Cruises 等众多邮轮公司。马尼拉南港的具体数据如表 6-3 所示。

表 6-3　马尼拉南港基本数据

| 港口属性 | 港 口 数 据 |
| --- | --- |
| 码头泊位 | 第 15 号码头 |
| 泊位长度 | 360 米 |
| 泊位水深 | 8～11 米 |
| 港口设施 | 集装箱场<br>动力中心<br>客运航站楼<br>纪念品商店<br>货币兑换 |
| 交通可达 | 马尼拉尼诺阿基诺机场<br>距离约 10 公里<br>车程约 30 分钟 |

（续表）

| 港口属性 | 港 口 数 据 |
|---|---|
| 岸上观光 | 西班牙古王城(Intramurous)<br>圣地亚哥古堡(Fort Santiago)<br>圣奥古斯丁大教堂(San Agustin Church)<br>马尼拉大教堂(Manila Cathedral)<br>卡撒马尼拉博物馆(Casa Manila Museum)<br>世界上最古老的唐人街(China Town)<br>艺术和文化之旅(Art & Culture Tour)<br>(国家博物馆、大都会博物馆、文化中心)<br>休闲和娱乐之旅(Leisure & Entertainment Tour)<br>(日落大道、娱乐城、购物中心、) |

主要资料来源：《菲律宾邮轮旅游手册》；www.cruisephilippines.org；www.tourism.gov.ph

## 6.3.2 苏比克湾自由港(Subic Bay Freeport)

苏比克湾自由港位于菲律宾第一大岛吕宋岛的西南海岸、马尼拉以北110公里处，是菲律宾重要的经济特区，也是拥有丰富旅游资源和设施的一站式旅游目的地，由苏比克湾城市管理局负责运营管理。苏比克湾素有"东方小美国"之称，是当年美军太平洋舰队基地，现已成功转型为独具特色的旅游胜地和经济特区。苏比克湾自由港气候宜人，三面环山，形成天然的风浪屏障，可免受台风侵袭，湾内常年风平浪静，是绝佳的邮轮停靠港。港区旅游设施完备，包括国际机场、邮轮码头、各类酒店、特色餐厅、大型会议中心、购物中心、免税店、奥特莱斯工厂店、高尔夫球场、游艇俱乐部、海洋游乐区等。苏比克湾海滩资源丰富，目前开放了军官海滩、奇迹海滩、水手海滩，水上脚踏车、浮潜、游泳、沙滩排球等滨水活动一应俱全。苏比克湾自由港共有码头15个，可供各类船舶停靠，其中阿拉瓦码头(Alava Wharf)最适合邮轮停靠。2018年6月，苏比克湾自由港迎来历史上挂靠的最大邮轮皇家加勒比"海洋赞礼号"。苏比克湾自由港的具体数据如表6-4所示。

表6-4　苏比克湾自由港基本数据

| 港口属性 | 港 口 数 据 |
|---|---|
| 码头泊位 | 公主港主泊位(Main Berth) |
| 泊位长度 | 424 米 |
| 泊位水深 | 11～12.7 米 |
| 最长邮轮 | 200 米 |

（续表）

| 港口属性 | 港口数据 |
|---|---|
| 港口设施 | 码头龙门起重机 4 个<br>轮胎式龙门起重机滑道<br>集装箱堆放地基<br>公路网络地磅安检门 |
| 交通可达 | 苏比克湾国际机场<br>距离约 7 公里<br>乘车约 7～10 分钟 |
| 岸上观光 | 苏比克野生动物园(Zoobic Safari)<br>探访原始土著部落(Jungle Survival Camp)<br>树顶大冒险家(Tree Top Adventure)<br>海洋公园(Ocean Adventure Park)<br>充气岛水上游乐城(Inflatable Island)<br>唐人街(China Town)<br>历史遗迹之旅(Heritage Tour)<br>卡萨斯菲律宾阿酷扎酒店(Las Casas Filipinas de Acuzar)<br>美食之旅(Culinary Tour)<br>探访美食之都潘帕嘉省(Pampanga) |

主要资料来源:《菲律宾邮轮旅游手册》;www. cruisephilippines. org;www. tourism. gov. ph

## 6.3.3　巴拉望公主港(Palawan Port of Puerto Princesa)

　　巴拉望是位于菲律宾西南部的狭长形海岛,由 1800 多个岛屿组成,是菲律宾生态环境保护最完好的地方,素有"大自然最后一块生态处女地"之美誉,拥有众多原生态自然观赏。巴拉望是菲律宾最大的省份。从海中耸立的壮观石柱、纯净无瑕的海滩、郁郁葱葱的森林到高耸入云的山峰,特别是联合国教科文组织世界遗产、世界新七大奇观之一的公主港地下河国家公园、鬼斧神工的钟乳石和石笋等自然瑰宝,都体现了巴拉望作为优秀旅游目的地的品质。

　　作为巴拉望的省会,公主港是菲律宾重要的港口城市,也是重要的邮轮旅游访问港。公主港岸上观光产品非常丰富,其中地下河国家公园、石灰岩峭壁、保存完好的原始森林和迷人的白沙滩是代表性的旅游资源,皮划艇、潜水、野生动物观赏与保护以及海鲜、野味等美食则是代表性的体验活动。公主港港口的具体数据如表 6-5 所示。

**表 6-5　巴拉望公主港港口基本数据**

| 港口属性 | 港口数据 |
|---|---|
| 码头泊位 | 阿拉瓦码头(Alava Wharf) |

（续表）

| 港口属性 | 港口数据 |
|---|---|
| 泊位长度 | 701 米 |
| 泊位水深 | 12～13 米 |
| 港口设施 | 停车场<br>清关总办公室<br>政府办事处兼管港口清关事务<br>货运区<br>儿童保健站<br>按摩中心<br>公共电话<br>公共电视 |
| 交通可达 | 主港国际机场<br>距离约 3 公里<br>车程约 10 分钟 |
| 岸上观光 | 地下河国家公园(Underground River National Park)<br>宏大湾跳岛游(Honda Bay Island Hopping)<br>海星岛(Starfish Island)、蛇岛(Snake Island)、潘丹岛(Pandan Island)<br>公主港乡村之旅(Countryside Tour)<br>(巴拉望博物馆、野生动物救援和保护中心、蝴蝶花园、门多萨公园、军营遗址)<br>休闲和购物之旅(Leisure & Shopping Tour)<br>(手工艺品、甜口腰果、珍珠)<br>卡萨斯菲律宾阿酷扎酒店(Las Casas Filipinas de Acuzar)<br>美食之旅(Culinary Tour)<br>探访美食之都潘帕嘉省(Pampanga) |

主要资料来源：《菲律宾邮轮旅游手册》；www.cruisephilippines.org；www.tourism.gov.ph

### 6.3.4 长滩岛卡迪克兰港(Caticlan Jetty Port,Boracay)

长滩岛位于菲律宾中部班乃岛西北角外海 2 公里处,曾获众多国际知名媒体授予的"亚洲最佳海滩度假胜地""世界最细软白沙滩""亚洲的 24/7 岛屿"等称号。除了 4 公里长的纯净白沙滩和迷人海岸线,长滩岛可以为邮轮游客提供超过 100 种休闲娱乐活动,包括潜水、皮划艇、钓鱼等滨水活动、跳岛游、帆船、卡丁车、骑行、徒步、高尔夫、酒吧、音乐、演艺、按摩、美食之旅等岸上活动。从卡格班港(Cagban Port)乘船 15 分钟便可到达卡蒂克兰码头港(Caticlan Jetty Port)。卡蒂克兰码头港(Caticlan Jetty Port)距卡蒂克兰机场(Caticlan Airport)只有约 5 分钟车程。卡蒂克兰港口只能停靠小型邮轮,游客需要被交通船(Tender)转运到岸上,港口基本数据如表 6-6 所示。

表 6-6　长滩岛卡迪克兰港港口基本数据

| 港口属性 | 港　口　数　据 |
|---|---|
| 码头泊位 | 1 号坡道(Ramp1) |
| 泊位长度 | 最低水位 55 米 |
| 泊位水深 | 9～11 米 |
| 港口设施 | 钢筋混凝土桥墩<br>船只吃水控制装备<br>全新一号滚装坡道<br>旧坡道 |
| 交通可达 | 引航站至泊位间距离:约 1 海里<br>码头距机场距离:约 1.23 公里<br>码头距机场车程:约 5 分钟 |
| 岸上观光 | 海滩假日(Day at Beach)<br>跳岛游(Island Hopping Tour)<br>远离尘嚣之旅(Off the Beaten Track Tour)<br>购物之旅(Shopping) |

主要资料来源:《菲律宾邮轮旅游手册》;www. cruisephilippines. org;www. tourism. gov. ph

## 6.4　日本邮轮港口总体情况

日本位于亚欧大陆东部、太平洋西北部,陆地面积约 37.8 万平方公里,包括北海道、本州、四国、九州四个大岛和其他 6 800 多个小岛屿,因此也被称为"千岛之国"。日本东部和南部为太平洋,西临日本海、东海,北接鄂霍次克海,隔海分别和朝鲜、韩国、中国、俄罗斯、菲律宾等国相望。日本海岸线全长 33 889 公里。由于日本是一个岛国,因此其海岸线十分复杂。西部日本海一侧多悬崖峭壁,港口稀少,东部太平洋一侧多入海口,形成许多天然良港。

从国际游客的访问量来看,2016 年赴日国际游客 2 404 万人次,超过 2015 年创下的 1 974 万人次的纪录,比上年增长 21.8%。在这种情况下,除俄罗斯以外的 20 个主要市场中,有 19 个市场创下了多年来的最高纪录。其中,来自亚洲的国际游客人数比上年增长 22.8%,达到 2010 万人,且国际游客比例为 83.6%。另外,随着对个人旅行和邮轮旅游需求的不断增长,加上航线的扩大,从中国到日本的国际游客人数达到 637.3 万人,首次超过 600 万人。根据日本邮轮协会(JCPA)所显示的 2014—2016 年各港口所停泊的邮轮数量(包括外国邮轮和日本邮轮),可以发现,横滨、长崎、哈卡塔(博多)、神户、鹿儿岛等港口停泊数量位居前列。

### 6.4.1 东京港(TOKYO)

东京(TOKYO)位于关东平原南端,东京湾西北岸。东京港作为首都圈地区与国内、海外各地运输的节点,其腹地为拥有 3 000 万人口的东京圈及其周边的关东北部、甲信越等广大地区。在交通方面,东京拥有两个国际机场-成田机场和羽田机场(东京国际机场)。成田国际机场处理大量的国际航班以及许多低成本航空公司的国内和国际航班,而处于更中心地带的羽田机场,负责处理城市大部分的地方交通以及日益增长的国际航班。

银座区位于东京的心脏地带,是全国最繁华的商业区。港口与千叶、川崎港相邻,距横滨港 10 海里,至名古屋港 212 海里,至神户港 364 海里,至上海港 1 057 海里。2009 年的统计数字表明,该港口为 28 000 多艘船只提供了服务。晴海客船码头(Harumi Wharf)于 1991 年 5 月开放,可以接待来自世界各地的豪华邮轮。东京港口的具体数据如表 6-7 所示。

表 6-7　东京港口数据

| 港口属性 | 晴海码头(Harumi wharf) | 大井码头(Oi wharf) |
| --- | --- | --- |
| 泊位数量 | 泊位数量:2 个 | 泊位数量:2 个 |
| 泊位长度 | 456 米 | 450 米 |
| 泊位水深 | 10 米 | 12 米 |
| 港口设施 | 终端<br>公用电话<br>洗手间<br>自动售卖机<br>停车场<br>临时性 CIQ 设施 | 避雨设施<br>洗手间<br>自动售卖机<br>班车<br>停车场<br>临时性 CIQ 设施 |
| 港口服务 | 旅游信息中心<br>免费 WiFi<br>邮递服务<br>货币兑换<br>欢迎仪式<br>介绍日本文化<br>穿梭巴士服务 | 旅游信息中心<br>邮递服务<br>货币兑换 |
| 交通可达 | 东京国际机场:14 公里,车程约 25 分钟<br>最近的火车站:Kachidoki 站(Toei Oedo 线),车程约 10 分钟<br>最近的汽车站:TOEI BUS〈HARUMI-FUTO〉步行 1 分钟 | 东京国际机场:车程约 15 分钟<br>火车站:东京站,10 公里,车程 25 分钟<br>　　　　新川站,6 公里,车程 15 分钟<br>最近的汽车站:TOEI BUS〈YASHIO-2CHOME〉步行 5 分钟 |

（续表）

| 港口属性 | 晴海码头（Harumi wharf） | 大井码头（Oi wharf） |
|---|---|---|
| 岸上观光 | 东京塔（Tokyo Tower）<br>东京门大桥（Tokyo Gate Bridge）<br>日式酒吧（Izakaya Japanese style bar）<br>银座区（Ginza/Nihombashi area）—东京最适合购物的地方<br>秋叶原电动城（Akihabara）<br>森索吉寺（Sensoji temple·Nakamise area）东京最古老的寺庙<br>涩谷区（Shibuya）<br>东京天空树（Tokyo skytree）<br>上野区（Uneo area）博物馆和艺术馆聚集区<br>花园和公园-伊诺卡西拉公园、上野公园和新宿 Gyoen 国家公园等 | |

数据来源：东京旅游信息 http：//www.mlit.go.jp/kankocho/cruise/

## 6.3.2　横滨港（Yokohama Port）

横滨，位于日本本州中部东京湾西岸，仅次于东京、大阪，是日本的第三大城市。横滨地理环境北、西、南三面为丘陵环绕，东面为太平洋，属于柯本气候分类法下的副热带湿润气候。横滨港是日本最大的海港，也是亚洲最大的港口之一。横滨港有 130 年悠久历史，与神户港同为日本最忙、吞吐量最大的港口。目前，该港口有 10 个大型码头，主要有红库码头 Honmoku Pier（24 个泊位，14 个提供服务）、奥桑巴希 Osanbashi Pier（客船服务）、德塔马基码头 Detamachi Pier（食品运输）、大科库码头 Daikoku Pier（7 个集装箱泊位和大容量仓库）、Minami Honmoku 码头、瑞穗码头 Mizuho Pier（7 个泊位专供美军使用）等。横滨邮轮码头位于奥桑巴希码头（大桑桥埠头）（建于 1889—1896 年），且该港口可同时处理 7 艘邮轮。横滨邮轮港口的具体数据如表 6-8 所示。

表 6-8　横滨港基本数据

| 港口属性 | 港　口　数　据 |
|---|---|
| 码头泊位 | 奥桑巴希（Osanbashi） |
| 泊位长度 | 225 米 |
| 泊位水深 | 10~12 米 |
| 港口设施 | 横滨国际客运大楼<br>问讯台<br>浴室<br>行李储物柜<br>终端 |

（续表）

| 港口属性 | 港口数据 |
|---|---|
| 港口设施 | 外汇<br>海关、移民和检疫设施<br>出租车、公共汽车<br>咖啡馆<br>餐厅<br>商店<br>旅游信息咨询处 |
| 交通可达 | 最近的机场：羽田机场（巴士 30 分钟）<br>最近的火车站：奥多里站　港未来线（Nihon-odori Station Minatomirai Line）（步行 7 分钟）<br>最近汽车站：大栈桥（Osanbashi），公共汽车（步行 3 分钟） |
| 岸上观光 | 新横滨拉面博物馆（Shin-Yokohama Raumen Museum）<br>横滨唐人街（The Chinatown in Yokohama）<br>水坑区（Noge）<br>米纳托港未来 21 区（Minato Mirai 21）<br>元町商店街（Motomachi Shopping Street）<br>三溪园（Sankeien Garden）<br>横滨·八景岛海洋乐园（Yokohama Hakkeijima Sea Paradise）<br>红砖仓库（Red Brick Warehouse）<br>麒麟横滨啤酒村（Kirin Yokohama Beer Village） |

主要数据来源：https：//www. city. yokohama. lg. jp/

### 6.4.3　名古屋港（Port of Nagoya）

名古屋市（Nagoya）是日本三大都市圈之一名古屋都市圈的中心城市，是日本人口第四大城市。名古屋国际机场是五座日本国家中心机场之一。作为重要的港口城市，名古屋港也是日本的五大国际贸易港之一。名古屋市属于柯本气候分类法下的副热带湿润气候，当地夏季炎热潮湿，冬季干燥凉爽，晴天日数较多。名古屋港位于东海岸日本群岛的中心，面对太平洋，是一个综合性的国际港口，是日本最大的货运港口，连续 12 年位居日本第一。

名古屋港口的邮轮主要停泊在两个码头，分别为花园码头（Garden Pier）和金城码头（Kinjo Pier），两个码头的具体数据如表 6-9 所示。花园码头（Garden Pier）设有客船泊位，是名古屋港的海洋门户。位于码头的公共景点包括名古屋港口公共水族馆，名古屋港口大楼，富士南极博物馆，海上火车陆地和 JETTY（一个商店和餐馆的综合体）。金城码头（Kinjo Pier）也是船舶信息整合的信息管理中心。金城码头目前正被开发为一个公共通信交换区。在名古屋市规划的"Monozukuri 文化中央交流区"概念的基础上,正在以展示和传承工业技术为主题,设计成一个人与人互动的枢纽。

**表 6-9　名古屋邮轮港口数据**

| 港口属性 | 花园码头 | 金城码头 |
|---|---|---|
| 码头泊位 | No. 2 & No. 3 | No. 80 & No. 81 |
| 泊位长度 | 395 米 | 400 米 |
| 泊位水深 | 10 米 | 10 米 |
| 码头设施 | 避雨设施<br>公用电话<br>洗手间<br>自动售卖机<br>停车场<br>临时性 CIQ 设施 | 临时性 CIQ 设施 |
| 码头服务 | WiFi 服务<br>货币兑换<br>旅游信息中心 | WiFi 服务<br>货币兑换<br>旅游信息中心 |
| 交通可达 | 名古屋中部国际机场:约 50 分钟车程<br>最近地铁站:名古屋火车站,美子线<br>(名古屋城地铁)(步行 5 分钟);<br>名古屋城市巴士汽车站:步行 10 分钟 | 名古屋中部国际机场:约 40 分钟车程<br>最近火车站:健久-富托站,奥那米线(步行 10 分钟)<br>名古屋城市巴士汽车站:步行 10 分钟 |
| 岸上观光 | 名古屋美食之旅(Nagoya Cuisine)<br>荣区(sakae area)<br>OSU 商场部(Osu Shopping Arcade)<br>名古屋城堡(Nagoya Castle)<br>名古屋港公共水族馆(Port of Nagoya Public Aquarium)<br>名古屋港口大楼(Nagoya Port Building)<br>SCMAGLEV 火车和铁路公园(SCMAGLEV and Railway Park)<br>则武森林(Noritake Garden)<br>靖国神社(Atsuta Jingu Shrine)<br>犬山城堡(Inuyama Castle)<br>关市餐具之行(Seki Cutlery Experience)<br>丰田工业技术博物馆(TOYOTA Museum of Industry and Technology)<br>富士南极博物馆(Fuji Antarctic Museum) | |

资料来源:http://www.port-of-nagoya.jp/english/

## 6.4.4　大阪港(Osaka Cruise Port)

大阪(Osaka)是日本第二大都市,是日本三大都市圈之一的大阪都市圈的中心城市。大阪位于北温带,四季分明,而且常年比较温暖,属于濑户内海式气候。大阪港是日本主要的国际贸易港之一。大阪港和附近的神户港均被指定为超级中枢港湾。大阪港也是一座重要的客运港,有众多客轮自大阪港出发前往日本西部和南部。大阪港还拥有日本最大的客运码头,也有不少邮轮停靠大阪港,是日本西部最广阔的轮渡码头。根据日本邮轮协会(JCPA)资料显示,目前邮轮主要停靠在3个码头,分别为,天宝山(Tempozan)、中央突堤北岸、鹤浜(Tsuruhama),其详情如表6-10所示。

表6-10  大阪邮轮港口数据

| 港口属性 | 天宝山(Tempozan) | 中央突堤北泊位 | 鹤浜(Tsuruhama) |
|---|---|---|---|
| 泊位长度 | 370 米 | 210 米 | 280 米 |
| 泊位水深 | 11 米 | 11 米 | 10 米 |
| 港口设施 | 终端<br>岸边舷梯<br>洗手间<br>自动售卖机<br>临时(含船上)CIQ 设施 | 临时(含船上)CIQ 设施 | 临时(含船上)CIQ 设施 |
| 港口服务 | WiFi 服务<br>邮递服务<br>货币兑换<br>旅游信息中心 | 货币兑换<br>旅游信息中心 | 货币兑换<br>旅游信息中心 |
| 交通可达 | 关西国际机场(国际/国内):车程 30 分钟<br>大坂伊丹机场(国内):车程 30 分钟<br>Osaka-ko stn 地铁站:步行 5 分钟 | 关西国际机场(国际/国内):车程 40 分钟<br>大坂伊丹机场(国内):车程 40 分钟<br>Osaka-ko stn 地铁站:步行 10 分钟 | 关西国际机场(国际/国内):车程 40 分钟<br>大坂伊丹机场(国内):车程 40 分钟<br>Osaka-ko stn 地铁站:车程 10 分钟 |
| 岸上观光 | 历史建筑物(Historical buildings)—四大天王寺(Shitennoji Temple)、大阪城堡主堡等<br>休闲与娱乐(Leisure & Entertainment Tour)<br>购物之旅(Shopping)<br>话剧表演(drama performance)<br>艺术和文化之旅(Art & Culture Tour)—格里恩博物馆、Sayamaike 博物馆、国家艺术博物馆<br>漫步公园(Park Tour)—大阪城堡公园、中岛公园 | | |

主要资料来源:https://osaka-info.jp/;https://www.city.osaka.lg.jp/

## 6.4.5 神户港(Kobe Port)

神户(Kobe)属于日本三大都市圈之一大阪都市圈的重要城市,位于本州岛的西南部,是日本国际贸易港口城市。神户市属于濑户内海式气候区域,全年气候较为温和。神户港是日本主要的国际贸易港(五大港)之一,与大阪港同样被指定成超级中枢港湾,也是日本三大旅客港之一。在交通方面,神户港靠近市中心(步行即可到达)。此外,还有各种交通工具,如港口班轮、地铁、铁路、新干线和高速公路为船上乘客提供了购物和观光的最佳途径。神户港口的具体数据如表 6-11 所示。

**表 6-11　神户港口数据**

| 港口属性 | 神户码头 | 纳卡邮轮码头 |
|---|---|---|
| 码头情况 | 码头面积:407 米×14 米<br>码头高度:3.3 米<br>泊位数量:6 个<br>泊位水深:11.4～12 米<br>最大船只限制:311 米/38.6 米 | 码头面积:286 米×20 米<br>码头高度:3.0 米<br>泊位水深:9 米<br>最大船只限制:241 米/29.84 米 |
| 港口设施 | 海关清关<br>入境清关<br>检疫设施<br>终端<br>旅游信息中心<br>停车场<br>外汇 | 海关清关<br>入境清关<br>检疫设施<br>客运大楼<br>外汇 |
| 交通可达 | 神户机场(KA):约 8 公里,车程约 15 分钟<br>关西国际机场(KIA):约 70 公里,车程约 1 小时 | |
| 岸上观光 | 神户美食之旅(Cuisine Tour)—神户牛肉、日本酒文化<br>千万夜景($10million Night View)<br>北野老洋房(Kitano Old Foreign Residences)<br>明石海峡大桥(Akashi Kaikyo Bridge)<br>Arima 温泉(Arima Onsen)<br>神户清酒酿酒厂博物馆(Kobe sake brewery museum)<br>姬路城堡(Himeji Castle)<br>购物之旅(Shopping)—哈波兰购物中心、老洋人聚集区 | |

主要资料来源:http://www.kobe-meriken.or.jp;Kobe Port Tourist Information

## 6.4.6　福冈港(Fukuoka/HakataPort)

福冈县(Fukuoka-ken),位于日本列岛西部、九州北部,三面临海,交通发达,被称为"亚洲的大门",自然环境优美,适合享乐旅游、徒步旅行、海洋体育等野外活动。福冈海岸线全长 310 公里,渔业发达,水产品种类繁多,有着"食在福冈"之美名。福冈市(Fukuoka)是日本第 6 大人口城市,是福冈县的县厅所在地,拥有 150 万以上的人口,是九州地区最大的都市。邮轮停靠在离福冈市中心不远的哈卡塔港,哈卡塔邮轮港口数据详情如表 6-12 所示。

表 6-12　哈卡塔邮轮港口数据

| 港口属性 | 中央码头 | 箱崎码头 |
|---|---|---|
| 码头情况 | 泊位数量:3 个<br>泊位总长:最长 330 米<br>泊位水深:最大水深 10 米 | 泊位数量:1 个<br>泊位总长:425 米<br>泊位水深:10 米/12 米 |
| 港口设施 | 终端<br>洗手间<br>自动售卖机<br>停车场<br>CIQ 设施<br>免费 WiFi | 班车<br>停车场<br>CIQ 设施<br>免费 WiFi |
| 港口服务 | 货币兑换<br>旅游信息中心 | 邮递服务<br>货币兑换<br>旅游信息中心 |
| 交通可达 | 福冈国际机场(FIA):车程约 25 分钟<br>JR 哈卡塔站:车程约 15 分钟<br><br>距九州各大城市距离:<br>传奇:60 公里　大田:160 公里宫崎骏:310 公里<br>熊本:110 公里　长崎:170 公里　鹿儿岛:320 公里 | 福冈国际机场(FIA):车程约 20 分钟<br>JR 哈卡塔站:车程约 15 分钟 |
| 岸上观光 | 运河城(Canal City Hakata)<br>福冈塔(Fukuoka Tower)<br>大寨普天间谷祠(DazaifuTenmangu Shrine)<br>大和公园·舞鹤公园(Ohori Park·Maizuru Park)<br>福冈城市博物馆(Fukuoka City Museum)<br>三野村广场(Sannomaru Square)<br>购物之旅(shopping)—天津地区(Tenjin area)<br>节日盛典-Hojoya 节、Hakata Gion Yamakasa Festival、HakataDontakuPortFestival | |

主要数据来源:http://port-of-hakata.city.fukuoka.lg.jp;http://www.wave.or.jp/jcpa/area/09.html

## 6.4.7　函馆/客家达港(Port of Hakodate)

函馆(Hakodate)是日本北海道西南部重要港市。位于渡岛半岛南部函馆湾内,面临津轻海峡,港内水深,是天然良港。在旅游方面,函馆布局了把日本和西方元素结合在一起的房屋、外国教堂、砖瓦仓库、修道院、堡垒等景点,城外分布着山脉、公园、湖泊、温泉和火山等自然景观。2018 年完成了新铁路线和新机场航站楼等基础实施升级。在邮轮旅游方面,2018 年,邮轮港口处理了 31 次船舶停靠。根据日本邮轮协会(JCPA)资料显示,函馆目前邮轮主要停靠在 3 个码头,分别为:若松码头（Wakamatsu Wharf）、西码头（Nishi pier）、米纳托科码头（Minato-cho Wharf），各码头详细情况如表 6-13 所示。

**表 6-13　函馆邮轮港口数据**

| 港口属性 | 若松码头 | 米纳托科码头 | 西码头 |
|---|---|---|---|
| 码头情况 | 泊位长度:225 米<br>泊位水深:8 米<br>完全服务后:360 米/<br>－10 米 | 泊位数量:2 个<br>泊位长度:240 米/280 米<br>泊位水深:12 米/14 米 | 泊位数量:7 个<br>泊位长度:165 米<br>泊位水深:9 米 |
| 港口设施 | 观光巴士<br>CIQ 设施<br>免费 WiF | 休息室<br>班车<br>观光巴士<br>免费 WiFi<br>CIQ 设施 | 洗手间<br>班车<br>观光巴士<br>CIQ 设施<br>免费 WiFi |
| 港口服务 | 旅游信息中心<br>穿梭巴士服务 | 欢迎仪式<br>日本文化介绍<br>旅游信息中心<br>穿梭巴士服务 | 旅游信息中心<br>穿梭巴士服务 |
| 交通可达 | JR 函馆站:步行约 5 分钟<br>函馆机场:约 20 分钟车程 | JR 函馆站:约 20 分钟车程<br>函馆机场:约 30 分钟车程 | JR 函馆站:约 15 分钟街车车程<br>函馆机场:约 30 分钟车程 |
| 岸上观光 | 殖民建筑(Colonial Architectures)<br>客家达山(Mount Hakodate)<br>莫托马奇区(Motomachi district)<br>奥努马公园(Onuma Park)<br>旧公共大厅(Old Public Hall)<br>客家达山索道(the Mount Hakodate Ropeway)<br>购物之旅(Shopping) | | |

主要资料来源:http://www.wave.or.jp/jcpa/area/01.html

## 6.4.8　小樽港(Port of Otaru)

　　小樽市位于北海道西海岸的中央、后志地区的东侧,与札幌市等 4 个市町村相连。这是一个东西约 36 公里、南北约 20 公里、市区一面面向日本海、其他三面被群山环绕的斜坡多的城市。其海岸线约 69 公里,其中央有天然良港小樽港,西侧壮丽的海岸被指定为"新世谷积丹小樽海岸国定公园"。小樽港的具体数据如表 6-14 所示。

**表 6-14  小樽港基本数据**

| 港口属性 | Katsunai 码头 | 3 号码头 |
|---|---|---|
| 泊位长度 | 370 米 | 344 米 |
| 泊位水深 | 10 米 | 9 米 |
| 港口设施 & 服务 | 公用电话<br>洗手间<br>自动售卖机<br>旅游信息中心<br>免费 WiFi<br>货币兑换 | 临时性 CIQ 设施<br>旅游信息中心<br>免费 WiFi<br>货币兑换 |
| 交通可达 | 新奇托斯机场（NCA）：车程约 70 分钟<br>JR 小樽赤口站：车程约 5 分钟 | 新奇托斯机场（NCA）：车程约 70 分钟<br>JR 小樽站：车程约 5 分钟 |
| 岸上观光 | 苏比克野生动物园（Zoobic Safari）<br>探访原始土著部落（Jungle Survival Camp）<br>树顶大冒险家（Tree Top Adventure）<br>海洋公园（Ocean Adventure Park）<br>充气岛水上游乐城（Inflatable Island）<br>唐人街（China Town）<br>历史遗迹之旅（Heritage Tour）<br>卡萨斯菲律宾阿酷扎酒店（Las Casas Filipinas de Acuzar）<br>美食之旅（Culinary Tour）—探访美食之都潘帕嘉省（Pampanga） | |

主要资料来源：http://www.wave.or.jp/jcpa/area/01.html；https://www.city.otaru.lg.jp

## 6.4.9  广岛港（Hiroshima）

广岛是日本本州岛西部的滨海城市，以广岛市为中心构成了日本三大都市圈之外的广岛都市圈。广岛港已经修订了港口规划，以便于码头大型邮轮的停泊。在五日市码头（Itsukaichi Wharf）可以停靠全球最大级别的 22 万吨的大型邮轮，中小型客船则停靠在另一码头——宇品外贸码头（Ujina Wharf）。随着大型邮轮的停泊，外国游客人数和港口访问量也因此急剧增加，近几年来外国客船、日本客船、外国游客量对此港口的访问情况逐年增加。广岛邮轮港的基本情况如表 6-15 所示。

**表 6-15  广岛邮轮港口数据**

| 港口属性 | 五日市码 | 宇品外贸码头 |
|---|---|---|
| 码头情况 | 泊位长度：430 米<br>泊位水深：最大吃水 12 米 | 泊位长度：280 米<br>泊位水深：最大吃水 10 米 |

（续表）

| 港口属性 | 五日市码 | 宇品外贸码头 |
|---|---|---|
| 港口设施 & 服务 | 停车场<br>CIQ<br>旅游信息柜台<br>免费 WiFi<br>饮品店、礼品店<br>观光巴士停车场<br>体验角（interaction corner） | 停车场<br>CIQ<br>旅游信息柜台<br>免费 WiFi<br>班车 |
| 港口服务 | 讲解员服务<br>货币兑换<br>欢迎仪式 | 货币兑换<br>欢迎仪式 |
| 交通可达 | 距市中心：距离街车"Itsukaichi Sta"<br>30 分钟<br>距最近站点：<br>J R Itsukaichi Sta. 出租车/10 分钟<br>街车"Itsukaichi Sta."出租车/10 分钟 | 距市中心：街车"Kaigan Dori Sta."到<br>"Kamiyacho Sta."30 分钟<br>距最近站点：街车"Kaigan Dori"站，步<br>行 15 分钟 |
| | 广岛机场：距离约 54 公里，车程约 50 分钟<br>JR 三洋主线广岛站：车程约 30 分钟<br>Miyukimatsu 公共汽车站：步行 15 分钟 | |
| 岸上观光 | 和平纪念公园和博物馆（Peace Memorial Park and Museum）<br>A 型炸弹穹顶（A-Bomb Dome）<br>广岛市当代艺术博物馆（Hiroshima City Museum of Contemporary Art）<br>宫岛之旅（Miyajima Island Tour）<br>洪多里拱廊（Hondori Arcade） | |

主要资料来源：www.hiroshima-minato.jp；Port of Hiroshima（Itsukaichi Region）&（Ujina Area）

## 6.4.10　鹿儿岛港（Port of Kagoshima）

　　鹿儿岛是日本九州岛鹿儿岛县最大的城市，因其海湾位置、炎热的气候和标志性的层叠火山而被称为"东方世界的那不勒斯"。鹿儿岛港从鹿儿岛市的北向南到约 20 千米的范围，由 7 个港区组成，对地区物流、旅游、休闲等发展起着很大的作用。鹿儿岛邮轮港口的具体数据如表 6-16 所示。

表 6-16　鹿儿岛邮轮港口数据

| 港口属性 | 港 口 数 据 |
|---|---|
| 码头泊位 | 鹿儿岛港（Marine port kagoshima） |
| 泊位长度 | 340 米 |

（续表）

| 港口属性 | 港 口 数 据 |
| --- | --- |
| 泊位水深 | 9 米 |
| 港口设施 | 小型信息中心<br>班车<br>出租车<br>终端<br>岸边舷梯<br>公用电话<br>休息室<br>自动售货机<br>CIQ 设施<br>免费 WiFi |
| 港口服务 | 货币兑换<br>旅游信息中心<br>邮递服务<br>穿梭巴士服务 |
| 交通可达 | 最近机场:鹿儿岛机场(汽车 55 分钟)<br>最近的火车站:臼杵站 Usuki Station(步行 30 分钟);车程 14 分钟<br>最近汽车站:胁田(鹿儿岛交通)(步行 20 分钟) |
| 岸上观光 | 美食之旅(Cuisine Tour)<br>樱岛山(Mt. sakurajima)<br>森安恩花园(Sengan-en)<br>天然蒸汽沙浴(Natural Steam Sand Bath)<br>雾岛(Kirishima)<br>购物之旅(Tenmonkan Shopping) |

主要资料来源:http://www.mlit.go.jp/;JCPA://www.wave.or.jp/jcpa/

## 6.4.11 长崎港(Port of Nagasaki)

长崎县位于日本南方,九州的最西部。靠近朝鲜半岛和中国大陆,是日本面向东南亚的窗口,也是离中国最近的日本,距离中国的上海市 860 公里,距韩国的釜山市 49.5 公里。年平均气温 18℃,整体上属于温暖多雨的海洋性气候。长崎港在 1571 年开港,邮轮主要停靠在松枝码头(Matsugae Wharf)和出岛码头(Dejima Wharf),长崎港口的具体数据如表 6-17 所示。

表 6-17 长崎港口数据

| 港口属性 | 松枝码头 | 出岛码头 |
| --- | --- | --- |
| 泊位长度 | 410 米 | 340 米 |

（续表）

| 港口属性 | 松枝码头 | 出岛码头 |
|---|---|---|
| 泊位水深 | 12 米 | 10 米 |
| 港口设施 & 服务 | 终端<br>岸边舷梯<br>公用电话<br>休息室<br>自动售货机<br>CIQ 设施<br>免费 WiFi<br>货币兑换<br>旅游信息中心<br>邮递服务 | CIQ 设施<br>供水设施<br>俱乐部 |
| 交通可达 | 长崎机场：车程约 40 分钟<br>JR 长崎站：车程约 10 分钟 | |
| 岸上观光 | 长崎和平公园（Nagasaki Peace Park）<br>原子弹博物馆（Atomic Bomb Museum）<br>长崎空中缆车（Nagasaki Ropeway）<br>白甲工艺馆（Bekko Crafts Museum）<br>出岛（Dejia）<br>长崎企鹅水族馆（Nagasakki Pengin Suizokukan）<br>哥拉巴园（Guraba En） | |

主要资料来源：http：//www．nagasaki-port．jp；http：//nagasakiyou．net/

## 6.4.12　境港/萨卡米纳托港（Sakaiminato Port）

　　境港市位于日本北部，作为与亚洲其他地区进行交流的门户，扮演着重要的角色，一直在运营通往中国上海和韩国釜山的定期集装箱船航线，以及唯一一条连接日本与韩国及俄罗斯的定期国际渡轮。在旅游方面，境港周围的文化、历史、遗产、自然、温泉、美食等资源丰富，到当地旅游区的交通也很方便，拥有提供国际航班服务的 Yonago Kitaro 机场，在 30 分钟内可以找到大型商务和商业设施。境港的基本情况如表 6-18 所示。

表 6-18　境港港口数据

| 港口属性 | 昭和南 | 盖科 | 竹内 |
|---|---|---|---|
| 泊位情况 | No. 1：270 米/−13.0 米<br>No. 2：185 米/−10.0 米<br>No. 3：130 米/−7.5 米 | No. 1：370 米/−9.1 米<br>No. 2：260 米/−7.5 米 | No. 3：100 米/−5.5 米<br>No. 4：130 米/−7.5 米 |

（续表）

| 港口属性 | 昭和南 | 盖科 | 竹内 |
|---|---|---|---|
| 港口设施 & 服务 | 避雨设施<br>洗手间<br>商店<br>临时性 CIQ 设施<br>WiFi 服务<br>货币兑换<br>旅游信息中心 | 终端<br>公用电话<br>洗手间<br>自动售卖机<br>班车<br>临时性 CIQ 设施<br>WiFi 服务<br>货币兑换<br>旅游信息中心 | 商店<br>班车<br>临时性 CIQ 设施<br>WiFi 服务<br>货币兑换<br>旅游信息中心 |
| 交通可达 | Yonago Kitaro 机场：车程约 10 分钟<br>JR 萨卡米纳托站：车程约 10 分钟 | Yonago Kitaro 机场：车程约 10 分钟<br>JR 萨卡米纳托站：车程约 5 分钟 | Yonago itaro 机场：车程约 5 分钟<br>JR 萨卡米纳托站：车程约 10 分钟 |
| 岸上观光 | 水木茂大道（Mizuki Shigeru Road）<br>由志园（Yuushien Garden）<br>松江城堡和武士住宅（Matsue Castle and Samurai residence）<br>阿达奇艺术博物馆（Adachi Museum of Art）<br>出云大社海岸（Izumo-taisha Shrine） | | |

主要资料来源：http：//sakai-port.com/；亚洲邮轮协会 https：//www.asiacruiseterminal.org

### 6.4.13　那霸港（Naha Port）

那霸港位于日本本土西南约 600 公里的冲绳本岛，座落在东海的中央。那霸港分为四个地区，即那霸码头地区、泊码头地区、新港码头地区以及浦添码头地区。那霸港是日本国内屈指可数的国际邮轮客船的停靠地。为进一步振兴邮轮事业，在客船专用泊位（泊码头 8 号泊位）建造了那霸邮轮客运站，并于 2014 年 4 月开始投入使用。此外，为提高便利性，自 2015 年 4 月起，那霸邮轮客运站开始使用登船桥，登船桥带有挡板顶棚。2018 年的靠岸客船数为 243 艘，创历史最高。为应对邮轮停靠的需求，确保不断增多的大型邮轮的稳定停靠，并提高邮轮乘客的满意度，那霸港将以实现冲绳县提出的"东洋加勒比构想"为目标，努力加强与冲绳县及有关机构等的合作，打造一个国际邮轮基地港。2016 年 12 月 16 日，对港湾计划做了局部修改，最大可接纳 22 万吨级的第二邮轮泊位被列入计划，并投入建设。那霸邮轮港口的基本情况如表 6-19 所示。

表 6-19　那霸港港口基本数据

| 港口属性 | 港口数据 |
|---|---|
| 码头泊位 | 泊码头 8 号 |

（续表）

| 港口属性 | 港　口　数　据 |
|---|---|
| 泊位长度 | 372.5 米 |
| 泊位水深 | 10 米 |
| 港口设施 &<br>服务 | 终端<br>洗手间<br>自动售卖机<br>CIQ 设施<br>WiFi 服务<br>货币兑换<br>旅游信息中心 |
| 交通可达 | 那霸机场:车程约 10 分钟<br>Kencho-mae 站（Yui Rail）:车程约 10 分钟 |
| 岸上观光 | 首里城公园（Shurijo Castle Park）<br>识名园（Shikinaen Royal Garden）<br>波上宫（Naminouegu）<br>那霸国际通大道（Naha International Street） |

主要资料来源:www. nahaport. jp

## 6.5　越南邮轮港口基本情况

越南被 3 200 多公里海岸线划分为东、西、西南三个方向,拥有 14 个深水港,数百个海湾和未遭破坏的美丽海滩,具有发展邮轮旅游的巨大潜力。在悠久的文化传统、丰富的遗产、以开放友好著称的当地住民,以及越来越多的服务的支持下,越南是一个受青睐的邮轮旅游目的地。邮轮停靠港主要为芽庄、下龙湾、胡志明、大娘、海防、陈梅、归仁等港口。越南旅游业选择海洋旅游作为未来几年发展海洋经济的五大先导产业之一。在《2020 年越南旅游业发展总体规划》和《2030 年远景规划》中,海洋旅游被认为是重中之重,将建设多个极具竞争力的海洋度假区。越南旅游部门致力于利用海上旅游,促进邮轮旅游在未来迅速发展。

### 6.5.1　芽庄港（Nha Trang）

芽庄（Nha Trang）是越南昆河省的港口城市和首府,位于越南的中南部海岸,气候宜人,以其海滩和潜水之旅而闻名于世,目前已经发展成一个著名国际游客目的地,吸引了大量亚洲东南亚线路上的背包客和比较富裕的旅客,同时芽庄湾被认为是世界上最美丽的海湾之一,所以也非常受越南游客的欢迎。游船一般停靠在考达港码头（Cau Da Port pier）,距离芽庄市 7 英里。挂靠芽庄的邮轮主要来自水晶邮轮、荷兰美洲线、庞南、公主邮轮,银海邮轮、温斯塔邮轮等。芽庄邮轮港口的基本数据如表 6-20 所示。

表 6-20　芽庄港基本数据

| 港口属性 | 港　口　数　据 |
|---|---|
| 码头泊位 | 考达港码头(Cau Da Port pier) |
| 泊位水深 | 最大吃水 11.8 米 |
| 最大客船 | 60 870 GT |
| 港口设施 | 存储设施<br>岸上起重机<br>铲车<br>拖船<br>货币兑换 |
| 交通可达 | 金兰机场:芽庄以南 40 公里<br>距离约 35 公里<br>车程约 43 分钟 |
| 周边城市距离 | 芽庄—大叻:210 公里,4 小时左右<br>芽庄—会安:530 公里,9 小时左右<br>芽庄—胡志明:450 公里,8 小时左右<br>芽庄—顺化:690 公里,16 小时左右<br>芽庄—河内:1 350 公里,24 小时左右 |
| 岸上观光 | 海滩(Beaches)<br>Nha Trang 海滩、白盾滩(Bai Doung Beach)、洪冲(Hon Chong)、Hòn Tre island、圣地亚哥古堡(Fort Santiago)<br>庙宇(Temples)<br>宝纳查姆塔(Po Nagar Cham Towers)、长子塔(Long Son Pagoda)、Nha Tho Nui 大教堂、印象博物馆马尼拉大教堂(Manila Cathedral)<br>博物馆(Museums)<br>亚历山大·耶尔辛博物馆(Alexandre Yersin Museum)、Khánh Hòa Museum、越南国家海洋学博物馆、世界上最古老的唐人街 China Town<br>娱乐(Amusement)<br>文珠游乐园(Vinpearl Amusement Park)、塔巴温泉和泥浴、杨湾旅游公园休闲和娱乐之旅<br>购物(shopping)<br>(Nha Trang Center、文康广场) |

主要资料来源:《Nha Trang 旅游指南》. http://www.vpa.org.vn/nha-trang-port/

## 6.5.2　胡志明港(Phu My,Ho Chi Minh)

胡志明港又称西贡港,位于越南南部湄公河三角洲之东北、同奈河支流西贡河下游,南距入海口 45 海里,是越南南方最大港口。从旅游资源来看,市中心最出名的历史建筑有市政厅、统一宫、市政剧院（歌剧院）、国家银行办公室、市邮政局、市人民法院和巴黎圣母院，最出名的场馆有胡志明市博物馆、革命博物馆、越南历史博物馆、东南武装部队博物馆、战争遗迹博物馆、美术馆、南方妇女博物馆、Nha Rong 纪念馆和 Ben Duoc 地下隧道遗址。

在船舶停泊方面，中小型船可以在蜿蜒的西贡河航行，并停靠在离市中心很近的西贡河码头，而较大的船停靠在福美邮轮码头（Phu My）。福美邮轮码头位于南海商业港口，距离胡志明市约 80 英里（2.5 小时）。胡志明邮轮港口详细数据如表 6-21 所示。

表 6-21　福美港基本数据

| 港口属性 | 港　口　数　据 |
| --- | --- |
| 码头泊位 | 福美邮轮码头（Phu My） |
| 泊位水深 | 13 米 |
| 最大船只 | 80 000 DWT |
| 港口设施 | 轨道安装移动式起重机<br>抓取设备<br>挖掘机、推土机、起重车<br>秤桥 |
| 交通可达 | 丹森纳特国际机场（Tan Son Nhat International Airport）<br>（离市中心大约 8 公里）<br>码头距机场距离：约 62.6 公里<br>码头距机场车程：约 1.5 小时 |
| 岸上观光<br>（胡志明十大<br>最佳景点） | 平泰市场（Binh Tay Market）<br>战争遗留物博物馆（War Remnants Museum）<br>竹池隧道（Cu Chi Tunnels）<br>曹岱寺（Cao Dai Temple）<br>玉帝塔（Jade Emperor Pagoda）<br>比特科塔和天空甲板（Bitexco Tower and Sky Deck）<br>统一宫（Reunification Palace）<br>胡志明中央邮政局（Ho Chi Minh Central Post Office）<br>马里曼印度教庙宇（Mariamman Hindu Temple）<br>圣母大教堂（Notre Dame Cathedral） |

## 6.5.3　下龙湾（Halong Bay）

下龙湾位于越南北部，拥有大约 1969 个岛屿。下龙国际邮轮港是越南首个邮轮港，可容纳世界上最壮观和最先进的邮轮。邮轮港包括 6 个码头，其中 4 个供邮轮和游船停靠。下龙国际邮轮港位于世界自然遗产-下龙湾-白寨旅游景点的中心

(Bai Chay Tourist Wharf)，为国内外游船游客提供优良的度假体验。下龙湾邮轮港口的基本信息如表 6-22 所示。

表 6-22　下龙湾邮轮港基本数据

| 港口属性 | 港 口 数 据 |
| --- | --- |
| 码头泊位 | 下龙国际邮轮码头 |
| 泊位长度 | 470 米 |
| 最大载荷 | 225 000 GT |
| 港口设施 | 纪念品店<br>免税店<br>超市<br>餐饮场所<br>休息室 |
| 港口服务 | 旅游代理<br>船只租借 |
| 下龙湾<br>所获荣誉 | 1962 年：越南旅游局颁发的"国家风景名胜古迹"<br>1994 年：教科文组织世界遗产地<br>2012 年：新 7 奇迹基金会推出的新 7 大奇迹<br>世界最美海湾俱乐部会员 |
| 交通可达 | 诺伊拜机场(NBA)：车程约 2.5 小时<br>海防国际吉碑机场(CBIA)：车程约 55 分钟<br>云屯国际机场(VDIA)：车程约 1 小时 |
| 岸上观光 | 太阳世界灯塔(Sun World Lighthouse)<br>台风水上公园(Typhoon Water Park)<br>龙公园(Dragon Park)<br>太阳世界海滩(Sun World Beach)<br>太阳广场(Sun Plaza Square)<br>白茶桥(Bai Chay Bridge)<br>哈隆海鲜市场(Ha Long Seafood Market)<br>广宁省馆(Quang Ninh Museum)<br>广宁展览策划中心(Quang Ninh Fair and Exhibition Planning Center) |

资料来源：http://www.halongport.vn/；HaLongCruiseGuide2016

### 6.5.4　岘港(Da Nang)

　　岘港位于河内(Hanoi)和胡志明市之间，是越南第三大城市和越南中部最大城市。同时，该港口是越南第三大海港，是连接越南、老挝、泰国和缅甸的重要枢纽。在交通方面，出租车站距离邮轮码头约 500 米，距市中心的巴士行程大约 30 分钟。在旅游资源方面，旅游地标包括博物馆、古遗迹、湛塔、云海、顺化皇城、海安、大理石山等。

目前,岘港的主要港口是天沙港,拥有近 1 200 米泊位,主要用于货运。大多数邮轮都停靠在天沙港(Tien Sa)。较小的邮轮经常停靠在位于汉江西岸、距离市中心更近的汉江港口。此外,部分邮轮也可以停靠顺化港或陈梅港,可以通过公共汽车完成交通承接。岘港港的基本情况如表 6-23 所示。

**表 6-23 岘港港基本数据**

| 港口属性 | 港 口 数 据 |
|---|---|
| 码头泊位 | 天沙港(Tien Sa) |
| 泊位数量 | 7 个 |
| 泊位长度 | 85~225 米 |
| 泊位水深 | 5~12 米 |
| 港口设施 | 存储设施<br>龙门起重机<br>正面吊运车<br>智能地磅<br>拖船 |
| 交通可达 | 岘港国际机场(DAD)<br>距离约 12.7 公里<br>车程约 23 分钟 |
| 岸上观光 | 丽石生态旅游区(Lai Thieu eco-tourism site)<br>图伊贷款米纸村(Tuy Loan Rice Paper Village)<br>加里纳泥浴和水疗中心(Galina Mud Bath and Spa)<br>温泉公园(Hot Spring Park)<br>赫里奥中心(Helio Center)<br>博物馆之旅(The Museum Tour)<br>(佛教博物馆、大娘博物馆、东亭博物馆)<br>太阳世界奇观(亚洲公园)(Sun World Danang Wonder)(Asia Park)<br>湛江雕塑博物馆(Museum of Cham Sculpture)<br>龙桥(Dragon Bridge)<br>Tran Thi Ly 桥(Tran Thi Ly Bridge)<br>Linh Ung 塔(Linh Ung Pagoda)<br>自然山川(Natural Mountains)<br>(大理石山、巴那山)<br>花溪(Flower Stream) |

主要资料来源:https://danangport.com/

## 6.6 新加坡邮轮港口基本情况

新加坡北隔柔佛海峡,与马来西亚为邻,南隔新加坡海峡,与印度尼西亚相望,毗邻马六甲海峡南口。新加坡邮轮中心私人有限公司(SCC)是亚洲第一家,也是新加坡唯一一家获奖的邮轮码头运营商。新加坡是世界上第9大邮轮母港。SCC在管理新加坡的邮轮和渡轮码头方面有着良好的记录,在21年的运营中获得了21个国际奖项,拥有最佳的周转港口运营、最佳的周转目的地、最高效的码头运营商、最高效的港口服务、亚洲最具响应性的港口等美誉。

　　新加坡邮轮中心是多艘邮轮的母港,服务范围包括饮料和船具、岸上远足、加油、船舶维修和维护,还提供邮轮和渡轮码头管理和运营以及相关旅游开发方面的咨询服务,以促进亚太地区作为首选邮轮游乐场的发展。邮轮乘客可享受一系列便利设施,包括餐饮店、零售店、行李寄存服务、休息室和免费无线网络。

　　新加坡既是一个主要的停靠港,也是东南亚航线上巡航的主要港口,拥有两个邮轮港和航站楼。通常小型和中型邮轮停靠在国际客运中心,更大的船只停靠在滨海湾邮轮中心。国际客运站位于城邦的西南岸,距离市中心不到3英里;候机楼位于 VivoCity 购物中心旁边,正好穿过新加坡的主要景点——圣淘沙岛(Sentosa Island)。滨海湾邮轮中心位于以新加坡天际线为背景突出的海滨位置,是通往市中心的海上门户,占地 28 000 平方米,相当于三个足球场,能够容纳世界上最大的船只。航站楼设有宽敞的抵港大堂及大面积陆路交通,为乘客提供畅通便利的体验。新加坡邮轮港口的基本情况如表 6-24 所示。

表 6-24　新加坡邮轮港口基本数据

| 邮轮港口 | 国际客运中心 | | 滨海湾邮轮中心 |
| --- | --- | --- | --- |
| 泊位情况 | CC01 泊位 | CC02 泊位 | 2 个泊位 |
| 泊位长度 | 310 米 | 270 米 | 360 米 |
| 泊位水深 | 12.4 米 | 10.8 米 | 11.5 米 |
| 港口设施 & 服务 | 食品和饮料选择<br>行李托运服务<br>CIP 酒廊服务<br>免费 WiFi<br>网吧<br>便利店 | | 洗手间<br>CIMB 银行货币兑换亭<br>3 台自动取款机<br>移动电话商店<br>自助餐厅<br>屈臣氏便利店<br>免费 WiFi<br>托运行李服务<br>CruiseFly 柜台<br>旅游资讯中心<br>免税店 |

（续表）

| 邮轮港口 | 国际客运中心 | 滨海湾邮轮中心 |
|---|---|---|
| 交通可达 | 市中心：车程约 10～15 分钟<br>樟宜机场：车程约 30～40 分钟 | 樟宜机场<br>距离约 20 公里<br>车程约 23 分钟 |
| 岸上观光 | 滨海湾沙滩（Marina Bay Sands）<br>滨海湾双螺旋桥（Double helix bridge）<br>新加坡环球影城（Universal Studios Singapore）<br>夜间旅行（Night Safari）<br>艺术画廊（Art galleries）<br>乌节路（Orchard Road）<br>唐人街（Chinatown）<br>圣淘沙（Sentosa） | 滨海湾沙滩（Marina Bay Sands）<br>滨海湾双螺旋桥（Double helix bridge）<br>新加坡环球影城（Universal Studios Singapore）<br>夜间旅行（Night Safari）<br>艺术画廊（Art galleries）<br>乌节路（Orchard Road）<br>唐人街（Chinatown）<br>圣淘沙（Sentosa） |

数据来源：亚洲邮轮码头 https：//www.asiacruiseterminal.org；新加坡邮轮港 http：//www.singaporecruise.com.sg

## 6.7　迪拜邮轮港口基本情况

迪拜位于阿拉伯半岛中部、阿拉伯湾南岸，是海湾地区的中心，与南亚次大陆隔海相望。迪拜是一座现代化的国际大都市、阿联酋人口最多的城市、中东最富裕的城市、中东地区的经济和金融中心，被称为"中东北非地区的贸易之都"。为了寻求可持续发展，迪拜开始发展转口贸易、国际金融和旅游观光，并成为世界各地旅游爱好者趋之若鹜的旅游胜地，同时也使迪拜的邮轮旅游业有极大的提升。

迪拜是世界上唯一由政府运营的邮轮码头（阿联酋旅游部），非常重视提升游客体验，比如配备认证导游和快速入境系统等。米娜·拉希德港（Mina Rashid），自 1972 年开始运营，是阿联酋最大的港口。米娜·拉希德港位于迪拜市中心，是一个多用途港口，可同时处理货物和乘客业务，是中东唯一获得国际海事安全组织（IMS）颁发的 ISO-9002 认证和安全卓越证书的港口，曾经连续 3 年被《亚洲货运新闻》杂志评为"中东地区最佳港口"，迪拜港务局被第十一届 AFIA（Asia Freight Industry Awards）评为"最佳集装箱码头经营者"，对传统商人和游客都很有吸引力。

迪拜邮轮码头位于米娜·拉希德港，被认为是最好的 5 个豪华邮轮港口之一，每年有超过 50 万人在迪拜邮轮码头停靠。港口共有 3 个航站楼，其中 1 号航站楼不经常使用，2 号航站楼与 3 号航站楼（Hamdan bin Mohammed Cruise Terminal）设施配置大致相同，3 号航站楼增加了 VIP 商务中心和周转设施。在接待数据方面，根据迪拜港务集团（DP World）在 2019 年 8 月 6 日所发布的新闻可知，迪拜在 2018/2019 航季的邮轮客流增长率超过 51%，邮轮访问量增长了 38%，继续巩固了首要国际邮轮目的地的地位。自2014年以来,米娜·拉希德旗下的哈姆丹·本·穆罕默德邮轮航站楼/3号航站楼(Hamdan bin Mohammed Cruise Terminal)是世界上最大的有盖邮轮设施,每天的载客量为14 000人,累计接待游客超过230万人,至2018年年底增长了172%。2019年,米娜·拉希德港连续第12次在世界旅游大奖上获得中东领先邮轮码头奖。

米娜·拉希德港可同时处理7艘大型邮轮,目前正进行扩张,以提高其接待能力,从而进一步加强迪拜作为主要区域邮轮中心的地位,并将拉希德港滨水区重新融入当地社区,构建世界级的娱乐区。最新的迪拜邮轮码头于2017年1月启动,届时将拥有接待最大型邮轮的能力。新建筑群包括一座新的邮轮码头大楼(总面积13 935平方米,乘客容量6 000人)、一家豪华酒店和迪拜灯塔(高度135米)观景台,坐落在标志性的朱美拉棕榈岛和蓝光湾的交汇处,距离最受欢迎的地标建筑、美丽的海滩和世界著名景点(如迪拜艾因、迪拜天空俯冲和阿拉伯塔)一步之遥,同时靠近美拉斯(Meraas)世界级零售、休闲和接待目的地(https://www.dpworld.com/)。新迪拜邮轮码头位于迪拜国际机场和阿勒马克图姆国际机场(Al Maktoum International Airport)中间,地理位置优越,方便乘客到达,提供无与伦比的邮轮抵达体验。米娜·拉希德港的基本情况如表6-25所示。

表6-25　拉希德港基本数据

| 港口属性 | 港 口 数 据 |
| --- | --- |
| 码头泊位 | 迪拜邮轮码头 |
| 泊位水深 | 13米 |
| 码头长度 | 900米 |
| 港口设施 & 服务 | 旅游信息服务台<br>货币兑换<br>邮局<br>纪念品商店<br>商场<br>咖啡馆<br>航空和长途汽车旅游经营商网点<br>候机楼办公室<br>免费WiFi<br>商务中心<br>充足座位<br>残疾人便利设施<br>出租车<br>穿梭巴士服务 |

（续表）

| 港口属性 | 港口数据 |
|---|---|
| 交通可达 | 距谢赫·扎耶德路 10 分钟车程<br>距迪拜国际机场 25 分钟车程<br>距阿勒马克图姆国际机场（杰贝勒阿里）约 30 分钟车程<br>距迪拜市中心 20 分钟车程<br>距迪拜购物中心/哈利法塔 20 分钟车程<br>距迪拜小港 20 分钟车程 |
| 所获荣誉 | 连续 12 次在世界旅游大奖上获得中东领先邮轮码头奖<br>连续 11 年获得的世界领先邮轮港口奖<br>唯一获得国际海事安全组织（IMS）颁发的 ISO-9002 认证和安全卓越证书的港口<br>哈姆丹·本·穆罕默德邮轮码头——世界上最大的单人邮轮设施 |
| 岸上观光 | 哈利法塔（Burj Khalifa）<br>迪拜购物中心（The Dubai Mall）<br>朱美拉棕榈树（Palm Jumeirah）<br>迪拜溪（Dubai Creek）<br>迪拜滑雪（Ski Dubai）<br>迪拜泉（The Dubai Fountain）<br>迪拜滨水区（Dubai Waterfront）<br>迪拜博物馆（Dubai Museum）<br>朱美拉清真寺（Jumeirah Mosque）<br>野生干旱区水上公园（Wild Wadi Water Park）<br>迪拜金汤（Dubai Gold Souk）<br>大清真寺（Grand Mosque）<br>朱美拉海滩（Jumeirah Beach）<br>酋长塔（Emirates Towers）<br>环球影城（Universal Studios Dubailand）<br>朱美拉（Madinat Jumeirah）<br>迪拜香料汤（Dubai Spice Souk）<br>迪拜印度庙宇（Hindu Temple，Dubai）<br>迪拜动物园（Dubai Zoo）<br>黛拉发条塔（Deira Clocktower）<br>赛义德·阿勒马克图姆之家（Saeed Al Maktoum House）<br>迪拜奇迹公园（Dubai Miracle Garden） |

主要资料来源：https：//www.dpworld.com/；dubaicruiseterminal.com

## 6.8　澳-新邮轮港口基本情况

### 6.8.1　悉尼（Sydney）

悉尼是澳大利亚新南威尔士州的首府，位于澳大利亚东南部，东濒太平洋，北邻昆士兰州,南接维多利亚州,是澳大利亚面积最大、人口最多的城市。悉尼是澳大利亚的邮轮门户。悉尼港是世界上最美丽的港口之一,是世界上著名的天然良港。对于邮轮来说,港口是邮轮公司的首选目的地,悉尼港是澳大利亚唯一一个拥有两个专用邮轮设施的港口,即环形码头的海外客运码头(Overseas Passenger Terminal)和巴尔曼大桥西侧的白色海湾邮轮码头(White Bay Cruise Terminal)。从邮轮航次来看,在 2017/2018 年度的巡航季节,悉尼邮轮创纪录的达到了 352 艘,其中包括 7 次初航,继续巩固了悉尼作为澳大利亚和南太平洋首屈一指邮轮港口的地位。悉尼在 2018 年邮轮评论网上被评为"澳大利亚和新西兰最好的邮轮目的地"和"最佳澳大利亚本土邮轮港口"。悉尼邮轮港口的基本情况如表 6-26 所示。

表 6-26　悉尼港基本情况

| 维　度 | 基　本　情　况 |
|---|---|
| 地理 | 东临太平洋,西面 20 公里为巴拉玛特河,南北两面是悉尼最繁华的中心地带-CBD;其商业码头距离蓝水航道不到 10 公里,适合商业航运和休闲划船等活动 |
| 气候 | 该港属温带大陆性气候,年平均气温 1 月约−8℃,7 月约 20℃;港内 1～3 月为结冰期,但有破冰船队专为通过圣劳伦斯(ST. LAWRENCE)河的船只提供服务,不影响航行。全年平均降雨量约 1000 毫米,平均潮差为 1.5 米 |
| 旅游 | 悉尼旅游资源丰富,是澳大利亚规模最大且景色最美的城市,拥有丰富多样的文化遗产以及自然景点,其中被人所熟知的有悉尼歌剧院、悉尼海港大桥、皇家植物园等;同时,也经常举办各种精彩纷呈大型活动。悉尼连续多年被联合国人居署评为全世界最宜居的城市之一,悉尼适宜的气候条件,旅游景点及其大型活动的开展,为其旅游业发展提供良好的条件 |
| 码头 | 海外客运大楼(OPT):位于新南威尔士州岩石区 2000 号,环状码头西的阿盖尔街和乔治街的拐角处;泊位水深:10 米<br>白湾邮轮码头:位于詹姆斯克雷格路,罗泽尔新南威尔士 2039;泊位水深:10.8 米 |
| 设施 | 两个航站楼都提供旅客休息室、海关大厅和旅客接送服务和放置设施,以及船舶供应空间 |
| 能力 | 可同时停泊三艘邮轮 |
| 邮轮 | 此港口航线包括新南威尔士港务局、公主邮轮有限公司、澳大利亚狂欢节、嘉年华巡航线、荷兰美洲线 NV、皇家加勒比邮轮有限公司、Celebrity 邮轮公司、云顶邮轮巡航线等 |
| 航线 | 这个港口的巡航日程上有船只运行"Cruises to Nowhere",往返昆士兰、塔斯马尼亚、新西兰和南太平洋群岛(新喀里多尼亚、斐济)的港口。更长的邮轮前往亚洲的港口;其中一些远在中国和日本 |
| 岸上观光 | 悉尼是新南威尔士的首府。它是生活质量最高的城市之一,是最美丽的旅游胜地之一;是一个伟大的旅游目的地;<br>岩石区(The Rocks) |

（续表）

| 维　度 | 基 本 情 况 |
|---|---|
| 岸上观光 | 悉尼歌剧院(Sydney Opera House)<br>悉尼港国家公园(Sydney Harbour National Park)<br>皇家植物园(Royal Botanic Gardens)<br>悉尼海港大桥(Sydney Harbour Bridge)<br>邦迪海滩(Bondi Beach)<br>维多利亚女王大厦(Queen Victoria Building)<br>丹尼森堡(Fort Denison) |

## 6.8.2　奥克兰(Auckland)

奥克兰(Auckland)是新西兰第一大城市，是全世界拥有帆船数量最多的城市，被称为"风帆之都"。它是南半球主要的交通航运枢纽，也是南半球最大的港口之一，世界著名的国际大都市。

奥克兰是一个重要的旅游枢纽，每年处理大约 100 艘邮轮。每次邮轮之旅为当地经济带来约 150 万美元的收益，并增加了奥克兰的经济活力。奥克兰的港口通过在怀特玛塔港(Waitemata Harbour)提供泊位、海运和物流服务来支持邮轮行业。奥克兰港的主要邮轮码头原先位于王子码头(Princes Wharf)，用于邮轮的第二个设施是皇后区码头(Queens wharf)。在皇后区码头"Shed10"建成升级后，皇后码头便成为怀特玛塔港的主要邮轮停靠泊位。奥克兰港邮轮码头分布如图 6-2 所示，邮轮港基本情况如表 6-27 所示。

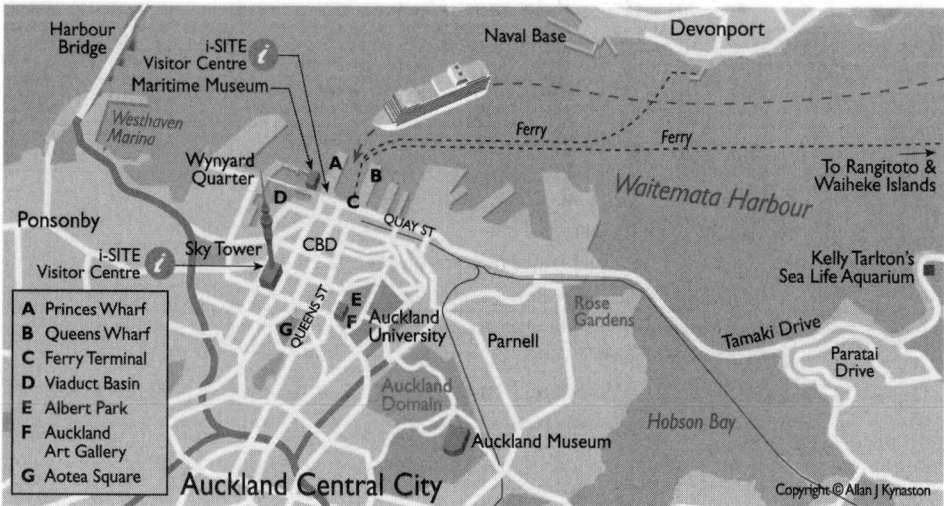

图 6-2　奥克兰港邮轮码头分布

表 6-27　奥克兰邮轮港基本情况

| 维　度 | 基 本 情 况 |
|---|---|
| 地理 | 新西兰的最大港口,创建于 1985 年;奥克兰机场(AKL)是为奥克兰服务的主要机场;AKL 位于距皇后区码头 10 公里和王子码头约 22 公里(14 英里)处;机场与候机楼之间的旅行时间为大约 30~40 分钟车程以外的高峰时间交通 |
| 气候 | 奥克兰气候温和多雨,四季分明,全年气温在 6~28℃之间,二月最高温度为 25.5℃,八月最高 16℃;奥克兰夏季是最好的旅游时间,不过,阳光很厉害,夏天奥克兰的气温也维持在 26~29℃左右 |
| 旅游 | 奥克兰有明显的滨海环境,众多的田园式岛屿适合轻松的游览。在地理上也有很多惊奇之处,它拥有 48 个火山锥和 2 个古老的雨林山区 |
| 文化 | 文化交汇:奥克兰为新西兰国际文化的荟萃地,随着近年各地移民数目不断上升,各国文化在城内竞发齐放,百家争鸣<br>建筑文化:极富殖民地色彩的十九世纪建筑物<br>美食文化:奥克兰城内食肆林立,各国珍馐美食,共冶一炉 |
| 码头 | 皇后码头:新西兰奥克兰 CBD 码头街 89 号;最大船坞长度 320 米,吃水 10 米,由空桥覆盖的舷梯服务<br>王子码头:新西兰奥克兰 CBD 码头街 137-147 号;最大船坞长度 295 米,吃水 10 米,由空桥覆盖的舷梯服务<br>潮差:0.2 至 3.3 米 |
| 设施 | 奥克兰港十分重视环境保护,由于港口紧邻市区,为了降低噪声,专门从欧洲进口了降噪音的码头机械设备<br>奥克兰港务局采取地主港模式,将建设好的集装箱码头分别租给了三家港务公司负责营运;为了谋求更大的发展,奥克兰港正在与邻近的塔伦港(Tauranga)进行联合,因为塔伦港的水深条件优于奥克兰港<br>奥克兰邮轮码头的设施包括 MAF 代理,海关,工人,旅游信息、自动取款机等 |
| 邮轮 | 从该港口出发的主要邮轮公司有澳大利亚邮轮公司、大洋洲邮轮公司、公主邮轮公司和名人邮轮公司;邮轮在夏季和冬季环游新西兰、澳大利亚和太平洋岛屿 |
| 岸上观光 | 伊丽莎白女王广场(Queen Elizabeth Square)<br>老海关大厦(Old Customs House)<br>奥克兰海港大桥(Auckland Harbour Bridge)<br>独树山(One Tree Hill)<br>奥克兰码头大楼(Auckland Ferry Building)<br>天空塔(Sky Tower)<br>奥克兰中央公园(Auckland Domain)<br>嘉里道顿(Kelly Tarlton)<br>海底世界(Underwater World)<br>南极接触(Antarctic Encounter) |

（续表）

| 维　度 | 基　本　情　况 |
|---|---|
| 岸上观光 | 怀托摩萤火虫洞（Waitmo Caves）<br>奥克兰动物园（Auckland Zoo）<br>怀塔克雷山脉（Waitakere Ranges）<br>博物馆和艺术馆（Auckland Museum、Auckland War Memorial Museum、Howick Historical Village、Auckland City Art Gallery） |

# 第7章 全球邮轮母港航线布局及区域特征

从地理分布来看,全球邮轮业具有大区域离散、小区域聚集的特性。全球邮轮港口超过1000个,邮轮航线超过5000条,母港数量则屈指可数。全面了解国际邮轮港口发展与航线布局特征、特别是邮轮旅游发展成熟区的成功经验,可以帮助我国优化港口功能配备和航线布局策略,提升整体的国际竞争力。本章以第三方邮轮点评网站邮轮评论(cruisecritic.com)为平台,收集了2019年3月至2020年3月一整年、覆盖700多艘邮轮、涉及500多个邮轮港口的全球航线数据。在通过合并重复航线、整合不同航期相同航线、统一相似表达方式、补充完善日程安排等数据整理工作后,最终获取4979条航线和134291个数据。本章将首先对国际邮轮母港航线分布的总体规律进行分析,然后深入探讨美国东北部、美国东南部、美国中南部、美国西南部、美加西部、地中海地区、地中海之外欧洲地区和亚洲及中东地区等八大邮轮圈母港航线布局的基本特征。

## 7.1 导言

归纳国际邮轮产业的发展规律,优良的邮轮港口、密集的航线布局和完善的岸上产品及服务是邮轮产业持续健康成长的重要保障之一,决定了区域邮轮产业的发展程度。邮轮港口是发展邮轮旅游的核心与关键,不仅承担邮轮运输功能,同时也是邮轮经济增长的重要环节;而邮轮航线的丰硕程度将直接影响客源流、资金流、信息流的汇集,带动当地邮轮产业的发展,从而进一步拉动当地经济的增长。

从区域分布总体来看,全球邮轮港口和邮轮航线主要分布在北美、北欧、地中海和亚太4大区域。从目标市场来看,全球邮轮航线主要布局在阿拉斯加(Alaska)、亚洲(Asia)、澳大利亚/新西兰(Australia/New Zealand)、巴哈马(Bahamas)、百慕大(Bermuda)、加拿大/新英格兰(Canada/New England)、加勒比(Caribbean)、古巴(Cuba)、欧洲(Europe)、夏威夷(Hawaii)、太平洋海岸(Pacific Coastal)、南太平洋(South Pacific)、跨大西洋(Transatlantic)、跨太平洋(Transpacific)等14个目的地市场。而从母港航线来看,全球邮轮航线主要始发于美国东北部、美国东南部、美国中南部、美国西南部、美加西部、地中海地区、地中海之外欧洲地区、亚洲及中东地和澳大利亚/新西兰等邮轮母港地区。其中,美国、地中海、地中海之外欧洲是邮轮港口和航线密度最大的区域。

对于新兴市场而言,只有先进的邮轮港口和与之匹配的航线布局时具备,才能有效抵抗突发性基础设施闲置带来的风险(孙晓东等,2015)。因此,理清国际邮轮航线的基本特征、识别区域邮轮航线布局的布局规律、探索有效的航线规划配套措施对现阶段我国邮轮产业发展具有重要的现实意义。邮轮航线的分布特征可以由航线密度、航线数量、航线长度、始发港、挂靠港、邮轮船舶等要素来刻画。本章将以分布在全球 500 多个港口的近 5 000 条邮轮航线为样本,采用文本分析、词频分析、信息可视化等方法对全球邮轮航线的分布特征与区域差异进行系统分析,从而为我国邮轮航线多元化发展提供借鉴。

## 7.2  数据获取与分析方法

### 7.2.1  数据获取渠道

本课题以邮轮评论网站(www.cruisecritic.com)展示的邮轮航线数据为研究对象。邮轮评论网是全球领先的邮轮点评网站,拥有最丰富的在线邮轮资源,是世界上最大的邮轮评论社区,月度超过 600 万用户。从第一次选择邮轮的游客到邮轮爱好者,通过该网站进行邮轮信息的搜索和邮轮出行的规划,与其他邮轮游客交流并分享邮轮经历。网站对 700 多艘邮轮进行评论,包括远洋邮轮、内河邮轮、奢华邮轮和探险邮轮。评论内容包括邮轮专家团队提供的信息,以及最近乘坐这些邮轮的游客评价。具体内容包括舱房、餐饮选择和船上环境。

该网站提供全球 120 多条邮轮航线和近 500 个港口的介绍,帮助游客找到合适的邮轮和行程,计划旅行;提供超过 35 万条邮轮评论和邮轮专家的建议/信息,包括从船只选择、港口停靠时间安排、规划邮轮行程、查询价格信息,进行订购和提供省钱的建议。邮轮评论网站是为消费者提供邮轮信息的权威机构和市场领导者,全面覆盖世界上的邮轮航线,自 1995 年成立以来,该网站一直被称为“最具影响力的邮轮网站”。

在数据获取方面,本章研究运用八爪鱼采集器获取了自 2019 年 3 月至 2020 年 3 月整整一年的航线数据。数据维度包括航线名称、航线时长、始发港(城市)、邮轮船只、邮轮航期、航线日程安排等信息。从整个国际邮轮市场来看,网站上的航线数据已经覆盖到全球 700 多艘邮轮、500 个邮轮港口的相关数据,较为充分地展现全球邮轮航线布局现状。为了确保后续研究的一致性、完整性和科学性,对获取的所有数据进行初步处理,包括合并内容重复的邮轮航线、整合同一航线不同航期的邮轮航线、统一相似的表达方式、补充完善具体日程安排等,最终在该时段内共抓取到 4 979 条邮轮航线,共计 134 291 个数据。

### 7.2.2　数据分析方法

以邮轮评论网站抓取的近 5 000 条邮轮航线数据为样本,结合内容分析法和社会网络分析方法进行研究,运用处理中文文本的 ROST CM 软件,英文文本的 Text Macheanic 软件和 Gephi 软件做详细分析。在数据分析时,首先对全部邮轮航线数据进行航线名称、航线时长、始发港(城市)、邮轮船只、邮轮航期、航线日程安排等方面的整体描述性分析,然后对全球重要的邮轮始发港(城市)分别进行具体描述性分析,最后结合各词频分析、社会网络分析对全球十大主要邮轮旅游圈邮轮航线网络结构做分析,进一步识别出航线布局规律。

内容分析法是一种将零碎的、定性的符号性内容(文字)等转变成客观、系统和定量资料的研究方法。互联网的普遍使用使得其成为一个巨大且重要的信息数据库,充足的网络信息数据为学者进行内容分析提供丰富的研究样本。词频分析是较为初级但十分有效的文本挖掘方法,主要用于统计网络文本材料中词语的出现次数,发现隐藏在文本内容中的核心信息,并借助语义网络分析等手段发现研究对象词汇描述中的规律性。社会网络分析主要以词频分析为基础,关注的焦点不是词语本身,而是词与词之间的关系模式,对网络文本内容句法与概念之间的语义路径进行解构,从而识别出文本词汇的关联和意义,实现对各区域邮轮始发港(城市)航线布局特征的解读。

## 7.3　航线布局的总体特征

总体来看,全球邮轮航线主要分布在美国东南部和地中海地区,航线数量分别为 680 条和 712 条。从自然和区位因素看,这些区域气候宜人,旅游资源丰富,周边港口密集,岸上观光活动丰富,出入境政策便利。从市场因素来看,中产阶级群体巨大,人均可支配收入高,客源资源丰富,带薪休假制度完善,航海与邮轮文化成熟。从港口因素来看,邮轮航线的完善布局依托于区域内成熟的港口,注重港口区域综合功能的配套开发,母港邮轮产业链完善,邮轮公司通常深耕当地市场,创新性的港口投资、运营模式成熟,比如巴塞罗那积极创新投资运营模式,将邮轮码头进行市场化经营,并建立协调运营机制,大大提高了运营效率,保障了航线常态化运营。

### 7.3.1　航线时长分布

全球邮轮航线涉及 77 种不同时长的产品,范围在 1~146 晚,主流航线明显比中国始发航线长,6~14 晚的航线数量最多,占比为 63.89%。此外,1~2 晚邮轮航线共 58 条,3~5 晚航线 503 条,6~9 晚航线 1 571 条,10~14 晚航线 1 610 条,15~30 晚航线 1 066 条,31~49 晚航线 124 条,50 天以上的环球航线共 47 条。从具体时长来看,7 晚的航线数量最多,超过 1 000 条,占总航线数量的 22.88%;其次是 14 晚、10 晚、12 晚和 11 晚航线,占比均超过 5%。结合数量排名前 20 名的航线可以看出,排名前五的邮轮航线时长主要处于 7~14 晚,数量超过一半,约为 52.58%,具体分布情况如表 7-1 所示。

**表 7-1　全球邮轮航线时长分布统计 TOP 20**

| 序号 | 航线时长 | 数量 | 占全部航线数量比(%) | 序号 | 航线时长 | 数量 | 占全部航线数量比(%) |
|---|---|---|---|---|---|---|---|
| 1 | 7 | 1 139 | 22.88 | 11 | 3 | 139 | 2.79 |
| 2 | 14 | 579 | 11.63 | 12 | 17 | 135 | 2.71 |
| 3 | 10 | 347 | 6.97 | 13 | 16 | 134 | 2.69 |
| 4 | 12 | 290 | 5.82 | 14 | 13 | 131 | 2.63 |
| 5 | 11 | 263 | 5.28 | 15 | 6 | 115 | 2.31 |
| 6 | 5 | 192 | 3.86 | 16 | 20 | 100 | 2.01 |
| 7 | 4 | 172 | 3.45 | 17 | 21 | 99 | 1.99 |
| 8 | 8 | 160 | 3.21 | 18 | 18 | 96 | 1.93 |
| 9 | 9 | 157 | 3.15 | 19 | 22 | 61 | 1.23 |
| 10 | 15 | 143 | 2.87 | 20 | 19 | 54 | 1.08 |
| | | | | | 小计 | 4 506 | 90.50 |

## 7.3.2　邮轮始发港(城市)分布

从始发港来看,涉及 234 个港口,分布云图如图 7-1 所示。数据显示,排名前 100 的邮轮始发港(城市)涵盖了 4 695 条邮轮航线,约为全部航线数量的 92.89%。排名前 20 的始发港(城市)涉及航线有 2 751 条,占比为 55.25%,包括北美地区 6 个(劳德代尔堡、迈阿密、温哥华、纽约、卡纳维拉尔、拉斯维加斯)、地中海地区 6 个(罗马、巴塞罗那、热那亚、威尼斯、马赛、雅典)、地中海之外的欧洲地区 5 个(阿姆斯特丹、南安普顿、布达佩斯、哥本哈根、巴黎)、亚洲 2 个(新加坡和东京)和大洋洲的悉尼。

全球最热门的前五位始发港航线均超过 200 条,分别是美国劳德代尔堡(共有 299 条航线,占 6.01%)、荷兰阿姆斯特丹(共有 267 条航线,占比 5.36%)、美国迈阿密(共有 259 条航线,占比 5.20%)、意大利罗马(共有 216 条航线,占比 4.34%)和西班牙巴塞罗那(共 201 条航线,占比 4.04%),如表 7-2 所示。

图 7-1　全球邮轮航线始发港分布云图

表 7-2　全球热门邮轮航线始发港(城市)TOP 20

| 序号 | 始发港(城市)(英文) | 始发港(城市)(中文) | 所在国家 | 所在区域 | 航线数量 | 占全部航线数量比(%) |
|---|---|---|---|---|---|---|
| 1 | Fort Lauderdale | 劳德代尔堡 | 美国 | 北美地区 | 299 | 6.01 |
| 2 | Amsterdam | 阿姆斯特丹 | 荷兰 | 欧洲地区 | 267 | 5.36 |
| 3 | Miami | 迈阿密 | 美国 | 北美地区 | 259 | 5.20 |
| 4 | Rome | 罗马 | 意大利 | 地中海地区 | 216 | 4.34 |
| 5 | Barcelona | 巴塞罗那 | 西班牙 | 地中海地区 | 201 | 4.04 |
| 6 | Southampton | 南安普顿 | 英国 | 欧洲地区 | 173 | 3.47 |
| 7 | Budapest | 布达佩斯 | 匈牙利 | 欧洲地区 | 145 | 2.91 |
| 8 | Sydney | 悉尼 | 澳大利亚 | 大洋洲地区 | 125 | 2.51 |
| 9 | Vancouver | 温哥华 | 加拿大 | 北美地区 | 122 | 2.45 |
| 10 | Genoa | 热那亚 | 意大利 | 地中海地区 | 119 | 2.39 |
| 11 | Venice | 威尼斯 | 意大利 | 地中海地区 | 111 | 2.23 |

（续表）

| 序号 | 始发港（城市）（英文） | 始发港（城市）（中文） | 所在国家 | 所在区域 | 航线数量 | 占全部航线数量比（%） |
|---|---|---|---|---|---|---|
| 12 | Singapore | 新加坡 | 新加坡 | 亚洲地区 | 101 | 2.03 |
| 13 | New York | 纽约 | 美国 | 北美地区 | 94 | 1.89 |
| 14 | Port Canaveral | 卡纳维拉尔 | 美国 | 北美地区 | 88 | 1.77 |
| 15 | Copenhagen | 哥本哈根 | 丹麦 | 欧洲地区 | 84 | 1.69 |
| 16 | Marseille | 马赛 | 法国 | 地中海地区 | 77 | 1.55 |
| 17 | Paris | 巴黎 | 法国 | 欧洲地区 | 72 | 1.45 |
| 18 | Tokyo | 东京 | 日本 | 亚洲地区 | 69 | 1.39 |
| 19 | Athens | 雅典 | 希腊 | 地中海地区 | 65 | 1.31 |
| 20 | Los Angeles | 拉斯维加斯 | 美国 | 北美地区 | 64 | 1.29 |
| 总　计 | | | | | 2751 | 55.25 |

## 7.3.3　邮轮挂靠港（目的地）分布

从挂靠港来看，共有 1861 个港口，其中排名前 100 的挂靠港共出现 23 095 次，占比为 35.07%，绝大多数是欧洲地区的港口，占据前八名，包括罗马、奇维塔韦基亚、巴塞罗那、维也纳以及阿姆斯特丹、布达佩斯、科隆和圣彼得堡，紧随其后的是北美埃弗格雷斯港和劳德代尔堡。排名第一的是荷兰阿姆斯特丹，出现 697 次，占比 1.06%，其次是意大利罗马和奇维塔韦基亚，均出现 628 次，占比 0.95%，然后是西班牙巴塞罗那（出现 588 次，占比 0.89%）和奥地利维也纳（出现 546 次，占比 0.83%），如表 7-3 所示。

表 7-3　全球热门邮轮航线挂靠港（目的地）TOP 10

| 序号 | 挂靠港（目的地）（英文） | 挂靠港（目的地）（中文） | 所在国家 | 所在区域 | 频次 | 占总频次比率（%） |
|---|---|---|---|---|---|---|
| 1 | Amsterdam | 阿姆斯特丹 | 荷兰 | 欧洲地区 | 697 | 1.06 |
| 2 | Rome | 罗马 | 意大利 | 地中海地区 | 628 | 0.95 |
| 3 | Civitavecchia | 奇维塔韦基亚 | 意大利 | 地中海地区 | 628 | 0.95 |
| 4 | Barcelona | 巴塞罗那 | 西班牙 | 地中海地区 | 588 | 0.89 |
| 5 | Vienna | 维也纳 | 奥地利 | 地中海地区 | 546 | 0.83 |
| 6 | Budapest | 布达佩斯 | 匈牙利 | 欧洲地区 | 471 | 0.72 |

（续表）

| 序号 | 挂靠港（目的地）（英文） | 挂靠港（目的地）（中文） | 所在国家 | 所在区域 | 频次 | 占总频次比率（%） |
|------|-------------------|-------------------|---------|---------|------|----------------|
| 7 | Cologne | 科隆 | 德国 | 欧洲地区 | 411 | 0.62 |
| 8 | Petersburg | 圣彼得堡 | 俄罗斯 | 欧洲地区 | 410 | 0.62 |
| 9 | Port Everglades | 埃弗格雷斯港 | 美国 | 北美地区 | 397 | 0.60 |
| 10 | Fort Lauderdale | 劳德代尔堡 | 美国 | 北美地区 | 397 | 0.60 |
| 总　计 | | | | | 5 173 | 7.84 |

　　根据排名前 100 的全球邮轮航线挂靠港（目的地）及相应频次，制作出全球邮轮航线挂靠港（目的地）分布云图，如图 7-2 所示。进一步分析，排名前 10 的挂靠港（目的地）出现共 5 173 次，占据总频次的 7.84%；绝大多数是欧洲地区的港口，占据前八名，包括地中海地区共 4 个挂靠港（目的地），分别是罗马、奇维塔韦基亚、巴塞罗那和维也纳；其余除地中海地区以外的欧洲挂靠港（目的地）分别是阿姆斯特丹、布达佩斯、科隆和圣彼得堡，紧随其后的是北美的两大港口：埃弗格雷斯港和

图 7-2　全球邮轮航线挂靠港（目的地）分布云图

劳德代尔堡。

## 7.4　不同区域航线布局的基本特征

### 7.4.1　美国东北部

　　数据显示,美国东北部的邮轮航线共有 116 条,主要包括波士顿和纽约两大邮轮母港,共有 24 种不同时长的航线产品,集中在 4～86 晚,航线较长,10～30 晚的航线占比超过 60%;其中 3～5 晚航线 9 条,6～9 晚航线 31 条,10～14 晚航线 48 条,15～30 晚航线 25 条,31～49 晚航线 2 条。具体来看,美国东北部的邮轮航线时长 7 晚的数量最多,共 25 条,占全部航线数量的 21.55%;其次是时长 10 晚的邮轮航线共 15 条,占全部航线数量的 12.93%;之后是时长 14 晚的邮轮航线有 14 条,占比 12.07%,如图 7-3 所示。

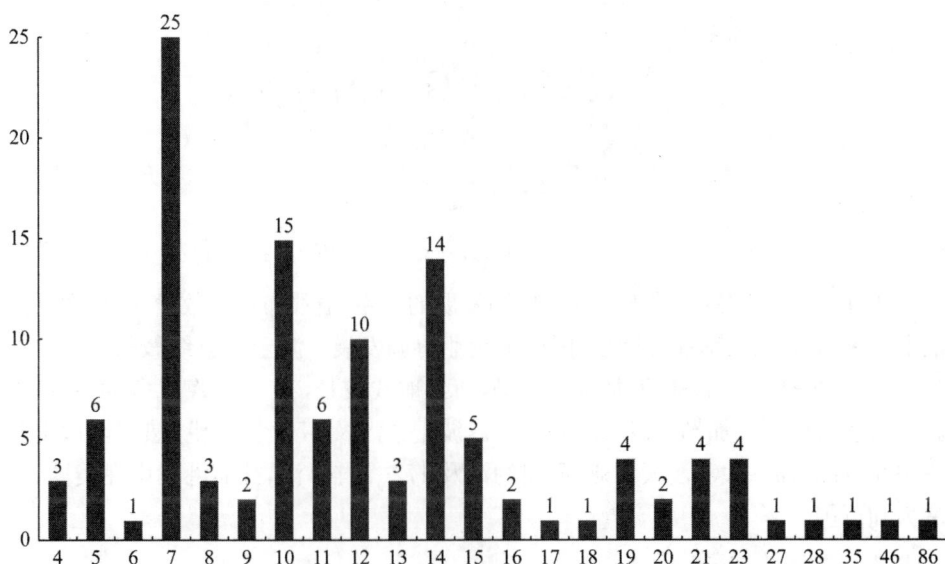

图 7-3　美国东北部邮轮航线时长具体分布统计图

　　在挂靠港方面,将所有美国东北部邮轮航线挂靠港(目的地)数据进行英文词频分析,生成全部美国东北部邮轮航线挂靠港(目的地)分布云图,如图 7-4 所示。研究发现共有 184 个邮轮挂靠港(目的地),共出现 907 次。排名前 50 的挂靠港出现 704 次,占比 77.62%;排名前 5 的挂靠港出现 241 次,占比达 26.57%。最热门的挂靠港是美国纽约(曼哈顿),频次达 62 次,占比 6.84%;其次是加拿大魁北克(58 次,占比 6.39%)、加拿大哈利法克斯(50 次,占比 5.51%)、美国巴尔港(45 次,占比 4.96%)和美国波士顿(33 次,占比 3.64%)。

图 7-4　美国东北部邮轮航线挂靠港（目的地）分布云图

从母港来看,纽约和波士顿处于协同发展的关系,航线布局在数量、时长和挂靠港上各有偏重,相互调补,以促进区域邮轮业协调发展。波士顿航线较短,以 6～9晚为主,主要覆盖新英格兰/加拿大市场,纽约航线较长,10～14 晚居多,主要覆盖新英格兰、百慕大、加勒比以及海外市场。波士顿涉及 47 个挂靠港,热门港口主要集中在美国、加拿大和澳大利亚;而纽约涉及 172 个挂靠港,挂靠港集中在美国、加拿大和英国。

### 7.4.2　美国东南部

数据显示,美国东南部的邮轮航线共有 680 条,主要包括迈阿密、卡纳维拉尔、劳德代尔堡、坦帕四个邮轮母港。研究发现,美国东南部的邮轮航线,共有 43 种不同时长的邮轮航线,位于 2～146 晚时长区间内。其中 1～2 晚邮轮航线仅 3 条,3～5 晚邮轮航线共 145 条,6～9 晚邮轮航线共 191 条,10～14 晚邮轮航线共 184 条,15～30 晚邮轮航线 104 条,31～49 晚邮轮航线 12 条,50＋晚邮轮航线 7 条。其中 6～14 晚邮轮航线共 624 条,占总航线数量的 91.76%。具体来看,美国东南部的邮轮航线时长 7 晚的数量最多,共 149 条,占全部航线数量的 23.07%;其次是时长 14 晚的邮轮航线共 92 条,占全部航线数量的 14.24%;之后是时长 5 晚的邮轮航线有 63 条,占比 9.75%。

在航线挂靠港方面,将所有美国东南部邮轮航线挂靠港(目的地)数据进行英文词频分析,生成全部美国东南部邮轮航线挂靠港(目的地)分布云图,如图 7-5 所示。研究发现共有 378 个邮轮挂靠港(目的地),共出现 4 844 次。其中排名前 50 的挂靠港出现 3 579 次,占比 73.89%;排名前 5 的挂靠港出现 1 043 次,占比 21.53%,呈现集中化特征,比如劳德代尔堡的航线频次达 295 次,占比 6.09%;迈阿密出现 247 次,占比 5.1%;墨西哥科苏梅尔出现 170 次,占比 3.51%;古巴哈瓦那的频次为 168 次,占比 3.47%;英国大开曼的频次为 163 次,占比 3.36%。

图 7-5　美国东南部邮轮航线挂靠港(目的地)分布云图

从母港发展来看,美国东南部的港口主要位于佛罗里达州,其中迈阿密和劳德代尔堡作为世界领先的港口,处于主导地位,拥有更为丰富和全面的航线布局,分别拥有 259 条和 299 条航线,而卡纳维拉尔和坦帕则在一定程度完善区域内整体航线网络,分别拥有 88 和 34 条航线。迈阿密航线涉及 247 个挂靠港,数量最多,航线覆盖美国、古巴、巴哈马、墨西哥和英国等;其次是劳德代尔堡,航线经过 233 个挂靠港,多集中在美国;坦帕拥有 50 个挂靠港,同样集中在美国;卡纳维拉尔的航线抵达 41 个挂靠港,热门目的地集中在巴哈马等地。因为处于同一区域,距离临近,各港口在航线设置上存在重叠也有所侧重,能形成独特优势。港口之间的竞合关系保障了区域内活跃的产业发展氛围。

从航线时长来看,迈阿密和劳德代尔堡航线时长跨度更广,从1~2晚短期航线到50+以上环球航线,供游客选择的航线更多,而卡纳维拉尔和坦帕邮轮航线集中在3~30晚,航线相对单一,如表7-4所示。在挂靠港方面,迈阿密航线涉及247个邮轮挂靠港(目的地),数量最多,到达城市也最为丰富,热门目的地包括美国、古巴、巴哈马、墨西哥和英国等;其次是劳德代尔堡航线经过233个邮轮挂靠港(目的地),热门航线目的地多集中在美国;之后是坦帕拥有50个邮轮挂靠港(目的地),热门航线目的地同样相对集中美国,最后是卡纳维拉尔航线抵达41个邮轮挂靠港(目的地),热门航线目的地集中巴哈马等地,如表7-5所示。

表7-4　美国东南部主要邮轮母港的航线时长

| 航线时长(单位:Night) | | 1~2 | 3~5 | 6~9 | 10~14 | 15~30 | 31~49 | 50+ | 总计 |
|---|---|---|---|---|---|---|---|---|---|
| 数量<br>(单位:条) | 迈阿密 | 2 | 78 | 74 | 65 | 29 | 6 | 5 | 259 |
| | 卡纳维拉尔 | 0 | 45 | 39 | 3 | 1 | 0 | 0 | 88 |
| | 劳德代尔堡 | 1 | 22 | 78 | 116 | 74 | 6 | 2 | 299 |
| | 坦帕 | 0 | 10 | 13 | 7 | 4 | 0 | 0 | 34 |
| | 合计 | 3 | 145 | 191 | 184 | 104 | 12 | 7 | 680 |

表7-5　美国东南部邮轮母港的热门目的地(Top 5)

| 序号 | 迈阿密 | | 卡纳维拉尔 | | 劳德代尔堡 | | 坦　帕 | |
|---|---|---|---|---|---|---|---|---|
| | 挂靠港 | 所在<br>国家 | 挂靠港 | 所在<br>国家 | 挂靠港 | 所在<br>国家 | 挂靠港 | 所在<br>国家 |
| 1 | 迈阿密 | 美国 | 卡纳维拉尔 | 美国 | 劳德代尔堡 | 美国 | 坦帕 | 美国 |
| 2 | 哈瓦那 | 古巴 | 拿骚 | 巴哈马 | 半月礁 | 巴哈马 | 科苏梅尔 | 墨西哥 |
| 3 | 拿骚 | 巴哈马 | 迪士尼漂流岛 | 巴哈马 | 美属维京群岛 | 美国 | 大开曼 | 英国 |
| 4 | 科苏梅尔 | 墨西哥 | 科苏梅尔 | 墨西哥 | 大特克岛 | 美国 | 基维斯特 | 美国 |
| 5 | 大开曼 | 英国 | 椰子洲岛 | 巴哈马 | 大开曼 | 英国 | 海盗岛 | 洪都拉斯 |

## 7.4.3　美国中南部

美国中南部的邮轮航线有61条,主要包括新奥尔良和格尔韦斯顿两大邮轮母港,共有7种不同时长的航线,3~9晚邮轮航线共57条,占比93.44%;其中3~5晚航线18条,6~9晚航线39条,10~14晚航线4条。具体来看,美国中南部的邮轮航线时长7晚的数量最多,共30条,占全部航线数量的49.18%;其次是时长5

晚的邮轮航线共 11 条,占全部航线数量的 18.03%;之后是时长 4 晚的邮轮航线有7 条,占比 11.48%。

在挂靠港方面,将所有美国中南部邮轮航线挂靠港(目的地)数据进行英文词频分析,生成全部美国中南部邮轮航线挂靠港(目的地)分布云图,如图 7-6 所示。研究发现共有 31 个邮轮挂靠港(目的地),共出现 242 次。排名前 5 的挂靠港出现145 次,占比 59.92%。热门的挂靠港包括墨西哥科苏梅尔(频次 52,占比 21.49%)、美国格尔韦斯顿(频次 34,占比 14.05%)、美国新奥尔良(频次 26,占比 10.74%)、墨西哥玛雅遗址(频次 17,占比 7.02%)和洪都拉斯海盗岛(频次 16,占比 6.61%)。

图 7-6　美国中南部邮轮航线挂靠港(目的地)分布云图

从母港来看,新奥尔良和格尔韦斯顿两大母港客源市场重叠较小,建立了共同发展的良性关系,后者航线布局更为密集,达到 34 条,前者拥有 20 条航线,两者在航线时长方面没有明显差异。总体来看,因该区域邮轮航线布局尚不完全,两大港口均处于上升阶段。目前来看,两大港口在航线数量、航线时长和邮轮挂靠港上基本相像,没有明显差异,缺乏自身航线特色的核心竞争力。新奥尔良虽航线数量相对较少,但涉及挂靠港较多(30 个),格尔韦斯顿涉及 20 个挂靠港,主要分布在美国、墨西哥、英国、洪都拉斯等。

### 7.4.4 美国西南部

数据显示,美国西南部的邮轮航线共有 115 条,主要包括火奴鲁鲁、圣地亚哥和洛杉矶三大邮轮母港。研究发现,美国西南部的邮轮航线共有 30 种不同时长的邮轮航线,分布在 2～96 晚期间;其中 1～2 晚邮轮航线 2 条,3～5 晚邮轮航线 18 条,6～9 晚邮轮航线共 23 条,10～14 晚邮轮航线共 15 条,15～30 晚邮轮航线 51 条,31～49 晚邮轮航线 3 条,50＋晚邮轮航线 3 条。具体来看,7 晚航线数量最多(共 20 条,占比 17.39%),其次是 15 晚航线(共 18 条,占比 15.5%)和 16 晚航线(共 9 条,占比 7.83%)。具体见图 7-7。

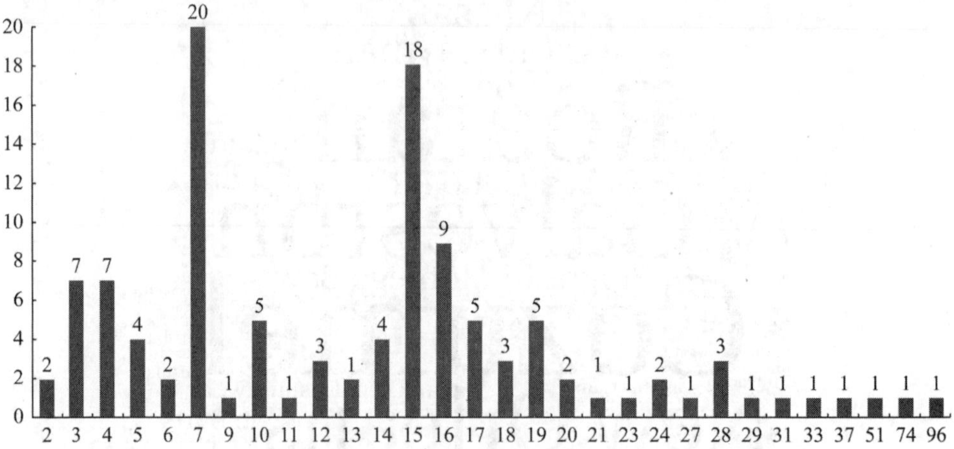

图 7-7 美国西南部邮轮航线时长具体分布统计图

从挂靠港来看,共有 145 个港口,出现 853 次。排名前 50 的挂靠港出现 687 次,占比 80.54%;排名前 5 的挂靠港出现 187 次,占比 21.92%。最热门的挂靠港是墨西哥波圣卢卡斯,频次达 50,占比 5.86%,其次是墨西哥巴亚尔塔港(39 次,占比 3.99%)、巴拿马巴拿马运河、哥斯达黎加蓬塔雷纳斯(卡尔德拉港)和美国火奴鲁鲁。挂靠港云图如图 7-8。

从母港来看,洛杉矶处于主导地位,拥有 64 条航线,涉及 116 个挂靠港,航线布局更为丰富和全面;圣地亚哥和火奴鲁鲁分别拥有 38 条和 13 条航线、62 个和 39 个挂靠港,是区域航线网络的重要节点。各港口在航线布局上各有侧重,形成了自己的独特优势,一定程度上与其他港口优势互补。洛杉矶和圣地亚哥航线时长跨度相对较广,可向游客提供从短期航线到 50＋晚环球航线的产品;火奴鲁鲁邮轮航线时长相对集中。洛杉矶航线的热门目的地包括美国、墨西哥、哥斯达黎加、巴拿马等地;圣地亚哥航线集中访问美国、墨西哥、巴拿马等地,而火奴鲁鲁航线的热门目的地集中于美国、法国和澳大利亚。港口之间良好的竞合关系营造了区域内活跃的产业发展氛围。

图 7-8　美国西南部邮轮航线挂靠港（目的地）分布云图

### 7.4.5　美加西部

数据显示,美加地区的邮轮航线共有 158 条,主要包括西雅图和温哥华两大邮轮母港,共有 31 种不同时长的航线产品,分布在 1~49 晚期间,6~14 晚航线共 103 条,占比 65.19%。此外 1~2 晚航线 8 条,3~5 晚航线 15 条,6~9 晚航线共 63 条,10~14 晚航线共 40 条,15~30 晚航线 24 条,31~49 晚航线 8 条。具体来看,7 晚航线数量最多,共 52 条,占比 32.91%;其次是 10 晚航线(16 条,占比 10.13%)和 11 晚航线(11 条,占比 6.96%)。具体来看,美加地区的邮轮航线时长 7 晚的数量最多,共 52 条,占全部航线数量的 32.91%;其次是时长 10 晚的邮轮航线共 16 条,占全部航线数量的 10.13%;之后是时长 11 晚的邮轮航线有 11 条,占比 6.96%,如图 7-9 所示。

在挂靠港方面,将美加地区邮轮航线挂靠港(目的地)数据进行词频分析,可以生成基于数量的挂靠港(目的地)分布云图,如图 7-10 所示。研究发现,共有 184 个邮轮挂靠港(目的地),共出现 1 308 次。排名前 50 的挂靠港出现 978 次,占比 74.77%。排名前 5 的挂靠港出现 360 次,占比 27.52%。最热门挂靠港为美国朱诺,出现 90 次,占比 6.88%;其次是美国凯奇坎(88 次,占比 6.73%)、美国史凯威(69 次,占比 5.28%)、加拿大维多利亚(58 次,占比 4.43%)、加拿大温哥华(55 次,

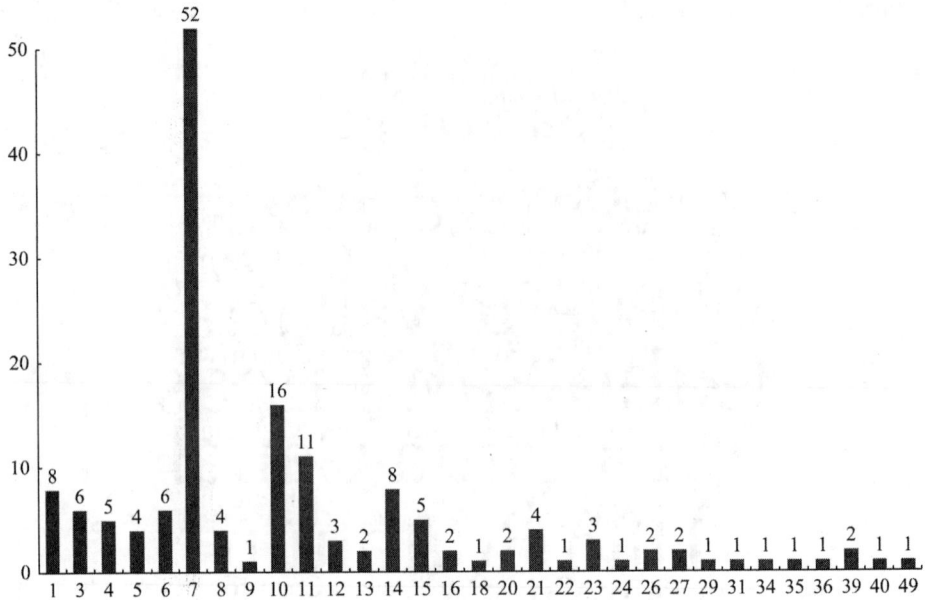

图 7-9　美国西南部邮轮航线时长具体分布统计图

图 7-10　美加地区邮轮航线挂靠港（目的地）分布云图

占比 3.52%)。

　　从母港关系来看,主要母港是西雅图和温哥华,在航线时长和挂靠港上基本相似,没有明显差异,具有一定的竞争关系。西雅图共 36 条航线,温哥华航线 122 条,时长均以 6~9 晚居多,后者航线在时长分布上更为分散。西雅图航线涉及 50 个挂靠港,温哥华涉及 173 个,两者热门挂靠港均集中在美国和加拿大,特别是阿拉斯加地区。

## 7.4.6　地中海地区

　　地中海地区的邮轮航线共有 712 条,主要包括巴塞罗那、罗马、威尼斯、雅典和热那亚五个邮轮母港,共有 37 种不同时长的邮轮航线,位于 1~52 晚区间内。其中 6~14 晚航线 615 条,占比 86.38%。此外,1~2 晚航线 15 条,3~5 晚航线 68 条,6~9 晚航线 224 条,10~14 晚航线 243 条,15~30 晚航线 148 条,31~49 晚航线 13 条,50+晚航线 1 条。具体来看,地中海地区的邮轮航线时长 7 晚的数量最多,共 152 条,占全部航线数量的 21.35%;其次是时长 12 晚的邮轮航线共 70 条,占全部航线数量的 9.83%;之后是时长 10 晚的邮轮航线有 60 条,占比 8.43%,如图 7-11 所示。

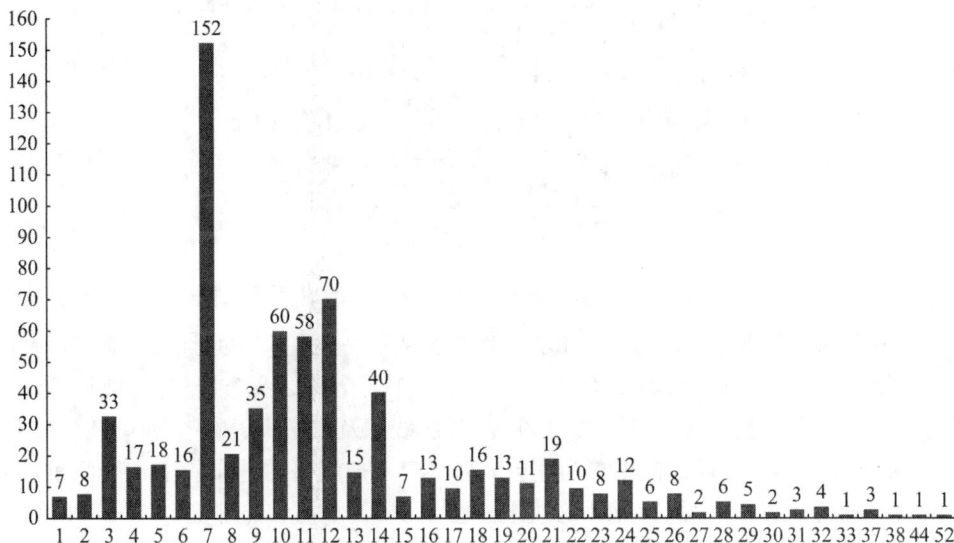

图 7-11　地中海地区邮轮航线时长具体分布统计图

　　从挂靠港来看,共有 426 个港口,出现 7 181 次。排名前 50 的挂靠港出现 4 780 次,占比 66.56%。排名前 5 的挂靠港出现 1 334 次,占比 18.58%,集中化特征明显,而且每个港口的出现频次均超过 150 次。最热门的挂靠港是意大利罗马(奇维塔韦基亚),出现413次,占比5.75%;其次是西班牙巴塞罗那(318次,占比4.43%)、法国马赛(242次,占比3.37%)、意大利佛罗伦萨(里窝那)(182次,占比2.53%)、意大利那不勒斯(179次,占比2.49%)。将所有地中海地区挂靠港(目的地)数据进行词频分析,然后生成分布云图以直观展现挂靠港(目的地)在航线上的出现频率,如图7-12所示。

图7-12  地中海地区邮轮航线挂靠港(目的地)分布云图

从母港发展来看,巴塞罗那和罗马作为世界领先的港口,处于主导地位,航线布局更为密集,分别拥有201条和216条航线、174个和278个挂靠港;威尼斯、热那亚和雅典分别拥有111条、119条和65条航线以及167个、125个和162个挂靠港,使得区域内整体航线网络更为完善。各港口在航线目的地布局上各有侧重,形成自身独特优势,产生优势互补的效果。巴塞罗那、罗马和热那亚以10~14晚航线居多,而威尼斯和雅典更偏重于6~9晚邮轮航线,如表7-6所示。罗马航线、巴塞罗那航线和热那亚航线的热门目的地集中在意大利、西班牙、法国、希腊等。威尼斯航线覆盖意大利和希腊,还增加了黑山共和国和克罗地亚市场。雅典航线的热门航线目的地集中在美国、英国、洪都拉斯等地,如表7-7所示。港口之间合作密切,促进了整个邮轮区域的良性发展。

表 7-6　地中海地区主要母港邮轮航线时长分布

| 航线时长(单位:晚) | | 1~2 | 3~5 | 6~9 | 10~14 | 15~30 | 31~49 | 50+ | 总计 |
|---|---|---|---|---|---|---|---|---|---|
| 数量<br>(单位:条) | 巴塞罗那 | 4 | 19 | 63 | 76 | 37 | 2 | 0 | 201 |
| | 罗马 | 1 | 5 | 62 | 77 | 66 | 5 | 0 | 216 |
| | 威尼斯 | 0 | 16 | 47 | 36 | 11 | 1 | 0 | 111 |
| | 雅典 | 0 | 0 | 28 | 24 | 9 | 3 | 1 | 65 |
| | 热那亚 | 10 | 28 | 24 | 30 | 25 | 2 | 0 | 119 |
| | 合计 | 15 | 68 | 224 | 243 | 148 | 13 | 1 | 712 |

表 7-7　地中海地区热门邮轮航线挂靠港(目的地)TOP 5

| 巴塞罗那 | | 罗　马 | | 威尼斯 | | 雅　典 | | 热那亚 | |
|---|---|---|---|---|---|---|---|---|---|
| 挂靠港 | 国家 | 挂靠港 | 国家 | 挂靠港 | 国家 | 挂靠港 | 国家 | 挂靠港 | 国家 |
| 罗马(奇维塔韦基亚) | 意大利 | 罗马(奇维塔韦基亚) | 意大利 | 威尼斯 | 意大利 | 坦帕 | 美国 | 马赛 | 法国 |
| 巴塞罗那 | 西班牙 | 巴塞罗那 | 西班牙 | 杜布罗夫尼克 | 克罗地亚 | 科苏梅尔 | 墨西哥 | 巴塞罗那 | 西班牙 |
| 马赛 | 法国 | 雅典(比雷埃夫斯港) | 希腊 | 科托尔 | 黑山共和国 | 大开曼 | 英国 | 热那亚 | 意大利 |
| 热那亚 | 意大利 | 那不勒斯 | 意大利 | 罗马(奇维塔韦基亚) | 意大利 | 基维斯特 | 美国 | 罗马(奇维塔韦基亚) | 意大利 |
| 佛罗伦萨(里窝那) | 意大利 | 佛罗伦萨(里窝那) | 意大利 | 科孚岛 | 希腊 | 海盗岛 | 洪都拉斯 | 帕尔马·马略卡 | 西班牙 |

## 7.4.7　地中海之外欧洲地区

　　数据分析发现,地中海之外欧洲地区的邮轮航线共有 604 条,主要包括南安普顿、哥本哈根、汉堡、基尔和阿姆斯特丹五个邮轮母港,共有 46 种不同时长的航线产品。其中 6~30 晚航线共 549 条,占比 90.89%。此外 1~2 晚航线 7 条,3~5 晚航线 26 条,6~9 晚航线 167 条,10~14 晚航线 271 条,15~30 晚航线 111 条,31~49 晚航线 12 条,50+晚航线 10 条。具体来看,该地区航线较长,时长 14 晚的航线数量最多,共 136 条,占全部航线数量的 22.52%;其次是时长 7 晚的邮轮航线共 125 条,占全部航线数量的 20.7%;然后是时长 12 晚的邮轮航线有 52 条,占比 8.61%。

　　从挂靠港来看,共有 494 个港口,出现 6 764 次。前 50 名挂靠港共出现 4 140 次,占比 60.67%。排名前 5 的挂靠港共出现 1 072 次,占 15.85%,集中化特征明显。最热门的目的地是荷兰阿姆斯特丹,频次达 363 次,占 5.37%;其次是俄罗斯圣彼得堡(195 次,占比 2.88%)、德国科隆(186 次,占比 2.75%)、奥地利维也纳(173 次,占比 2.56%)和英国南安普顿(155 次,占比 2.29%)。将所有挂靠港(目的地)数据进行词频分析并生成分布云图可以直观地反映挂靠港的热门程度,如图 7-13 所示。

图 7-13 地中海之外欧洲地区邮轮航线挂靠港(目的地)分布云图

从母港来看,因该区域母港分布比较分散,辐射的客源市场较独立,竞争关系较弱;在航线数量、航线时长和挂靠港上各有侧重,各港口相互调补,促进区域邮轮业协调发展。从航线数量来看,阿姆斯特丹和南安普顿作为世界著名的港口,处于优势地位,拥有更为丰富和全面的航线布局,航线数量分别为 267 条和 173 条,挂靠港数量分别为 302 个和 275 个;哥本哈根、汉堡和基尔分别拥有 84 条、50 条和 30 条航线以及 170 个、167 个、47 个挂靠港。从航线时长来看,阿姆斯特丹、南安普顿和汉堡航线从 1~2 晚短期航线到 50+以上环球航线均有涉及,供游客选择的航线较为丰富,基尔航线时长集中在 3~30 晚,哥本哈根更加集中于 6~30 晚,其中阿姆斯特丹以 6~14 晚航线居多,其他四个港口以 10~14 晚航线居多,如表 7~8 所示。从目的地市场来看,阿姆斯特丹航线的热门目的地在荷兰、奥地利、匈牙利;南安普顿航线经过的热门目的地倾向于美国和爱尔兰;哥本哈根航线涉及的热门航线目的地分布于丹麦、芬兰和瑞典;汉堡航线倾向于覆盖西班牙、法国市场;基尔航线的主要目的地布局在挪威等地,如表7-9所示。

表7-8　地中海之外欧洲地区主要母港邮轮航线时长分布

| 航线时长(单位:晚) | | 1～2 | 3～5 | 6～9 | 10～14 | 15～30 | 31～49 | 50＋ | 总计 |
|---|---|---|---|---|---|---|---|---|---|
| 数量<br>(单位:条) | 南安普顿 | 4 | 10 | 26 | 88 | 32 | 8 | 5 | 173 |
| | 哥本哈根 | 0 | 0 | 28 | 40 | 16 | 0 | 0 | 84 |
| | 汉堡 | 3 | 4 | 7 | 25 | 9 | 1 | 1 | 50 |
| | 基尔 | 0 | 2 | 7 | 20 | 1 | 0 | 0 | 30 |
| | 阿姆斯特丹 | 0 | 10 | 99 | 98 | 53 | 3 | 4 | 267 |
| | 合计 | 7 | 26 | 167 | 271 | 111 | 12 | 10 | 604 |

表7-9　地中海之外欧洲地区热门邮轮航线挂靠港(目的地)TOP 5

| 序号 | 南安普顿 | | 哥本哈根 | | 汉堡 | | 基尔 | | 阿姆斯特丹 | |
|---|---|---|---|---|---|---|---|---|---|---|
| | 挂靠港 | 国家 | 挂靠港 | 国家 | 挂靠港 | 国家 | 挂靠港 | 国家 | 挂靠港 | 国家 |
| 1 | 南安普顿 | 英国 | 圣彼得堡 | 俄罗斯 | 南安普顿 | 英国 | 基尔 | 德国 | 阿姆斯特丹 | 荷兰 |
| 2 | 里斯本 | 葡萄牙 | 哥本哈根 | 丹麦 | 汉堡 | 德国 | 哥本哈根 | 丹麦 | 科隆 | 德国 |
| 3 | 圣彼得堡 | 俄罗斯 | 塔林 | 爱沙尼亚 | 里斯本 | 葡萄牙 | 圣彼得堡 | 俄罗斯 | 维也纳 | 奥地利 |
| 4 | 纽约(曼哈顿) | 美国 | 赫尔辛基 | 芬兰 | 勒阿弗尔 | 法国 | 塔林 | 爱沙尼亚 | 布达佩斯 | 匈牙利 |
| 5 | 都柏林 | 爱尔兰 | 斯德哥尔摩 | 瑞典 | 巴塞罗那 | 西班牙 | 海尔西特 | 挪威 | 吕德斯海姆 | 德国 |

## 7.4.8　亚洲及中东地区

数据分析发现,亚洲及中东地区的邮轮航线共有198条,主要包括新加坡、香港和迪拜三大邮轮母港,共有40种不同时长的航线产品,主要集中在3～60晚,共162条,占81.82%;其中,3～5晚航线14条,6～9晚航线34条,10～14晚航线59条,15～30晚航线69条,31～49晚航线18条,50＋晚航线4条。具体来看,时长14晚的数量最多,共32条,占全部航线数量的16.16%;其次是时长7晚的邮轮航线共27条,占全部航线数量的13.64%;之后是时长11晚的邮轮航线有11条,占比5.56%。

从挂靠港来看,共有193个港口,出现2050次。排名前50的挂靠港出现1611次,占比78.59%。将所有挂靠港(目的地)数据进行词频分析,然后可以生成直观的分布云图,如图 7-14 所示。排名前 5 的挂靠港出现频次共 449 次,占比 21.9%。最热门的挂靠港是新加坡,出现 106 次,占比 5.17%;其次是泰国曼谷林查班港(93 次,占比 4.54%)、中国香港(93 次)、阿联酋迪拜(81 次,占比 3.95%)、越南胡志明(西贡)(76 次,占比 3.71%)。

图 7-14　亚洲及中东地区邮轮航线挂靠港(目的地)分布云图

从母港来看,各大港口均处于较为稳定的发展阶段,无显著的竞争关系,且航线布局各有侧重,拥有自己的独特优势。新加坡提供 101 条航线,中国香港拥有 43 条航线,而迪拜拥有 54 条航线,航线数量新加坡占有明显优势;新加坡和中国香港航线时长跨度相对较广,而迪拜邮轮航线时长相对集中。新加坡航线涉及 145 个挂靠港,中国香港航线经过 102 个港口,热门目的地比较相似,包括泰国、新加坡、中国大陆、越南等,其中新加坡更侧重泰国;迪拜航线途径 98 个目的地,集中于阿联酋、阿曼和埃及等地。

## 7.5　航线布局的启示

分析发现,全球邮轮航线主要分布在美国东南部和地中海地区,美国东南部(加勒比地区)的邮轮港口主要有劳德代尔堡、迈阿密、卡纳维尔港、坦帕等;地中海地区主要有南安普顿、哥本哈根、汉堡、基尔和阿姆斯特丹邮轮母港。研究数据显示美国东南部(加勒比地区)分布 680 条邮轮航线,地中海地区分布 712 条邮轮航线,在全球航线总数中占据重要位置。美国东南部(加勒比地区)以及欧洲的地中海地区目前为全世界邮轮港口以及航线最多的地区,其所对应的美国以及欧洲市场也是全球邮轮游客最多发展最为成熟的市场。通过比较发现,与国际著名邮轮航线布局区相比,我国常态化航线数量较少,类型较为单调,入境航线欠缺,岸上产品不足,航线吸引度较低,区域布局有所失衡,港口缺乏联动,投资运营模式单一,邮轮公司主动性不足,利益主体航线拓展积极性不高,航线常态化运营难度大,通过对国际邮轮母港航布局分析,我们得出以下启示。

(1)提升公众认知度,做大客源市场。常态化邮轮航线的布局离不开充足的客源支撑。各港口城市应主动进行营销推广,并与沿海港口城市合作,构筑"母港航线推广平台",提升邮轮消费者心中的认知度,从而做大区域客源市场。此外,各地文旅部门、港口局、港务局应加强邮轮旅游的境外宣传推广,吸引入境航线。

(2)港口腹地联动,提升港口与航线吸引力。一方面提升始发港服务能力,另一方面提升入境旅游吸引力。优化港区功能配备,提升港口综合能力,以邮轮港口经营为中心,整合港口附近资源,丰富购物、旅游、休闲、文化、娱乐、餐饮、住宿、会展等业态,结合各港口所在区域旅游自然资源、地方特色人文资源有针对性地进行产品开发,丰富岸上旅游产品类别,彰显港口周边地区地方特色;完善公共服务设施,构建完善的交通承接体系。

(3)打造多元化发展的航线产品。应结合我国的消费习惯与假期制度,推出公海、沿海 3~5 天短途,以及内河、对台地区等邮轮航线,做到常规航线与主题航线有效结合。特别地,可借鉴地中海地区经验,探索突破政策和运营限制,简化签证与出入境政策,开发"多母港"收客航线,同时提升不同站点"邮轮联盟"的收客能力,比如在东北亚和东南亚的港口密集区探索此类"开口"航线。从区域来看,依托港口群落的竞合关系,拓展区域邮轮航线和内河邮轮航线,比如可以厦门、福州、上海为基础,构建"海峡邮轮旅游圈",开发对台航线;以广州、深圳、海口、三亚、北海等港口为依托,开发面向东盟十国的"泛南海"邮轮航线和"海上丝绸之路"长航线。

# 第8章 中国邮轮港口系统与航线布局特征

从国际邮轮产业的实践经验来看,优良的邮轮港口、常态化的邮轮航线和优质的岸上产品与服务是邮轮产业发展的重要保障。目前,中国已经形成了7个重要的邮轮发展圈:①大连港、天津港为始发港的"京津冀邮轮圈";②以青岛港、威海港和烟台港为始发港的"环渤海邮轮圈";③以上海港、舟山港、温州港、连云港等为始发港的"长三角邮轮圈";④以厦门港、福州港为始发港的"东南邮轮圈";⑤以深圳港、广州港和香港港为始发港的"大湾区邮轮圈";⑥以三亚港和海口港为始发港的"泛南海邮轮圈";⑦以北海港和防城港港为始发港的"西南邮轮圈"。理清我国邮轮航线分布的基本特征与存在的问题对不同港口乃至全国邮轮业发展具有现实意义。本章将全面把握中国邮轮港口发展情况以及邮轮航线的分布特征,并提出我国航线布局和多元化发展的对策建议。本章以长三角为例,深入探讨邮轮旅游发展圈如何通过开发内河游轮航线来丰富邮轮产品体系。

## 8.1 导言

自2006年第一艘国际邮轮在上海开通母港航线以来,中国邮轮旅游业进入了快车道发展模式,邮轮港口系统基本形成,航线布局初现成效。从基础设施建设来看,中国已经形成了东北地区以大连港为始发港、津冀沿海以天津港为始发港、环渤海地区以青岛港和烟台港为始发港、长三角地区以上海港为母港并以舟山港、温州港、连云港等为辅助港、东南沿海以厦门港为始发港、珠三角地区以深圳港和广州港为始发港、海南省以三亚港和海口港为始发港、西南沿海以北海为始发港的邮轮港口系统。

从航线产品来看,华北港口群(大连、天津、青岛、烟台、威海)主要布局"日韩航线"(目前仅日本航线);华东港口群(上海、舟山、温州)主要布局"日韩航线"(目前仅日本航线),少量辐射东南亚市场;华南市场(厦门港、广州港、深圳港、香港港、海口港、三亚港、防城港)主要布局"东南亚航线",部分港口(厦门、深圳、香港)还少量布局"日韩航线"(以距离较近的宫古岛、冲绳为主要挂靠港)。本章将首先介绍中国主要邮轮港口发展情况、母港邮轮投放情况及航线布局的总体特征,然后对华北、华东和华南地区母港航线在航线数量、航线时长、挂靠港与目标市场分布、承运邮轮等方面的基本特征和区域差异,并提出我国航线布局和多元化发展的对策建议。特别地,将以长三角地区为例,深入探讨邮轮旅游发展圈如何通过内河游轮航线来丰富产品体系。

## 8.2　中国邮轮港口系统

2006 年,中国第一艘国际邮轮歌诗达"爱兰歌娜号"开出以上海港国际客运中心为母港的邮轮航线,拉开了中国邮轮港口基础实施建设的序幕。2006 年 9 月,交通运输部和国家发改委发布了《全国沿海港口布局规划》,对沿海邮轮港口群进行了初步布局规划,鼓励沿海城市为邮轮停靠提供必要的硬件基础设施。三亚凤凰岛邮轮码头(2006 年 11 月)、厦门国际邮轮中心(2007 年 10 月)、天津国际邮轮港(2010 年 6 月)、上海吴淞口国际邮轮港(2011 年 10 月)等港口相继开港,为华北邮轮市场的繁荣打下了基础。2011 年 2 月,原国家旅游局发布《国际邮轮口岸旅游服务规范》,进一步对国际邮轮口岸的旅游服务场所和服务内容进行标准化管理,规范国际邮轮口岸秩序,从而提升邮轮口岸旅游服务的品质。

在沿海港口打造母港进入白热化状态后,2015 年 4 月发布《全国沿海邮轮港口布局规划方案》,重新审视各港口发展条件,将邮轮港口划分为访问港、始发港和母港三类,对沿海港口提出较为明确的定位,通过分类指导、合理布局推进码头设施有序建设。自此,中国邮轮港口系统基本形成,东北亚邮轮市场占主导。2016年广州南沙邮轮码头、深圳蛇口邮轮码头等华南地区邮轮港投入运营,2017 年和2018 年温州国际邮轮港(2017 年 12 月)和连云港国际邮轮港(2018 年 4 月)开港。从 2012 年上海被批复开始,共有天津、青岛、深圳、大连和福州 6 大港口获批"中国邮轮旅游发展实验区",如图 8-1 所示。

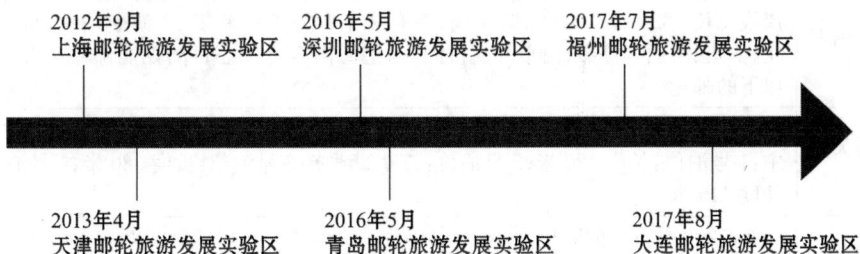

| 2012年9月<br>上海邮轮旅游发展实验区 | 2016年5月<br>深圳邮轮旅游发展实验区 | 2017年7月<br>福州邮轮旅游发展实验区 |
| 2013年4月<br>天津邮轮旅游发展实验区 | 2016年5月<br>青岛邮轮旅游发展实验区 | 2017年8月<br>大连邮轮旅游发展实验区 |

图 8-1　中国邮轮旅游发展实验区

2018 年《邮轮绿皮书:中国邮轮产业发展报告》显示,2017 年中国正在运营的邮轮港口共 15 家,其中邮轮专用码头 9 家,包括上海吴淞口国际邮轮港、天津国际邮轮母港、上海港国际客运中心、青岛邮轮母港、三亚凤凰岛国际邮轮港、舟山群岛国际邮轮港、厦门国际邮轮中心、广州港南沙邮轮港(汪泓,2018)。

目前,中国已经形成了 7 个重要的邮轮发展圈:①东北地区以大连港为始发港、津冀沿海以天津港为始发港的"京津冀邮轮圈";②环渤海地区以青岛港、威海港和烟台港为始发港的"环渤海邮轮圈";③长三角地区以上海港为母港并以舟山港、温州港、连云港、南京内河港(2019 年开建)等为辅助港的"长三角邮轮圈";④东南沿海以厦门港、福州港为始发港的"东南邮轮圈";⑤珠三角地区以深圳港、广州港和香港港为始发港的"大湾区邮轮圈";⑥海南省以三亚港和海口港为始发港的"泛南海邮轮圈";⑦西南沿海以北海港和防城港港为始发港的"西南邮轮圈"。中国沿海形成了完备的邮轮港口系统,主要邮轮港口的硬件条件如表 8-1 所示,各港口母港邮轮投放情况如表 8-2 所示。

**表 8-1　中国主要邮轮港口的硬件条件**

| 邮轮港口 | 基本硬件条件 |
| --- | --- |
| 大连 | 2015 年 10 月,大连港对大港区的两个泊位进行改造,其中 15 万吨级泊位,长度 442 米,岸线使用长度 451.5 米;10 万吨级泊位,长度 419 米,岸线使用长度 430.6 米 2017 年底,大港区二码头西侧的 10 号、11 号泊位已完成 15 万吨级邮轮泊位改造;二码头东侧 8 号、9 号泊位正在升级改造成 15 万吨级邮轮泊位,并将东侧 15 万吨级邮轮泊位的预留至 22.5 万总吨级,预计 2020 年建成;届时,大连港游客通过能力达 80 万人次,日通过能力达 1 万人次 |
| 天津 | 共有 4 个邮轮泊位,岸线总长 1112 米;一期工程完成了 1 号、2 号泊位,码头岸线长 625 米,于 2010 年 7 月 2 日实现口岸正式对外开放;二期工程为国际邮轮码头 3 号、4 号泊位(含滚装平台 45 米),岸线长 487 米,使得母港岸线增至 1112 米,能同时停靠 4 艘邮轮 |
| 青岛 | 共建有 3 个邮轮泊位,岸线总长度 1000 多米;其中,新建大型邮轮泊位长 490 米,纵深 95 米,吃水 -13.5 米,可全天候停靠目前世界最大的 22.7 万吨级的邮轮;2 个原有泊位长度约 476 米,吃水 -8.0 米,可同时停靠 2 艘中小型邮轮 |
| 上海国客中心 | 岸线总长 882 米,247 米辅助岸线,现有 3 个邮轮泊位和 15 个游艇泊位,可供邮轮、游艇、游船等停靠;由于外高桥限制,上海港客运中心目前仅能停靠 7 万吨级以下的邮轮 |
| 上海吴淞口 | 岸线总长 1500 米,共 4 个泊位,实现四船同靠,可接待 10 万～20 万吨级邮轮,其中:1 号泊位:长度 420 米;2 号泊位:长度 354 米;3 号泊位:长度 380 米;4 号泊位:长度 446 米 |
| 舟山 | 拥有 6 200 平方米的联检大厅,邮轮码头长 356 米,宽 36 米,可以接待 10 万～15 万吨的邮轮 |
| 厦门 | 岸线总长度 1418.76 米,包括建成 1 个 15 万吨级(0 号泊位)、2 个 8 万吨级邮轮泊位(1 号、2 号泊位)和 1 个 3000 吨级滚装泊位(3 号泊位),可同时接待 3～4 艘中大型邮轮同时靠泊;同时,部分岸线按照 20 万吨级水工结构设计,可以接待世界最大的 22.5 万总吨邮轮靠泊 |

（续表）

| 邮轮港口 | 基本硬件条件 |
|---|---|
| 深圳 | 母港填海面积为 37.75 公顷,建成 22 万吨邮轮泊位 1 个、10 万吨级邮轮泊位 1 个、2 万吨客货滚装泊位 1 个,客运码头 1 座,包括 124m 长的突堤 3 座,共形成 10 个 800 吨高速客轮泊位,其中 4 个为国内线高速客轮泊位、6 个为港澳线高速客轮泊位以及港池东北侧的待泊泊位 2 个 |
| 广州 | 岸线规划总长 1600 米,建设 4 个 10 万到 22.5 万总吨邮轮泊位;一期工程建设 2 个邮轮泊位和航站楼,其中,码头岸线总长 770 米,包括:1 个 22.5 万总吨泊位,岸线长 445 米;1 个 10 万总吨泊位,岸线长 325 米;计划年通过能力 75 万人次 |
| 海口 | 水深 12.3 米,17 号(泊位长度 225 米)和 20 号(泊位长度 325 米)泊位分别可兼靠总吨为 12 500 吨,净吨 45 000 吨的国际邮轮 |
| 三亚 | 目前有四个邮轮泊位,分两期完成。一期工程 2006 年完成,只有一个泊位,可以接待 8 万吨级的邮轮。二期工程将建立四个邮轮泊位,其中两个 15 万吨泊位已经在 2016 年底完成,并试运营,另外两个 22 万吨级的邮轮泊位已经预留 |
| 南京 | 2019 年 8 月,南京与招商局集团签署栖霞山邮轮主题综合项目协议,成为中国第一个内河邮轮港口开发项目,位于栖霞山东北侧,项目初步规划占地约 104 公顷,总投资约 150 亿元,建筑面积约 65 万平方米,建成后岸线总长约 1000 米,布置邮轮泊位 2 个、万吨级江轮泊位 2 个 |

表 8-2　中国母港运营的主要邮轮

| 母港 | 船队 | 吨位 | 载客量 | 投放时间 |
|---|---|---|---|---|
| 上海吴淞口 | 歌诗达邮轮"赛琳娜号" | 114 000 | 3 780 | 2015.4 |
| | 歌诗达邮轮"幸运号" | 103 000 | 3 470 | 2016.4 |
| | 歌诗达邮轮"大西洋号" | 85 619 | 2 680 | 2013.7 |
| | 公主邮轮"蓝宝石公主号" | 116 000 | 2 670 | 2014.5 |
| | 公主邮轮"盛世公主号" | 143 700 | 3 560 | 2017.7 |
| | 天海邮轮"新世纪号" | 71 545 | 2 114 | 2015.5 |
| | 皇家加勒比邮轮"海洋量子号" | 167 800 | 4 180 | 2015.6 |
| | 皇家加勒比邮轮"海洋水手号" | 138 279 | 3 114 | 2013.5 |
| | 皇家加勒比邮轮"海洋航行号" | 138 000 | 3 114 | 2013.3 |
| | 诺唯真邮轮"喜悦号" | 168 800 | 3 850 | 2017.6 |
| | 丽星邮轮"处女星号" | 75 338 | 1 870 | 2017.7 |
| | 地中海邮轮"抒情号" | 65 591 | 2 069 | 2016.5 |
| | 皇家加勒比邮轮"海洋光谱号" | 168 666 | 5 622 | 2019.6 |
| | 歌诗达邮轮"威尼斯号" | 135 500 | 5 260 | 2019.5 |
| 上海港国际客运中心 | 钻石邮轮"辉煌号" | 45 000 | 1 300 | 2016.7 |

（续表）

| 母港 | 船队 | 吨位 | 载客量 | 投放时间 |
|---|---|---|---|---|
| 天津 | 歌诗达邮轮"幸运号" | 103 000 | 3 470 | 2017.3 |
| | 地中海邮轮"抒情号" | 65 591 | 2 069 | 2016.8 |
| | 皇家加勒比邮轮"海洋赞礼号" | 167 800 | 4 180 | 2016.6 |
| | 歌诗达邮轮"大西洋号" | 85 619 | 2 680 | 2016.11 |
| | 公主邮轮"黄金公主号" | 108 865 | 2 636 | 2016.6 |
| 青岛 | 钻石邮轮"辉煌号" | 45 000 | 1 300 | 2016.9 |
| | 歌诗达邮轮"维多利亚号" | 75 166 | 2 394 | 2016.9 |
| | 渤海邮轮"中华泰山号" | 24 500 | 900 | 2015.9 |
| | 皇家加勒比邮轮"海洋神话号" | 70 000 | 2 076 | 2016.7 |
| 广州 | 星梦邮轮"云顶梦号" | 151 300 | 3 352 | 2016.11 |
| | 星梦邮轮"世界梦号" | 151 300 | 3 300 | 2017.5 |
| | 歌诗达邮轮"维多利亚号" | 75 166 | 2 394 | 2017.2 |
| | 丽星邮轮"处女星号" | 75 338 | 1 870 | 2016.1 |
| 深圳 | 丽星邮轮"处女星号" | 7 338 | 1 870 | 2016.10 |
| | 银海邮轮"银影号" | 28 200 | 382 | 2016.10 |
| | 皇家加勒比邮轮"海洋航行号" | 138 000 | 3 114 | 2017.6 |
| 厦门 | 渤海邮轮"中华泰山号" | 24 500 | 900 | 2017.4 |
| | 歌诗达邮轮"维多利亚号" | 75 166 | 2 394 | 2017.4 |
| | 天海邮轮"新世纪号" | 71 545 | 1 814 | 2017.6 |
| | 丽星邮轮"天秤星号" | 42 285 | 1 418 | 2015.7 |
| | 公主邮轮"蓝宝石公主号" | 116 000 | 2 670 | 2016.6 |
| 三亚 | 海南海峡"长乐公主号" | 14 000 | 350 | 2017.3 |
| | 南海邮轮"南海之梦号" | 24 572 | 893 | 2016.12 |
| 舟山 | 渤海邮轮"中华泰山号" | 24 500 | 900 | 2015.4 |
| 大连 | 歌诗达邮轮"维多利亚号" | 75 166 | 2 394 | 2017.6 |
| | 皇家加勒比邮轮"海洋神话号" | 70 000 | 2 076 | 2016.7 |
| | 地中海邮轮"抒情号" | 65 591 | 2 069 | 2016.8 |
| 海口 | 渤海邮轮"中华泰山号" | 24 500 | 900 | 2017.1 |
| 防城港 | 渤海邮轮"中华泰山号" | 24 500 | 900 | 2017.8 |

*数据来源:根据《邮轮绿皮书:中国邮轮产业发展报告(2018)》整理。

　　根据中国交通运输协会邮轮游艇分会(CCYIA)资料统计,2017年上海、天津、大连、青岛、舟山、温州、厦门、广州、深圳、海口、三亚 11 大邮轮港口共接待邮轮 1181 艘次,同比增长 17%;其中,母港邮轮 1098 艘次,访问港邮轮 83 艘次;共接待出入境游客 495.4 万人次,同比增长 18%,其中母港游客 428.97 万人次,入境邮轮游客 27.75 万人次。从市场份额来看,上海邮轮接待量和游客接待量分别占全国的 43.3%(512 艘次)和 60.1%(297.8 万人次),天津分别占全国 14.8%(175 艘次)和 19%(94.2 万人次)。广州邮轮市场发展迅速,2017 年接待邮轮达 122 艘次,占到全国 10%,游客接待量达 40.3 万人次,占全国总量的 8%。此外,深圳接待邮轮 109 艘次,接待游客量达到 18.9 万人次。

中国交通运输协会邮轮游艇分会和中国港口协会邮轮游艇码头分会联合统计显示,由于部分邮轮暂别中国市场,2018 年我国邮轮接待业务出现下滑。上海、天津、厦门、广州、深圳、海口、青岛、大连、三亚、连云港、温州、威海、舟山 13 个邮轮港口共接待国际邮轮 969 艘次,同比下降 17.95%;出入境旅客 490.7 万人次,同比下降 0.98%。其中,母港邮轮 889 艘次,同比下降 19.03%,母港旅客 472.8 万人次,同比下降 1.10%;访问港邮轮 80 艘次,同比下降 3.61%,访问港旅客量有所增加,为 17.8 万人次,同比增长 2.32%。

## 8.3　中国邮轮航线总体情况

从国际邮轮产业的实践经验来看,深入人心的邮轮文化和高水平的航线布局(包括优良的邮轮港口、密集的邮轮航线和优质的岸上产品与服务)是邮轮产业持续健康发展的重要保障(孙晓东、武晓荣和冯学钢,2015)。邮轮产业销售的是由一系列邮轮港口组成的邮轮航线,而非目的地本身(Rodrigue 和 Notteboom,2013)。对于产业承接地来说,只有形成以邮轮港口为中心、以航线布局为辐射、以岸上旅游服务为支撑的"点-线"融合态势,才能充分发挥邮轮产业对区域经济的带动作用。而"点-线"融合的关键是开发和布局具有强大吸引力的邮轮航线。特别是对于新兴市场而言,只有同时配备了优良的邮轮港口和与之匹配的航线布局,才能保证邮轮产业的客源市场,有效抵抗突发性基础设施闲置带来的风险(孙晓东、武晓荣和冯学钢,2015)。邮轮航线的"点-线"结构使得航线规划涉及的影响因素众多。不仅各"点"(母港、挂靠港和岸上旅游设施)涉及的利益群体众多,整条"线"在资源、时间与成本规划上的工作也相当复杂。因此,理清国际邮轮航线的基本特征、识别邮轮公司航线设置的影响因素、探索有效的航线规划配套政策对现阶段我国邮轮产业发展具有重要的现实意义(孙晓东、武晓荣和冯学钢,2015)。

自 2006 年歌诗达邮轮"爱兰歌娜号"(Allegra)以中国港口为母港运营邮轮航线以来,我国邮轮产业经历了 10 余年的迅猛发展。在进入快速发展的第二个 10 年后,中国邮轮市场应在高速发展中逐渐实现全面转型并走向成熟,要更加注重邮轮产业布局的整体性与协调性,更加注重邮轮市场发展的稳健性与持续性,更加注重邮轮产品的特色性与差异化。然而,目前受区位、地缘和收益管理等因素的影响,从我国始发的邮轮航线具有高度的聚集性,邮轮产品不够丰富,邮轮航线单一。

从 2016—2018 年航线运营现状来看,母港航次主要以上海、香港、深圳、广州、天津为始发港,宁波舟山、青岛、大连、三亚为辅助港,目的地国家则以日本、韩国为主,以越南、新加坡等东南亚国家为辅,航线天数以 5～6 天较多,行程一般涉及 1～2 个挂靠点,也有部分长航线产品,如表 8-2 所示。据统计,2018—2019 年航季,我国港口始发的 49 条航线数主要由 10 艘邮轮提供。通过中文词频分析,输出得到所有邮轮船舶高频词表,具体见表 8-3。具体来看,中国运营的邮轮船舶其中有 3 艘是歌诗达邮轮旗下的“大西洋号”“赛琳娜号”和“威尼斯号”;来自于星梦邮轮的“探索梦号”和“世界梦号”;来自公主邮轮旗下的“蓝宝石公主号”和“盛世公主号”以及地中海邮轮“辉煌号”、皇家加勒比邮轮“海洋光谱号”和丽星邮轮旗下“双子星号”。除“探索梦号”和“双子星号”,所有邮轮均是超过 8 万吨的巨型邮轮。

表 8-3　全球邮轮船舶高频词表

| 序号 | 船舶名称 | 频次 | 占比(%) | 序号 | 船舶名称 | 频次 | 占比(%) |
|---|---|---|---|---|---|---|---|
| 1 | 星梦邮轮探索梦号 | 12 | 24.49 | 7 | 歌诗达邮轮赛琳娜号 | 3 | 6.12 |
| 2 | 地中海邮轮辉煌号 | 8 | 16.33 | 8 | 公主邮轮蓝宝石公主号 | 3 | 6.12 |
| 3 | 歌诗达邮轮大西洋号 | 8 | 16.33 | 9 | 丽星邮轮双子星号 | 2 | 4.08 |
| 4 | 星梦邮轮世界梦号 | 6 | 12.24 | 10 | 歌诗达邮轮威尼斯号 | 1 | 2.04 |
| 5 | 皇家加勒比邮轮海洋光谱号 | 5 | 10.20 | 11 | 公主邮轮盛世公主号 | 1 | 2.04 |

从目的地来看,从天津和上海出发的航线主要以日韩两地为市场,访问港主要是济州、仁川(首尔)、福冈、长崎等,市场的价格控制力不足,特别是淡季,价格过低。从航线布局来看,相对上海来说,大连和天津母港航线单一,只有日本航线;深圳太子湾港和广州南沙港以日本航线和东南亚航线为主,目的地较多样,航线较丰富,其中南沙港还有部分港、澳、台航线;三亚凤凰岛邮轮港主要以越南、香港、东南亚的航线为主,以入境航次为主,且 2017 年航线较少;广西防城港于 2017 年 8 首发越南航次,但常态化运营存在压力。总体来看,单纯从产品丰度来看,除了香港启德港、广州南沙港航线类型较丰富外,其他港口的航线都较单一,且雷同性趋势明显。

进一步分析发现,不论是国际邮轮,还是本土邮轮,不论是华北的大连、天津、青岛、烟台,还是华东的上海、舟山、厦门,其最主要的邮轮航线都是“日韩航线”,市场占比达到 95%以上。邮轮目的包括日本的福冈、佐世保、长崎、鹿儿岛、熊本、高知、北九州、冲绳、广岛等以及韩国的济州岛、仁川、釜山等地,说明日韩地区在中国邮轮市场占据着极其重要的地位,然而该地区航线的常态化运营很容易受到政治关系的影响,增大了中国邮轮市场发展的脆弱性。再比如,受限于距离因素和休假制度,中长航线产品在中国市场的接受度还不高。华北母港运营的东南亚航线、"海上丝绸之路"航线、全球航线等中长期邮轮产品达不到规模性和常态化效应。此外,目前港、澳、台邮轮航线的审批还较为烦琐,游客前往港、澳、台旅游的签证、通行证等都受到一定的限制,造成中国大陆出发的港澳台邮轮航线难成气候。另外,我国虽然拥有丰富的邮轮港口资源、海岸线资源和旅游特色资源,但这些资源难以与邮轮旅游进行有效对接,近海区域的邮轮旅游航线尚未开发。最后,虽然南海地区海洋资源丰富,但受限于客源市场规模,目前还仅仅处于探索的阶段,市场规模依然较小,航线丰富度也较低。

**表 8-4 中国运营的主要母港航线产品**

| | | |
|---|---|---|
| 上海 | 日本 | 吴淞口-福冈-吴淞口(五天四晚)(赛琳娜,喜悦号,海洋量子号,盛世公主号,抒情号,天海新世纪号) |
| | | 吴淞口-长崎-吴淞口(五天四晚)(赛琳娜,喜悦号,海洋量子号,盛世公主号,抒情号,天海新世纪号) |
| | | 吴淞口-鹿儿岛-吴淞口(五天四晚)(赛琳娜,量子号,抒情号) |
| | | 吴淞口-长崎-油津/宫崎-高知-吴淞口(七天六晚) |
| | | 吴淞口-北九州-吴淞口(五天四晚) |
| | | 吴淞口-大阪-高知-广岛-吴淞口(七天六晚) |
| | | 吴淞口-仁川-济州-长崎-北九州-吴淞口(八天七晚) |
| | | 吴淞口-济州-长崎-吴淞口(五天四晚) |
| | | 吴淞口-济州-釜山-北九州-熊本-吴淞口(七天六晚) |
| | | 吴淞口-福冈-长崎-吴淞口(六天五晚)(喜悦号,量子号,盛世公主号,抒情号) |
| | | 吴淞口-冲绳-吴淞口(五天四晚)(喜悦号,海洋量子号,天海新世纪号) |
| | | 海上狂欢(四天三晚) |
| | | 吴淞口-熊本/八代-油津-宫崎-吴淞口(六天五晚) |
| | | 吴淞口-福冈-八代/熊本-吴淞口(六天五晚) |
| | | 吴淞口-熊本-油津/宫崎-高知-吴淞口(七天六晚) |
| | | 吴淞口-八代/熊本-吴淞口(五天四晚) |
| | | 吴淞口-高知-长崎-福冈-吴淞口(七天六晚) |
| | | 吴淞口-长崎-冲绳(六天五晚) |
| | | 吴淞口-福冈-静冈-吴淞口(六天五晚) |
| | | 吴淞口-鹿儿岛-下关-吴淞口(六天五晚) |
| | | 吴淞口-广岛-高知-吴淞口(六天五晚) |
| | | 吴淞口-神户-名古屋-吴淞口(八天七晚) |
| | | 吴淞口-下关-佐世保(六天五晚) |
| | | 吴淞口-长崎-八代/熊本-吴淞口(六天五晚)(海洋量子号,盛世公主号) |

(续表)

| | | |
|---|---|---|
| 上海 | 日本 | 吴淞口-高知-吴淞口(五天四晚) |
| | | 吴淞口-下关(五天四晚)(海洋量子号,抒情号) |
| | | 吴淞口-下关-福冈-吴淞口(六天五晚)(抒情号,辉煌号) |
| | | 吴淞口-大阪-鹿儿岛-吴淞口(七天六晚) |
| | | 吴淞口-大阪-东京-富士山-鹿儿岛-吴淞口(八天七晚) |
| | | 吴淞口-宫古岛-冲绳-吴淞口(六天五晚) |
| | | 吴淞口-大阪-横滨-静冈-高知-吴淞口(八天七晚) |
| | | 吴淞口-佐世保-吴淞口(五天四晚或六天五晚)(辉煌号) |
| | | 吴淞口-鹿儿岛-济州岛-吴淞口(五天四晚) |
| | | 吴淞口-鹿儿岛-冲绳-吴淞口(六天五晚) |
| | | 吴淞口-冲绳-基隆港-启德港 |
| | 日韩 | 吴淞口-济州-仁川/首尔-吴淞口(六天五晚)(已停运) |
| | | 吴淞口-济州-福冈-吴淞口(五天四晚)(辉煌号) |
| | | 吴淞口-济州-吴淞口(四天三晚)(辉煌号) |
| | | 吴淞口-济州-长崎-吴淞口(五天四晚)(辉煌号) |
| | | 吴淞口-济州-佐世保-吴淞口(五天四晚) |
| | | 吴淞口-济州-鹿儿岛-吴淞口(五天四晚) |
| | | 吴淞口-济州-下关-吴淞口(五天四晚) |
| | | 吴淞口-青岛港-天津港-仁川-济州岛-大阪-清水-横滨(15天14晚) |
| | | 吴淞口-天津-大连-仁川-釜山-长崎-鹿儿岛-广岛-高知-神户-清水-东京(19天18晚) |
| | 长航线 | 吴淞口-博多-长崎-冲绳-石垣-基隆港-高雄-马尼拉-启德港(15天14晚) |
| | | 吴淞口-厦门港-启德港-下龙湾-岘港-胡志明市-曼谷-吴淞口(15天14晚) |
| | | 吴淞口-天津港-大连港-长崎-鹿儿岛-广岛-高知-神户-静冈-东京(19天18晚) |
| | 其他 | 吴淞口-基隆港 |
| | | 吴淞口-启德港-东南亚-中东-欧洲-南安普顿,全球 |
| 天津 | 日本 | 天津港-福冈-长崎-天津港(六天五晚)(大西洋号,抒情号) |
| | | 天津港-福冈-天津港(六天五晚)(大西洋号,抒情号,幸运号) |
| | | 天津港-釜山-长崎-天津港(六天五晚) |
| | | 天津港-冲绳-启德港(七天六晚) |
| | | 天津港-长崎-下关-天津港(六天五晚) |
| | | 天津港-下关-福冈-天津港(六天五晚) |
| | | 天津港-鹿儿岛-福冈-天津港(七天六晚) |
| | | 天津港-下关-天津港(六天五晚) |
| | | 天津港-长崎-厦门港(七天六晚) |
| | 其他 | 天津港-吴淞口-厦门港-启德港-下龙湾-胡志明市-曼谷-苏梅岛-新加坡(20天19晚) |
| | | 天津港-济州岛-塞班-霍尼亚拉-斐济-大溪地……天津(46天环太平洋/86天环游世界) |

(续表)

| | | |
|---|---|---|
| 深圳 | 日本 | 太子湾-冲绳-八重山郡-太子湾(六天五晚) |
| | | 太子湾-厦门港-那霸-宫古岛-基隆-花莲-高雄-澎湖-启德港-太子湾(11 天 10 晚) |
| | | 太子湾-厦门港-宫古岛-那霸-鹿儿岛-济州岛-釜山-广岛-宫崎-大阪-清水-东京(16 天 15 晚) |
| | | 太子湾-八重山郡-中城-宫古岛-太子湾(八天七晚) |
| | | 太子湾-八重山郡-那霸-宫古岛-太子湾(八天七晚) |
| | | 太子湾-冲绳-宫古岛-太子湾(六天五晚) |
| | | 太子湾-冲绳-太子湾(六天五晚)(海洋航行者号,新世纪号) |
| | 东南亚 | 太子湾-下龙湾-真美-芽庄-苏梅岛-新加坡(10 天 9 晚) |
| | | 太子湾-海口-三亚-胡志明市-芽庄-真美-下龙湾-太子湾(12 天 11 晚) |
| | | 太子湾-真美-芽庄-胡志明市-穆阿拉港-亚庇-公主港-科隆-马尼拉-库里茅-太子湾(15 天 14 晚) |
| | | 太子湾-启德港-高雄-澎湖-百岛群岛-马尼拉-科隆-库里茅-太子湾(11 天 10 晚) |
| | | 太子湾-下龙湾-真美-芽庄-胡志明市-太子湾(七天六晚) |
| | | 太子湾-真美-下龙湾-太子湾(六天五晚) |
| | | 太子湾-马尼拉-百岛群岛-库里矛-太子湾(七天六晚) |
| | | 太子湾-顺化-启德港(五天四晚) |
| | | 太子湾-顺化-太子湾(五天四晚) |
| | | 太子湾-马尼拉-太子湾(五天四晚) |
| | | 太子湾-下龙湾-岘港-太子湾(六天五晚)(新世纪号,处女星号) |
| | | 太子湾-马尼拉-长滩岛-太子湾(六天五晚) |
| 广州 | 日本 | 南沙港-八重山郡-冲绳/宫古岛-南沙港(六天五晚) |
| | | 南沙港-冲绳-宫古岛-南沙港(六天五晚) |
| | 东南亚 | 南沙港--岘港-芽庄-南沙港(五天四晚) |
| | | 南沙港-冲绳-芽庄-岘港-南沙港(六天五晚) |
| | | 南沙港-芽庄-胡志明市-南沙港(六天五晚) |
| | | 南沙港-岘港-下龙湾-南沙港(六天五晚) |
| | | 南沙港-胡志明市-芽庄-南沙港(六天五晚) |
| | | 南沙港-马尼拉-科隆-南沙港(六天五晚) |
| | | 南沙港-马尼拉-长滩岛-南沙港(六天五晚) |
| | 港澳台 | 南沙港-启德港-南沙港(三日两晚)(维多利亚号,云顶梦号) |
| | | 南沙港-八重山郡-宫古岛-南沙港(六天五晚) |
| | | 海上狂欢(三天两晚)(云顶梦号,世界梦号) |
| 香港 | 日本 | 启德港-冲绳-启德港(六天五晚) |
| | | 启德港-吴淞口-鹿儿岛-长崎-天津港(13 天 12 晚) |
| | 东南亚 | 启德港-真美-芽庄-启德港(六天五晚) |
| | | 启德港-顺化-芽庄-启德港(六天五晚) |

| | | |
|---|---|---|
| 香港 | 东南亚 | 启德港-芽庄-胡志明市-曼谷-新加坡（九天八晚、10天9晚或11天10晚）（海洋航行者号，海洋赞礼号） |
| | | 启德港-那霸-大阪-神户-高知-启德港（10天9晚） |
| | | 启德港-那霸-宫古岛-启德港（六天五晚） |
| | | 启德港-南沙港-胡志明市-芽庄-南沙港（六天五晚） |
| | | 启德港-南沙港-马尼拉-长滩岛-南沙港（六天五晚） |
| | | 启德港-胡志明市-芽庄-启德港（六天五晚） |
| | | 启德港-马尼拉-长滩岛-启德港（六天五晚） |
| | | 启德港-下龙湾-岘港-芽庄-胡志明市-新加坡-曼谷（15天14晚） |
| | | 启德港-岘港-芽庄-胡志明市-西哈努克-曼谷-苏梅岛-启德港（13天12晚） |
| | | 启德港-岘港-芽庄-胡志明市-西哈努克-曼谷-苏梅岛-新加坡（13天12晚） |
| | | 启德港-下龙湾-岘港-胡志明市-孔堤-苏梅岛-新加坡（15天14晚） |
| | | 启德港-下龙湾-岘港-胡志明市-新加坡（10天9晚） |
| | | 启德港-马尼拉-科隆-公主港-山打根-哥打金拿巴鲁-穆阿拉西比路岛-新加坡（11天10晚） |
| | | 启德港-马尼拉-科隆-公主港-山打根-哥打金拿巴鲁-穆阿拉西比路岛-古晋-新加坡（12天11晚） |
| | | 启德港-下龙湾-岘港-芽庄-富美-西哈努克-曼谷-纳通-新加坡（15天14晚） |
| | | 启德港-马尼拉-高雄-基隆港-冲绳-博多-长崎-吴淞口（15天14晚） |
| | | 启德港-芽庄-富美-新加坡-三宝垄-巴厘岛-科莫多岛-达尔文港-凯恩斯-布里斯班-悉尼（24天23晚） |
| | | 启德港-三亚港-下龙湾-启德港（五天四晚） |
| | 港台 | 海上狂欢（三天两晚、两天一晚） |
| | | 启德港-新加坡（四天三晚） |
| | 日韩 | 启德港-吴淞口-鹿儿岛-长崎-釜山-济州岛-仁川-天津港（13天12晚） |
| | | 启德港-高雄-基隆-那霸-长崎-济州岛-仁川-天津-吴淞口（16天15晚） |
| | | 启德港-吴淞口-天津港-济州岛-大阪-东京（16天15晚） |
| | 全球 | 启德港-芽庄-富美-新加坡-三宝垄-巴厘岛-科莫多岛-达尔文港-凯恩斯-布里斯班-悉尼-怀唐伊-陶朗加-奥兰克-杜拉凡尼岛-劳托卡-苏瓦-阿皮亚-跨越国际日期变更线-跨越赤道-夏威夷-毛依岛-圣迭戈（50天49晚） |
| 厦门 | 日本 | 厦门港-冲绳-厦门港（五天四晚）（幸运号，新世纪号） |
| | | 厦门港-鹿儿岛-宫崎-厦门港（六天五晚） |
| | | 厦门港-冲绳-宫古岛-厦门港（六天五晚） |
| | 港澳台 | 厦门港-宫古岛-厦门港（五天四晚）（幸运号，新世纪号） |
| | | 厦门港-八重山郡-厦门港（五天四晚） |
| 宁波 | 日本 | 宁波舟山港-那霸-宁波舟山港（五天四晚） |
| | | 宁波舟山港-佐世保-福冈-宁波舟山港（六天五晚） |

（续表）

| 宁波 | 日本 | 宁波舟山港-下关-佐世保-宁波舟山港(六天五晚) |
| | | 宁波舟山港-那霸-宁波舟山港(四天三晚) |
| | | 宁波舟山港-宫古岛-太子湾(五天四晚) |
| 青岛 | 日本 | 青岛港-佐世保-青岛港(五天四晚)(新世纪号,辉煌号) |
| | | 青岛港-下关-佐世保-青岛港(五天四晚) |
| | | 青岛港-下关-青岛港(五天四晚) |
| | | 青岛港-佐世保-长崎-青岛港(五天四晚) |
| | | 青岛港-佐世保-吴淞口(五天四晚) |
| | | 青岛港-福冈-青岛港(五天四晚) |
| | | 四天三晚海上狂欢 |
| | 日韩 | 青岛港-济州岛-福冈-青岛港(五天四晚) |
| | | 青岛港-釜山-下关-青岛港(六天五晚) |
| | | 青岛港-佐世保-青岛港(五天四晚) |
| | | 青岛港-佐世保-济州-青岛港(五天四晚) |
| | | 青岛港-济州岛-佐世保-吴淞口(五天四晚) |
| | | 青岛港-济州岛-福冈-大连港(五天四晚) |
| | | 青岛港-济州岛-佐世保-长崎-青岛港(五天四晚) |
| 三亚 | 东南亚 | 三亚港-下龙湾-三亚港(三天两晚)(双子星号,宝瓶星号) |
| | | 三亚港-岘港-三亚港(三天两晚)(双子星号,宝瓶星号) |
| | | 三亚港-下龙湾-岘港-三亚港(四天三晚)(双子星号,宝瓶星号) |
| | | 三亚港-西沙-马尼拉-中沙-三亚港(五天四晚或六天五晚) |
| | | 三亚港-西沙-文莱-南沙-三亚港(五天四晚或六天五晚) |
| | | 三亚港-下龙湾-基隆港-启德港-三亚港(五天四晚或六天五晚) |
| | | 三亚港-西沙-三亚港(四天三晚或三天两晚) |
| 海口 | 东南亚 | 秀英港-西沙-秀英港(四天三晚) |
| | | 秀英港-岘港-顺化-秀英港(三天两晚) |
| | | 秀英港-下龙湾-秀英港(三天两晚)(天平星号,泰山号) |
| | | 秀英港-岘港-秀英港(三天两晚) |
| 烟台 | 日韩 | 烟台港-日本-烟台港(六天五晚) |
| | | 烟台港-仁川-济州岛-烟台港(五天四晚) |
| 大连 | 日本 | 大连港-北九州-大连港(五天四晚) |
| | | 大连港-下关-大连港(五天四晚) |
| | | 大连港-佐世保/长崎-大连港(五天四晚) |
| | | 大连港-下关-佐世保-大连港(六天五晚)(维多利亚,辉煌号) |
| | | 大连港-仁川-济州-大连港(五天四晚) |
| | | 大连港-釜山-福冈-大连港(六天五晚) |
| | | 大连港-釜山-大连港(五天四晚) |
| | | 大连港-鹿儿岛-釜山-大连港(六天五晚) |

(续表)

| 大连 | 其他 | 大连港-吴淞口-新加坡-苏梅岛-芭提雅-曼谷(八天七晚) |
|---|---|---|
| 防城港 | 越南 | 防城港-岘港-下龙湾-防城港(四天三晚) |

## 8.4 中国邮轮航线分布特征

### 8.4.1 航线总量情况

本章的数据主要来自携程旅行网(www.ctrip.com)。该平台拥有邮轮专栏,提供全球邮轮旅行预订服务,以精选专业的邮轮旅游服务团队,为顾客提供丰富多样的邮轮航线选择,邮轮住宿、吃喝玩乐游记,以及真实点评信息,还有皇家加勒比游轮、歌诗达邮轮、地中海邮轮、公主邮轮、诺唯真游轮、丽星邮轮等豪华游轮优惠预订的信息。通过对携程旅行网公布的邮轮航线数据进行整理后发现,目前我国主要邮轮航线49条,始发于国内7个主要邮轮港,包括华北地区的大连、天津、青岛,华东地区的上海以及华南地区的厦门、广州和深圳。其中以上海为母港的邮轮航线数量最多,共有17条,占比35%;其次是以天津为母港的邮轮航线为11条,占比22%;然后是深圳母港航线共7条,占比14%;之后是厦门和广州,各有6条航线,占比12%;最后是大连和青岛,各有1条,占比2%,如图8-2所示。

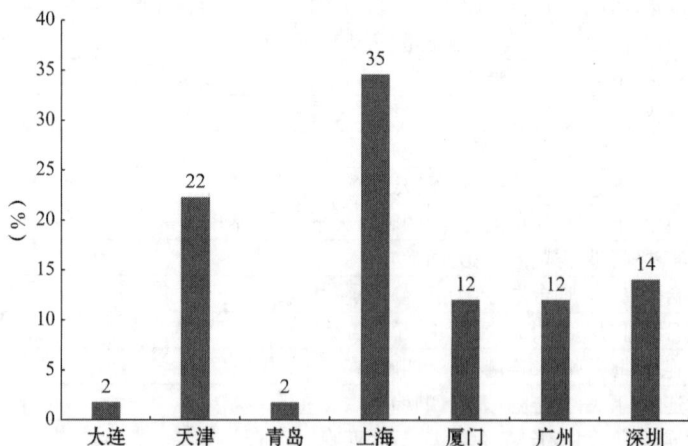

图8-2 中国各始发港航线数量占比

### 8.4.2 航线停靠港情况

研究发现中国始发航线共有34个邮轮挂靠港,输出中国邮轮航线挂靠港(城市)频次分布词表。数据显示,所有挂靠港共出现104次,具体见表8-5。为了更直观地显示挂靠港情况,根据挂靠港在航线上出现的相应频次,制作出中国邮轮航线挂靠港的分布云图,如图 8-3 所示,其中,邮轮挂靠港的航线数量越多,始发港(城市)的字体相对越大。

表 8-5　中国邮轮航线挂靠港频次分布

| 序号 | 挂靠港 | 频次 | 占比(%) | 序号 | 挂靠港 | 频次 | 占比(%) |
|---|---|---|---|---|---|---|---|
| 1 | 日本,福冈 | 9 | 8.65 | 18 | 澳大利亚,费里曼特尔 | 2 | 1.92 |
| 2 | 日本,那霸(冲绳) | 8 | 7.69 | 19 | 菲律宾,苏比克湾(吕宋岛) | 2 | 1.92 |
| 3 | 日本,大阪 | 7 | 6.73 | 20 | 日本,八重山郡 | 2 | 1.92 |
| 4 | 日本,宫古岛 | 6 | 5.77 | 21 | 日本,高知 | 2 | 1.92 |
| 5 | 日本,鹿儿岛 | 6 | 5.77 | 22 | 越南,芽庄 | 2 | 1.92 |
| 6 | 日本,下关市 | 5 | 4.81 | 23 | 澳大利亚,阿德莱德 | 1 | 0.96 |
| 7 | 日本,长崎 | 5 | 4.81 | 24 | 澳大利亚,达尔文 | 1 | 0.96 |
| 8 | 日本,横滨 | 4 | 3.85 | 25 | 澳大利亚,格拉德斯通 | 1 | 0.96 |
| 9 | 日本,神户 | 4 | 3.85 | 26 | 澳大利亚,凯恩斯 | 1 | 0.96 |
| 10 | 新加坡,新加坡 | 4 | 3.85 | 27 | 俄罗斯,海参崴 | 1 | 0.96 |
| 11 | 印度尼西亚,巴厘岛 | 4 | 3.85 | 28 | 日本,八代市(熊本) | 1 | 0.96 |
| 12 | 越南,胡志明市 | 4 | 3.85 | 29 | 日本,冲绳(冲绳) | 1 | 0.96 |
| 13 | 越南,岘港 | 4 | 3.85 | 30 | 日本,静冈 | 1 | 0.96 |
| 14 | 菲律宾,马尼拉 | 3 | 2.88 | 31 | 日本,境港市 | 1 | 0.96 |
| 15 | 日本,别府 | 3 | 2.88 | 32 | 日本,舞鹤市 | 1 | 0.96 |
| 16 | 日本,佐世保市 | 3 | 2.88 | 33 | 印度尼西亚,雅加达 | 1 | 0.96 |
| 17 | 越南,庆和省 | 3 | 2.88 | 34 | 越南,下龙湾 | 1 | 0.96 |
| 总　计 | | | | | | 104 | 100 |

　　统计分析发现,中国邮轮航线主要挂靠港集中在日本,共涉及 18 个日本港口,频次达 69 次,占据总频次的 66.35%;其次是越南,共涉及 5 个港口,频次为 14,占总频次比重为 13.46%;之后是澳大利亚,同样包含 5 个港口,频次为 6,占比 5.77%;紧接着是印度尼西亚和菲律宾,分别有 2 个港口,频次各为 5,占比 4.81%;然后是新加坡 1 个港口,频次为 4,总频次比比 3.85%;最后是俄罗斯,有 1 个港口,频次为 1,占比为 0.96%。

图 8-3　中国邮轮航线挂靠港分布云图

### 8.4.3　航线时长分布

国际具有最高权威性之一的航线评论网站(www.cruisecritic.com)将邮轮航线时长划分为 1~2 天,3~5 天,6~9 天,10~14 天,15 天以上。国内携程旅行网则将航线时长划分为 1~3 天,4~6 天,7~9 天,12~16 天,33 天以上。综合两者对于邮轮航线时长的划分情况,此处邮轮航线时长划分为:1~2 晚,3~5 晚,6~9晚,10~14 晚,15~30 晚,31~49 晚,以及 50 晚以上共 7 种类型。由于以"晚"(Night)为单位是国际比较通用的时长表达方式,此处也统一用"晚"表达。

通过对 49 条邮轮航线的整理统计,邮轮航线涉及 11 种不同时长的邮轮航线,时长跨度广,范围在 1~22 晚。其中 1~2 晚邮轮航线仅 1 条,3~5 晚邮轮航线共17 条,6~9 晚邮轮航线共 27 条,15~30 晚邮轮航线共 4 条,如图 8-4 所示。具体来看,6 晚的邮轮航线数量最多,共 21 条,占全部航线数量的 42.86%;其次是时长5 晚的邮轮航线数量为 13 条,占比 26.53%;然后是 3 晚和 9 晚的邮轮航线数量,

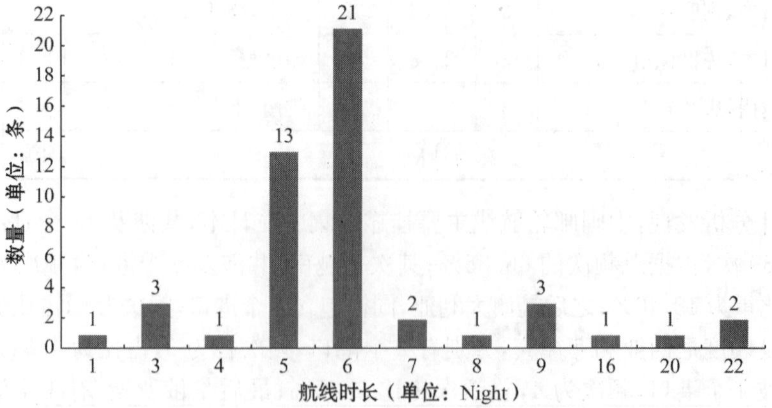

图 8-4　中国邮轮航线时长分布

各有 3 条,占比为 6.12%。

## 8.5　中国邮轮航线区域特征

从区域来看,我国始发航线主要分布于三个区域,即华北地区(天津、大连、青岛)、华东地区(上海、舟山等)和华南地区(厦门、广州、深圳、海口、三亚等)。下面对航线名称、航线时长、始发港(城市)、挂靠港、邮轮船舶、邮轮航期、航线日程安排等内容进行具体分析。

### 8.5.1　华北地区

(1) 邮轮航线分布基本情况。数据显示,在始发港分布方面,华北地区的邮轮航线共有 13 条,主要包括天津、大连和青岛三大邮轮始发港。其中天津始发航线共 11 条,占比 84.62%;大连和青岛始发航线各 1 条,均占比 7.69%。在时长分布方面,华北地区邮轮航线则集中于 5~6 晚,其中六晚航线占比 76.92%,五晚航线占比 23.08%;大连和青岛均为 6 晚时长的航线,而天津以 6 晚航线为主,占比 72.73%,此外还有少量 5 晚长度的航线,占比 27.27%。在邮轮船舶运营方面,华北地区邮轮航线主要由星梦邮轮旗下"探索梦号"和歌诗达邮轮旗下"赛琳娜号邮"轮负责运营,"探索梦号"邮轮会在不同航期停靠天津、大连和青岛三个始发港,而"赛琳娜号"邮轮在华北地区只停靠天津一个邮轮港口。

(2) 邮轮挂靠港。通过将 7 个邮轮挂靠港数据进行中文词频分析,得到中国邮轮航线挂靠港分布列表及相应的频次统计。研究发现,共有 7 个邮轮挂靠港,输出中国邮轮航线挂靠港(城市)频次分布词表。数据显示,所有挂靠港共出现 23 次。华北邮轮始发航线的挂靠港主要集中于日本西南部的福冈和下关市,频次分别为 6 和 5 次,占比分别为 26.09% 和 21.74%;其次是鹿儿岛(频次为 4,占比 17.39%)、佐世保(频次 3,占比 13.04%)、别府和长崎(频次各为 2,占比均为 8.7%)以及境港(频次为 1,占比 4.35%),具体见表 8-6。

表 8-6　华北地区邮轮航线挂靠港

| 序号 | 挂靠港 | 频次 | 占比(%) | 序号 | 挂靠港 | 频次 | 占比(%) |
|---|---|---|---|---|---|---|---|
| 1 | 日本,福冈 | 6 | 26.09 | 5 | 日本,别府 | 2 | 8.70 |
| 2 | 日本,下关市 | 5 | 21.74 | 6 | 日本,长崎 | 2 | 8.70 |
| 3 | 日本,鹿儿岛 | 4 | 17.39 | 7 | 日本,境港市 | 1 | 4.35 |
| 4 | 日本,佐世保市 | 3 | 13.04 | | | | |
| 总　　计 | | | | | | 23 | 100 |

### 8.5.2　华东地区

（1）邮轮航线分布基本情况。数据显示,在始发港分布方面,华东地区的邮轮航线共有 17 条,主要以上海作为始发港。在时长分布方面,华东地区航线则相对丰富,从上海出发的航线共有 8 种不同时长的航线,主要集中在 5～22 晚。其中 3～5 晚航线 5 条,6～9 晚航线共 8 条,15～30 晚航线共 4 条。具体来看,邮轮航线时长 5 晚的数量最多,共 5 条,占全部航线数量的 29.41%;其次是时长 9 晚的航线,共 3 条,占全部航线数量的 17.65%;之后是时长 6 晚、7 晚和 22 晚的邮轮航线各 2 条,占比 11.76%;最后是时长 8 晚、16 晚和 20 晚邮轮航线仅 1 条,占比 5.88%,如图 8-5 所示。在承运邮轮方面,华东地区邮轮航线主要由皇家加勒比的"海洋光谱号"和地中海邮轮"辉煌号"运营,各有 5 条航线,占比 29.41%;之后是公主邮轮旗下的"蓝宝石公主号"(3 条航线,占比 17.65%)、星梦邮轮旗下探索梦号(2 条航线,占比 11.76%)、歌诗达邮轮"尼斯号"和公主邮轮"盛世公主号"(各 1 条航线,占比 5.88%)。

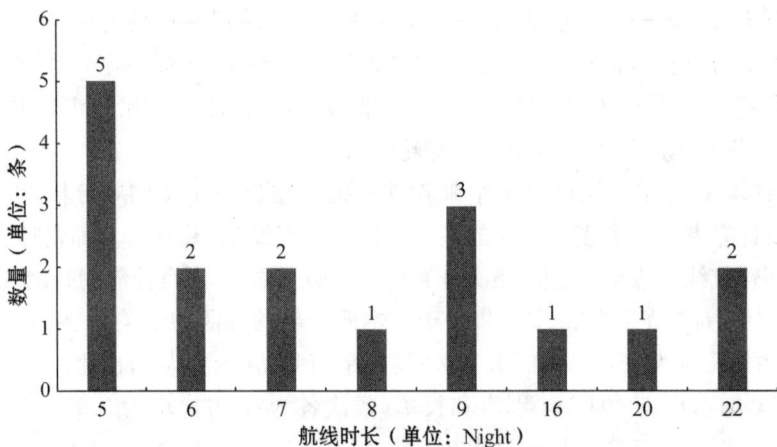

图 8-5　华东地区邮轮航线时长分布

（2）邮轮挂靠港。词频分析发现,华东地区共有 26 个挂靠港,涉及 13 个日本港口(大阪、横滨、神户、福冈、长崎、高知、鹿儿岛、八代市(熊本)、别府、冲绳(冲绳)、静冈、那霸(冲绳)、舞鹤市),总频次为 31 次,占比 52.54%;其次是越南,涉及 3 个港口(胡志明市、庆和省、芽庄),总频次为 8,占比 13.56%;之后是澳大利亚,包含 5 个港口(费里曼特尔、阿德莱德、达尔文、格拉德斯通和凯恩斯),总频次为 6,占比 10.17%;然后是印度尼西亚,有 2 个港口,分别是巴厘岛和雅加达,总频次为 5,占比 8.47%;最后是新加坡和中国香港,频次均为 4,占比 6.78%;此外,俄罗斯的海参崴,频次为 1,占比 1.69%。具体见表 8-7。

表 8-7　华东地区邮轮航线挂靠港

| 序号 | 挂靠港 | 频次 | 占比(%) | 序号 | 挂靠港 | 频次 | 占比(%) |
|---|---|---|---|---|---|---|---|
| 1 | 日本,大阪 | 7 | 11.86 | 14 | 澳大利亚,阿德莱德 | 1 | 1.69 |
| 2 | 日本,横滨 | 4 | 6.78 | 15 | 澳大利亚,达尔文 | 1 | 1.69 |
| 3 | 日本,神户 | 4 | 6.78 | 16 | 澳大利亚,格拉德斯通 | 1 | 1.69 |
| 4 | 新加坡,新加坡 | 4 | 6.78 | 17 | 澳大利亚,凯恩斯 | 1 | 1.69 |
| 5 | 印度尼西亚,巴厘岛 | 4 | 6.78 | 18 | 俄罗斯,海参崴 | 1 | 1.69 |
| 6 | 越南,胡志明市 | 4 | 6.78 | 19 | 日本,八代市(熊本) | 1 | 1.69 |
| 7 | 中国,香港 | 4 | 6.78 | 20 | 日本,别府 | 1 | 1.69 |
| 8 | 日本,福冈 | 3 | 5.08 | 21 | 日本,冲绳(冲绳) | 1 | 1.69 |
| 9 | 日本,长崎 | 3 | 5.08 | 22 | 日本,静冈 | 1 | 1.69 |
| 10 | 越南,庆和省 | 3 | 5.08 | 23 | 日本,那霸(冲绳) | 1 | 1.69 |
| 11 | 澳大利亚,费里曼特尔 | 2 | 3.39 | 24 | 日本,舞鹤市 | 1 | 1.69 |
| 12 | 日本,高知 | 2 | 3.39 | 25 | 印度尼西亚,雅加达 | 1 | 1.69 |
| 13 | 日本,鹿儿岛 | 2 | 3.39 | 26 | 越南,芽庄 | 1 | 1.69 |
| 总　计 | | | | | | 59 | 100 |

## 8.5.3　华南地区

（1）邮轮航线分布基本情况。数据显示,在始发港分布方面,华南地区的邮轮航线共有 19 条,主要包括厦门、广州和深圳三大邮轮始发港。其中深圳航线相对略多共 7 条,占比 36.84%;厦门和广州始发航线共 6 条,占比 31.58%。在时长分布方面,华南地区邮轮航线则集中于 1~6 晚,其中六晚航线共 9 条,占比 47.37%;其次是五晚航线,共 5 条,占比 26.32%;然后是 3 晚航线,共 3 条,占比 15.79%;最后是 1 晚和 4 晚航线,各有 1 条,分别占比 5.26%。

在邮轮船舶运营方面,华南地区目前接待 4 艘邮轮停靠,主要包括歌诗达邮轮旗下的"大西洋号",有 8 条航线,占比 42.11%;其次是星梦邮轮"世界梦号",有 6 条航线,占比 31.58%;之后是地中海邮轮"辉煌号",共 3 条邮轮航线,占比 15.79%;最后是丽星邮轮"双子星号",共 2 条航线,占比 10.53%。

（2）邮轮挂靠港。华南地区始发航线共有 9 个挂靠港,涉及 3 个日本港口,分别是那霸(冲绳)、宫古岛和八重山郡,总频次 15 次,占 53.57%;其次是越南,涉及

3 个港口,分别是岘港、下龙湾和芽庄,总频次为 6,占比为 21.43%;之后是菲律宾,包含 2 个港口,分别为马尼拉和苏比克湾(吕宋岛),频次为 5,占比为 17.86%;最后是中国香港,频次为 2,占比为 7.14%;具体见表 8-8。

表 8-8    华南地区邮轮航线挂靠港华南地区邮轮航线挂靠港

| 序号 | 挂靠港 | 频次 | 占比(%) | 序号 | 挂靠港 | 频次 | 占比(%) |
|---|---|---|---|---|---|---|---|
| 1 | 日本,那霸(冲绳) | 7 | 25.00 | 6 | 日本,八重山郡 | 2 | 7.14 |
| 2 | 日本,宫古岛 | 6 | 21.43 | 7 | 中国,香港 | 2 | 7.14 |
| 3 | 越南,岘港 | 4 | 14.29 | 8 | 越南,下龙湾 | 1 | 3.57 |
| 4 | 菲律宾,马尼拉 | 3 | 10.71 | 9 | 越南,芽庄 | 1 | 3.57 |
| 5 | 菲律宾,苏比克湾(吕宋岛) | 2 | 7.14 | | | | |
| 总　　计 | | | | | | 28 | 100 |

## 8.6    中国邮轮航线存在的问题

### 8.6.1    航线类型较为单一

通过此次数据分析,发现该阶段内邮轮航线数量偏少,目前正在运营邮轮航线的母港只有 7 个沿海城市,有近一半港口暂无航线运营,而部分条件良好的邮轮港口目前仅运营 1 条邮轮航线;先进港口资源闲置,港口潜力尚未发挥,港口及城市邮轮吸引力有待加强.此外,现有航线以短期航线为主,集中于 5~6 晚时间长度,30 天以上的环球航线尚未涉及,15 天左右小长期航线选择单一,且多集中在上海港口;高端邮轮航线缺位,国内运营邮轮稀有,航线类型的选择尚不丰富,对于作为全球第二大邮轮市场的中国,显然无法满足中国游客的多元需求。

### 8.6.2    入境航线欠缺,岸上产品不足

数据显示,现有邮轮航线超过半数以日本各港口为目的地,其余航线则主要去达东南亚少部分国家、澳大利亚和俄罗斯各地,共 7 个国家,显然选择有限。因中国游客乘坐游轮前往日本免签政策,对于日本航线开辟以及中国市场拓展带来巨大的积极影响。东南亚国家也多与中国实行免签、落地签等政策,也是航线迅速拓展的重要因素。国内航线目的地的丰富,与国家相关政策关系密切,仍需要国家层面争取更多便利政策以推动邮轮业的发展。

岸上产品与服务等因素影响邮轮母港航线拓展品质。目前国内专门针对邮轮旅客的岸上旅游产品相对较少,旅游线路选取的标准和品质较低,资源组合特色不

突出,对邮轮旅客的吸引力有限;同时国内旅行社、导游、景点在旅游服务品质、产品开发、诚信经营、人性管理等方面还有待进一步改善,对于刺激邮轮旅客消费及其拓展航线品质产生了一定的制约作用。

　　单一的产品性质和单薄的产品内容是导致航线吸引度较低、岸上产品价格低廉的最主要原因。全面提升港口岸上产品的质量、数量和价格是有效拓展邮轮航线、打造优质邮轮旅游目的地的关键。邮轮航线吸引力很大程度上取决于岸上(腹地)观光产品的供给情况。天津、青岛、上海、厦门、广州和三亚等邮轮城市拥有资源丰富的长三角、环渤海湾、海峡两岸、珠三角和国际旅游岛等腹地区域,具备航线设置的先天优势,应努力通过港口城市与腹地区域在旅游资源上的互通和互动协作,应以观光旅游或城市旅游、美食之旅、文化演艺为核心,共同开发适合邮轮旅游的岸上产品。特别要开发国内"多点挂靠、一程多站"航线,推动沿海、沿江城市间的合作,拓展国内沿海、沿江岸线资源。同时积极与香港、台湾及国际中远程邮轮母港进行合作,打造中长短航线相结合、国际国内航线相穿插、不同定位不同主题航线错位竞争的航线网络,为邮轮产业持续健康发展打下基础。

## 8.6.3　利益主体航线拓展积极性不高

　　外国邮轮公司、本国政府、企业、商家以及目的地社区等基于不同的利益主体,有着不同的利益诉求。在国内,政府、企业、商家和目的地社区希望邮轮母港航线能多港停靠,以充分带动国内旅游业及其他配套产业,并且积极争取国家的外籍邮轮多港停靠政策。但是随着近几年出境游热潮高涨,邮轮旅游成为新生事物,母港出境游需求量较大,而挂靠港航线旅游要照顾沿途上船旅客,部分航段间会出现空舱,在理论上影响船方整个航次的收益。外国邮轮公司基于自身利益,主要以开展母港出境游业务为主,对于一程多站、多港挂靠的积极性并不高。

　　同时,由于国内与邮轮旅游发展密切相关的政府部门之间的利益诉求,航线开发主体和岸上旅游组织主体之间的利益诉求,以及政府、旅行社、景点和邮轮公司与目的地社区之间的利益诉求,在某种程度上难以完全平衡,这种错综复杂的利益链条在现实中大大制约了母港航线的拓展。

## 8.6.4　区域布局不平衡,港口缺乏联动

　　研究得出,华南地区邮轮航线数量分布也较为均衡,深圳、广州和厦门航线数量分布较为均衡,且挂靠港(目的地)涉及国家相对丰富;而华北地区邮轮航线绝大多数集中于天津港口,青岛和大连两大港口停靠航线目前仅 1 条,且所有航线挂靠港(目的地)集中于日本境内;华东地区邮轮航线目前虽只有上海接待邮轮停靠,但挂靠港(目的地)在国内三个主要邮轮分布区内涉及国家最为丰富;天津和上海作

为区域内重要的港口城市,无论从港口建设完备程度,还是从航线数量的丰富程度,对于辐射范围内港口城市的影响作用还是偏弱。此外,华北、华南和华东三大区域之间邮轮航线,除星梦邮轮旗下"探索梦号"和地中海邮轮旗下"辉煌号"邮轮阶段性在不同始发港挂靠,其他邮轮航线都是在某个区域单独挂靠,辐射市场十分有限,港口联动发展效果较弱。

## 8.7　中国邮轮航线拓展的对策

### 8.7.1　优化港区功能,提升综合能力

港口的发展需要综合配套的支撑,迈阿密邮轮港口毗邻中心城区,周边配有邮轮服务、休闲、购物等完备的旅游服务和交通设施。我国除厦门、青岛等港口外,大部分港口远离中心城区,周边商业、交通等配套设施还不够完善。

为此,国内港口应以邮轮港口经营为中心,整合港口附近资源,丰富国际购物、旅游休闲、文化娱乐、酒店、特色餐饮、金融、会展等旅游业态,完善综合配套设施和公共服务设施,实现邮轮港向综合性的"邮轮城"的转变。另外,以港口为中心构建完善的交通体系,优化邮轮港口周边的交通,增设往返机场、车站以及周边主要旅游景区、购物中心的快速交通线路,一方面提升始发港服务能力,另一方面提升入境旅游吸引力。

### 8.7.2　提升公众认知度,做大客源市场

常态化邮轮航线的布局离不开充足的客源支撑。从世界邮轮产业发展来看,欧美国家特别是具有航海传统的国家,其消费者对邮轮旅游的认知度很高。而中国消费者对邮轮旅游的认知则较少。因此,如何提高消费者认知是培育邮轮市场的首要任务。各港口城市应抓住当前邮轮产业发展初期的机遇,主动与沿海港口城市合作,共同规划多港挂靠邮轮航线,本着合作共赢的目标构筑"母港航线推广平台",提升邮轮消费者心中的认知地位,从而做大区域客源市场。此外,各地文旅部门、港口局、港务局应加强当地旅游与邮轮旅游的境外宣传推广,吸引入境邮轮航线。

### 8.7.3　配合假期制度,开发特色航线

虽然我国已经成为全球第二大客源市场,但在市场渗透上,远不及欧美国家。区别于欧美较强的邮轮消费理念,很大一部分的中国消费者还缺乏休闲度假心态以及对邮轮文化的理解。国人邮轮消费理念的形成仍是一个漫长的过程。为此,首先加大对邮轮等休闲产品的宣传力度,普及邮轮休闲文化,提高国民的认识程度;其次在邮轮航线产品设计方面,应结合国人的消费习惯与假期制度,推出一系列本土化产品。未来在我国推出 3~5 天的短途航线,更能被消费者接受。同时,

根据不同的客群如亲子家庭、老年人、商务团建等,开发不同主题的邮轮产品,如"亲子游""假日游"等短距离的近海游航线。

### 8.7.4　整合岸上资源,吸引入境航线

在岸上产品开发设计方面,岸上旅游产品是吸引游客的重要因素。参考阿拉斯加地区的岸上产品,发现该地区的产品类型非常丰富,包括自然和野生动物类、活动和冒险类、观光类、特殊兴趣类和自由活动类。而目前,我国沿海港口其岸上旅游产品存在普遍单一、品质较低吸引度不够的情况。首先,应结合各港口所在区域旅游自然资源、地方特色人文资源有针对性地进行产品开发,丰富岸上旅游产品类别、彰显港口周边地区地方特色、提升产品吸引性。其次,可达性对于游客游览尤为重要。优化港口城市的交通服务,让游客能够迅速进入城市腹地,增强游客游览体验,进一步提升航线吸引力。

### 8.7.5　借助船舶差异化,提升航线丰富度

面对我国巨大的市场,目前仅有 10 艘左右邮轮船舶在中国运营,导致游客的选择较少,无法更好地满足游客需求。因此我国需要引进更多的邮轮公司及其旗下的船舶,包括不同主题、不同价位、不同大小等,使得我国的游客或到我国的游客能够拥有更多元的选择。进一步深化与邮轮公司的合作,丰富船上餐饮、娱乐等产品使其与中国主题更贴切。一方面能够让中国游客更好地适应邮轮体验,另一方面也能让外国游客感受中国文化,加强文化传播。此外,可以根据客人喜好,提供在不同途经港口搭配不同线路的岸上观光活动。邮轮的衍生产品,如定制线路、旅程跟拍、婚纱摄影等个性服务也可以逐步推广,成为中国邮轮产业链中的新增长点。

### 8.7.6　创新合作机制,开发多母港航线

多母港邮轮航线不仅可以提升航线丰度,而且可以通过多港收客保证邮轮满舱率和航线运营常态化。比如,以上海为例,应在常态化长三角政府联动的基础上,密切与环渤海、东南沿海、珠江三角洲和西南沿海以及两岸三地邮轮母港及港口的关系,积极寻求邮轮旅游发展的共识,探索和交流邮轮旅游发展的区域合作方式和经验,签订区域间母港和经停港航线共同开发协议。并积极争取港台政府对于大陆乘坐邮轮前往港台旅游的乘客开辟绿色通道,简化相关手续。再次,加强与亚太各国政府间的联动交流,争取各国间乘坐邮轮出入境的旅客在简化签证手续、落地签、免签等方面的优待政策有新的突破,亚太各国政府可共同签署亚太区域邮轮航线开发和推广协议,在旅游资源、客源、邮轮开放政策等方面开展多元化合作,做大做强亚太邮轮经济。

### 8.7.7  谋求政策突破,探索短程与"开口"航线

2018年,交通部、文化和旅游部等十部门联合印发了《关于促进我国邮轮经济发展的若干意见》(以下简称《意见》),释放了诸多政策利好。而邮轮经济发展的重点地区也密集出台了大量扶持政策。在各方努力下,本土大型邮轮培育、公海游航线、进口船龄限制、邮轮销售模式创新等问题的解决都在探索推进,对丰富我国邮轮航线布局具有积极作用。常规的邮轮旅游航线是有目的地的,游客较注重岸上的旅游项目;而公海游航线是无目的地航线,以邮轮的娱乐场所为景点。目前在我国邮轮公海游这一市场仍处于空白状态。《意见》提出,试点推动中资方便旗邮轮开辟沿海游、公海游航线。此外,与地中海地区部分邮轮航线类似,可以探索突破政策和运营限制,通过简化签证与出入境政策,提升不同站点邮轮联盟收客能力,在东北亚和东南亚地区探索开发"开口"邮轮航线。

### 8.7.8  依托港口群落,拓宽航线布局区域

首先,可以厦门、福州为基础,构建"海峡邮轮旅游圈",开发对台邮轮旅游航线。中国台湾地区是亚洲旅游航线中的重要一站,对于邮轮航线规划、丰富游客选择具有重要意义。因此,可以以厦门为龙头设立"海峡邮轮旅游圈",规划包括海峡西岸各市(包括福建省全境以及浙江省温州市、衢州市、丽水市,广东省汕头市、梅州市、潮州市、揭阳市,江西省上饶市、鹰潭市、抚州市、赣州市)、上海市、舟山市、台湾省4港(基隆港、高雄港、台中港、莲花港)、中国香港特别行政区及日本冲绳在内的多航程邮轮旅游线路,并在有关两岸邮轮发展政策方面有所突破(焦芳芳,2014)。

其次,以广州、深圳、海口、三亚、北海等邮轮港口为依托,开发面向东盟十国的"泛南海邮轮航线"。南海具有环境优美、空气清新、远离大陆等特征,充满神秘感和新鲜感,对国内游客有着较大的吸引力,而且南海气候温暖,适合开展一年四季的邮轮航线。特别是海口、北海至越南邮轮航线是一条非常重要的"水上黄金航线",与国家"海上丝绸之路战略"高度契合,同时对促进南海国家和地区的文化交流和经济发展,带动海口乃至琼北地区的旅游资源的共享,提升海口的旅游城市形象也是有非常重要的意义。为了实现这一目标,附近港口应首当其冲来打造持续繁荣的邮轮母港而不仅仅是邮轮挂靠港,以"海上丝绸之路"及环南海为纽带,通过海口至越南、菲律宾、马来西亚、泰国、新加坡、文莱以及港澳台等地区的邮轮航线,形成独具特色的南海邮轮旅游产品。

### 8.7.9  依托区域旅游一体化,开发内河游轮航线

除了远洋邮轮,河轮(River Cruise)产品在国际旅游市场具有重要地位,市场竞争也非常激烈。以欧洲为例,多瑙河和莱茵河两地的豪华游轮共计170艘,其中

维京河轮(Viking River Cruise)占比最高,深受游客的喜爱。作为下游产业,内河游轮旅游也成为当地经济和文化的重要组成部分。2017 年,我国发布《内河旅游船星级的划分与评定标准》,为河轮运营规范与服务标准提供参考。我国长江、长三角地区、大湾区、东南沿海、华南沿海附近均具有开发内河或近海游轮产品的可能。特别是长江在航程、沿线旅游资源等方面均与欧洲的多瑙河和莱茵河有相似之处,相比欧洲内河游轮市场的成熟度,我国内河游轮市场仍然具备很大的开发潜力。对于沿海邮轮发展区,要依托区域旅游与邮轮旅游一体化市场,充分借助已经贯通的河道、水系以及沿岸的旅游、历史、文化资源开发具有吸引力的内河游轮航线,打造远洋邮轮与内河游轮相呼应的产业布局形态。

以长三角地区为例,目前国内具有代表性的世纪游轮公司已经在长三角投放了"世纪天子号"游轮。该游轮是重庆新世纪游轮股份有限公司全新推出的超五星级三峡豪华游船,是长江中最大、最新、最豪华游船之一。"世纪天子号"游轮全长126.80 米,宽 17.20 米,配备客房 153 间,总载客量 306 人,早期运营以重庆为起点宜昌为终点的经典游轮线路。2018 年 4 月 11 日下午,"世纪天子号"从南京五马渡广场码头出发,途径泰州、张家港、上海,全程约 330 公里。2019 年 8 月,南京市与招商局集团签署了栖霞山国际邮轮主题综合项目开发协议。项目建成后,南京将成为全国首个拥有内河综合型邮轮母港的城市,届时游客可从南京栖霞山出发通过内河游轮漫游长三角地区。从产品开发来看,长三角未来邮轮旅游的发展可借鉴维京游轮发展模式,整合沿江、沿河、沿海的历史文化旅游资源,开发精致的内河游轮航线。

(1)上海内河航线—都市时尚之旅。上海内河航道里程 2 246 公里,河网平均密度每平方公里 6～7 公里,水域面积(不包括长江口)687.7 平方公里,水体旅游资源丰富,具备开发内河游轮的自然条件。上海是购物天堂、时尚之都,海派文化、红色文化、江南文化汇聚,可以开发多种主题的内河航线。比如,以都市时尚为主题,以一江(黄浦江)—河(苏州河)—湖(淀山湖)为主线,沿长江延伸至崇明岛,结合沿线十六铺、外滩、朱家角古镇和崇明岛生态度假等特色资源和活动,可以打造三条都市时尚之旅,如图 8-6 所示。

**线路一:吴淞口—黄浦江—十六铺—复兴岛—渔人码头—外白渡桥—苏州河**

从十六铺上岸后周边游客可观赏外滩、豫园、衡山路、多伦路、上海博物馆、上海老街、人民广场等景点,进行美食购物、历史观光、娱乐体验等旅游项目,依托复兴岛这一岛屿资源,游客可在此体验休闲度假、岛屿观光等产品。渔人码头上岸后游客可进行人文历史、浦江美景、亲水绿地、海鲜特色餐饮等旅游项目,游客在外白渡桥可感受历史的变迁、现代化和工业化的发展。

图 8-6  上海内河游轮航线(假想图)

**线路二:吴淞口—黄浦江—十六铺—复兴岛—渔人码头—东方明珠—外滩**

该段航线以岸上旅游为主,线路依托十六铺周边景点、复兴岛、外滩等资源涉及到了娱乐观光、现代都市、美食购物、休闲度假等项目,使游客较好感受上海都市文化。沿着外滩进入淀浦河,淀浦河以随航观光为主,游客也可从莘庄下客进入莘庄购物中心。沿着莘庄购物中心—朱家角古镇—太阳岛—淀山湖东方绿—上海大观园一线主要以水岸结合休闲度假旅游为主。

**线路三:吴淞口—长江—崇明岛明珠湖、东滩湿地—横沙岛—金山沙滩—浙江内河**

(2)浙江内河航线发—山水画廊之旅。浙江省海域广阔,海岸曲折,港湾众多,如杭州湾、象山港、台州湾、温州湾等,全省河流密布,有 605 公里长的钱塘江、129 公里长的大运河,还有杭州西湖、绍兴东湖、嘉兴南湖、宁波东钱湖等湖泊,水域面积达 6 500 平方公里,是上海的 10 倍,有“山水浙江,诗画江南”之称。江南古镇风情更是让游客流连忘返,为发展奇山异水观光旅游提供了丰富的旅游资源。因此,浙江内河航线开发以山水画廊为主题,融合古镇、名湖、仙谷、主题公园等要素,打造极富江南韵味的内河游轮旅游产品,如图 8-7 所示。

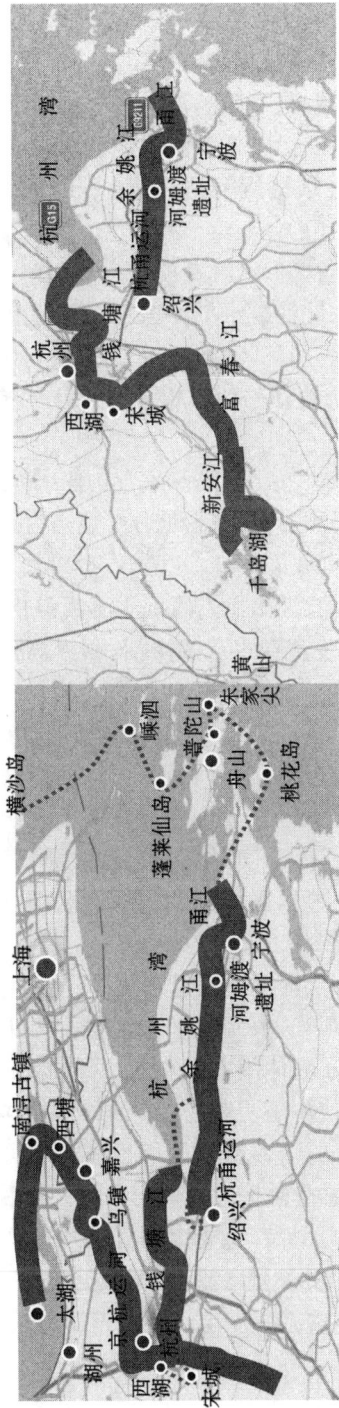

图 8-7　浙江内河游轮航线（假想图）

**线路一：崇明横沙岛—嵊泗—蓬莱仙岛—普陀山—朱家尖—桃花岛—宁波港—甬江—余姚江—西横河—曹娥江—杭甬运河—绍兴—河姆渡遗址**

绍兴作为国家历史文化名城，是一座漂浮在水上的城市，因此绍兴地段主要以沿航游览为主。之后返回曹娥江，沿着杭州湾从钱塘江进入杭州，岸上游玩西湖和宋城主题公园，再沿着钱塘江、京杭运河进入嘉兴，随航游玩乌镇和西塘，途经南湖。

运河两岸有江河流霞、艮新秋韵、武林新姿、夹城春红、江桥忆昔、三河环月、拱宸怀古、东塘野渡、古桥双曲、水北渔歌十景。之后北上至南浔古镇，后借道陆家湾和太浦河进入太湖。

**线路二：宁波港—甬江—余姚江—西横河—曹娥江—杭甬运河—绍兴—河姆渡遗址**

绍兴水乡以随航游览为主。之后返回曹娥江。沿着杭州湾从钱塘江进入杭州，岸上游玩西湖和宋城主题公园，再沿着钱塘江—富春江—新安江，驰骋千岛湖，该线路末端与安徽相连。富春江—新安江一线布有瑶琳仙境、印象富春江、严子陵钓台、富春江小三峡、新安江水库、江南龙门湾等旅游吸引物，有"人行明镜中，鸟度屏风里"之妙趣，让游客尽情体验富春水居式生活。各线路节点均可上下客，供游客自行选择航程。

（3）江苏内河航线—水乡风情之旅。江苏省地势平坦，河湖众多，水网密布。境内长江流域面积3.86万平方公里，分为长江干流水系和太湖水系，面积分别为1.92万平方公里和1.94万平方公里。淮河流域面积6.29万平方公里，此外江苏省还有太湖、瘦西湖、玄武湖、洪泽湖、莫愁湖、天目湖、骆马湖等湖泊，因此江苏内河游轮航线开发以水乡风情为主题，融合湖泊、古镇、名山、园林等要素，打造水乡韵味的内河游轮旅游产品，如图8-8所示。

**线路一：云龙湖—骆马湖—洪泽湖—周恩来故居—大明寺—瘦西湖—个园**

该航线沿古运河进行岸上观光，由北向南先经过云龙湖，感受云龙山水自然景观，游客可自行选择自然观光、家庭休闲之旅，之后沿中运河行驶到骆马湖，感受骆马湖历史文化，开展人文之旅，使游客更好感受当地文化。游轮行驶到淮安地段，游客可游览洪泽湖与周恩来故居。5A级景区周恩来故居可开发历史人文观光之旅，游客欣赏景区展览与藏品，感受总理的胸怀与精神。然后沿着里运河中途停靠扬州，上岸参观大明寺、瘦西湖与个园，感受大明寺的佛教文化以及扬州园林的独特之处，根据这些景点资源可开发关爱之旅、宗教文化之旅、家庭休闲之旅及自然观光之旅等，满足不同游客群体的旅游需求。参观完扬州景点后，最后游轮沿南运河驶入东海。

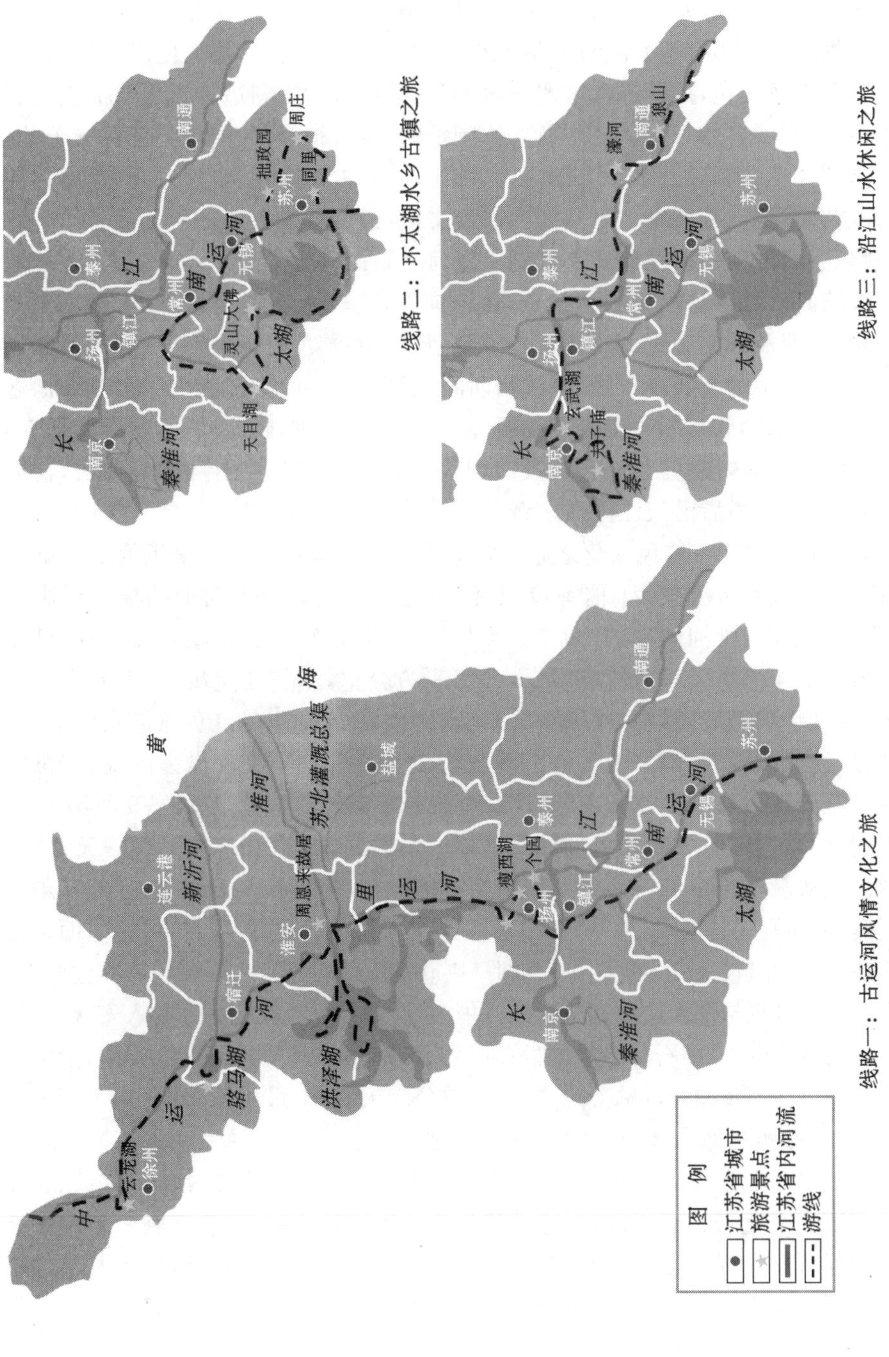

线路二：环太湖水乡古镇之旅

线路三：沿江山水休闲之旅

线路一：古运河风情文化之旅

图 8-8　江苏内河游轮航线（假想图）

图　例

· 江苏省城市
★ 旅游景点
— 江苏省内河流
--- 游线

**线路二：太湖—灵山大佛—天目湖—拙政园—周庄—同里—太湖**

该线路是沿太湖参观岸上景点,首先从太湖出发,环太湖驶入无锡,参观无锡灵山大佛景区,是中国最为完整的佛教文化主题园区,开展宗教文化岸上之旅,可让游客感受佛教文化,接着进入常州地段参观天目湖,欣赏湖边美景也可品尝天目湖砂锅鱼头,开展自然观光、美食购物、休闲垂钓等项目。然后沿南运河驶入苏州,参观苏州园林拙政园以及水乡古镇同里、周庄,开发古镇文化、自然观光、家庭休闲之旅,使游客感受江苏园林艺术及江南古镇文化,最后驶入太湖。

**线路三：秦淮河—夫子庙—玄武湖—濠河—狼山**

该线路沿长江参观沿途旅游景点,由西向东,先驶入省会南京,参观秦淮河及夫子庙景区,涉及人文观光、美食购物、休闲划船等旅游项目,让游客更好感受六朝古都文化,之后游览玄武湖景区,与杭州西湖、嘉兴南湖并称"江南三大名湖",游客可在玄武湖内划船欣赏湖边美景。随后,沿长江往东行驶,到达南通,参观南通5A级景点濠河风景区,接着爬狼山,涉及濠河划船、特产购物、狼山拜佛等项目,让游客感受佛教文化,最后沿长江驶入东海。

(4) 徽内河航线—红色文化之旅。安徽省是华东地区跨江安徽近海的内陆省份,境内山河秀丽、人文荟萃、稻香鱼肥、江河密布。五大淡水湖中的巢湖横卧江淮,素为长江下游、淮河两岸的"鱼米之乡"。安徽被长江、淮河、新安江贯穿,其中淮河流域6.7万平方公里,长江流域6.6万平方公里,新安江流域0.65万平方公里。黄山、九华山把安徽划分成了平原、丘陵、山地。安徽省是红色旅游资源大省,淮海战役、渡江战役、皖南事变等许多重大历史事件都发生在安徽。因此,安徽内河游轮航线开发以红色文化为主题,让游客感受安徽红色文化,如图8-9所示。

**航线一：水阳江—方特欢乐世界—巢湖—九华山—天柱山—白马尖—天堂寨**

该航线从水阳江驶入,先游玩芜湖方特欢乐世界,满足亲子家庭群体及青年群体的游玩需求,涉及飞越极限、神秘河谷、水世界、西部追忆等旅游项目,体验里面多样主题活动。之后沿长江驶入巢湖,环巢湖一周欣赏山色湖光。之后游轮停靠池州市,游客观赏自然景观与佛教文化相结合的九华山,然后继续沿长江水系驶入安庆市,先参观天柱山感受奇松、怪石的绝妙之处,随后乘坐陆路交通工具到达六安市,游览红色旅游基地白马尖及国家森林公园、国家地质公园天堂寨,最后原路返回下船点。

**航线二：徽州古城—黄山—太平湖—宏村**

该航线可与浙江千岛湖相连,主要沿新安江水系行驶,参观两岸旅游景点,先参观国家历史文化名城徽州古城,感受安徽的文化,随后游轮继续行驶。上岸可乘坐陆路交通到达世界文化与自然双重遗产黄山,欣赏四绝奇松、怪石、云海、温泉,随后游览国家湿地公园太平湖后再返回新安江,邮轮继续往西行驶,到达世界文化遗产宏村,参观明清建筑。

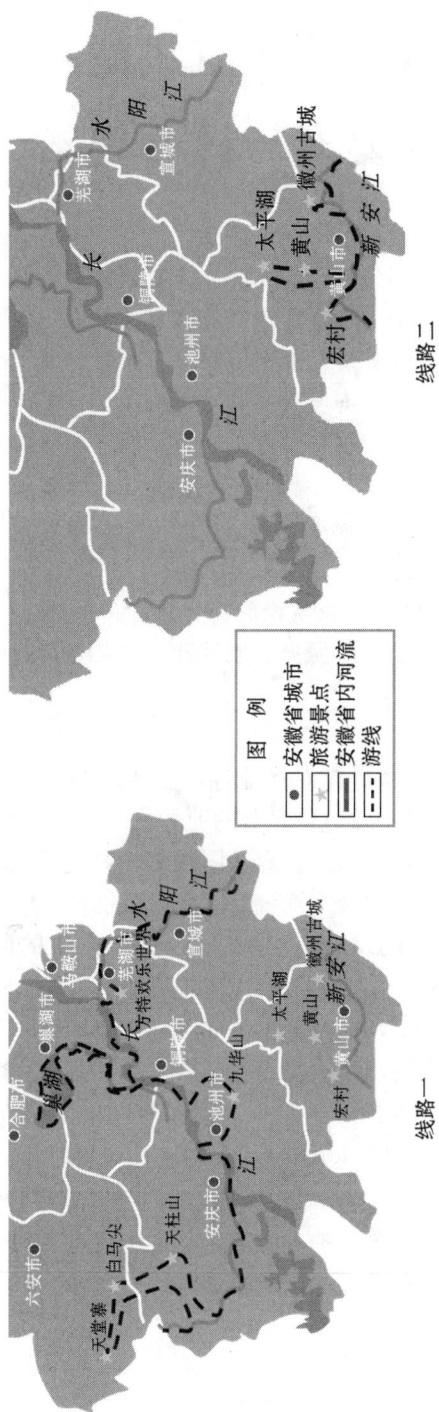

图 8-9　安徽内河游轮航线（假想图）

# 第9章 邮轮航线规划的 基本要素与核心要素

国际邮轮旅游业的实践表明,密集的航线布局是邮轮产业发展的重要保障。目前,我国邮轮产业刚刚起步,航线设置还比较单一。本章从产业整体布局的角度出发,对邮轮航线规划的基本特征与核心要素进行研究。首先,结合北美地区 35 000 余个航次的航线数据以及文献分析与专家访谈等方法,对世界邮轮航线的基本特征与主要规划要素进行讨论。其次,对邮轮航线规划中的核心要素——港口服务属性与岸上产品配备特点进行了简要分析。其中,在港口服务属性与功能配备方面,基于全球 20 个著名邮轮港口的详细数据。在邮轮岸上产品配备方面,基于全球近 300 个邮轮港口近 2 000 条邮轮航线的 270 余种岸上产品的数据。最后,针对我国邮轮航线规划存在的主要问题提出了航线开发与拓展的对策与建议。

## 9.1 导言

自 20 世纪 70 年代以来,世界邮轮产业经历了 40 多年的快速发展,已经成为国际旅游业中最具成长性、经济效益最显著的业务之一(Marti,2004;Sun,Jiao and Tian,2011;孙晓东和冯学钢,2012)。世界版图的邮轮产业已经形成了较为稳定的布局形态。北美、地中海、北欧以及大洋洲、南美地区的邮轮活动最集中,其中北美是世界邮轮产业聚集度最高的地区,也是航线设置最密集的区域(Rodrigue and Notteboom,2013)。近年来,北美市场日渐成熟,呈现出增速下降的趋势(Weeden,Lester and Thyne,2011;Jones,2011;Sun,Feng and Denish,2014)。国际邮轮业开始向亚太地区"东移"。巨大的出境客源市场、规模庞大的中产阶级群体和居民休闲度假意识的提升使得中国成为国际邮轮公司竞相争夺的战略性新兴市场(Huang and Peng,2012;Sun,Feng and Gauri,2014;Cruise Industry News Quarterly,Fall 2012)。自 2016 年开始,中国开始超过德国成为全球第二大邮轮客源市场。

从国际邮轮产业的实践经验来看,深入人心的邮轮文化和高水平的航线布局(包括优良的邮轮港口、密集的邮轮航线和优质的岸上产品与服务)是邮轮产业持续健康发展的重要保障。Rodrigue 和 Notteboom(2013)认为,邮轮产业销售的是由一系列邮轮港口组成的邮轮航线,而非目的地本身。Lee 和 Ramdeen(2013)在对北美 15 条邮轮航线数据进行研究后发现,邮轮航线对邮轮满舱率(occupancy rates)具有显著的影响作用,而科学有效的航线规划方法能有效提升邮轮企业航线布局的效果。Hersh 和 Ladany(1989)认为,有效的航线设计和票价结构能够帮助邮轮公司提升整个航期的利润。对于产业承接地来说,只有形成以邮轮港口为中心、以航线布局为辐射、以岸上旅游服务为支撑的"点—线"融合态势,才能充分发挥邮轮产业对区域经济的带动作用。而"点—线"融合的关键是开发和布局具有强大吸引力的邮轮航线。特别是对于新兴市场而言,只有同时配备了优良的邮轮港口和与之匹配的航线布局,才能保证邮轮产业的客源市场,有效抵抗突发性基础设施闲置带来的风险。

目前,我国正处在邮轮产业发展的初级阶段,航线设置还比较单一。母港航线主要布局于东北亚韩国地区(主要以天津、青岛和上海为出发港)、东南亚越南地区(主要以三亚为出发港)以及海峡两岸区域(主要以厦门为出发港),还远未形成定位多样、主题明显、长短结合的布局态势。在以港口建设为核心的发展阶段,航线拓展是巩固产业基础、推动产业持续发展的重要工作。然而邮轮航线的"点—线"结构使得航线规划涉及的影响因素众多。不仅各"点"(母港、挂靠港和岸上旅游设施)涉及的利益群体众多,整条"线"在资源、时间与成本规划上的工作也相当复杂。因此,理清国际邮轮航线的基本特征、识别邮轮公司航线设置的影响因素、探索有效的航线规划配套政策对现阶段我国邮轮产业发展具有重要的现实意义。

从现有研究来看,国内外仅有少量文献对邮轮航线规划问题进行过探讨,且主要站在邮轮收益优化的角度,通常以企业利润最大化或航线吸引度最大化为目标来构造约束规划模型,从而确定停靠港及其航行顺序和停靠时间。较早期,Hersh和 Ladany(1989)提出了一种两阶段的航线规划方法:第一阶段通过启航时间、航行时长、日均票价、港口停靠时间、船舶规格等参数来估计需求函数;第二阶段则基于需求函数和以上决策变量来确定最优的行程安排。此外,Leong and Ladany(2001)在总时间一定的约束下,以航线吸引度(Attractiveness)最大化为目标,研究了邮轮最优航线设计问题,包括选择最佳航行停靠地,确定每个停靠点的逗留时间以及邮轮的航行顺序。鄢红叶(2012)基于非线性规划的方法采用两阶段模型对航线规划进行研究,首先是挂靠港的选择问题即背包问题;再对挂靠港口的顺序进行选择,即旅行商问题。最近,Sun 等(2018)在考虑海岸线旅游资源吸引力和港口服务竞争力的基础上,以海运服务(marine services)、清关服务(customs clearance services)、运输服务(transport services)和旅游服务(tourism services)为指标,以建立非对称链路和最短路径为目标,构建了挂靠港排序的规划模型,并对南亚航线进行了实证分析。该模型的目的是根据可用时间窗和航程持续时间来测算每次航程的最佳收益,其中遍历算法和随机算法分别用于计算小规模和大规模的港口集问题。

分析发现,以上航线规格模型构造较为复杂,约束条件过多,特别是规划要素选择缺少理论与实证依据,对产业整体布局的现实指导意义有限。本章旨在从邮轮产业的整体布局出发,对国际邮轮航线的基本特征、航线规划的基本要素与关键因素进行简要分析,特别对邮轮港口和岸上产品两大邮轮航线的核心要素进行探讨,并针对我国邮轮航线规划存在的主要问题提出了航线开发与拓展的对策建议,以期能为中国邮轮产业发展提供借鉴。分析数据主要来自三个方面:①北美地区35 000余个航次的航线数据;②全球20个著名邮轮港口的功能配备数据;③全球近300个邮轮港口、近2 000条邮轮航线的270余种岸上产品数据。

## 9.2 邮轮航线的基本特征分析

### 9.2.1 数据来源

在国际邮轮航线布局特点、热门港口、航线周期等基本特征分析方面,本章的数据主要来自两方面:①美国交通运输部(U. S. Department of Transportation)海事局(Maritime Administration)公布的2004—2011年北美邮轮市场超过15个邮轮目的地的全部35 000余个航次数据以及对相关原始数据进行了整理及统计后的数据(该数据自2012年开始不再由美国海事局统计与公布);②通过邮轮公司网站和在线旅游平台搜集整理的2013年皇家加勒比邮轮公司和嘉年华邮轮公司在北美地区的全年航线资料。

### 9.2.2 国际邮轮航线的基本特征

(1) 航线分布最密集的区域。从地理分布来看,全球邮轮港口主要分布在四大地区:北美、欧洲、南美和大洋洲地区。凭借良好的区位优势和自然环境,北美和欧洲成为世界上邮轮航线分布最集中的区域,其中加勒比海地区、地中海地区和欧洲其他地区别是全球航线布局和船舶投放最多的区域,2017年分别占全球邮轮运力总量的35.4%、15.8%和11.3%(CLIA,2018)。从航线排程目的地来看,西加勒比海、巴哈马、阿拉斯加、东加勒比海、南加勒比海和墨西哥(太平洋地区)是最热门的邮轮旅游目的地,2008年到2011年航次总量达到14 431个,占整个北美市场的85.9%,如图9-1所示。

(2) 母港航线最热门的港口。美国佛罗里达州的迈阿密(Miami)、劳德代尔堡(Fort Lauderdale)和卡纳维拉尔(Canaveral)是最受欢迎的邮轮母港,2008—2011年始发港航次总数占全美的42.7%。2012年,从美国港口登船的乘客超过1 000万人,其中90%以上从14个主要港口登船。佛罗里达州的邮轮航线布局最密集,2012年从该州港口登船的乘客达587.9万,占全美将近60%的市场份额。此外,母港航线较多的港口还有圣胡安、纽约、西雅图、温哥华、坦帕、洛杉矶、圣迭戈、加州长滩和加尔维斯顿(Galveston)等。北美地区邮轮港口的母港航次数量,如图 9-2 所示。

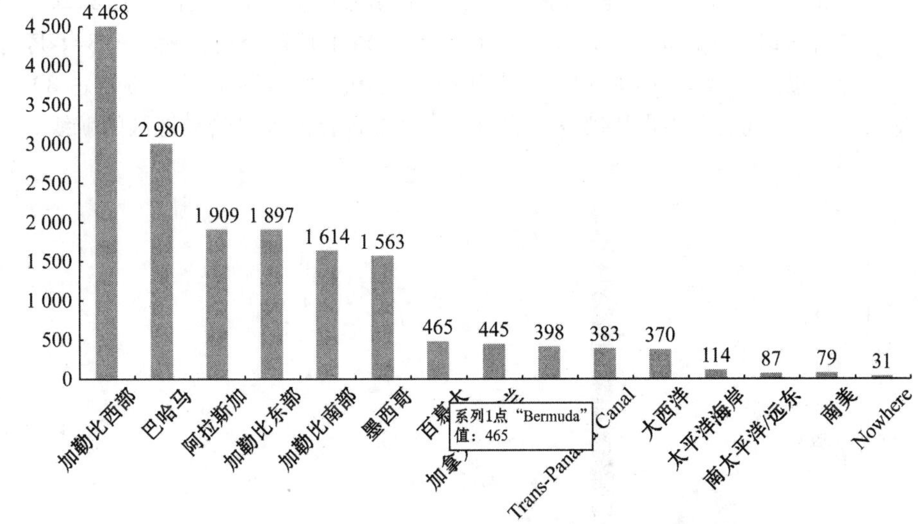

图 9-1　北美.邮轮目的地的到访航次数量

数据来源:U. S. Department of Transportation

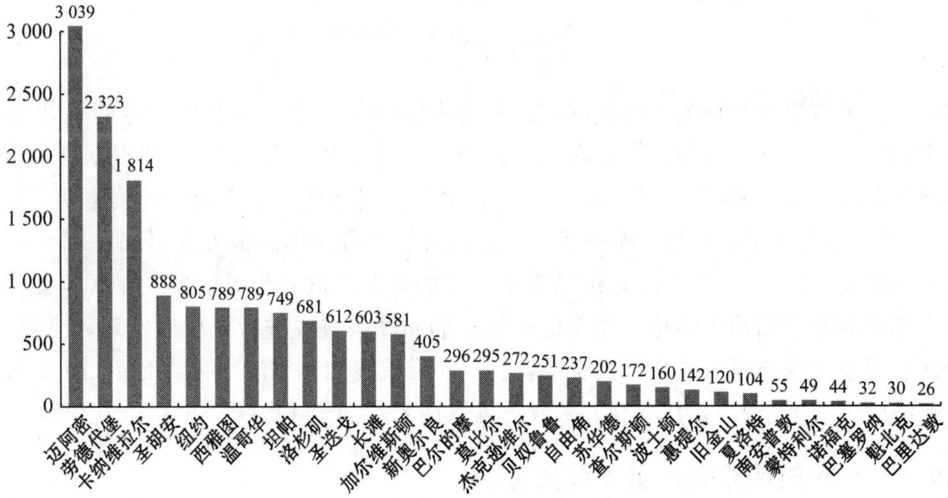

图 9-2　北美邮轮港口的母港航次数量

数据来源:U. S. Department of Transportation

207

（3）邮轮航线的巡游周期。从北美地区 2004 年到 2011 年全部 35 000 余个航次的数据来看,北美市场的年均航次数量为 4 000 个以上,其中 7 晚的航线最多,占航次总数的 45％以上,其次是 4 晚、5 晚和 3 晚的航线,分别占总航次的 13％、10％和 8％左右,如图 9-3 所示。以嘉年华和皇家加勒比邮轮公司为例,2013 年将近80％以上的航线天数集中于 4～8 天,其中 7～8 天航次占 48％,4～5 天航次占 30％。较短(3～5 天)航线主要是从佛罗里达州出发到加勒比海和巴哈马地区的航线。

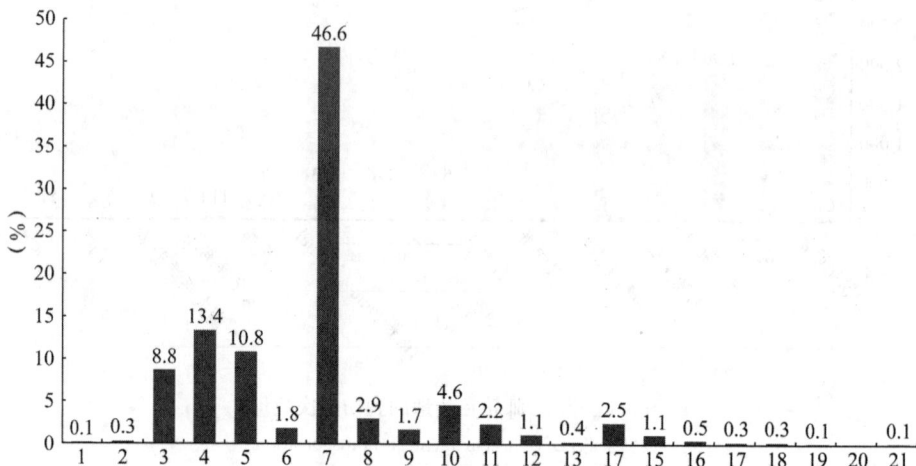

图 9-3　北美邮轮航线的长度

北美邮轮航线长度的特点,可以从其假期制度来分析。在美国法定假日共 10天,其中 5 个在周一,与双休日连起来形成 3 天"黄金周末"。加上各州根据自身情况还会设立自己的州定假日、不定假日,因此很容易形成 4 至 5 天的连续假期。此外,美国带薪休假制度也非常完备。法定假日加上带薪休假很容易形成多个 6～8天的假期,为 7 天左右的邮轮市场带来充足的客源。进一步,通过对 2013 年嘉年华邮轮和皇家加勒比邮轮在北美地区运营的 483 条航线进行分析后发现,北美地区航线总天数与停靠港之间的关系为:4～5 天航线的停靠港个数约 2 个,7～8 天航线的停靠港个数约为 4 个,大多数航线停靠 2～3 个港口。

## 9.3　邮轮航线规划的基本要素分析

### 9.3.1　研究方法

在航线规划要素识别方面,本章主要采用文献分析和专家访谈相结合的方法。其中,专家访谈分为深度访谈和一般性访谈,调研周期为 2013 年 9 月至 2014 年 9

月;访谈专家主要来自高等院校及研究机构(6 人)、邮轮公司公关人员(2 人,分别来自丽星邮轮和歌诗达邮轮)、邮轮港口(5 人,分别来自上海、烟台、天津、厦门和海口)、邮轮公司销售人员(3 人,来自公主邮轮、歌诗达邮轮和皇家加勒比邮轮)、港口代理(1 人)以及旅游局(3 人);调研方式为主动约谈、上门专访以及笔者在第 8 届中国邮轮产业发展大会(2013 年 11 月 15 日,上海)和 2014 年中国邮轮经济高峰论坛(2014 年 9 月 28 日,上海)参会期间的随访。

## 9.3.2　邮轮航线规划的关键要素

邮轮公司航程设计工作主要涉及三个方面:邮轮港口选择、岸上产品开发和邮轮旅游服务。通过对现有研究文献、典型案例和专家访谈资料的分析发现,最优航线设计的目的是达到供给和需求的最佳平衡和匹配。航线规划必须同时考虑供给与需求方面的关键变量与考量指标(如表 9-1 所示)。一方面要为邮轮乘客提供全方位、高质量的服务,保证邮轮乘客的签证和通关便捷性、最佳的巡游时间、丰富的岸上活动以及高性价比的产品;另一方面要考虑航线供给的可行性,包括港口费用、港口可达性、港口接待能力、停靠港数量、停靠顺序、港口距离、船舶属性等。通过对邮轮公司的调研发现,成本、时间、母港、停靠港、岸上服务的有效规划以及与消费者的良好沟通是保证航线设计成功的关键。

表 9-1　邮轮航线规划的关键要素

| | |
|---|---|
| 需求角度 | 游客便捷性(签证、通关等)(Passenger convenience)(Visa and clearance)<br>最优巡游时间(Optimal sailing period)<br>观光时间与航行时间的平衡(Balance between shore time and sailing time at sea)<br>目的地偏好与满意(Destination preference and satisfaction)<br>岸上活动偏好(Preference for shore activities)<br>季节性(气候与制度)(Seasonality)(climate and institution)<br>交通衔接成本(Cost of transportation)<br>预算与花费行为(Bourget and expenditure behavior) |
| 供给角度 | 停靠港数量(Number of ports of call)<br>停靠港顺序(Order of ports of call)<br>港口接待能力(Berthing capacity of cruise port)<br>港口可达性(Port accessibility)<br>港口之间的距离(Distance among cruise ports)<br>港口转换及交通承接(Port switch and transportation connection)<br>船舶尺寸(Size of ship)<br>船舶速度(Ship speed) |

特别需要注意的是,航线设计和规划的主体是邮轮公司,而航线设计的关键变量则由消费者、港口、代理、岸上旅游提供商等多个主体来决定,为此邮轮公司通常会从

外部环境和消费者等不可控的因素出发对航线开发的可能性进行权衡,然后再通过对可控因素的组合优化,最终向消费者提供特定的邮轮航线产品,如图 9-4 所示。

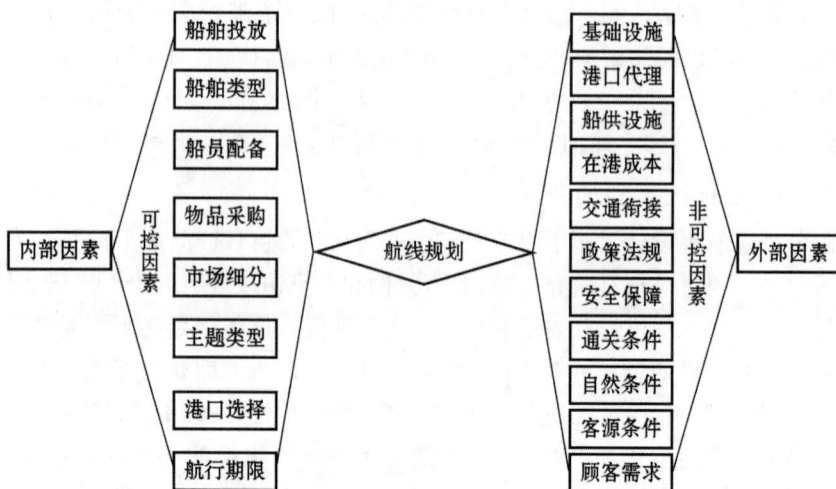

图 9-4　邮轮公司航线规划的内外部因素

(1) 成本。港口设施和港口成本是航线设计时考虑的重要变量。在开辟航线时,邮轮公司必须明确的问题是:对乘客和邮轮来说,访问港是否有良好的服务设施,费用是否合理。因此,船舶吨税和港口规费(包括引航移泊费、带缆系泊费、船舶港务费、船舶代理费、客运代理费等)很大程度上决定邮轮港口是否被纳入到航线排程之中。因此,实行规范的邮轮税费制度,约束并清理不合理的税费收缴行为可以提高港口航线的数量。此外,燃油成本和消费者出行成本也是邮轮公司在航线设计时考虑的重要因素。比如,为了降低乘客出行成本,可以开辟允许多港上下客的"开口"航线。

(2) 时间,主要是销售时间和航行时间。

一是销售时间。邮轮船票的销售周期一般很长,通常能达到一年之久。依靠较长的销售周期,邮轮公司可以实行更为弹性的动态定价和舱位控制策略,从而获得更高的收益。通过对歌诗达邮轮公司和皇家加勒比邮轮公司的调研发现,邮轮公司开辟航线时考虑的重要因素是停靠目的的签证时间。因为,签证时间缩短了邮轮船票的销售周期。因此,优化签证政策可以有效增加航次数量,并为航线拓展提供机会。

二是航行时间。在航程设计时,不仅要规划整条航线的巡游周期,更重要的是关注停靠港停留时间与海上航行时间的平衡。对于邮轮乘客来说,港口停留时间越长旅游体验就越深入,停靠港吸引度就越高,游客满意度也就越高。比如,研究表明邮轮首次参与者和多次参与者对岸上停留时间的要求不同,前者希望停留时间较多以更好地体验异域人文自然景观，而后者则更倾向于海上航行以获得更多休闲时间。对邮轮公司来说，停留时间和航行时间的平衡非常重要。大多数情况下邮轮公司更愿意拉长海上的航行时间，从而可以提高酒水、康体、赌场以及免税店（只能在航行时开放）带来的船上收益（on-board revenue）。

（3）母港。在邮轮公司母港选择方面，Maria Lekakou、Athanasios Pallis 和 George Vaggelas 以地中海地区为例，通过对港口的船舶服务水平、乘客服务水平、自然条件、基础设施、旅游活动、服务成本、运营效率、经营管理、交通运输、政治法规、城市设施和客源市场等 12 个指标进行研究后发现，港口的船舶服务水平、自然条件、乘客服务水平、基础设施、城市旅游吸引力和港口收费标准是邮轮公司母港选择的最重要指标。进一步对细化后的 80 个指标研究后发现，邮轮母港的可达性（是否有国际机场）、港口成本、政治稳定性、航班密集性与可靠性、游客设施、邮轮接待能力、安全性、是否接近航线、港口城市旅游服务、交通衔接、政府政策等因素是母港选择考虑的重要变量。

（4）停靠港。与船上的休闲娱乐项目不同，停靠港的属性是邮轮公司的不可控因素。而邮轮航线设计最重要的是保证停靠港及相关的岸上服务能达到跟船上一样的水准。因此，邮轮公司在设计航线时，特别关注停靠港的基本条件，包括基本接待设施、规章制度、通关政策、拥堵性（是否有与航线匹配的可用泊位）、安全性、环境及气候、岸上观光产品等因素。其中，岸上观光（shore excursions）活动尤为重要。一方面因为岸上旅游活动是邮轮乘客选择航线的重要考量指标，也是邮轮航线吸引度的重要体现；另一方面岸上产品销售也是邮轮公司收益的重要来源。很多情况下邮轮公司会通过登船前和航行中的广告宣传和促销活动，并利用捆绑销售、提前销售、船上销售等手段来推销岸上产品以获得收益。

（5）沟通。通过访谈调研发现，与消费者沟通已经成为邮轮公司在航线设计时考虑的重要变量，包括消费者先前的旅游经历、消费者关于特定港口的经历和感知、消费者对目的地的信息搜索行为等。近年来，游客参与成为比较新颖的航线开发策略。比如，邮轮公司首先确定出发港和终到港，然后船长提供一系列可达的停靠港，通过消费者参与投票的办法确定下一个访问港。该方法一方面提高了消费者互动效果，另一方面成为一种有效的营销手段。此外，有效沟通能应对航线运营过程中的突发事件，比如天气变化带来的港口变更甚至航次取消等问题。

## 9.4　邮轮航线规划的核心要素分析

在邮轮航线中，港口属性与岸上产品配备对整个航线的吸引力具有至关重要的影响作用。研究表明，港口属性直接影响邮轮乘客的航线选择行为。可以说，邮轮港口的接待能力（码头物理条件）、服务能力（港区配套设施）、港口周边的旅游资源(岸上产品供给)对邮轮航线布局具有重要影响,是邮轮航线规划的核心要素。

### 9.4.1 航线规划的核心要素:港口属性与设施配备

(1)研究方法与数据采集。在邮轮港口总体发展条件方面,我们主要采用案例分析的方法,从较为宏观的角度对世界三大著名邮轮港口的发展条件进行比较,从而识别出优秀邮轮港口在区域、城市、地理、气候、人文、旅游、资源、港区等层面的发展条件。进一步,我们从更为微观的角度对邮轮港口本身的功能配备进行研究,从而识别出邮轮港口的核心配备要素。在港口功能配备方面,我们将港口功能具体化,从邮轮港口配套设施的完善程度展开研究,并选取了北美、北欧、地中海、亚太等地的全球20个著名邮轮港口为分析对象,主要包括美国的9个港口(迈阿密、纽约、圣地亚哥、西雅图、波士顿、奥克兰、夏威夷火奴鲁鲁、洛杉矶、阿拉斯加)、欧洲的7个港口(南安普顿、巴塞罗那、威尼斯、阿姆斯特丹、哥本哈根、赫尔辛基、圣彼得堡)以及亚太地区的4个港口(悉尼、新加坡、香港和上海)。

在设施配备指标选取方面,我们一方面借鉴 Andriela Vitić-Ćetković 和 Sanja Bauk(2014)的做法,另一方面以"国际邮轮之都"的美国迈阿密邮轮港口为标杆,构建了两大类配套设施指标体系:对邮轮本身的服务设施和对邮轮乘客的服务设施。在数据获取方面,我们采用二进制赋值(Binary Value)法,从邮轮港口官方网站上进行数据采集,对于官网上明确表示已建成的配套设施用"1"进行标注,对没有建成的配套设施我们标注为"0"。

(2)优秀邮轮港口的总体发展条件。孙晓东(2014)曾对北美、北欧和地中海地区三大最著名邮轮港口的发展条件进行对比后发现,优良的邮轮港口一般具备以下几个基本特征。

第一,邮轮接待能力(berthing 以 capacity)强。优良的邮轮港口首先具备接待大型邮轮和多艘邮轮的能力,包括拥有足够长的岸线资源,具有满足水深条件的港区和航道,拥有足够多的泊位数量;通常采用多类型码头运营的方式,且邮轮码头和周边配套设施齐备,服务质量优良,拥有良好的游客通关能力和宽敞的轮船接待和维护场地。

第二,港口可达性(accessibility)良好。一般海陆空交通方便,港口靠近市中心和商务区,游客能快速方便地进入市区休闲娱乐区。

第三,岸上旅游产品(shore activities/excursions)丰富。邮轮港口所在城市周边拥有丰富的风土文化和旅游资源,适合开发岸上观光产品。

第四,地理与区位位置(site/situation)优越。一般气候宜人,水文条件良好,通常有屏障保护,利于邮轮停靠。特别地,这些港口均具有多方位开发航线资源的区位优势,比如美国迈阿密港的邮轮航线可布局于东加勒比海、西加勒比海、南加勒比海、巴哈马群岛、南美、巴拿马运河、美国西海岸和亚马逊等地;西班牙巴塞罗那港的邮轮航线可直达地中海、圣彼得堡、波罗的海、挪威湾、摩洛哥、斯德哥尔摩、哥本哈根等欧洲国家和地区。而素有"北欧邮轮之都"之称的英国南安普顿可以向西地中海区域、加那利群岛、摩洛哥以及长距离到地中海全域、希腊岛等地拓展航线。

　　(3) 邮轮港口的功能配备特点。从指标构建与数据采集过程来看,可以将邮轮港口对乘客的服务配套设施分成为 9 个大类,分别是停车场、候船室、交通服务、行李服务(行李寄出、预寄包裹)、旅游信息、安全保障、网络服务、残疾人设施以及其他基础设施(比如步道、邮局、特殊租赁等)。从邮轮港口向游客呈现的服务信息来看,停车场、候船室、交通服务、旅游信息以及残疾人设施等与游客出游基本需求相关的服务功能的配备率均在 50% 以上;而从细分的指标来看,配备率在 30% 以上的服务功能也主要针对邮轮游客的基本出游需求,包括基本的生活设施、旅游咨询服务、交通、安保以及购物和餐饮场所,主要功能配备如图 9-5 所示。此外,配备率较低的服务功能主要体现在邮政、租赁、休闲、娱乐等附加服务方面。

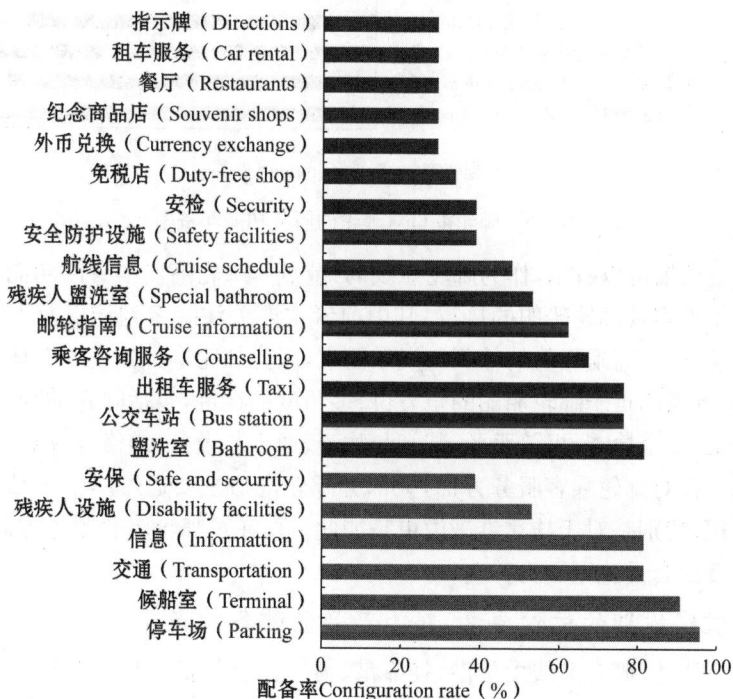

图 9-5　邮轮港口对乘客的服务功能配备率

　　在邮轮港口对邮轮的服务功能来看,首先 20 个邮轮港口均配备了 3 个以上邮轮泊位且均具备接待大型邮轮的能力;其次 50% 以上的邮轮港口配备了完整的船舶安检、装卸船、关税、燃料补给等基本的服务系统,也有部分港口配备了通信设备以及设备租赁等服务系统,如图 9-6 所示。此外,有少量优秀的邮轮母港配备了可移动舷门、物流服务、垃圾处理器、废水收集器、纯净水储存器、预备地面运输、吊车、拉力车、联合运输铁路、领航站、停机坪、船用杂货商以及非特许租车等附加服务功能。

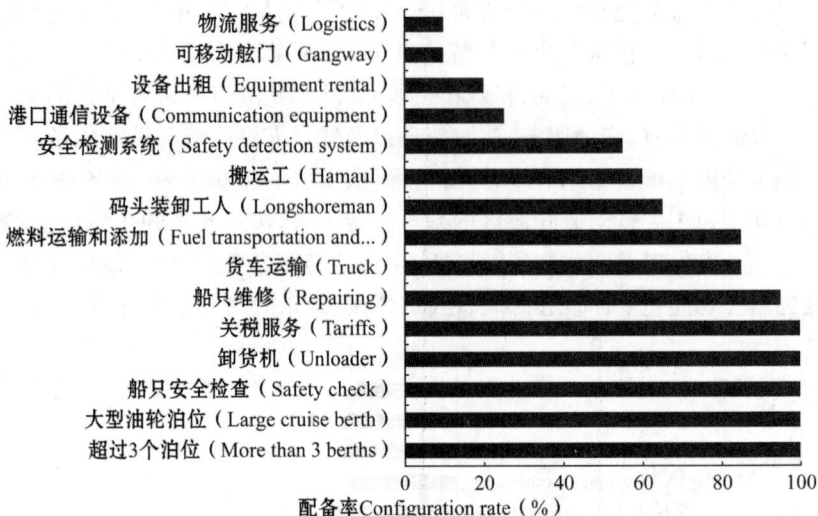

图 9-6　邮轮港口对邮轮的服务功能配备率

从以上结果可以看出,作为邮轮航线的“节点”,邮轮港口本身的功能配备主要服务于邮轮乘客及邮轮船舶的接待,其中前者主要关注乘客到访以及上下船的基本出游需求,而非高附加值的休闲与娱乐需求,因为邮轮本身就是一个休闲度假综合体;而后者则侧重于邮轮船舶的全方位、多角度的接待,包括邮轮的到达与引航、泊位与停靠、安全检查、报关服务、装卸与物流、通讯与设备、维修与保养、燃油与物资等方面。在对邮轮乘客服务方面,大部分邮轮港口主要通过岸上产品的开发与供给来实现,特别是对于挂靠港来说更是如此。而在对邮轮船舶服务方面,母港的功能配备及配套设施则更为齐全。

### 9.4.2　航线规划的核心要素:岸上产品的配备特点

如前文所述,邮轮航线由母港、挂靠港、海上航程组成,核心要素包括出发港、目的地、时间、挂靠港数量、岸上产品、价格等,其中港口周边的岸上产品配备(休闲、娱乐、旅游产品设置)对邮轮游客的航线选择与满意度具有显著的影响。同时,岸上产品也是邮轮线路的重要盈利点,其价格和销量直接关系到邮轮航线的经济效益。

(1)数据来源。本章岸上产品的数据来源于世界第二大邮轮集团皇家加勒比邮轮公司的官方网站。数据采集方法为火车采集器（LocoySpide）。该方法是用来批量采集网页上的数据并直接保存或发布到网络的一种信息化工具。根据皇家加勒比邮轮公司以及其他主要邮轮公司普遍使用的区域划分标准，可以将世界邮轮旅游区域分为 13 个部分：阿拉斯加（Alaska）、西北太平洋（Pacific Northwest）、夏威夷（Hawaii）、巴拿马（Panama Canal）、加拿大/新英格兰地区（Canada/New England）、北美（North America）、巴哈马（Bahamas）、加勒比（Caribbean）、南美（South America）、欧洲与地中海（Europe & The Mediterranean）、中东（Dubai and the Emirates）、亚洲（Asia）、澳大利亚与新西兰地区（Australia/New Zealand）。

最终，我们获得了皇家加勒比邮轮公司 2015 年 1 月 17 日在售的全球 13 个区域 297 个邮轮港口、3 712 条邮轮航线上的 1 975 个岸上活动。由于邮轮产品的销售周期一般可以长达 50 周以上，因此加勒比邮轮公司 2015 年 1 月 17 日的在售岸上产品可以涵盖 297 个邮轮港口的全年产品类型。可以说本章的岸上产品数据样本能够充分反映全球邮轮市场的情况。

（2）岸上观光产品特点。按照皇家加勒比邮轮公司的产品性质分类标准，邮轮航线的岸上活动（shore activities）总共有 124 种，主要的岸上活动有 20 种左右，这些活动及出现频率如表 9-2 所示。每种岸上活动包含一个或者两个以上的基本产品类别。通过分析发现，邮轮航线岸上产品的基本类别有 9 大类，包括休闲观光、探险之旅、美食之旅、演出与娱乐、野生动植物探索、沙滩与水上活动、浮潜与潜水、飞行观光以及高尔夫。从表中可以看出，休闲观光或城市旅游（sightseeing and/or city tours）是邮轮旅游岸上活动的主导产品，仅单一配备就占全部活动的 50% 以上，再加上其他混合型活动，观光或城市旅游的占比可达 75% 以上。此外，沙滩与水上活动、演出与娱乐、探险之旅、野生动植物探索以及美食之旅也是重要的产品形式。具体来看，具有休闲观光性质的产品共 1 521 个，达到了总产品数的 77%；具有沙滩与水上活动性质的产品 438 个，占所有产品的 22%；具有探险之旅性质的产品共 335 个，占 17%，紧随其后的是占比 14% 的野生动植物探索类产品；而带有演出娱乐、美食和潜水元素的产品各占约 6%，高尔夫和飞行观光类产品的占比则极低。

表 9-2　邮轮航线岸上活动及数量

| 类型 | 包 含 性 质 | 产品数 |
| --- | --- | --- |
| 1 | 休闲观光/城市旅游（Sightseeing and/or City tours） | 1 039 |
| 2 | 休闲观光｜沙滩与水上活动（Sightseeing and/or City tours｜Beach and/or Water-related activities） | 99 |
| 3 | 沙滩与水上活动（Beach and/or Water-Related Activities） | 85 |

（续表）

| 类型 | 包 含 性 质 | 产品数 |
|---|---|---|
| 4 | 休闲观光\|野生动植物探索（Sightseeing and/or City tours\|Wilderness & Wildlife tours） | 67 |
| 5 | 休闲观光\|演出与娱乐（Sightseeing and/or City tours\|Shows & Entertainment） | 66 |
| 6 | 休闲观光\|美食之旅（Sightseeing and/or City tours\|Cuisine tours） | 65 |
| 7 | 探险之旅（Adventure tours） | 64 |
| 8 | 休闲观光、探险之旅（Sightseeing and/or City tours\|Adventure tours） | 53 |
| 9 | 沙滩与水上活动\|浮潜与潜水（Beach and/or Water-related activities\|Snorkel & SCUBA tours\|Adventure tours） | 49 |
| 10 | 沙滩与水上活动\|探险之旅（Beach and/or Water-related activities\|Adventure tours） | 44 |
| 11 | 探险之旅\|野生动植物探索（Adventure tours\|Wilderness & Wildlife tours） | 39 |
| 12 | 沙滩与水上活动\|探险之旅\|野生动植物探索（Beach and/or Water-related activities\|Adventure tours\|Wilderness & Wildlife tours） | 32 |
| 13 | 休闲观光\|演出与娱乐\|美食之旅（Sightseeing and/or City tours\|Shows & Entertainment\|Cuisine tours） | 23 |
| 14 | 休闲观光\|探险之旅\|野生动植物探索（Sightseeing and/or City Tours\|Adventure Tours\|Wilderness & Wildlife tours） | 23 |
| 15 | 野生动植物探索（Wilderness & Wildlife tours） | 21 |
| 16 | 沙滩与水上活动\|野生动植物探索（Beach and/or Water-related activities\|Wilderness & Wildlife tours） | 19 |
| 17 | 休闲观光\|沙滩与水上活动\|野生动植物探索（Sightseeing and/or City Tours\|Beach and/or Water-related activities\|Wilderness & Wildlife tours） | 17 |
| 18 | 休闲观光\|沙滩与水上活动\|探险之旅（Sightseeing and/or City Tours\|Beach and/or Water-related activities\|Adventure tours） | 17 |
| 19 | 飞行观光（Flightseeing） | 14 |
| 20 | 高尔夫（Golf） | 4 |

进一步,我们用仅包含一种类别产品的活动占所有具有该种类别产品活动的比率来表示特定类别产品的独立性。分析发现,高尔夫产品具有最强的独立性,单独出现而不具备其他性质。休闲观光或城市旅游的独立性为68.2%,飞行观光产品为34.8%,探险之旅产品及沙滩与水上活动产品为19%,其他性质产品的独立性均低于10%。从混合形式来看,休闲观光可以与大部分的产品进行组合,83%的美食之旅产品及82%的演出与娱乐活动同时具有休闲观光的性质。此外探险之旅与野生动植物探索共同出现的频率以及浮潜与潜水和沙滩与水上活动共同出

现的频率相对较高。

从持续时间来看,岸上产品的平均持续时间为 4.73 小时,99.3％的岸上产品持续时间在 14 小时之内。具体来看,66.5％的产品时长在 3 小时到 8 小时之间,属于中长时产品;0.5 至 3 小时的短时产品占到 25.1％,主要为乘坐直升机、马车、缆车、船等交通工具的短时游览;超多 8 小时的产品仅占 7.1％,其中仅有 7％超过 24 小时的超长时产品,此类产品涉及邮轮游客在挂靠港及周边城市的过夜问题,往往会受到相关法律法规的限制而通常难以达成。从价格方面来看,邮轮港口岸上产品的价格不受季节影响,岸上产品在不同时段的价格基本一致;另外分为成人价格和儿童价格,其中约 86.4％的岸上产品的儿童价格低于成人价格,最低可以达到成人价格的 32.78％;另有 13.6％的岸上产品并无成人价格与儿童价格差异。以成人票价为例,1975 个岸上活动的平均价格为 109.99 美元,平均单位时长价格 23.25 美元/时;90％以上的产品价格在 180 美元以下,70％产品低于平均价格。

## 9.5　我国航线拓展的问题及启示

目前,基础设施不完备、港区软件配套缺失、旅游服务不到位、邮轮消费文化缺乏等问题已经成为制约我国邮轮产业各个环节发展的普遍问题,同时也符合当前邮轮产业发展的初级阶段特征。邮轮航线的“点—线”结构、多区域、多主体的特点使得航线开发的难度很大,复杂度很高。下面基于本章研究结果,仅对我国邮轮航线拓展中的针对性问题进行讨论。

### 9.5.1　木桶效应制约:港口接待能力的统一性

邮轮港口是邮轮航线最直接的承载主体。本章研究表明,国际著名邮轮港口在对乘客服务方面主要通过基本服务功能来满足乘客的基本出游需求;而在对邮轮服务方面首先要具备接待多艘邮轮和大型邮轮的能力。对于区域市场来说,港口接待能力的统一性是航线设置的必要条件。在大众化邮轮旅游(Mass Cruise)盛行的“大船时代”,港口在泊位数量、岸线长度、航道宽度、前沿水深、最大接待吨位等方面的限制直接阻碍了特定邮轮的到访。比如,三亚在邮轮产业发展初期虽然具备海南国际旅游岛的资源优势和东南亚市场的客源优势,但邮轮港口接待能力却极为有限,严重限制了三亚母港港航线拓展的能力。为此,三亚港开启了二期规划和建设以接纳更大的豪华邮轮。因此,从港口硬件条件来看,航线设置受到“木桶效应”的制约,基础设施建设需要基于航线而做出整体规划而不能仅仅立足本国或本区域港口。

### 9.5.2　功能配套缺失:邮轮港口软实力的提升

本章的研究表明,为了吸引国际邮轮前来挂靠,邮轮港口除了满足邮轮船舶泊靠的基本需要,还必须通过软实力的提升来为邮轮以及邮轮乘客提供全方位、高质量的服务。高服务、易通关、应急机制完备的停靠港是邮轮航线设置的基础条件。为此,邮轮港口应参照国际惯例和标准,在航线各"点"建立邮轮接待和游客服务的地方标准。在邮轮接待方面,要健全口岸联检、邮轮补给、船舶维护、废物处理、海事救助、消防安全、码头管理、设备租赁等综合服务功能和港口航运服务体系。此外,建立物资配送中心和综合保税服务区可以进一步提升邮轮母港的船供服务能力。

在游客服务方面,要进一步推进旅客联检和便捷通关服务常态化、制度化以及通关签证的自主化和无纸化,尽可能节约旅客通关时间。对于大型邮轮母港来说,除了具备满足邮轮乘客基本出游需求的能力,港区应建成集商业、商务、餐饮、旅游、休闲、娱乐于一体的综合服务配套设施,以提升母港游客服务水平。同时,进一步安全监管流程,建立有效的应急工作机制,以应对邮轮旅游突发事件,确保旅客及邮轮在港安全。

### 9.5.3　航线吸引度低:岸上活动的多样性与高品质

本章研究表明,邮轮港口应该主要关注邮轮乘客的基本出游需求,港口本身不必提供过多休闲、娱乐、观光等附加的服务功能。对于邮轮航线来说,港口的岸上旅游资源及产品才是航线吸引度的重要体现。2013 年 11 月 15 日皇家加勒比邮轮公司在第 8 届中国邮轮产业发展大会上公布了我国(包括大陆、香港和台湾)邮轮乘客的行为数据。结果表明,影响中国邮轮乘客航线选择的重要因素是旅游目的地或挂靠港;几乎 100% 的中国乘客会选择岸上观光。目前,从我国起航的邮轮主要采取直接出境的运营方式,而"多港挂靠"的航线几乎没有,一定程度上影响了我国沿海、沿江航线的开发和拓展,其根本原因是我国停靠港的岸上旅游产品品质不高,旅游服务难以达到船上的质量水平。

根据皇家加勒比邮轮公司在华销售的邮轮产品数据,目前我国上海宝山、天津、厦门、三亚、香港 5 个港口共布局了 139 个航次和 18 种岸上产品,其中 3 小时以内的短时产品 2 个,3.25 小时以上至 8 小时的中时产品 16 个,平均持续时间 5.25小时,高于国际平均水平;平均产品价格 85.51 美元,低于国际平均水平;平均单位时长价格 16.29 美元/时,普遍低于国际水平。从产品性质来看,中国邮轮港口岸上产品比较单一,仅包含休闲观光、演出与娱乐及美食之旅 3 类,其中休闲观光产品是主流,在 18 个产品中有 17 个产品具备此类性质。此外,2 个产品包含演出娱乐性质,3 个包含美食之旅性质。从混合形式来看,83.33% 的产品为单一性质,其中 93.33% 的产品仅包含休闲观光。从产品内容上看,90% 的活动为港口城市游览,偶尔加入演出演艺或美食品尝环节。

单一的产品性质和单薄的产品内容是导致航线吸引度较低、岸上产品价格低廉的最主要原因。全面提升港口岸上产品的质量、数量和价格是有效拓展邮轮航线、打造优质邮轮旅游目的地的关键。邮轮航线吸引力很大程度上取决于岸上（腹地）观光产品的供给情况。天津、青岛、上海、厦门、广州和三亚等邮轮城市拥有资源丰富的长三角、环渤海湾、海峡两岸、珠三角和国际旅游岛等腹地区域，具备航线设置的先天优势，应努力通过港口城市与腹地区域在旅游资源上的互通有无和互动协作，应以观光旅游或城市旅游、美食之旅、文化演艺为核心，共同开发适合邮轮旅游的岸上产品。特别地，要开发国内"多点挂靠、一程多站"航线，推动沿海、沿江城市间的合作，拓展国内沿海、沿江岸线资源。同时积极与香港、台湾及国际中远程邮轮母港进行合作，打造中长短航线相结合、国际国内航线相穿插、不同定位不同主题航线错位竞争的航线网络，为邮轮产业持续健康发展打下基础。

### 9.5.4　邮轮政策壁垒：航线设置宽松政策的突破

目前，我国免税购物、离岸退税、博彩演艺等相关的配套政策和司法体系还没建立，公海游、近海游和沿江游航线还无法设置，这制约了我国邮轮航线的拓展能力。对于国内"培育型""体验型""主题型""节事型"的多港挂靠邮轮航线，应允许邮轮开放免税商店或实行离岸退税政策，允许在邮轮母港或停靠港的港区内设立免税商店延伸店，方便游客购物。本章研究表明，7 天航线是国际上流行的航线长度。而我国母港航线以 4～6 天的短程航线为主，带薪休假制度的完善和落地对我国邮轮航线拓展具有重要意义。目前，在我国运营的母港航线主要采取直接出境的方式进行经营，真正的"多港挂靠"航线几乎空白。另外，国际邮轮公司在中国的投资也具有不稳定性。为了充分发挥邮轮经济的"本土化"效应和应对基础设施闲置风险，应积极培育和组建本土邮轮船队，鼓励国资、民资和外资采取合资、联营和合作等形式，通过购买、租赁和建造等方式组建本土邮轮船队，并支持其开拓国内多港挂靠的沿海和沿江航线，以培育邮轮文化和促进本土邮轮活动。

## 9.6　讨论

国际邮轮产业的实践表明，密集的航线布局是保证邮轮产业持续繁荣的基础。本章基于大量的邮轮航线数据、邮轮港口数据和岸上产品数据，对邮轮航线的基本特征和规划要素进行了研究，特别对邮轮航线规划的两大核心要素（港口功能及岸上产品）的配备特点进行了深入分析。研究表明，邮轮港口应重点关注对邮轮的全方位服务，将邮轮港口打造成邮轮产业集聚区；而在对乘客服务方面，要关注乘客的基本出游需求，保证乘客在交通、安检、通关、咨询等方面的高效便捷以及满足餐饮、购物等方面的基本需求。研究表明，邮轮目的地岸上产品具有很强的多样性，休闲观光、城市旅游、海滩与水上运动、探险与生态探索、节事与美食之旅是比较流行的岸上活动,其中观光或城市旅游占主导地位。因此,港口城市及港口腹地旅游资源的开发对邮轮航线布局具有重要影响。

此外,虽然航线设计和规划的主体是邮轮公司,但航线规划涉及多个区域和多种部门,包括各级政府、各地政府、各部委、邮轮港口、邮轮公司、邮轮协会、船舶代理、旅行社、岸上旅游提供商等(如图9-7所示)。在努力完善邮轮港口系统的同时,政府部门和市场主体应注重多渠道合作,在稳固和丰富现有东北亚和东南亚的主力航线前提下,努力开辟公海游、近海游、沿江游以及两岸"常态化"邮轮航线,并

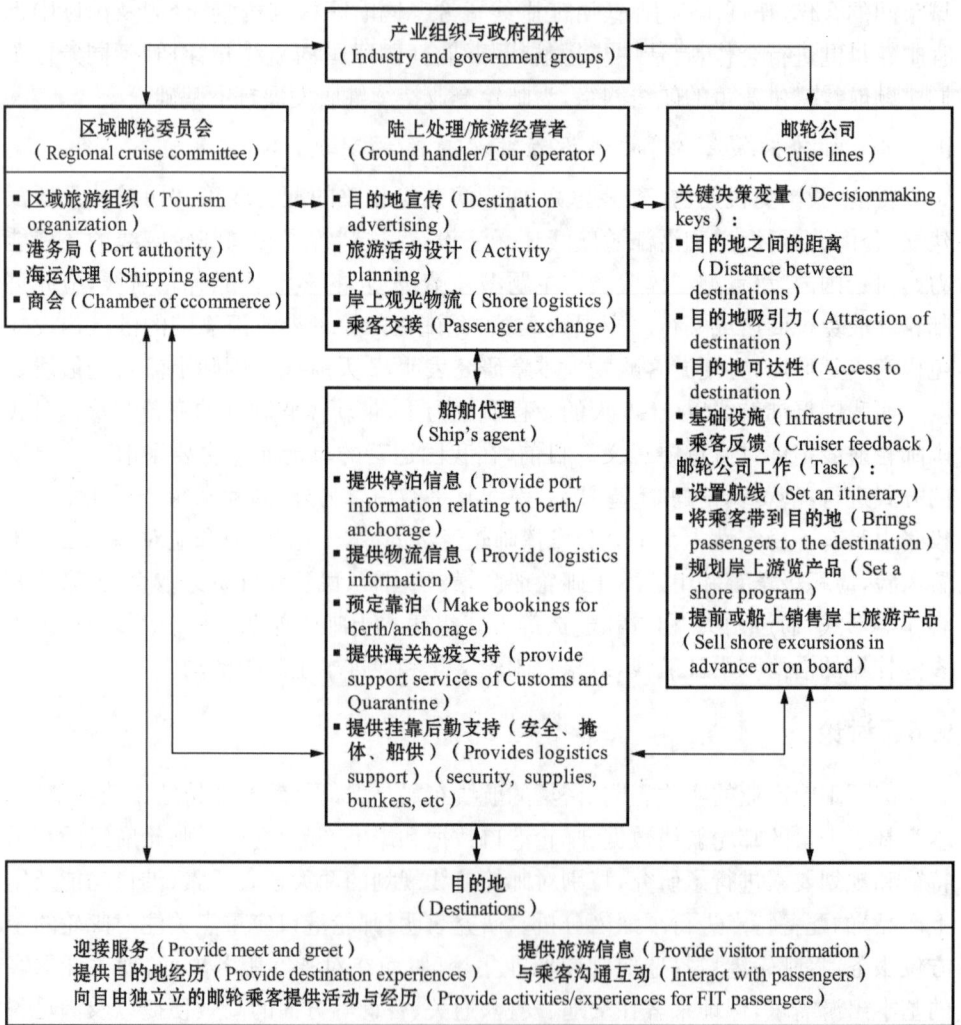

图 9-7　邮轮航线规划的主体关系

借助出境游市场优势推出适合中国消费者的远洋及环球游航线。相信通过邮轮产业各部门的不断努力,中国邮轮航线的布局将日益合理,本土邮轮活动带来的经济辐射作用将越发显著。

　　本研究的不足之处在于,因邮轮产业数据的获取难度较大,特别是邮轮企业、研究机构以及邮轮港口等相关专家的数量限制,作者并未采用严格的调查问卷方式来收集资料,而是基于现有文献和典型案例,并重点结合开放式访谈资料的整理试图得出探索性的基础结论,以期能为我国邮轮航线的拓展提供借鉴。未来的研究可以通过问卷调查的方式对邮轮乘客以及市场主体进行较大样本的调研,从实证分析的角度对邮轮航线规划的影响因素进行识别,并进一步对供给与需求角度影响因素的差别进行比较。

# 第10章 国际邮轮港口游客服务能力与设施配备特征

邮轮业已经成为国际旅游业中发展速度最快、经济效益最为显著的业务。近年来,随着北美市场的日渐饱和,全球邮轮旅游业重心开始向亚太地区倾斜。我国邮轮产业出现了前所未有的发展势头,已经成为亚太邮轮市场的核心组成部分。国际邮轮产业的实践表明,对于新兴邮轮市场来说,邮轮港口的规划和建设、港区功能配备水平和服务能力的提升是吸引国际邮轮公司航线设置、保障邮轮产业持续健康发展的重要前提。本章从邮轮乘客的角度出发,基于国内外邮轮港口的研究成果,并以全球 20 个邮轮港口的数据为样本,构建了邮轮港口在乘客服务设施配备方面的指标体系,并采用聚类分析法对这些港口的特征进行了综合评价,识别出国际著名邮轮港口在乘客服务能力与相关设施配备等方面的基本特征和成功经验,从而为我国邮轮港口的布局优化提出了针对性的对策和建议。

## 10.1 导言

经过 40 余年的快速发展,邮轮业已经成为全球旅游与接待业中最具成长性、经济效益最客观的业务之一。近年来,随着国际邮轮业向亚太地区的"东移",中国已经成为国际邮轮公司竞相争夺的战略性新兴市场。从产业发展阶段来看,我国目前正处在港口接待的初级阶段,主要集中于国际邮轮及邮轮游客的出入境业务。港口的建设规划、功能布局与设施配备、港口系统的完善与优化是现阶段我国邮轮业快速、持续与健康发展的重要工作。从区域分布来看,国际邮轮港口主要分布在北美、欧洲、亚太和大洋洲地区。其中,北美和欧洲是邮轮港口聚集度最高同时也是港口软硬件配备最优秀的区域。

国际邮轮产业的实践表明,邮轮港口(特别是邮轮母港)必须具备良好的区位条件和交通可达性、充足的客源市场和旅游资源、完善的基础设施和相应的服务配套才能吸引国际邮轮挂靠,才能将本地邮轮市场维持在较高的顾客满意度水平,最终实现邮轮产业的长久发展。国际著名邮轮港口均非常重视港区基础设施配备和服务功能布局,通过高水平的软硬件服务来满足邮轮及其乘客的挂靠和访问需求。目前,虽然在游客接待量方面我国部分港口已经取得了令人瞩目的成绩,但绝大多数港口仍在基础设施建设,特别是港口服务能力和软实力方面与欧美发达国家还存在着较大的差距。为此,理清国际邮轮港口在设施配备方面的特征以及区域差异,可以帮助我国沿海邮轮港口提升服务能力,最终实现邮轮港口系统优化布局及功能提升,从而提升中国邮轮业在全球范围的竞争力。

　　从国内外研究成果来看,邮轮港口方面的研究主要集中在母港选择、港口选址和港口竞争力等方面,缺乏涉及乘客服务设施配备以及港口聚类方面的研究。大部分文献对我国邮轮港口建设规划的指导意义有限。为此,本章从游客服务的角度,对北美、欧洲、亚太等地区 20 个著名邮轮港口的设施配备情况进行了分析,并结合国际邮轮旅游研究成果,构建了邮轮港口乘客服务设施配备的指标体系,进一步通过聚类分析对全球邮轮港口进行了分类,从而识别出不同类型邮轮港口的特点,最后提出了中国邮轮港口发展的对策和建议。

## 10.2　国内外相关文献综述

### 10.2.1　国外研究

　　优良的邮轮港口不仅可以吸引邮轮前来挂靠而且对邮轮乘客的决策行为也具有重要的影响作用。目前国内外关于邮轮港口方面的研究主要集中在多指标评价与选择方面。首先,在邮轮港口研究方面,McCarthy(2003)通过对地中海马耳他共和国(Malta)瓦莱塔(Valletta)港邮轮码头项目中存在的问题和矛盾进行研究后指出,邮轮旅游会带来港口城市在基础设施建设上的竞争,虽然这些项目会带来明显的经济效益,但同样伴随着可能只有在中长期才会显现的问题,管理者应该更敏感地评估邮轮旅游的发展项目。McCarthy 和 Romein(2012)以荷兰阿姆斯特丹(Amsterdam)和鹿特丹(Rotterdam)为案例,对邮轮码头发展与城市空间规划、功能再造之间的关系进行研究后发现,邮轮码头发展对城市可持续性发展目标(城市化、经济发展与竞争力、环境质量提升与综合集成利用、社会福利等)具有良好的促进作用,但效益与问题并存。因此,在可持续的城市发展背景下,明确的地方、城市以及国家层面的政策指引是优化邮轮旅游整体净效益的重要工具(McCarthy et al,2012)。

　　有关邮轮港口方面的研究主要集中在邮轮母港选择的影响因素、邮轮港口的竞争力、邮轮港口访问量(cruise traffic)的影响因素等方面。与其他研究主题相比,国内在邮轮港口方面的研究成果较多,应该说与我国目前正处于港口接待的产业发展阶段相适应。众所周知,邮轮港口是邮轮产业发展的基石和依托。其中,邮轮码头泊靠能力的"木桶效应"直接决定邮轮航线布局的可能性。此外,港口城市及周边的旅游资源、产品和服务对邮轮产业的发展同样具有至关重要的影响作用。McCalla(1998)通过内容分析法和问卷调查法对邮轮港口地址(site:专门用途或特定活动的地点)和区位(situation:周围环境中所处的位置或状态)因素的重要性进行研究后发现,虽然对不同类型的邮轮港口来说,地址与区位因素的重要程度不尽相同,但在宣传推介时邮轮港口会极力表明其同时具备两方面的优势。然而,该结论仅仅从邮轮港口的角度得出,并未考虑邮轮公司的感知。除了位置与区位因素,邮轮港口在其他方面的规划要素也非常重要。Fogg(2001)通过对美国佛罗里达州三大邮轮港口(Miami、Everglades 和 Canaveral)的研究发现,邮轮停靠能力(泊位、水深、岸线等)、乘客处理能力(通关、服务等)、邮轮接待能力(供水、供电、废物处理等)、邮轮船供能力(船上酒水、食品供应等)、港口支持服务(港口规费、港口安全等)、周边酒店设施、岸上旅游产品、港口扩建策略是邮轮港口的主要规划要素;而与挂靠港相比,邮轮母港应更加重视周边配套酒店与岸上旅游产品的规划。

在邮轮母港选择方面,Lekakou 和 Pallis 等(2009)以地中海邮轮港口为例,基于港口的船舶服务水平、乘客服务水平、自然条件、基础设施、旅游活动、服务成本、运营效率、经营管理、交通运输、政治法规、城市设施和客源市场 12 个指标,识别出了邮轮公司选择母港的最重要指标为:港口的船舶服务水平、自然条件、乘客服务水平、基础设施、城市旅游吸引力和港口收费标准。进一步,对细化后的 80 个评价指标研究后发现,邮轮母港的可达性(是否有国际机场)、港口成本、政治稳定性、航班密集性与可靠性、游客设施、邮轮接待能力、安全性、是否接近航线、城市旅游服务、交通衔接能力、政府政策等因素是母港选择考虑的重要变量(Cai et al,2010)。最近,Satta、Parola 和 Penco 等(2015)的研究表明,邮轮码头设施、乘客登船经历、旅游信息服务、码头购物区域、周边交通设施以及码头安保程序对邮轮港口满意度具有显著的影响,并进一步影响游客的口碑传播行为。

近年来,亚洲邮轮港口迅速崛起,纷纷通过设施建设与功能改造以承接国际邮轮市场的"东移"。Wang、Jung 和 Yeo 等(2014)通过问卷调查的方法对东亚运营的邮轮港口、邮轮公司、邮轮代理、旅游社等部门的管理者和研究者进行了调研,并采用因子分析法识别出了邮轮公司选择邮轮港口的四大影响因素,即邮轮码头设施、腹地自然环境、旅游吸引力、交通联通性与灵活性。进一步,作者采用问卷调查和模糊层次分析法(fuzzy-AHP)对东亚五大邮轮港口进行了评价。研究结果表明,四大影响因素的重要度排名为旅游吸引力、交通联通性与灵活性、邮轮码头设施、腹地自然环境;评价结果表明,新加坡是东亚最优良的邮轮港口,其次是中国香港、泰国普吉岛、中国三亚和马来西亚巴生港(Wang et al,2014)。

从前面的分析可以看出,邮轮港口只有依托优良的地理位置、环境气候、人文文化、旅游资源以及邮轮码头的各项配套设施才能为邮轮及其旅客提供全方位的高质量服务,才能吸引更多的国际邮轮前来挂靠。Castillo-Manzano、Fageda 和 Gonzalez-Laxe(2014)以西班牙邮轮港口为研究对象,对影响邮轮访问量和乘客访问量的因素进行了研究。实证结果表明,港口位于人口稠密的地区、接近大型机场、与集装箱运输系统隔离、能够与定期客轮共享服务设施、具备一定的泊位水深和渠道深度、航空网络密集程度较高、周边旅游吸引力较好等属性能够显著增加邮轮港口的访问量(Castillo-Manzano et al,2014)。全球市场竞争使得邮轮港口必须依照企业方式努力提升运营效率和竞争力。因此,除了港口基础设施建造和基本功能提升,邮轮公司需要跟企业一样借助现代信息与通信技术来提升服务能力和宣传力度。电子服务(e-service)成为邮轮港口提升竞争力的又一领域。Vitić-Ćetković 和 Bauk(2014)将邮轮港口的 60 余种电子服务分为核心型、增值型、介绍型、业务型、介绍/业务型五大类,并基于网站信息资源,采用二元排序法对英国、意大利、法国、西班牙、瑞典、塞浦路斯、黑山共和国等 11 个邮轮港口的电子服务水平进行了评价。研究结果表明,南安普顿(英国)、威尼斯(意大利)、多佛(英国)、热那亚(意大利)和奇维塔韦基亚(意大利)等邮轮港口的电子服务能力最佳(Vitić-Ćetković et al,2014)。

## 10.2.2　国内研究

近年来随着全球邮轮市场的"东移",中国邮轮产业呈现快速发展趋势,沿海港口城市相继将目光投向邮轮经济,并争相建设邮轮码头,打造邮轮港口。在此背景下,国内学者在邮轮港口评价方面的研究逐渐增多。陈紫华(2008)选取竞争业绩、竞争潜力和竞争支持力三类指标建立指标体系,利用主成分分析法对中国港口进行了评价。王帷洋(2008)以港口指标、服务指标、旅游指标、港口竞争力、邮轮码头建设情况、地区经济实力、人力资源实力、信息通讯实力和地区经济实力为评价指标,对我国主要邮轮港口进行了评价。于得全(2008)利用层次分析法对港口的母港竞争力进行了评价,其中考虑的因素包括港口腹地经济、地理形式、旅游资源和港口软环境。朱乐群(2010)以城市旅游环境指标、经济发展与人力资源指标和邮轮经济发展指标构建指标体系,利用因子分析法对我国港口城市进行了评价。蔡晓霞(2010)从旅游资源、经营绩效、旅游企业、对外交通、金融保险、经济支撑以及城市环境等方面构建指标体系,利用因子分析法对我国邮轮城市的竞争潜力进行了评价。聂莉和董观志(2010)基于旅游资源禀赋、市场规模、经济水平、环境保护、区位条件和发展潜力,利用熵权法和理想解法对我国邮轮港口城市的竞争力进行了评价。刘小培(2010)从自然条件、基础设施和交通、经营环境和政策倾向四个方面,利用层次分析法对港口的母港竞争力进行了评价。孙欢(2014)以大连、天津以及青岛三个国际邮轮母港作为研究对象,采用地理信息系统(MapGIS 和 ArcGIS)、层次分析法、组合赋权法对环渤海地区邮轮母港进行了综合评价。研究结果表明,天津在旅游业发展状况和邮轮码头基础设施等方面的综合竞争优势明显,但是港口交通条件较差;青岛作为国际邮轮母港的综合竞争力不具备明显优势;大连国际邮轮母港综合竞争力一般,腹地社会经济条件等指标显著落后于天津和青岛。此外,孙晓东(2014)选取港口可停泊邮轮总吨位、可停泊最大吨位、航道宽度、码头长度、码头前沿水深、离机场距离六大指标,采取定量与定性研究相结合的方法,对中日韩三个国家30个邮轮港口的接待能力进行综合评价。研究结果表明,在三个国家中,中国的邮轮港口整体接待能力最高,特别在可停泊总吨位和最大泊位这两个指标上,中国邮轮港口显示出了较好的优势。研究结果将中国的八大邮轮港口分成三个层级(其中上海吴淞口邮轮码头和天津港位于第一层级),并以国内邮轮产业发展最快的上海为例,对上海邮轮港口的建设和规划提出了若干启示与建议。此外,吴慧、王道平等(2015)也构建了国际邮轮港口竞争力的评价指标,并利用云模型评价法对各个港口的竞争力进行测评后发现,与欧洲邮轮港口相比上海港和天津港的竞争力处于中上水平。

## 10.3　邮轮港口的设施配备与指标体系

### 10.3.1　数据来源

本文选取了全球20个邮轮港口作为研究对象。从全球邮轮产业布局来看,北美地区的美国是世界上邮轮旅游业最为发达和成熟的国家,其港口发展最具代表性和可借鉴性。为此,本研究选取了迈阿密、纽约、圣地亚哥、西雅图、波士顿、奥克兰、夏威夷(火奴鲁鲁)、洛杉矶和阿拉斯加等九大著名邮轮港口作为代表进行分析。欧洲,特别是地中海地区的邮轮旅游也发展较早,拥有众多极富竞争力的邮轮港口,本文选取了南安普顿、巴塞罗那、威尼斯、阿姆斯特丹、哥本哈根、赫尔辛基和圣彼得堡等七大邮轮港口作为代表进行分析。近年来,亚太地区成为全球邮轮产业的新兴市场,发展潜力巨大,邮轮港口系统也日渐完善,本文选取澳大利亚的悉尼、新加坡、中国上海和中国香港等四大邮轮港口作为代表进行分析。借鉴 Vitić-Ćetković 和 Bauk(2014)的指标体系和分析方法,本文采用二进制标识法进行数据采集和赋值,服务设施指标取值为"1"代表邮轮港口配备了该项功能,"0"代表没有配备。本研究所有数据均采集于各个邮轮港口的官方网站,如表10-1所示。

表 10-1　邮轮港口及相关数据来源渠道

| 编号 | 邮轮港口 | 国家/地区 | 数据来源渠道 |
|------|----------|-----------|--------------|
| P1 | 迈阿密 | 美国/北美洲 | http://www.miamidade.gov/portmiami |
| P2 | 纽约 | 美国/北美洲 | http://www.panynj.gov/port/about-port |

（续表）

| 编号 | 邮轮港口 | 国家/地区 | 数据来源渠道 |
|---|---|---|---|
| P3 | 圣地亚哥 | 美国/北美洲 | https：//www. portofsandiego. org |
| P4 | 西雅图 | 美国/北美洲 | http：//www. portseattle. org |
| P5 | 波士顿 | 美国/北美洲 | http：//www. portofboston. co. uk |
| P6 | 奥克兰 | 美国/北美洲 | http：//www. poal. co. nz |
| P7 | 夏威夷 | 美国/北美洲 | http：//www. cruisecritic. com |
| P8 | 洛杉矶 | 美国/北美洲 | http：//www. portoflosangeles. org |
| P9 | 阿拉斯加 | 美国/北美洲 | www. portofalaska. com |
| P10 | 南安普顿 | 英国/西欧 | http：//www. abports. co. uk/custinfo/ports/soton |
| P11 | 巴塞罗那 | 西班牙/南欧 | http：//www. portdebarcelona. cat/en |
| P12 | 威尼斯 | 意大利/南欧 | http：//www. vtp. it/terminal |
| P13 | 阿姆斯特丹 | 荷兰/西欧 | http：//www. ptamsterdam. nl/en |
| P14 | 新加坡 | 新加坡/东南亚 | http：//www. mpa. gov. sg |
| P15 | 上海 | 中国/东亚 | http：//www. wskcruise. com |
| P16 | 香港 | 中国/东亚 | http：//www. mardep. gov. hk |
| P17 | 悉尼 | 澳大利亚/亚太 | http：//www. sydneyports. com. au |
| P18 | 哥本哈根 | 丹麦/北欧 | http：//www. cmport. com |
| P19 | 赫尔辛基 | 芬兰/北欧 | http：//www. portofhelsinki. fi |
| P20 | 圣彼得堡 | 俄罗斯/北欧 | http：//www. portspb. ru/en |

## 10.3.2　指标体系

邮轮港口的设施配备指标涉及面较广,多方位体现了港区对邮轮游客的服务水平。指标体系的构建需要根据邮轮产业的基本特征和国际邮轮港口的发展实践,选取能够准确、全面反映港口服务能力的设施指标,并能方便地进行数据采集和定量测评。而目前有关邮轮港口港区设施配备方面的研究极少。按照曾凡华和马军(2008)的指标选取原则和指标筛选方法,本文构建了邮轮旅游港口对乘客服务的配套设施指标体系,从核心功能和附加功能角度对国际邮轮港口的基础设施配备进行研究,并采用聚类分析对港口进行了类型识别。其中,指标体系构建借鉴了 Vitić-Ćetković 和 Bauk(2014)、吴慧和王道平等(2015)、孙晓东(2014)以及孙晓东、武晓荣和冯学钢(2015)等研究成果,并基于全球 20 个著名邮轮港口的设施配备数据进行了筛选提炼。最后,本文提炼了 7 个核心型基础设施,分别是停车场及相关服务、候船室及室内相关配备、交通、行李管理、信息服务、安全管理、残疾人设施和港口观光资源,如表 10-2 所示。

**表 10-2  邮轮港口乘客服务指标体系**

| 一级指标<br>(核心型) | 二级指标<br>(附加值型) | 一级指标<br>(核心型) | 二级指标<br>(附加值型) |
| --- | --- | --- | --- |
| 停车场 | 在线预订停车位 | 信息服务 | 登记服务 |
| | 机场短时接客等待停车场 | | 方向指示牌 |
| 候船室 | 空调 | | 乘客咨询服务 |
| | 公共电话 | | 邮轮指南或航线信息 |
| | 外币兑换 | | 城市指南 |
| | 自动售货机 | | 住宿咨询服务 |
| | 免税店 | | 娱乐咨询服务 |
| | 纪念商品店 | 安全 | 安全防护设施 |
| | 餐厅或咖啡厅 | | 安检 |
| | 旅行社 | | 氧气瓶租赁 |
| 交通 | 来往市中心班车 | 残疾人设施 | 轮椅提供 |
| | 公交车站 | | 残疾人救助设施 |
| | 租车服务 | | 残疾人盥洗室 |
| | 出租车服务 | | 残疾人免费停车两小时 |
| 行李 | 预寄包裹服务 | 港口观光资源 | |
| | 行李寄存 | | |

## 10.4  国际邮轮港口设施配备特征与类型划分

### 10.4.1  国际邮轮港口设施配备的基本特征

从国际邮轮港口的设施配备率来看,停车场、候船室、交通服务、旅游信息以及残疾人设施等与游客出游基本需求相关的服务功能的配备率均在 50% 以上;而从细分的指标来看,配备率在 30% 以上的服务功能也主要针对邮轮游客的基本出游需求,包括基本的生活设施、旅游咨询服务、交通、安保以及购物和餐饮场所,比如厕所、公交车、出租、乘客咨询台、邮轮及航线咨询服务、安保设施等,如图 10-1 所示。此外,配备率较低的服务功能主要体现在邮政、租赁、休闲、娱乐等附加服务方面。

从停车场配备来看,除了传统意义上的大小型客车停车场,具有附加功能的停车服务包括在线预订停车位、残疾人免费停车、机场短时接客等内容。意大利威尼

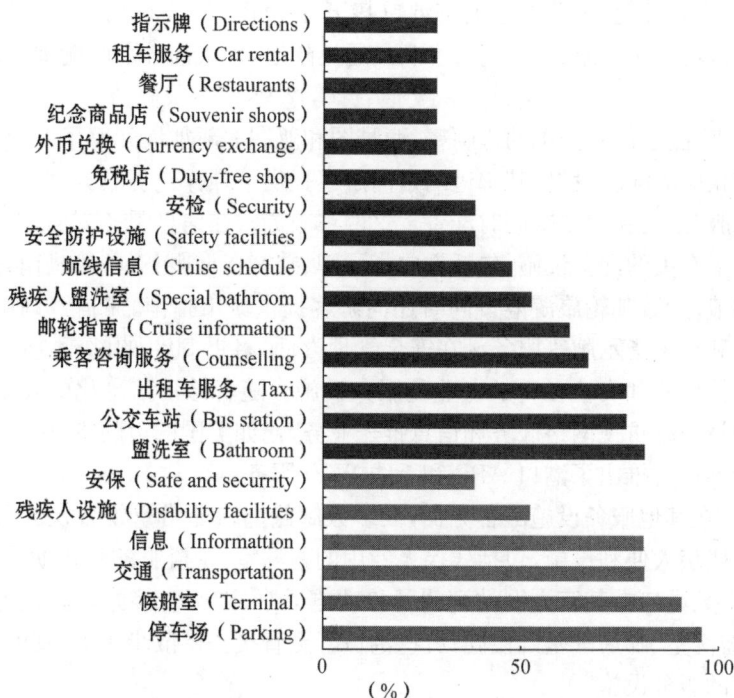

图 10-1　国际邮轮港口乘客服务设施配备率

斯邮轮港口的在线预订停车位服务、美国迈阿密的残疾人免费停车服务、美国西雅图和澳大利亚悉尼邮轮港口的机场短时接客等服务均体现了优良邮轮港口便捷而无微不至的人性化服务特点。

　　从候船室服务配备来看,美国迈阿密、西班牙巴塞罗那、荷兰的阿姆斯特丹、亚洲的新加坡等著名邮轮母港基本配备了完整的乘客服务设施,包括空调、公共电话、外币兑换、自动售货机、咖啡厅、免税店、纪念商品店、餐厅、旅行社、ATM 取款机等 10 项基础设施和零售业服务性设施。此外,亚洲的新加坡和中国香港邮轮港口的服务设施也较为全面,体现了亚太邮轮中心的服务水准。另外,中国上海、丹麦哥本哈根和俄罗斯圣彼得堡邮轮港口在乘客服务设施方面也体现了作为区域邮轮母港的服务水平。

　　在交通设施方面,除了新西兰的奥克兰、美国阿拉斯加和丹麦的哥本哈根邮轮港口的设施配备较弱,其他邮轮港口均配备了较好的交通配套设施,包括市中心的往返班车、公交车站、租车服务、出租车服务、机场接送、通港隧道、短驳车和小型摩托车等。其中,美国迈阿密、英国南安普顿和荷兰阿姆斯特丹等邮轮港口提供了市中心的往返班车,大多数邮轮港口配有公共交通、出租车和租车服务设施。作为"世界邮轮之都"的迈阿密港口甚至提供了迈阿密机场、奥兰多机场和劳德代尔堡机场的接送服务,并配有专门的通港隧道,大大提升了邮轮港口的交通可达性。

在行李处理方面,美国的迈阿密、西雅图和亚洲的新加坡开辟了专门的行李处理场地和相应的配套设施,其中迈阿密向游客提供了预存包裹服务,西雅图提供了行李寄存服务,而新加坡则同时配备了这两项服务。在信息服务方面,大多数邮轮港口配备了有关的配套设施,包括方向指示牌、乘客咨询服务、邮轮指南、航线信息等服务细节;少数邮轮旅游港口同时还向游客提供城市指南、住宿咨询服务、娱乐咨询服务和相关指示牌等服务。在安全管理方面,将近50%的邮轮港口提供了包括安全防护设施和安检在内的专业化服务设施。随着移动信息化的发展和普及,邮轮港口越来越重视网络服务和信息推送业务,比如美国的迈阿密、中国香港和上海等邮轮港口均推出了港口 APP 和无线 WiFi 服务。

最后,在其他服务设施配备方面,大多数邮轮港口非常重视残疾人关爱,均规划配备了残疾人便利设施,包括残疾人专用的盥洗室、轮椅服务和救助设施等。此外,绝大多数港口在其官方网站列明了移动电话亭、港区直接办理登记业务、氧气瓶租赁、盥洗室、邮局等基础设施;有些港口甚至直接提供散步小道、观鲸之旅和海滩等独有的服务设施。

## 10.4.2  国际邮轮港口的类型划分

基于服务设施配备指标体系,本文采用系统聚类法对国际邮轮港口进行聚类分析,其中采用距离分析法计算港口相似度。距离分析法是通过计算观测量或变量间的广义距离,将距离较小的变量或观测量归为一类,距离较大的变量或观测量归为其他类,从而为聚类分析、因子分析等复杂数据集的分析提供依据。比如,计算结果表明,纽约与圣地亚哥的相似度为1,说明除了腹地经济、城市文化等其他因素,两个邮轮港口的服务设施配备情况十分相似。此外,纽约和波士顿、圣地亚哥和波士顿、波士顿和夏威夷、波士顿和洛杉矶等之间的相似度也较高。在这种情况下,如果缺乏合理规划,且港口距离较近,则往往争夺相同客源市场和顾客群体,很容易造成同质性的恶性竞争和资源浪费。

基于港口之间相似性数据,采用凝聚分层聚类法对港口进行聚类。分层聚类也称系统聚类,可以对相近程度最高的两类进行有效合并,使之组成一个新类,并不断重复此过程,直到所有的个体都归为一类。通过对不同方法的对比分析后发现,离差平方和法(ward联接)的聚类效果最显著。基于39个港口服务配套设施指标,采用 SPSS 22.0 软件,选择 Q 型聚类。整个聚类过程包括19步,最终将20个港口聚为4个大类,如图10-2和表10-3所示。

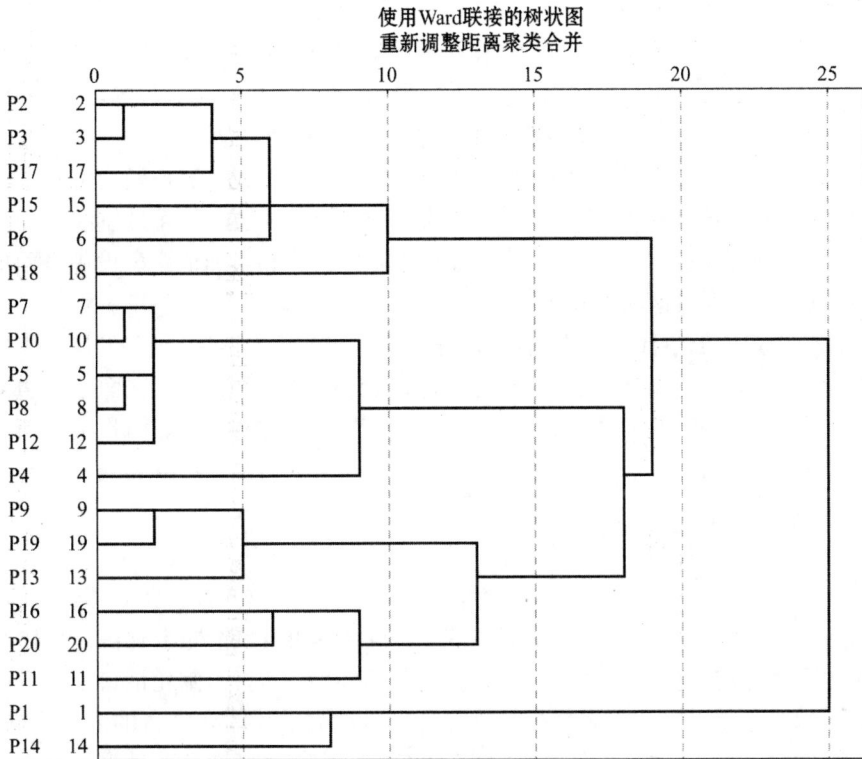

使用Ward联接的树状图
重新调整距离聚类合并

图 10-2　ward 联接方法下的港口聚类结果

**表 10-3　国际邮轮港口的分类表**

| 类　别 | 港　口　编　号 | 港口配套设施数 |
|---|---|---|
| A 类港口群 | 迈阿密、新加坡 | 30、22 |
| B 类港口群 | 夏威夷、南安普顿、波士顿、洛杉矶、威尼斯、西雅图、上海、哥本哈根 | 11、12、10、11、12、13、15、11 |
| C 类港口群 | 纽约、圣地亚哥、悉尼、奥克兰 | 13、13、11、7 |
| D 类港口群 | 阿拉斯加、赫尔辛基、阿姆斯特丹、香港、圣彼得堡、巴塞罗那 | 2、3、8、14、15、16 |

　　A 类港口群包含了发展基础最好、设施配备最完善和最成熟的邮轮母港,其在所有港口中占的比例较少。此类港口处于较大区域内乃至全球邮轮中心的地位,具有很强的经济辐射效应,能带动周边邮轮经济的发展。比如,迈阿密被称为"世界邮轮之都",新加坡是名副其实的"亚洲邮轮中心"。此类港口的建设需要前期巨大的投资,进入门槛高。因此,在一定区域内,A 类母港的个数不宜太多,否则容易

导致恶性竞争,造成资源浪费。

B类港口群是总体竞争力仅次于A类的港口集群。此类港口通常在特定区域存在1~2个领头羊港口,且往往呈梯度发展,各港口的核心基础设施配备良好,并提供附加值较高的邮轮旅游服务,以提升自身的区域竞争力。

C类港口集群的竞争力一般处于中等水平,服务设施的配备较为完备。此类港口往往通过与区域内同类港口的竞争与合作获益。一方面,通过航线布局和岸上产品开发进行区域合作;另一方面,在核心基础设施和附加值服务设施方面展开竞争,以提升自身的区域地位。

D类港口群的整体竞争力较弱,多分布在生产力较为落后,经济发展实力不强的区域。虽然部分港口的服务设施配备方面较强,但此类港口往往面临周边港口的强大竞争(比如阿拉斯加面临西雅图、香港面临上海、巴塞罗那面临威尼斯的竞争),应该通过提升港口附加服务和加大宣传力度来吸引邮轮挂靠和乘客访问。

## 10.5 结论与进一步讨论

从国际邮轮产业的实践经验来看,深入人心的邮轮文化、优良的邮轮港口、密集的航线布局和优质的岸上产品是邮轮产业持续健康发展的重要保障。中国邮轮产业才刚刚起步,仍然处在以港口接待为主的邮轮经济时代,邮轮港口配套设施的规划与配置是重中之重。无论是邮轮母港还是挂靠港均需要完备的港口设施,其中邮轮挂靠港需要重视与当地旅游资源的完美衔接;而邮轮母港对服务能力的要求则更高。邮轮港口的规划和建设、港区功能配备水平和服务能力的提升是保障邮轮旅游业持续健康发展的重要前提。特别是港区软性设施配备和服务能力才是邮轮港口竞争力的真实体现,而目前关于邮轮港口乘客服务能力和设施配备方面的研究较少。为此,本文从邮轮乘客角度出发,基于国内外研究文献和对全球20个邮轮港口的分析结果,构建了邮轮港口乘客服务设施配备的指标体系,并采用聚类分析法对这些港口的类型及特征进行了综合评价,并进一步提出了我国沿海邮轮港口功能定位与服务设施配备方面的对策和建议。

从上述对世界20个港口的聚类可以看出,中国邮轮业可以遵循因地制宜、优势互补、错位竞争的方式打造由不同功能、不同定位的邮轮港口组成的产业系统。上海吴淞口国际邮轮母港相当于A类港口的地位,在国内发展水平高,辐射范围广,竞争力强。中国港口建设应充分发挥上海邮轮港口的龙头带动作用,促进区域临港相关的商贸、金融、房地产的迅速发展,并通过区域合作和航线布局进一步扩大经济辐射范围。B类港口群则类似于北部的天津港、中部南部的厦门港口、南部的三亚港,目标应该是打造A类港口,通过提高服务能力增强区域辐射和带动效应,实现港口资源的充分利用和合理布局,比如增加附加值型的服务设施,如外币兑换点、娱乐项目、网络服务、氧气瓶租赁等,通过提供小而全的服务提升软实力。C 类港口类似于大连港和厦门港等,往往距离 A 类港口较近,不适合投资建造大型的邮轮母港,而应该在保证基本设施的基础上增加旅游服务、信息服务等附加功能,一方面通过客源服务发挥区域母港的作用,另一方面通过高水平的旅游服务和岸上产品涉入区域合作,依靠游客满意度的提升来保持区域竞争力。D 类港口集群类似于青岛港、宁波港和海口港,总体目标应该立足旅游服务,通过游客接待提升作为访问港的竞争力,可通过腹地旅游开发和宣传推广打造成主题型港口,为邮轮游客提供差异化的产品。

# 第 11 章　邮轮港口推介与在线服务能力研究

　　近年来,国际邮轮旅游产业开始从北美和欧洲向亚太地区"转移"。中国邮轮产业经历了前所未有的发展,已经成为亚太乃至全球邮轮市场的重要组成部分,而以日本和韩国为主的东北亚地区是我国邮轮航线布局的重要区域。作为邮轮旅游的关键节点,在基础设施建设达到一定规模后,邮轮港口必须有效提升服务能力和加大宣传推广力度,才能持续吸引邮轮挂靠和乘客访问。本章从在线/电子服务(Online/E-Service)的角度,构建了邮轮港口在线服务能力的指标体系,并以官方网站为数据来源,对东北亚地区中日韩 15 个邮轮港口的电子服务和宣传推广能力进行了评价。研究表明,日本港口的设施配备和在线服务能力最强,其次是中国和韩国。目前,三国邮轮港口均注重了核心型的在线服务内容,而缺乏对增值型设施与服务的关注,特别是忽略了交易型服务能力的配备。最后,以北美地区重要邮轮港口为例,提出邮轮港口在线服务与宣传推广的建议。中国邮轮港口需加强港口、城市以及旅游在线服务的功能建设与内容互动,从而提升整体的在线服务能力。

## 11.1　导言

　　2015 年 3 月,《推动共建丝绸之路经济带和 21 世纪海上丝绸之路的愿景与行动》(《愿景与行动》)正式发布,标志着我国"一带一路"倡议正式启动。《愿景与行动》指出,要"加强旅游合作,扩大旅游规模,互办旅游推广周、宣传月等活动,联合打造具有丝绸之路特色的国际精品旅游线路和旅游产品,提高沿线各国游客签证便利化水平。推动 21 世纪海上丝绸之路邮轮旅游合作。"随着"中国丝绸之路旅游年"的启动,海上旅游合作,特别是邮轮旅游成为"一带一路"倡议的重要组成部分。在国家"一带一路"和"515"战略的共同推动下,世界邮轮产业的重心快速"东移",中国邮轮旅游业进入发展的黄金时期。随着国家邮轮产业支持政策密集出台,邮轮产业发展已上升到国家战略高度。

　　邮轮旅游经济素有"漂浮在海上的黄金产业"之称,对拉动邮轮港口城市的经济增长有着重要的作用。从 20 世纪 70 年代开始,国际邮轮旅游业经过了 40 余年的快速发展,已经成为全球休闲、旅游业中最具成长价值的业务。国际邮轮协会(Cruise Line International Association,CLIA)的统计数据显示,在 2011 年至 2016

年间,全球邮轮旅游需求增长了 20.5%,成为国际休闲与旅游业中发展速度最快的业务之一;2016 年全球邮轮游客接待量约为 2 470 万人次,2017 年客流量达到 2 670 万人次,邮轮产业的直接、间接和诱发经济产出超过 1 200 亿美元和创造了超过 100 万就业岗位。2017 年亚洲邮轮乘客数量达到 406 万,较 2016 年的 337 万人次同比增长 20.5%,占全球远洋邮轮市场的 15%。其中,中国邮轮乘客总量占亚洲 60% 左右的市场份额,成为该地区最大的客源市场,其次为中国台湾、新加坡和日本。随着全球邮轮产业重心的不断"东移",亚太地区的市场份额越来越大。据中国交通运输协会邮轮游艇分会的调查,2017 年亚洲邮轮旅客数量占全球总量的 10%,亚洲成为全球第二大邮轮旅游市场客源国。近年来,以中国、日本和韩国为核心的东北亚地区已经成为国际邮轮公司竞相争夺的战略性新兴市场。从邮轮靠泊量来看,中国、日本、韩国是亚洲地区靠泊量最大的三个国家。其中 2017 年日本邮轮靠泊量达到 2 378 艘次,位居亚洲第一,中国以 1 156 艘次位列第二,韩国以 737 艘次位居第三。目前,以中国、日本和韩国为核心的东北亚地区已经成为国际邮轮公司竞相争夺的战略性新兴市场(Sun et al,2014;CINQ,2012;Rodrigue et al,2013)。作为东北亚邮轮市场的核心成员,中国邮轮产业经历了前所未有的发展阶段,已经开始进入港口建设、邮轮接待业务的较成熟阶段。

　　作为邮轮旅游的关键节点和邮轮产业价值链的重要参与者,邮轮港口成为邮轮经济不断深化的核心载体。近年来,中国邮轮港口的规划与建设取得了长足进步,邮轮靠泊和接待能力已经领先于日本和韩国(Sun,2014)。目前,中国港口正处于临港经济的高速发展阶段。在港口建设和设施配备达到一定规模后,只有不断提升港口的整体服务水平,并加强邮轮港口的宣传与推介,才能持续吸引邮轮挂靠和乘客访问,为邮轮产业持续健康发展保驾护航。东北亚邮轮旅游区是中国参与全球邮轮产业竞争的出发点,并将成为中国邮轮旅游业持续健康发展的重要依托。中国旅游资源丰富,地理区位与日韩接近,中日韩邮轮港口一方面在东北亚邮轮航线布局中具有明显的互补性,应通过合作互补提升整个区域在全球的竞争力;另一方面港口之间具有明显的竞合性。其中在航线设置和利益分配方面的竞争性将非常突出。对于中国来说,拥有完善的邮轮港口布局规划,形成布局合理、层次分明、功能完善的母港、始发港、访问港的邮轮港口系统,是提升国家邮轮产业竞争力的基本保障,而以邮轮文化培育、港口宣传推广、城市旅游推介、港口品牌建设等为目的的在线服务,则是赋予港口生命力,塑造港口个性化,提升港口软实力的重要手段。为此,本章立足东北亚邮轮市场,以中日韩 15 个邮轮港口为研究对象,构建了邮轮港口在线服务能力的指标体系,并利用多指标综合评价法对这些邮轮港口的服务推广能力进行了对比分析,从而识别出我国在邮轮港口推广方面的主要问题,并借鉴北美地区著名邮轮母港的发展经验,提出了针对性的对策与建议。

## 11.2 文献综述及指标体系构建

### 11.2.1 国内外相关研究

邮轮港口服务配备与推广的目的是有效吸引邮轮挂靠和乘客访问。因此,邮轮港口的在线服务主要针对港口区位、港区服务与设施配备以及周边旅游资源等方面。从港口对邮轮的吸引要素来看,首先邮轮港口的地址(Site)和区位(Situation)非常重要。Mc Calla(1998)通过内容分析法和问卷调查法进行研究后发现,在向邮轮公司宣传推介时,邮轮港口均会同时从这两方面极力表明其优势。Castillo-Manzano、Fageda 和 Gonzalez-Laxe(2014)的研究发现,人口密集、临近大型机场、旅游资源独特的港口更容易吸引邮轮挂靠,其中交通因素是主导因素。Wang Ying、Jung Kyung-Ae 和 Yeo,Gi-Tae(2014)通过问卷调查的方式对邮轮港口、邮轮公司、邮轮代理、旅游社等部门的管理者和研究者进行了调研,并采用模糊层次分析法(fuzzy-AHP)对东亚五大邮轮港口进行了评价。结果表明,优良的地理位置、交通条件、环境气候、人文文化、旅游资源以及邮轮码头的各项配套设施是吸引国际邮轮前来挂靠的重要因素。其中旅游吸引物是主导因素,其次为交通通达度。同时,政府政策支持也是一项不可缺少的因素。邮轮港口应注重政策、交通、旅游资源等要素的宣传与推广。

从港口对游客的吸引要素来看,Blas 和 Carvajal-Trujillo(2014)通过对地中海地区邮轮港口的研究发现,基础设施、氛围、旅游资源及社区环境等对于提升港口吸引力和游客满意度影响较大。Satta、Parola 和 Penco 等(2015)的研究则发现,邮轮码头设施、乘客登船经历、旅游信息服务、码头购物区域、周边交通设施以及码头安保程序等对邮轮港口满意度的提升具有显著的影响,并进一步影响游客的口碑传播行为。通过对夏威夷邮轮乘客进行研究,Ozturk、Gogtas(2015)等发现港口目的地的交通、安全、价格等因素对游客的满意度有较大影响,并进一步影响游客的重访意向和口碑推荐意向,岸上活动或者观光游览要素则对游客的满意度不具有显著影响。De Cantis、Ferrante 和 Kahani 等(2016)借助 GPS 技术则发现,将近80%的邮轮游客会参加港口岸上活动,其中 83.1%的游客会在距离港口 3.5 千米的范围内游玩。Brida、Fasone 和 Scuderi 等(2014)通过对乌拉圭停靠港游客消费行为进行研究后也发现,游客在岸上的旅游活动对港口经济的发展有巨大的推动作用。可见,岸上观光同样是邮轮港口推广的重要因素。港口在线服务与宣传推广要与当地旅游景区(特别是 3.5 公里内的旅游景点)进行有效联动。

更为综合地,Castillo-Manzano、Fageda 和 Gonzalez-Laxe(2014)则以西班牙邮轮港口为对象,对邮轮访问量和乘客访问量的影响因素进行了识别。研究表明,航空网络密集程度较高、周边旅游吸引力较好的港口访问量更高。可以说,优质的岸上旅游活动是有效推广邮轮港口的重要助推力。对于新兴邮轮旅游市场来说,岸上旅游产品单一是邮轮港口推广中的致命短板。Brida、Pulina 和 Riano(2013)则以卡塔赫纳停靠港为例对邮轮港口游客岸上活动的行为特征进行了探索。研究表明,安全安保设施对游客选择岸上设施的影响较大。此外,Brida、Bukstein 和 Tealde(2015)等从餐饮的角度对邮轮港口设施配备进行了研究。研究发现,由于邮轮船票一般包含基本的餐饮服务,导致游客的岸上餐饮消费不足。可见,基础性的餐饮设施难以吸引邮轮游客,港口服务与推广需要结合当地饮食文化,提供富有区域特色的小众化餐饮服务。Fogg(2001)通过对美国佛罗里达州三大邮轮港口(Miami、Everglades 和 Canaveral)的研究发现,邮轮停靠能力(泊位、水深、岸线等)、乘客处理能力(通关、服务等)、邮轮接待能力(供水、供电、废物处理等)、邮轮船供能力(船上酒水、食品供应等)、港口支持服务(港口规费、港口安全等)、周边酒店设施、岸上旅游产品、港口扩建策略是邮轮港口的主要规划要素;而与挂靠港相比,邮轮母港应更加重视周边配套酒店与岸上旅游产品的规划。在邮轮母港吸引力方面,Lekakou 和 Pallis 等(2009)以地中海邮轮港口为例,识别出了邮轮公司选择母港的最重要指标:港口的船舶服务水平、自然条件、乘客服务水平、基础设施、城市旅游吸引力和港口收费标准。进一步,对细化后的 80 个评价指标研究后发现,邮轮母港的可达性(是否有国际机场)、港口成本、政治稳定性、航班密集性与可靠性、游客设施、邮轮接待能力、安全性、是否接近航线、城市旅游服务、交通衔接能力、政府政策等因素是母港选择考虑的重要变量。

可以说,在具备核心服务能力之后,邮轮港口本身服务能力的宣传推广对于港口经济发展有重大意义。除此之外,国家性或区域性的邮轮政策同样是邮轮港口推介中的重要内容。McCarthy 和 Romein(2012)以荷兰阿姆斯特丹(Amsterdam)和鹿特丹(Rotterdam)为案例,对邮轮码头发展与城市空间规划、功能再造之间的关系进行研究后发现,邮轮港口对于一个城市的和谐发展具有重要意义,邮轮港口的推广有助于城市功能再造。但港口发展的同时也会产生一系列的问题,因此邮轮港口的推广要明确国家及地方的政策引导。此外,邮轮港口推广与产品销售离不开与旅行社的合作(Ng,2007;Liu et al,2013)。邮轮港口服务与推广应充分展示"泛旅游代理"的作用,包括与传统旅行社、酒店、租车、餐饮、娱乐等旅游服务主体的互动。特别地,随着信息技术的不断成熟,在线服务能力成为港口宣传推广的重要手段。Vitić-Ćetković 和 Bauk(2014)对地中海 11 个邮轮港口的电子服务能力进行了研究。结果表明,南安普顿(英国)、威尼斯(意大利)、多佛(英国)、热那亚(意大利)和奇维塔韦基亚(意大利)等邮轮港口的电子服务能力最强,推广效益也更佳,因此竞争力最强。

近几年,国内对邮轮港口方面的研究文献不断增加。虽然有关邮轮港口在线服务方面的研究非常有限,但大量港口评价方面的成果为在线服务指标体系的构建奠定了基础。比如,在邮轮港口竞争力指标选取方面,陈紫华(2008)选取了竞争业绩、竞争潜力和竞争支持力三大类指标;王帷洋(2008)以港口指标、服务指标、旅游指标、港口竞争力、邮轮码头建设情况、地区经济实力、人力资源实力、信息通讯实力和地区经济实力为基础构建指标体系;于得全(2008)考虑的评价指标包括港口腹地经济、地理形式、旅游资源和港口软环境;朱乐群(2010)则关注了城市旅游环境指标、经济发展与人力资源指标和邮轮经济发展等指标;蔡晓霞(2010)从旅游资源、经营绩效、旅游企业、对外交通、金融保险、经济支撑以及城市环境等方面构建了指标体系;聂莉和董观志(2010)则选取旅游资源禀赋、市场规模、经济水平、环境保护、区位条件和发展潜力作为指标体系的主要构成要素;刘小培(2010)从自然条件、基础设施和交通、经营环境和政策倾向四个方面构建了母港竞争力的指标体系;孙晓东(2014)选取港口可停泊邮轮总吨位、可停泊最大吨位、航道宽度、码头长度、码头前沿水深、离机场距离等六大指标构建了邮轮港口接待能力的指标体系;吴慧、王道平等(2015)也构建了国际邮轮港口竞争力的评价指标,并认为准确定位港口功能、完善相关配套设施、提高服务水平和打造特色港口品牌等手段有利于提升邮轮港口的竞争力。此外,孙晓东、武晓荣等(2015)通过对航线设置影响因素进行研究后认为,与国际邮轮旅游的发达地区相比,我国邮轮港口发展仍然存在软件配套缺失、基础设施不完备、港区服务不到位、岸上旅游活动品质不高、邮轮消费文化缺失等诸多问题。为此,邮轮港口必须在服务设施配备、服务能力提升和邮轮文化培育方面下功夫。经济全球化使得邮轮港口必须按照企业经营的行为方式提升自身竞争力。为吸引国际邮轮挂靠,除了基础设施建造和基本功能提升,邮轮港口需要借助现代信息技术来提升服务能力和加强宣传推广力度。而以在线服务为基础的港口推广将是吸引邮轮挂靠和乘客访问的重要手段。

### 11.2.2 在线服务能力的指标体系

在线服务能力体现了邮轮港口借助网络服务向邮轮及邮轮乘客进行宣传推广和挂靠旅行服务的能力,其测评指标应与游客的食、住、行、游、购、娱等基本需求直接相关。进一步,按照邮轮游客的出游特点,借鉴国内外邮轮港口的测评指标,并结合携程网、去哪儿网、途牛网等在线旅游运营商推出的相关在线服务项目,本章构建了包含食、住、行、游、购、娱以及港口安全性、便捷性、环保性等方面的邮轮港口在线服务与推广能力的指标体系,并从邮轮港口功能配备的角度将这些指标划分为核心型(c-core)和增值型(v-value-added),而从网站推广角度划分为介绍型(i-informational)、业务型或交易型(t-transactional)和介绍/业务型(i/t-informational and/or transactional)等五大类型,如表11-1所示。

表 11-1　邮轮港口在线服务能力的指标体系

| 服务 | 类型 | 二级项目数 | 二级项目明细 |
|---|---|---|---|
| 游客咨询中心 | c;i | 0 | 无 |
| 食 | c;i/t | 2 | 美食、餐厅、咖啡、酒吧 |
| 住 | c;i/t | 1 | 酒店信息、预订服务 |
| 行 | c;i/t | 9 | 停车、短驳车、公交、旅游车票、出租车、租车、铁路和长途汽车、渡轮、机场 |
| 游 | c;i/t | 7 | 地图、历史文化、短途旅游、观光、散步道、自行车道、旅游宣传 |
| 购 | c;i | 2 | 免税商店、商场、礼品店 |
| 娱 | v;i/t | 3 | 活动、夜生活 |
| 货币 | c;i | 2 | 兑换处、银行服务 |
| 通讯 | c;i | 3 | 手机、公共电话、网络连接、WiFi |
| 残疾人设施 | v;i | 0 | 无 |
| 邮轮游客信息 | c;i | 0 | 无 |
| 邮轮船员信息 | v;i | 0 | 无 |
| 安全安保 | c;i | 0 | 无 |
| 环境保护 | v;i | 0 | 无 |
| 友情链接 | c;i | 0 | 无 |

核心型服务是指作为一个邮轮港口必须提供的最基础的服务,具体体现在基础服务设施的配备及其在线服务上;增值型服务是可以让游客出行更便捷、更具体验性,并进一步提高邮轮港口吸引力的服务;介绍型服务主要提供相关的基础介绍性信息服务;交易型服务是为消费者提供网上购物、线上交易的服务。一般而言,交易型在线服务也具有介绍性功能,因此在后面的分析中将交易型和介绍/交易型电子服务合并研究。

## 11.3　对象选取与数据来源

本章以国内最大的邮轮旅游在线运营商携程旅游网为基础,对中日韩邮轮航线数据进行统计,按照邮轮城市/邮轮港口出现的频数,并基于数据的可获取性,选取了中日韩 15 个邮轮港口作为研究对象,并从这些邮轮港口或其所在邮轮城市的官方网站获取数据。邮轮港口的名称、所属国家、网站链接和网站性质如表 11-2 所示。从出现频次来看,上海(吴淞口)、天津、博多、横滨、神户、东京、釜山、仁川和济州等邮轮港口是东北亚邮轮市场最活跃的主体。其中,韩国只有釜山港和仁川港有独立的英文官方网站。济州岛是韩国邮轮旅游中最具代表性的目的地之一,在中日韩邮轮旅游中占有非常重要的地位。比如在日韩航线的 115 个邮轮旅游产品中出现了 69 次,仅次于上海。虽然该港客运码头并无独立的官方网站,但在济州岛官方网站中"邮轮观光"版块被重点介绍。因此,本章也将韩国济州岛列入研究范围。在数据采集方面,依据 Vitić-Ćetković 和 Bauk(2014)的分析方法,采用二进制赋值法对邮轮港口在线服务指标的配备率进行统计,其中在官网中出现的指标赋值为 1,未出现的指标赋值为 0。

表 11-2  港口网站链接及网站性质表

| 编号 | 港　　口 | 国家 | 链　　接 | 网站性质 |
|---|---|---|---|---|
| P1 | 上海吴淞口(Shanghai Wusongkou) | 中国 | http://www.wskcruise.com | 港口官网 |
| P2 | 天津(Tianjin Cruise Port) | 中国 | http://www.tichp.com | 港口官网 |
| P3 | 青岛港(Port of Qingdao) | 中国 | http://www.qdport.com | 港口官网 |
| P4 | 舟山港(Port of Zhoushan) | 中国 | http://www.portzhoushan.com | 港口官网 |
| P5 | 香港启德(Kai Tak Cruise Terminal) | 中国 | http://www.kaitakcruiseterminal.com.hk | 港口官网 |
| P6 | 香港海运(Ocean Terminal) | 中国 | http://www.oceanterminal.com.hk/en/ | 港口官网 |
| P7 | 博多港(Port of Hakata) | 日本 | http://port-of-hakata.city.fukuoka.lg.jp/english | 港口官网 |
| P8 | 横滨港(Port of Yokohama) | 日本 | http://www.city.yokohama.lg.jp/kowan/chinese | 港湾局官网 |
| P9 | 那霸港(Naha Port) | 日本 | http://www.nahaport.jp/promotion/japan | 港口官网 |
| P10 | 神户港(Port of Kobe) | 日本 | http://www.kobe-meriken.or.jp/english | 港口官网 |
| P11 | 东京港(Tokyo Port) | 日本 | http://www.kouwan.metro.tokyo.jp | 港湾局官网 |
| P12 | 熊本港(Port of Kumamoto) | 日本 | http://www.k-faz.co.jp | 港口官网 |
| P13 | 釜山港(Busan Port) | 韩国 | http://portbusan.go.kr | 港口官网 |
| P14 | 仁川港(Port of Incheon) | 韩国 | http://www.icpa.or.kr | 港口官网 |
| P15 | 济州客运码头(Jeju Port) | 韩国 | http://chinese.jeju.go.k | 城市官网 |

## 11.4  邮轮港口在线服务配备的基本特点

首先,从在线服务的完善程度来看,日本邮轮港口的在线服务项目较为全面,其中博多港、神户港的在线服务水平最高;作为亚太邮轮中心,中国香港的两大邮轮港口(码头)均具备较为完善的在线服务项目;作为中国配套最完善和发展最深入的邮轮母港,上海吴淞口邮轮港和天津邮轮港口的在线服务水平也较高;对于韩国来说,釜山港的在线服务能力也较高,如图 11-1 所示。由于我国部分新兴邮轮港口的建成时间较短,在线服务方面仍处于起步阶段,宣传推广信息十分缺乏。比如,舟山港和青岛港的运营时间较短,正处于港口硬件设施的配备阶段,以港口推广和游客服务为目的的在线服务配套不足。随着港区基础设施的不断完善,我国邮轮港口应加强港口推广与在线服务能力的提升。其次,在线服务指标的配备率来看,如图 11-2 所示,中日韩港口普遍缺乏对增值型配套设施的在线服务展示。此类服务对于提升港口吸引力,塑造港口形象具有重要作用。此外,这些邮轮港口的在线服务项目多为介绍型内容,缺乏交易型的服务功能,一定程度上降低了游客在线搜索、产品预订和岸上活动的便利性。

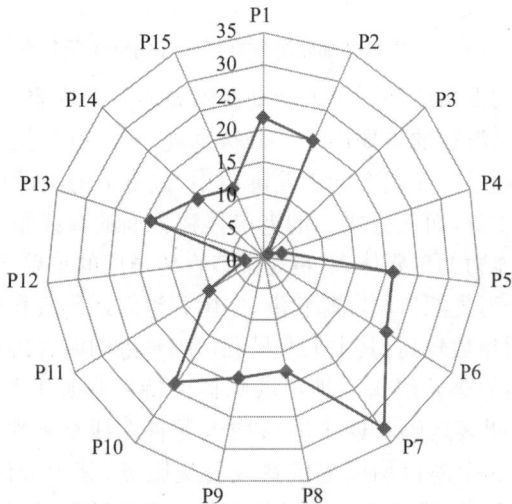

图 11-1 邮轮港口在线服务项目统计

从具体指标的配备率来看,食、住、行、游、购、娱六方面的服务配备率均在30%以上;食、行、游、购等在线服务的配备率达到 50%以上,其中周边游玩类基础设施的在线服务配备率最高,达到了 93%。在游玩类项目中,具有地方特色的旅游产品是吸引游客的重要元素,对邮轮港口甚至整个邮轮航线的吸引力影响极大。在中日韩邮轮港口中,博多港的游玩设施类项目最丰富,除短途旅行、观光、旅游宣传外,该港还配备了自行车带。从娱乐方面来看,大部分邮轮港口的娱乐活动缺乏,其中天津国际邮轮母港的夜间娱乐活动最丰富,有利于吸引过夜游客。从餐饮服务来看,那霸港和仁川港餐饮设施服务较为齐全,均配备了餐厅、酒吧等餐饮场

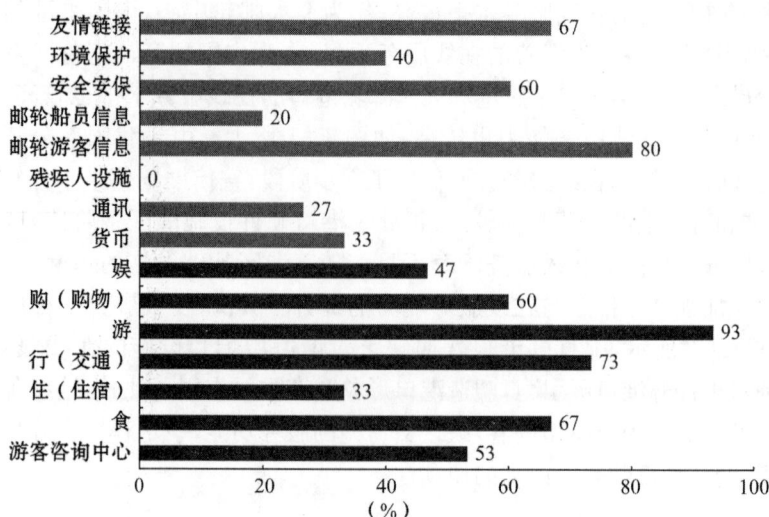

图 11-2　中日韩邮轮港口在线服务的整体配备率

所。住宿是游客到达港口后开展岸上活动必然要涉及的内容,舒适便捷而富有特色的住宿项目是吸引游客的重要因子。分析发现,缺乏特色住宿项目是中日韩邮轮港口推广的普遍问题。在调查的邮轮港口中,只有上海吴淞口国际邮轮港和博多港提供网上预订服务,而三分之二的港口住宿方面的在线服务缺乏。交通可达性是邮轮港口服务能力的重要体现,也是港口宣传推广的重要元素。分析表明,香港启德邮轮码头、上海吴淞口国际邮轮港、中国香港海运码头和神户港的在线交通信息最为完备,交通指数较高,其中上海吴淞口邮轮港向游客提供了停车场位置导航服务,中国香港启德邮轮码头和神户港则提供特色旅游车票服务。而青岛港、舟山港、熊本港、济州客运码头四个港口均未配备在线交通服务。天津港、横滨港、那霸港、东京港四个港口均未提供在线公交服务,其中天津港向游客提供停车信息和机场在线服务,横滨港配备了停车信息和在线轮渡服务,那霸港和东京港则设置了铁路、长途汽车信息和机场在线服务。从购物方面看,本文选取的15个港口中有40%没有购物场所,有近70%没有免税店。免税店是跨国游客购物的主要场所,能带来巨大的营业额。免税店的入驻能为当地邮轮港口的发展提供资金支持。

除食、住、行、游、购、娱六大方面外,绝大多数邮轮港口都设置了游客咨询在线服务。该项服务配备率达到了53%。除青岛港、东京港和济州客运码头外,其他12个港口都提供了"邮轮游客信息"服务。"友情链接"配备率达到了67%。"友情链接"作为港口推广的核心型和介绍型在线服务,主要提供与邮轮旅游相关的网站链接,如邮轮公司网站、旅游局网站等。"友情链接"服务的提供使邮轮港口推广在连接邮轮产业链上下游中发挥了纽带作用。此外,作为邮轮港口的核心型和介绍型在线服务指标,"旅游宣传"是港口推广过程中不可或缺的一个环节。除了青岛港、舟山港和熊本港外,其他的 12 个港口均配备了在线"旅游宣传"服务,内容一般包括最佳免费景点宣传、公园宣传、剧院宣传、艺术画廊宣传、宣传视频等项目,将港口地区的历史、艺术、休闲等多种元素融合,在为游客提供岸上活动选择的同时,对当地的港口文化进行了宣传推广。可以说,"旅游宣传"将邮轮港口推广与当地景区宣传相结合,提升了港口吸引力。

此外,将近 70％的港口未在网站介绍货币服务,只有天津港、中国香港启德邮轮码头、博多港、神户港提供货币兑换或银行服务。40％的港口没有提供在线安全安保宣传和服务。一直以来,安全保障是邮轮旅游业最为重视的问题之一。向游客提供安保方面的信息服务应该是邮轮港口在线服务的重要体现。此外,有 60％的港口缺乏环境保护相关设施。在可持续旅游发展的倡导下,环境保护是邮轮港口推广必须重视的问题。从总体看,中日韩邮轮港口通信方面的基础设施有待提高。只有上海吴淞口国际邮轮港、香港启德邮轮码头、香港海运码头、博多港四个港口提供通信服务,通讯服务缺失率达到了 73％。此外,残疾人相关设施是邮轮港口责任性和高质量在线服务的重要体现,然而从现有数据来看,残疾人服务未受到中日韩邮轮港口的足够重视,相关的在线服务严重缺失。

## 11.5　邮轮港口在线服务能力的综合评价

### 11.5.1　评价方法

为方便地对中日韩港口推广能力进行比较,以国家为尺度将邮轮港口进行分组,其中中国港口记为"组 1",日本港口记为"组 2",韩国港口记为"组 3"。由于 15 个港口均未涉及残疾人相关服务,在后续分析中将这一指标剔除。通过加权的服务能力得分,可以对中日韩邮轮港口的总体在线服务能力进行评价:

$$
\begin{cases}
w_j = \dfrac{v_i}{\sum\limits_{i=1}^{n} v_j} v_j \\[2ex]
v_j = \dfrac{\sqrt{S_j^2}}{\bar{x}_j} \\[2ex]
S_j^2 = \dfrac{1}{n-1} \sum\limits_{i=1}^{n} (x_{ij} - \bar{x}_j)^2 \\[2ex]
\bar{x}_j = \dfrac{1}{n} \sum\limits_{i=1}^{n} x_{ij}
\end{cases}
\tag{11-1}
$$

其中,$w_j$ 为第 $j$ 个在线服务指标的权重;$v_j$ 为第 $j$ 个指标的变异系数,$S_j^2$ 为第 $j$ 个指标的标准差;$\bar{x}$,为第 $j$ 个指标的均值;$x_{ij}$ 为第 $i$ 个邮轮港口第 $j$ 个指标的取值。结果表明,船员服务、通讯服务、货币服务、住宿信息和娱乐信息等指标的权重较高,说明这些服务项目在邮轮港口中的配备情况差异较大。进一步,结合指标数据与指标权重可以获得邮轮港口在线服务的综合得分:

$$Serv_i = w_1 x_{i1} + w_2 x_{i2} + \cdots + w_{14} x_{i14}; \quad i = 1,2,\cdots,15 \qquad (11\text{-}2)$$

其中,$Serv_i$ 为第 $i$ 个邮轮港口的在线服务能力得分。

### 11.5.2  评价结果

结果表明,日本和中国(大陆和香港地区)主要邮轮港口的在线服务能力较高,其中博多港、上海吴淞口、神户港、香港启德和香港海运等邮轮港口(码头)均具备较高的在线服务水平;韩国邮轮港口的在线服务能力处于中游水平;日本部分港口和中国舟山港、青岛港的在线服务信息较为缺乏。进一步,通过对中日韩三国邮轮港口在线服务的不同类型进行分析发现,三国邮轮港口均注重核心型在线服务的配备与推广,而对增值型服务项目的关注不够。在港区硬件设施完善以后,增值型在线服务可以为邮轮公司、相关企业、船员、游客等提供高水平的服务,能极大地提升港口吸引力。具体排名如图 11-3 所示。

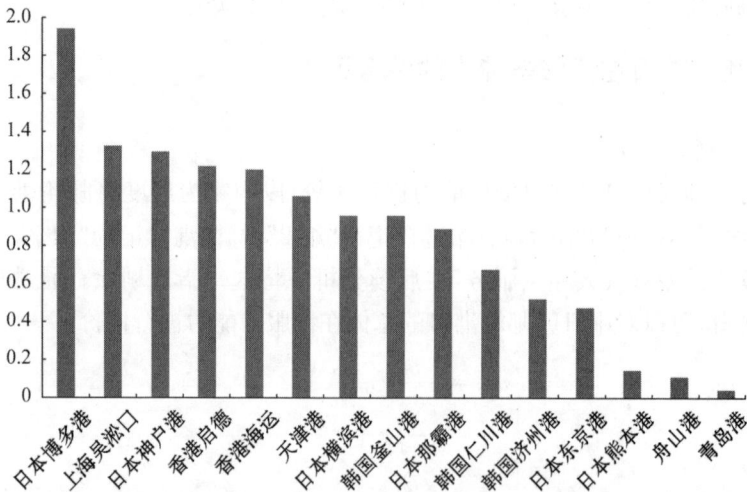

图 11-3  中日韩邮轮港口在线服务水平综合排名

此外,各邮轮港口的交易型在线服务功能基本空缺,一定程度上降低了游客的出游便利性。从国家尺度来看,日本在各类服务项目上均处于最高水平。就核心型和介绍型在线服务来说,中国邮轮港口的整体服务能力优于韩国;而对于增值型和介绍/交易型在服务而言,韩国邮轮港口的整体水平较高,具体如表 11-3 所示。

表 11-3　中日韩邮轮港口不同类型服务能力得分

| | 得分平均值 | 核心型 | 增值型 | 介绍型 | 交易型和<br>介绍/交易型 |
|---|---|---|---|---|---|
| 组 1(中国) | 0.832 0 | 0.768 4 | 0.063 6 | 0.327 4 | 0.504 6 |
| 组 2(日本) | 0.955 8 | 0.834 2 | 0.121 7 | 0.409 9 | 0.546 0 |
| 组 3(韩国) | 0.718 3 | 0.611 0 | 0.107 3 | 0.184 7 | 0.533 6 |

## 11.6　讨论与启示

近年来,随着国际邮轮市场的"东移",中国邮轮产业发展迅速,已经成为亚太乃至全球邮轮市场的重要组成部分。目前,我国相当一部分邮轮活动发生在以东北亚地区为目标市场的邮轮港口,包括大连、天津、青岛、上海、宁波等。日韩航线对于我国邮轮业的可持续发展具有重要意义。从基础设施来看,东北亚邮轮港口系统已经具有一定规模,设施配备基本完善。在港口硬件设施建设达到一定规模后,邮轮港口软性服务能力与宣传推广力度的提升是吸引邮轮挂靠和游客访问的重要工作。本文以邮轮港口官方网站为切入点,对中日韩 15 个港口的在线服务能力进行了全面分析。研究结果表明,中日韩邮轮港口十分注重核心型在线服务的配备,然而却忽略了增值型和交易型的在线服务内容。从国家层面来看,日本邮轮港口的在线服务水平最高。中国邮轮港口正处于临港经济高速发展阶段,硬件设施日渐完善,但软性服务能力和宣传推广力度有待提高。

硬件基础设施是邮轮港口吸引力的核心要素,而在线窗口(特别是官方网站)则是邮轮港口的第一张名片。随着基础设施和服务功能的不断完善,邮轮港口需要基于网络服务来提升整体服务水平和加强宣传推广力度。从国际邮轮产业的发展实践来看,著名邮轮港口均非常重视在线服务功能的配备,特别是官方网站中邮轮业务板块的建设,力争为邮轮业相关主体提供全方位、精细化服务。从北美地区九大邮轮母港的在线服务来看,如表 11-4 所示,货运/集装箱(Cargo 或 Container)业务和邮轮(Cruise)业务是港口官网中的两大支撑板块。邮轮港口均通过港口官方网站及其与城市(区域)官方网站或旅游官方网站交互的方式提供全方位的在线服务,其中对邮轮游客的服务最为全面,服务项目主要涉及基础的游客服务(包括邮轮排程、游客到达、停车、上下船、安全保障、联系方式、常见问答等)、港口/城市旅游服务(包括岸上观光、休闲、餐饮、购物、娱乐、活动、节事等)、出游指南(包括天气服务、公共交通、租车、住宿、机场信息等)和媒体展示(包括照片、视频、社交媒体、APP、产业研究等)等。从邮轮企业一方来看,部分邮轮港口(比如美国纽约曼哈顿和布鲁克林邮轮码头、美国洛杉矶和加拿大温哥华等)同时在官方网站提供了邮轮运营管理(包括码头、岸线、泊位、泊地等)和港口发展(包括港口规划、设施建造、升级改造、运营优化)等方面的信息,通过展示港口优势以吸引邮轮挂靠。对于新兴邮轮市场来说,邮轮港口应同时注重游客服务和邮轮服务的在线推广,一方面通过全方位的在线服务来提升游客体验,进而触发重游行为和口碑传播行为;另一方面通过基础设施、港口发展、邮轮政策等信息来表明港口在邮轮业务发展中做出的努力,以此向国际邮轮公司进行港口推介。

表 11-4　北美著名邮轮母港的在线服务项目

| 在线服务 | 细目 | 主要内容 | 邮轮港口 | | | | | | | | |
|---|---|---|---|---|---|---|---|---|---|---|---|
| | | | P1 | P2 | P3 | P4 | P5 | P6 | P7 | P8 | P9 |
| 基本服务 | 邮轮排程 | 时间、码头、船舶、航线、邮轮公司等 | ★ | ★ | ★ | ★ | ★ | ★ | ★ | ★ | ★ |
| | 港口位置/到达 | 地图、方位、自驾、出租车、火车、飞机、公交车、轨道交通等 | ★ | ★ | ★ | ★ | ★ | ★ | ★ | ★ | ★ |
| | 停车 | 停车场、停车费、停车时间等 | ★ | ★ | ★ | ★ | ★ | ★ | ★ | ★ | ★ |
| | | 残疾人停车 | | ★ | ★ | ★ | | | | | |
| | 上/下船 | 行李托运、行李寄存、登记、登船、证件等 | ★ | ★ | ★ | ★ | ★ | ★ | | ★ | ★ |
| | 联系方式 | 邮轮港口、邮轮公司、旅行社等 | ★ | ★ | ★ | ★ | ★ | ★ | ★ | ★ | ★ |
| | 常见问答 | 证件、停车、交通、租车、观光、物品丢失、行李寄存、登船、灾害与疾病等 | ★ | ★ | ★ | | | | ★ | ★ | ★ |
| 旅行信息 | 港区服务 | 咖啡、休闲、餐饮、购物、货币等 | | | | | ★ | | | | |
| | 旅游吸引物 | 旅游/岸上观光 | ★ | ★ | ★ | ★ | ★ | ★ | ★ | ★ | ★ |
| | | 餐饮 | ★ | ★ | ★ | ★ | ★ | ★ | ★ | ★ | ★ |
| | | 购物 | ★ | ★ | ★ | | ★ | | ★ | ★ | ★ |
| | | 文化/娱乐(剧院、博物馆/艺术馆)等 | ★ | ★ | ★ | ★ | ★ | ★ | ★ | ★ | ★ |
| | | 户外/滨水活动/公园等 | ★ | ★ | ★ | ★ | ★ | ★ | | ★ | ★ |
| | 旅行指南 | 天气/儿童出游等 | ★ | ★ | ★ | | ★ | | | ★ | ★ |
| | | 酒店 | ★ | ★ | ★ | ★ | | | ★ | ★ | ★ |
| | | 租车等 | ★ | ★ | ★ | | | | ★ | ★ | ★ |
| | | 出租车/公共交通 | ★ | ★ | ★ | ★ | ★ | | ★ | ★ | ★ |
| | | 机场信 | ★ | ★ | ★ | ★ | | | ★ | ★ | ★ |
| | 安保信息 | 残疾人服务、医疗救助服务、医疗设施、穿着指南、安检政策、特殊安检要求等 | ★ | ★ | ★ | ★ | ★ | | ★ | ★ | ★ |
| 媒体信息 | 新闻 | 港口新闻、邮轮新闻、城市新闻等 | ★ | ★ | ★ | ★ | ★ | ★ | ★ | ★ | ★ |
| | 节事 | 邮轮活动、会议会展等 | ★ | ★ | ★ | | | | ★ | ★ | ★ |
| | 多媒体 | 照片、视频、社交媒体、APP等 | | ★ | ★ | ★ | ★ | | ★ | ★ | ★ |
| | 研究 | 研究报告、统计数据、经济影响研究等 | ★ | ★ | ★ | ★ | ★ | | ★ | ★ | |

（续表）

| 在线服务 | 细目 | 主要内容 | 邮轮港口 | | | | | | | | |
|---|---|---|---|---|---|---|---|---|---|---|---|
| | | | P1 | P2 | P3 | P4 | P5 | P6 | P7 | P8 | P9 |
| 运营管理 | 码头信息 | 码头数量、码头长度、码头水深等 | ★ | | | | | | | ★ | ★ |
| | 泊位信息 | 泊位长度、泊位宽度、吃水深等 | ★ | | | | ★ | | ★ | | ★ |
| | 泊地信息 | 引船、拖船、潮汐运动等 | ★ | | | | | | | | ★ |
| | 港区服务 | 安全、照明、废物处置、岸电、维护、停车场、食品服务、自动售货机、全 CBP 加工区等 | ★ | | | | | | | | ★ |
| | 港口发展 | 设施建造、升级改造、运营优化等 | ★ | ★ | ★ | ★ | | | | | |
| 备注 | P1:纽约(New York);P2:埃弗格雷斯(Everglades);P3:迈阿密(Miami);P4:卡纳维拉尔(Canaveral);P5:新奥尔良(New Orleans);P6:加尔维斯敦(Galveston);P7:洛杉矶(Los Angeles);P8:西雅图(Seattle);P9:温哥华(Vancouver) | | | | | | | | | |

可以说,邮轮港口运营要借鉴企业经营的方式和合作模式,特别要抓好服务配备、宣传推介、品牌建设和邮轮文化培育等工作,特别是充分借助邮轮港口官方网站对邮轮企业、船员和游客进行全面的在线服务,并积极与城市/区域主体、邮轮公司、旅行社以及周边港口有效合作以拓宽宣传推广渠道。比如,邮轮港口可以与在线旅行社(携程、去哪儿、驴妈妈、途牛等)和客源地旅行社合作进行港口文化宣传和整体形象推广等工作,并通过旅游产品联合开发,提升邮轮港口的顾客体验,打造独特的港口品牌形象。邮轮港口官方网站甚至可以添加网络预订和网上支付等功能,并通过社交媒体(比如微信、APP 等)鼓励游客发布港口旅游体验感想,为游客提供更多个性化服务,增强游客的体验感。此外,岸上活动是邮轮旅游的重要组成部分。邮轮港口的发展要依托整个城市乃至整个区域来构筑全方位的邮轮港口旅游吸引物体系,最终搭建一个"全域性"的"泛港区"邮轮旅游一体化平台。为此,邮轮港口在线推广和游客服务过程中应注重与周边地区的联动,充分展示港区服务、邮轮城市及其周边地区的旅游资源和岸上活动项目以提升港口吸引力。

# 第12章 邮轮母港指标 体系构建与游客满意度测评

近年来,中国邮轮业已经成为亚太乃至全球邮轮市场的重要组成部分。目前,在基础设施建设方面,中国大陆已经形成了较为完备的邮轮港口系统,邮轮接待业务日渐成熟。众所周知,作为高端的休闲度假旅游业务,邮轮业一直致力于通过高水平的服务来满足游客体验。作为中国邮轮产业发展的排头兵,虽然上海在邮轮母港规划与建设、邮轮乘客接待等方面取得了令人瞩目的成绩,游客接待量已经跃居全球前列,但在设施配备、旅游服务和接待等方面与国际著名邮轮城市相比仍存在较大差距。本章从游客感知的角度出发,对邮轮母港的游客满意度测评和提升问题进行了研究。首先,构筑了邮轮母港的游客满意度指标体系。其次,以上海吴淞口国际母港为例,对邮轮乘客进行了满意度测评,从而识别出单项指标的期望满意差距(Satisfaction Gap)。最后,基于邮轮游客满意度的瓶颈指标,提出上海母港满意度提升的具体对策和措施。研究结果同样对其他沿海邮轮港口的发展具有指导意义。

## 12.1 导言

从全球休闲与旅游业来看,邮轮产业经历了40余年的快速发展,已经成为最具成长性和经济效益最高的业务之一。2017年全球邮轮乘客接待量超过2 670万人次,全球邮轮业总产出约1 200亿美元(CLIA,2018)。随着全球邮轮产业重心的不断"东移",亚洲地区成为国际邮轮公司争夺的战略性新兴市场。该地区邮轮投放和乘客接待量持续增长(Sun et al,2014;CINQ,2012;Rodrigue et al,2013;CLIA,2016)。作为亚洲邮轮市场的核心成员,中国在邮轮港口系统规划与建设方面取得了长足进步,已经建成大连、天津、青岛、烟台、上海、连云港、舟山、温州、厦门、广州、深圳、海口和三亚等邮轮港口。中国沿海港口的整体邮轮靠泊和接待能力位列亚太地区前列(Sun,2014)。

根据中国交通运输协会邮轮游艇分会(CCYIA)资料统计,2017年全年上海、天津、大连、青岛、舟山、温州、厦门、广州、深圳、海口、三亚等11大邮轮港口共接待邮轮1181艘次,同比增长17%;其中,母港邮轮1 098艘次,访问港邮轮量83艘次;共接待出入境游客495.4万人次,同比增长18%(其中母港游客428.97万人次,入境邮轮游客 27.75 万人次)。从市场份额来看,上海邮轮接待量和游客接待量分别占全国的 43.3%(512 艘次)和 60.1%(297.8 万人次)。

作为邮轮旅游的关键节点和邮轮产业价值链的重要参与者,邮轮港口成为我国邮轮经济不断深化的核心载体。对于邮轮港口来说,在港口建设、设施配备和接待能力达到一定规模后,只有通过高水平的服务质量向游客提供满意的旅游体验,才能吸引邮轮挂靠和游客访问,为邮轮产业持续繁荣保驾护航。国际邮轮产业的实践证明,顾客满意是邮轮旅游的生命线。可以说,邮轮业在维系顾客满意和吸引潜在消费者方面的努力从未停止。大量营销方面的研究也证明,顾客满意对旅游者口碑传播和重游行为具有显著的影响作用。对于新兴的邮轮旅游城市来说,在邮轮旅游大众化(Mass Cruise)时代,顾客满意对于维护邮轮旅游"豪华性、高端性"的产品特征具有至关重要的作用,进而带来的口碑推介和重游行为是邮轮产业发展的重要保障。目前,国内外邮轮游客满意方面的报道主要集中在国际邮轮市场方面,包括国际邮轮协会(CLIA)的顾客调研、国际邮轮公司的满意度研究、第三方调研机构的市场研究以及其他目的地市场的案例分析。

从学术研究来看,大多数成果关注邮轮游客的总体满意对顾客感知价值、顾客忠诚的影响作用(Zhang et al,2013;Brida et al,2012;Qu et al,1999;Teye et al,1998;Blas et al,2014),而少有文献涉及游客满意的指标体系构建、满意度测评和提升问题。为此,本章基于学术研究、调研报告、案例分析和专家访谈,构建了邮轮港口/母港满意度的指标体系;进而以上海吴淞口国际邮轮港为案例,对邮轮游客的满意度进行了综合测评,并识别出了邮轮乘客对上海母港的期望满意差距;最后,结合测评结果及指标权重,提出上海吴淞口作为邮轮母港满意度提升的对策和建议。

## 12.2　相关研究文献

从现有文献来看,在游客满意度方面,大部分研究关注了顾客满意对邮轮游客感知价值、顾客忠诚或行为意向的影响作用,而关于游客满意度指标、测评和提升方面的成果较少。下面主要对于邮轮母港、访问港、邮轮城市等相关的游客满意度及测评成果进行分析。

### 12.2.1　邮轮港口规划研究

在邮轮港口规划方面,现有研究间接对满意度指标进行了提及。比如,McCalla(1998)通过内容分析法和问卷调查法进行研究后发现,地址(Site)和区位(Situation)要素是港口吸引力的重要指标。Fogg(2001)通过对美国佛罗里达州三大邮轮港口(Miami、Everglades 和 Canaveral)的研究发现,乘客处理能力(通关、服务等)、周边酒店设施、岸上旅游产品等是邮轮港口的重要规划要素之一;而与挂靠港相比,邮轮母港应更加重视周边配套酒店与岸上旅游产品的规划。Castillo-Manzano、Fageda 和 Gonzalez-Laxe(2014)对西班牙邮轮港口系统研究后发现,人口密集、临近大型机场、旅游资源独特的港口更容易吸引邮轮挂靠和游客访问,其中交通指标是主导因素。Wang、Jung 和 Yeo 等(2014)的研究发现,优良的地理位置、交通条件、环境气候、人文文化、旅游资源以及邮轮码头的各项配套设施是吸引国际邮轮前来挂靠的重要因素;其中旅游吸引物是主导因素,其次为交通通达性。同时,政府政策支持也是一项不可缺少的因素。邮轮港口应注重政策、交通、旅游资源等要素配备。在邮轮母港方面,Lekakou、Pallis 和 Vaggelas(2009)以地中海邮轮港口为例,识别出了邮轮公司选择母港的最重要指标,包括与游客相关的母港可达性(是否有国际机场)、航班密集性与可靠性、游客设施、邮轮接待能力、安全性、城市旅游服务、交通衔接能力等。

### 12.2.2　邮轮港口游客满意度研究

在邮轮港口游客满意方面,Blas 和 Carvajal-Trujillo(2014)以地中海邮轮港口为例,探讨了邮轮目的地旅游资源、城市基础设施、城市环境以及社会经济环境等形象对顾客满意与行为意向的影响。研究表明,基础设施、氛围、旅游资源及社区环境等对于提升港口吸引力和游客满意度影响较大。Brida、Garrido 和 Devesa(2012)对喀他赫纳港(Cartagena)邮轮乘客的岸上满意度进行研究后发现,虽然乘客的总体满意度较高,但城市基础设施(包括交通、噪音、卫生、设施)和购物环境需要引起决策者关注,特别是街头摊贩的态度在很大程度上降低了乘客购物体验的满意度。Brida、Pulina 和 Riano(2013)对该港的另一项研究表明,安全安保设施对游客选择岸上设施的影响也较大。Andriotis 和 Agiomirgianakis(2010)通过对到访希腊伊拉克利翁(Heraklion)的邮轮游客研究发现,满意度最高的指标为个人安全、当地居民友好性以及店主和工作人员态度;而岸上游玩时间充足性则是满意度最低的指标。Satta、Parola 和 Penco 等(2015)对意大利三个港口邮轮游客的研究发现,邮轮码头设施、乘客登船经历、旅游信息服务、码头购物区域、周边交通设施以及码头安保程序等对邮轮港口满意度的提升具有显著的影响,并进一步影响游客的口碑传播行为。Ozturk、Gogtas(2016)等基于夏威夷邮轮乘客的实证分析表明,港口目的地的交通、安全、价格等因素对游客的满意度有较大影响,并进一步影响游客的重访意向和口碑推荐意向;岸上活动或者观光游览要素则对游客的满意度不具有显著影响。Brida、Bukstein 和 Tealde(2015)等从餐饮的角度对邮轮港口设施配备进行了研究。研究发现,由于邮轮船票一般包含基本的餐饮服务,导致游客的岸上餐饮消费不足。可见,基础性的餐饮设施难以吸引邮轮游客,区域特色餐饮服务能提高顾客满意。Brida 和 Pulina 等(2012)对加勒比海邮轮母港卡塔赫纳出发的游客进行了满意度研究,测评指标包括机场设施、酒店、旅游信息、巴士和的士司机、历史中心、居民友好、清洁城市、交通和噪音、天气、街头小贩、港口设施和服务、价格等。Pranić、Marušić 和 Sever(2013)通过对克罗地亚邮轮游客进行实证分析后识别出了四类满意度测量指标:①信息服务与观光,包括游客信息中心服务、旅游宣传册可得性、有组织的城市/乡村旅游;②目的地总体满意指标,包括总体旅游体验、物超所值,清洁整齐、人身安全和旅游标识质量;③美食,包括餐饮质量与品种和居民好客;④目的地产品,包括可参观/可参加事情的多样性、购物和纪念品供给。此外,孙晓东、武晓荣和冯学钢(2015)从服务功能配备的角度总结出了邮轮港口对乘客的九大类服务指标,分别是停车场、候船室、交通服务、行李服务(行李寄出、预寄包裹)、旅游信息、安全保障、网络服务、残疾人设施以及其他基础设施(比如步道、邮局、特殊租赁等)。

## 12.3    指标体系与问卷调查

### 12.3.1    指标选取

从国际邮轮业来看,作为邮轮航线的关键节点,邮轮港口是邮轮城市中与邮轮旅游最具相关性的基础设施。邮轮港口的设施建设与功能配备很大程度上影响邮轮挂靠的可能性。在指标识别与选取方面,我们采用两种方法:一是基于现有文献成果进行指标的初步识别,涉及国际邮轮公司(皇家加勒比邮轮公司、嘉年华邮轮公司、迪士尼邮轮公司、歌诗达邮轮公司等)的顾客调研报告、第三方机构(J. D. Power 公司、Conde Nast Traveler 旅游杂志、去哪儿网等)公布的市场报告、邮轮旅游目的地等组织的顾客调研实践以及现有邮轮游客研究文献,主要包括 Brida 和 Pulina 等(2012),Brida、Garrido 和 Devesa(2012),Andriotis 和 Agiomirgianakis (2010),Satta、Parola 和 Penco 等(2015),Pranić、Marušić 和 Sever(2013),孙晓东、武晓荣和冯学钢(2015)等的研究文献;二是通过专家访谈、游客预调研以及旅行社邮轮领队调研的方法对指标进行增减和提炼。其中被访谈者和调研者主要包括以高校为代表的研究机构专家(6 人)、通过旅行社获得的邮轮游客(20 人)和包船旅行社的邮轮领队(13 人)。最终的满意度指标体系包含 27 个邮轮港口满意的单项测评指标,涉及港区本身设施配备、旅游咨询服务能力、工作人员服务水平、通关与行李处理效率、港口的地理区位、交通承接能力等多个方面,如表 12-1 所示。在指标重要度方面,测评结果显示,邮轮游客对港口治安(个人安全)、引导标识/指示牌、行李处理、游客疏导、登船、下船、环境卫生洁净、工作人员服务能力、公共交通/乘客输送、工作人员态度、餐饮、通关/安检效率和人车分流等指标的打分最高。

表 12-1　邮轮港口满意度指标描述性统计及其权重

| 邮轮港口满意度测评指标 | 均值 | 极小值 | 极大值 | 标准差 | 不满意比例 | 满意比例 | 指标权重 |
|---|---|---|---|---|---|---|---|
| 治安(个人安全) | 3.85 | 1 | 5 | 0.797 | 4.19 | 73.49 | 0.035 6 |
| 与城市景点接近程度 | 3.47 | 1 | 5 | 0.744 | 6.54 | 48.13 | 0.033 7 |
| 游客疏导 | 3.60 | 1 | 5 | 0.813 | 5.63 | 50.23 | 0.036 2 |
| 邮局/厕所/公共电话 | 3.42 | 1 | 5 | 0.815 | 10.73 | 46.34 | 0.036 3 |
| 引导标识/指示牌 | 3.68 | 1 | 5 | 0.863 | 8.06 | 60.66 | 0.037 0 |
| 休闲娱乐 | 3.64 | 2 | 5 | 0.808 | 6.67 | 56.67 | 0.035 1 |
| 下船 | 3.58 | 1 | 5 | 0.917 | 10.38 | 53.77 | 0.038 6 |
| 网络服务/WiFi | 2.95 | 1 | 5 | 1.081 | 31.73 | 30.29 | 0.046 4 |
| 外汇兑换 | 3.33 | 1 | 5 | 0.794 | 9.85 | 38.92 | 0.035 7 |
| 通关/安检效率 | 3.47 | 1 | 5 | 0.976 | 14.95 | 49.07 | 0.040 2 |
| 停车场 | 3.47 | 1 | 5 | 0.940 | 14.08 | 48.54 | 0.038 8 |
| 人车分流 | 3.50 | 1 | 5 | 0.909 | 13.81 | 53.81 | 0.038 6 |
| 旅游资讯/周边旅游信息 | 3.48 | 1 | 5 | 0.776 | 7.55 | 45.75 | 0.035 0 |
| 交通可达性/方便到达 | 3.58 | 1 | 5 | 0.821 | 8.37 | 56.74 | 0.036 0 |
| 环境卫生洁净 | 3.66 | 1 | 5 | 0.868 | 7.98 | 61.50 | 0.037 1 |
| 行李处理 | 3.76 | 1 | 5 | 0.889 | 7.98 | 68.54 | 0.037 1 |
| 贵宾/VIP 休息室 | 3.34 | 1 | 5 | 0.863 | 9.95 | 38.31 | 0.036 2 |
| 购物/免税店 | 3.38 | 1 | 5 | 0.885 | 13.53 | 45.41 | 0.037 9 |
| 公共交通/乘客输送 | 3.58 | 1 | 5 | 0.890 | 9.81 | 56.07 | 0.037 9 |
| 工作人员态度 | 3.91 | 1 | 5 | 0.785 | 3.27 | 74.77 | 0.034 2 |
| 工作人员服务能力 | 3.88 | 2 | 5 | 0.737 | 2.82 | 71.83 | 0.033 5 |
| 儿童区域 | 3.37 | 1 | 5 | 0.850 | 11.11 | 42.93 | 0.036 7 |
| 登记过程 | 3.48 | 1 | 5 | 0.898 | 12.86 | 51.90 | 0.038 1 |
| 登船 | 3.49 | 1 | 5 | 0.920 | 12.68 | 49.77 | 0.039 1 |
| 乘客信息服务/有问必答 | 3.62 | 2 | 5 | 0.792 | 7.98 | 58.22 | 0.035 4 |
| 残障设施与服务 | 3.60 | 1 | 5 | 0.842 | 6.80 | 56.31 | 0.036 2 |
| 餐饮 | 3.70 | 1 | 5 | 0.893 | 7.58 | 60.66 | 0.037 3 |

## 12.3.2　问卷发放

邮轮游客满意度测评采用调查问卷的方式进行。问卷设计基于文献分析、专家访谈和游客预调研。在正式调研之前,将问卷发放给 13 个邮轮领队就测量题项的含义和答题时间进行预调研,并对评价指标的增减征求意见。调整后的问卷发放给 20 个邮轮游客,继续就问卷答题时间和题项含义征求意见。所有题项均采用打"√"的方式进行,以节省答题时间。最终问卷主要包含三个部分,第一部分对测评指标的重视程度进行调研;第二部分对邮轮游客的满意度进行调研;第三部收集邮轮游客的人口统计学信息,包括性别、年龄、婚姻、教育、收入和工作等。

在问卷发放与控制方面,通过"上海巴士国际旅游有限责任公司"进行问卷发放和实际操作。此次问卷调查的目标邮轮为皇家加勒比邮轮公司"海洋水手号";邮轮航线为日韩航线("上海—大阪—别府—上海"6 晚 7 日游);起航时间为 2015 年 6 月 14 日,起航地点为上海吴淞口国际邮轮港,返航时间为 2015 年 6 月 20 日,采用"包船模式"进行邮轮产品销售。本次包船共有 90 个团组成,每团 40 人左右。除了将家庭成员安排在同一个团,游客基本随机分布。在实际操作中,调查问卷通过邮轮领队进行发放和答题控制。答题过程由邮轮领队向游客进行讲解,并控制答题进度。最终通过 10 个领队向 9 个旅行团发放问卷,每团 40 人左右,共计 360 份问卷,最终回收问卷 325 份,回收率为 90.3%。最后在剔除答题不够完整的问卷后保留了 245 份样本,占总问卷量的 75.4%。

## 12.4　满意度测评方法

### 12.4.1　指标权重确定方法

本研究的满意度测评将采用多指标综合评价的方法。首先,测评指标的权重采用变异系数法和游客重要度打分相结合的方法来确定,其中重要程度的打分采用里克特 5 级打分法,而变异系数法则基于游客对测评指标满意度的打分来确定指标的权重。基本含义为,一个指标游客感知越重要,并且在实际的满意度评价时的差异(变异)越大,说明该指标具有越大的提升空间,应重点考虑。指标权重的确定过程为:假设调研的邮轮游客数量为 $m$,邮轮游客满意度共有 $n$ 个测评指标,$s_i(j)$ 为第 $i$ 个顾客对第 $j$ 个指标的打分,则第 $j$ 个指标的权重可通过以下公式确定:

$$w_j = \frac{W_j + I_j}{2}, \quad (j = 1, 2, \cdots, n) \tag{12-1}$$

$$W_j = \frac{v_j}{\sum\limits_{i=1}^{m} v_i}, \quad (j = 1, 2, \cdots, n) \tag{12-2}$$

$$\begin{cases} v_j = \dfrac{\sqrt{S_j^2}}{\bar{s}_j} \\[2ex] S_j^2 = \dfrac{1}{n-1}\sum_{i=1}^{m}(s_i(j)-\bar{s}_j)^2, \quad (j=1,2,\cdots,n) \\[2ex] \bar{s}_j = \dfrac{1}{n}\sum_{i=1}^{m}s_i(j) \end{cases} \qquad (12\text{-}3)$$

其中，$w_j$ 为第 $j$ 个满意度指标的权重；$W_j$ 为第 $j$ 个指标的变异系数权重；$I_j$ 为邮轮游客对第 $j$ 个指标重要度均值的标准值。

### 12.4.2 满意度综合测评方法

在满意度测评方面，本文借鉴 Liou、Hsu 和 Yeh 等（2011）对航空业服务质量测评的方法，采用多指标综合评价中的灰色关联分析理论来测评和识别游客的满意水平及期望满意差距。首先，基于邮轮游客对满意度测评指标的打分（采用里克特 5 级打分法），构筑基于"期望满意水平"的测评模型，从而获得总体满意度以及单项指标的满意程度。具体来说：对于特定指标 $j$，假设所有游客打分中分数最高为 $a^*(j)$，称为期望满意水平（Aspired Level）。此时，指标 $j$ 在游客 $i$ 上的灰色关联系数（越大越好）为：

$$\begin{aligned} &r(a^*(j),s_i(j)) \\ &=\frac{\min\limits_{i}\min\limits_{i}|a^*(j)-s_i(j)|+\xi\max\limits_{i}\max\limits_{j}|a^*(j)-s_i(j)|}{|a^*(j)-s_i(j)|+\xi\max\limits_{i}\max\limits_{j}|a^*(j)-s_i(j)|}, \\ &(j=1,2,\cdots,n) \end{aligned} \qquad (12\text{-}4)$$

其中，$\xi\in[0,1]$ 为分辨系数（Distinguished Coefficient），取值为 0.5（Mileski et al，2014）。进一步可以获得全体游客对指标 $j$ 的满意度得分：

$$Sat(j)=\sum_{i=1}^{m}w_j r(a^*(j),s_i(j)), \quad (j=1,2,\cdots,n) \qquad (12\text{-}5)$$

其次，通过构建指标的加权期望满意差距（Weighted Satisfaction Gap）指数，可以识别出单项指标远离期望满意水平的程度，从而确定迫切需要提升的满意度指标。具体来看，基于特定游客 $i$ 在特定指标 $j$ 上相对于期望水平 $a^*(j)$ 的灰色关联系数，获得指标的加权满意差距：

$$Gap(j)=\sum_{i=1}^{m}Gap_i(j), \quad (j=1,2,\cdots,n) \qquad (12\text{-}6)$$

$$Gap_i(j)=w_j\times[1-r(a^*(j),s_i(j))], \quad (j=1,2,\cdots,n) \qquad (12\text{-}7)$$

其中，$Gap(j)$ 为邮轮港口满意度指标 $j$ 的期望满意差距；$Gap_i(j)$ 为指标 $j$ 相对于游客 $i$ 来说的期望满意差距。

## 12.5　上海邮轮母港满意度测评实证案例

### 12.5.1　满意度测评结果

从人口统计资料来看,49.1%的邮轮游客为男性,50.9%的游客为女性,男女比例基本相同;且绝大多数为已婚人士,占比达 86.8%;接近 60%的游客年龄在 45 岁以上,说明此次邮轮旅游以中老年团为主。在受教育水平方面,60%以上的游客受过高等教育,其中 26.4%拥有高职或大专学历,34.3%的游客有本科及以上学历。在工作性质和职业方面,退休人员占多数,占比达 43.1%,另有少量游客为在校学生,占比为 3.2%;接近 50%的游客家庭年收入在 5 万到 15 万之间,绝大多数(87.3%)游客家庭年收入低于 30 万元。在出游经历方面,绝大多数游客并无出国旅游的经验,仅有不到 22%的游客有过出国经历。在邮轮旅游方面,60%以上的游客是第一次参加邮轮旅游,80%以上游客的邮轮旅游经历少于 3 次。在出游伙伴方面,80%以上的游客选择家庭成员或同事作为邮轮旅游同行者,其中接近 70%的出游伴侣为家庭成员。从客源地来看,上海母港的邮轮乘客主要来自长三角地区,其中 50%以上的游客来自上海本地。在未来邮轮旅游方面,接近 70%的游客还将选择上海作为出发城市。

作为邮轮游客上下船的直接服务提供者,邮轮港口的满意度会直接影响邮轮乘客的全程体验。邮轮港口的 27 个单项满意度指标测评结果显示,在满意度得分方面,邮轮港口工作人员的态度、工作人员的服务能力、安全保障、行李处理、引导标识/指示牌、环境卫生等方面的游客满意度最高,而网络服务/WiFi、外币兑换服务、休闲室、儿童区域、购物/免税店、邮局/厕所/公共电话、通关安检、旅游资讯/周边旅游信息、停车场、与周边景点距离、登记登船过程以及人车分离等指标的游客满意度最低,说明上海吴淞口邮轮港口的人员服务较好,而服务设施的配备还不够全面,有待进一步完善,如表 12-1 和图 12-1 所示。

从单项指标满意程度打分的游客比例来看,网络服务/WiFi、通关/安检效率、停车场、人车分流、购物/免税店、登记过程、登船、儿童区域、邮局/厕所/公共电话等方面的游客不满意比例较高,超过 10%,如图 12-2 所示。

在邮轮港口满意方面,进一步考虑指标的综合权重,对单项指标的期望满意差距进行测算。测评结果显示,上海吴淞口邮轮港口与游客期望满意差距较大的指标包括网络服务/WiFi、购物/免税店、通关/安检效率、外汇兑换、儿童区域、登船、休息室、停车场、人车分流、登记过程、邮局/厕所/公共电话、下船以及公共交通/乘客输送等方面,而与游客期望满意差距较小的是工作人员态度、工作人员服务能力、治安(个人安全)、行李处理、休闲娱乐、餐饮、引导标识/指示牌、游客重心、环境卫生等指标,单项指标的期望满意差距如图 12-3 所示。

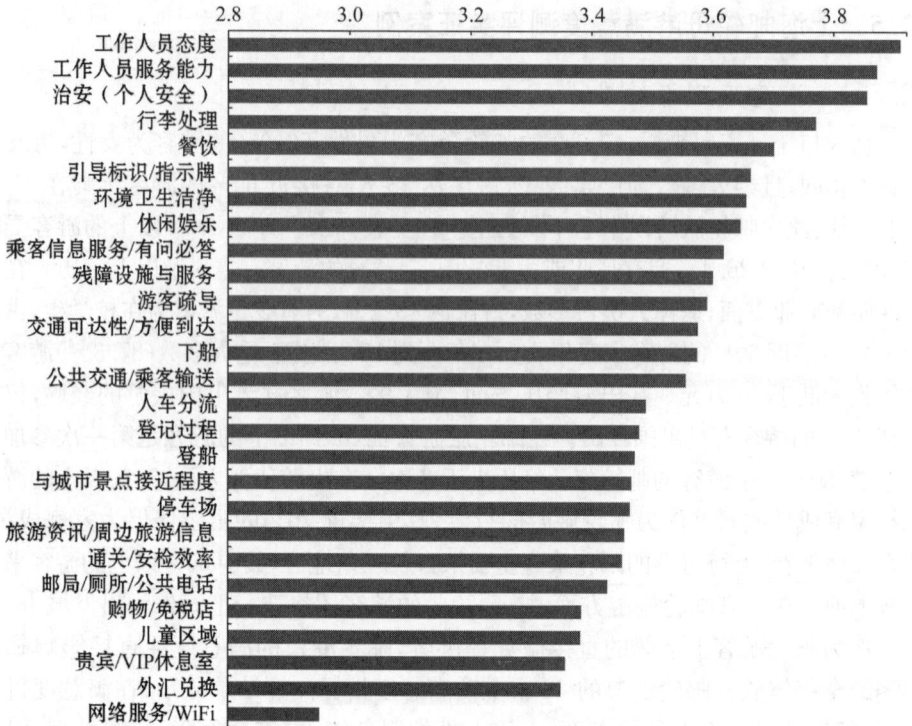

图 12-1　邮轮港口的满意度打分结果

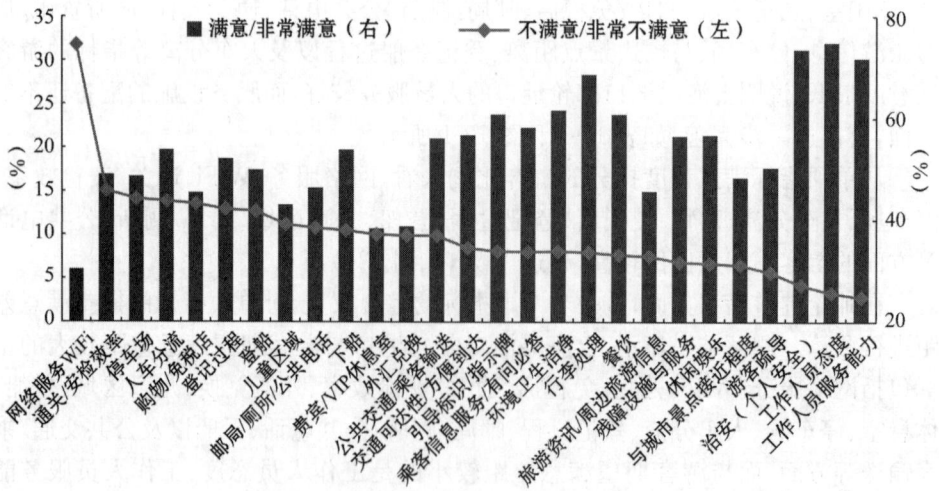

图 12-2　邮轮港口的游客满意情况占比

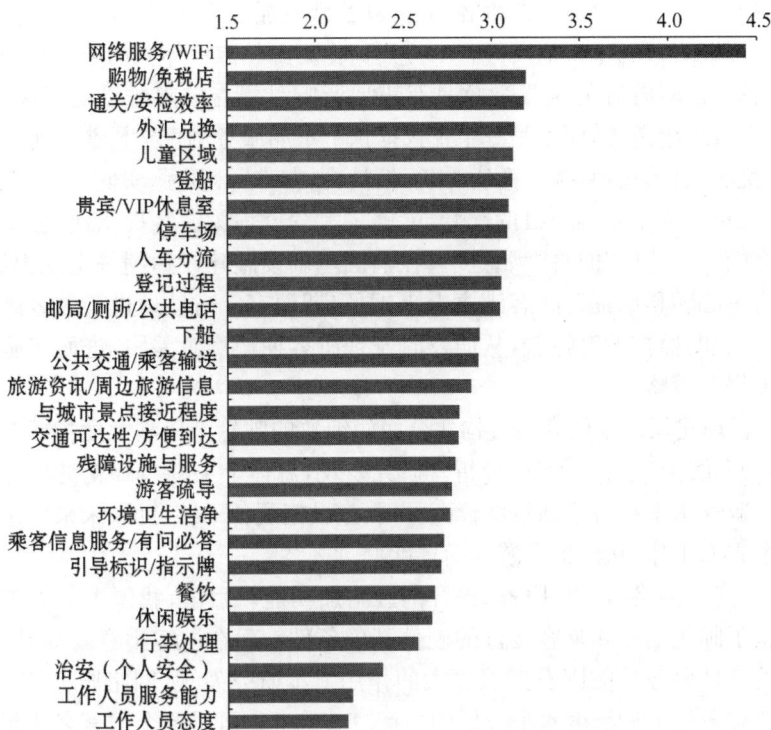

图 12-3　邮轮港口满意度指标的期望满意差距

## 12.5.2　主要结论与管理建议

（1）研究结论。国际邮轮产业的"东移"使得中国成为亚太邮轮市场的核心组成部分，为沿海港口城市旅游经济发展、城市功能再造、港口经济转型提供了前所未有的机会。作为邮轮旅游的关键节点和邮轮产业价值链的重要参与者，邮轮城市是邮轮经济不断深化的核心载体。国际邮轮业实践表明，游客满意是邮轮旅游业的生命线。对于邮轮城市来说，只有向游客提供了满意的旅游体验，才能持续吸引邮轮挂靠和游客访问，才能保障邮轮产业的持续繁荣。国际邮轮产业的实践证明，顾客满意对于维护邮轮旅游"豪华性、高端性"的产品特征和触发游客口碑传播和重游行为具有至关重要的作用。可以说，顾客满意是邮轮旅游的"生命线"。目前，邮轮满意度测评主要来自行业实践。从学术研究来看，少有文献涉及邮轮城市游客满意的测评和提升问题。为此，本研究遵循"满意度测评指标选取、测评方法选择、测评方案开发、测评实证分析和满意度提升对策"的研究思路，对邮轮母港城市的游客满意问题进行了深入研究，并以上海为案例进行了实证分析。研究结果同样适应于其他沿海邮轮城市的满意度测评及提升问题。

邮轮旅游是一种全航程的游客出游体验,涉及船票销售、行前服务、邮轮城市、邮轮港口、邮轮公司、岸上活动等各个方面。作为邮轮旅游体验的第一环节和最后环节,邮轮母港对游客的全程满意具有重要影响。优秀的邮轮母港应该以"邮轮城"的形象展示给游客,而不是一个仅仅提供上下船服务的客运码头。邮轮港区在邮局、免税店、货币兑换、综合商店、银行柜员机、咖啡厅、餐厅、贵宾候船室、游客服务中心、儿童服务中心等项目的配套,能够最大程度地为游客提供便利,从而提升邮轮游客的出游体验和总体满意度。在港区基础设施建设达到一定规模后,邮轮港口应将重心转移到提升顾客满意上来,要定期而有针对性地进行游客满意度调研与测评,随时监控游客体验,从而及时发现游客期望满意差距,进而实施针对性的满意度提升策略。

(2)管理建议。本研究通过构建全面而细致的邮轮港口满意度指标体系对上海吴淞口邮轮港口进行了实证分析。研究发现,总体上吴淞口邮轮港口在人员服务方面的服务水平和游客满意度较高,而服务设施配备不够全面,未来应重点关注以下几个方面工作,从而提升游客满意度。

第一,完善网络与信息服务,提升港区附加功能。目前,我国大部分邮轮港口已经具备了邮轮泊靠和乘客接待的硬件基础条件。而在游客满意度提升方面,邮轮母港的软性服务功能则发挥着更大的作用。本研究发现,网络服务/WiFi 是上海吴淞口邮轮母港满意度水平较低的指标。邮轮港口可借鉴全国著名休闲街区的做法,一方面向游客提供快速免费 WiFi 服务,另一方面通过 App 平台建设,向游客输送停车、登记、登船、港区购物、周边景点、邮轮产品等实时在港服务信息。

第二,延伸上海自贸区功能,试点邮轮港区免税购物。优秀的邮轮母港应该以"邮轮城"的形象展示给游客,而不是一个仅仅提供上下船服务的客运码头。国际邮轮港口的规划与建设经验表明,为了更好地满足顾客体验,提升游客满意度,邮轮码头周围应配备餐饮、货币兑换、免税店、综合商店、银行柜员机、贵宾候船室、游客服务中心等辅助设施。本次测评结果显示,上海邮轮港口的购物与免税店的游客满意度水平较低。上海应在港区免税购物方面加快政策突破步伐。比如,天津、上海、厦门、三亚等邮轮母港,可依托中国邮轮旅游发展实验区、自贸区的政策优势,借鉴"空港"模式,设立专门针对邮轮游客的免税购物及产品展示交易中心。上海可借助自贸区建设,将邮轮旅游发展试验区作为自贸区的延伸区域,在港区附近的"零点广场"试点免税购物与配套休闲娱乐措施。

第三,关注家庭出游群体,增加儿童服务设施。此次调研的游客人口统计数据表明,将近 70%游客的旅伴为家庭成员。随着我国亲子旅游市场的不断壮大,家庭群体将是邮轮旅游的重要目标市场。比如,迪士尼邮轮特别注重邮轮亲子设施的配备,因此其满舱率与满意度一直领先于其他邮轮公司。此次游客满意度测评结果显示,儿童区域是邮轮港口游客满意水平较低的指标之一。目前我国港口通关效率较低,还未实现游客"凭票登船"制度,游客有相当长的时间在港区等待。邮轮港口应重视家庭出游群体,增加对儿童设施和服务的配备,比如在港区设立儿童游乐设施,开辟特定区域为儿童提供课程中心、运动项目与托婴服务等,从而更好地服务游客,提升港口的服务水平与满意度。

第四,提高通关安检效率,提升港区游客输送能力。通关/安检效率的提升一直是我国邮轮业关注的重要课题。本次调研发现,此项指标与游客的期望满意差距较大,而且不满意/非常不满意的游客比例将近 15%。为此,在游客服务方面,要进一步推进旅客联检和便捷通关服务常态化、制度化以及通关签证的自主化和无纸化,尽可能节约旅客通关时间。最终,邮轮港口要通过提升游客通关、安检和登记效率,缩短游客的上下船时间,从而提升邮轮游客对港区服务的满意度。此外,邮轮港口的交通可达性和游客输送能力是邮轮母港选择的重要标准。本研究表明,与其他指标相比,上海邮轮港口的停车场、人车分流系统的满意水平较低,应该作为邮轮港口提升顾客满意的重要途径。为此,邮轮港口应通过港区交通系统优化、公共交通承接服务实现邮轮游客的快速输送。

第五,此外,邮轮港口要继续加强安全保障措施,防患于未然。从国内外研究现状来看,近年来关于邮轮安保方面的讨论越来越多。而在旅游研究中,海上恐怖主义和邮轮潜在威胁一直是被忽视的研究领域。Bowen、Fidgeon 和 Page(2014)采用情景分析法对邮轮乘客的风险感知进行研究后发现,尽管安全性(safe and security)被业界看作是邮轮旅游的"标志",但仍有相当一部分(44%)的受访者认为邮轮恐怖袭击事件很有可能发生;为此,相关部门应该不断提升邮轮船舶和邮轮港口的安全保障措施。研究发现,安全保障指标的重要度打分最高,游客的满意度也较高,主要是因为风险并未发生,不会触发游客的不满意感知。因此,邮轮母港应不断加强监控和保障措施,防患于未然。因为安全问题一旦出现将对邮轮旅游业产生致命打击。最后,上海邮轮港口应注重港口附加值较高的服务,比如向游客提供购物后的邮政服务或者行李快递服务,也可以向游客提供方便快捷的外币兑换等金融服务。

# 第13章 邮轮挂靠港岸上体验 指标体系与游客满意度测评

对于新兴邮轮市场来说,顾客满意是维系邮轮产业健康而可持续发展的重要保障。只有通过高水平的服务才能向游客提供满意的旅行体验,才能继续吸引邮轮挂靠和游客访问,才能继续做大客源市场。对于邮轮航线产品来说,除了邮轮母港和邮轮船上体验,挂靠港本身及岸上活动属性对邮轮游客体验也具有重要影响。目前,东北亚地区是中国大陆邮轮母港始发航线的重要活动区域和主要目标市场。作为邮轮旅游的重要环节,访问港的岸上活动对游客的全程体验具有重要影响。本章基于游客感知的视角,构建了邮轮航线岸上活动的满意度指标体系,并以从上海母港出发的日韩航线为例,对游客满意度进行了综合测评,通过识别出单项指标的期望满意差距(Satisfaction Gap),进一步提出邮轮游客岸上活动满意度的提升对策和建议。研究结果对邮轮航线岸上产品配备和活动策划具有一定的指导意义。

## 13.1 导言

近年来,现代邮轮产业已经成为国际旅游与接待业中最具成长性和经济效益最高的业务之一。国际邮轮协会的数据表明,2015年全球邮轮客流量超过2 300万人次,2016年约达到2 400万人次,经济产出超过千亿美元(CLIA,2014;CLIA,2016)。在全球邮轮产业"东移"背景下,亚太地区成为国际邮轮公司争夺的战略性新兴市场,邮轮投放和乘客接待量持续增长(Sun et al,2014;CINQ,2012;Rodrigue et al,2013;CLIA,2016)。2015年亚洲的游客接待能力达到220万人;2016年,邮轮运力投放份额(9.6%)超过澳洲(6.1%)、阿拉斯加(4.1%)和南美(2.7),排在加勒比(33.7%)、地中海(18.7%)和欧洲其他地区(11.7%)之后,位列全球第四(CLIA,2016)。从客源输出来看,中国大陆成为亚洲客源增长的主要动力,2015年的母港游客达98.6万,占该地区将近50%的市场份额,复合年均增长率将近80%(CLIA,2016)。目前,中国沿海已经形成了由上海、天津、厦门、三亚等邮轮母港组成的港口系统,整体邮轮靠泊和接待能力处于亚太地区前列(Sun,2014)。其中,作为中国邮轮产业发展的排头兵,上海母港2015年接待出入境游客163万余人次,占全国50%以上的市场份额,同比增长35%(Wang,2015)。

作为邮轮旅游的关键节点,邮轮港口成为产业发展的核心载体。无论对于母港还是挂靠港来说,只有通过高水平的服务质量向游客提供满意的旅行体验,才能持续吸引邮轮挂靠和游客访问。邮轮航线设置的特点决定了游客体验由多个环节构成,包括邮轮城市、邮轮母港、访问港、船上设施与服务、岸上观光与活动等。其中,目的地岸上观光/活动是邮轮航线吸引力的重要体现,对游客全程满意具有重要影响。从现有研究来看,大多数成果关注邮轮游客的总体满意对顾客感知价值、顾客忠诚的影响作用(Zhang et al,2013;Brida et al,2012;Qu et al,1999;Teye et al,1998;Blas et al,2014),而少有文献涉及邮轮游客满意度的直接测评,包括指标体系构建、指标重要性挖掘以及指标满意水平测度和提升等问题。本文采用文献分析、专家访谈和乘客调研等方法,构建了邮轮航线岸上活动的满意度指标体系;进而以日韩航线(市场)为例,通过问卷调查的方式对以上海吴淞口为母港出发的游客进行了满意度综合测评,并识别出了岸上活动单项指标的期望满意差距。最后,提出邮轮航线岸上产品配备和活动策划的对策和建议。研究结果有助于提升邮轮目的地形象、邮轮航线吸引力以及邮轮游客的全程满意度。

## 13.2　相关文献综述

从现有文献来看,有关邮轮游客方面的研究主要集中在邮轮乘客的动机(motivation)、体验(experience)、顾客满意(satisfaction)、顾客忠诚(loyalty)、行为意愿(behavior intention)、感知价值(perceived value)、花费行为(expenditure behavior)以及决策过程(decision process)等方面。在游客满意度方面,大部分研究关注了顾客满意对邮轮游客感知价值、顾客忠诚或行为意向的影响作用,而少有成果对游客满意度指标体系构建、满意度测评和提升等方面进行研究。由于邮轮游客岸上活动涉及邮轮目的地、邮轮码头等方面的自然资源、基础设施、旅游服务、休闲购物、餐饮娱乐等方面,下面对与邮轮港口/目的地相关属性的研究进行分析。

首先,邮轮港口规划一定程度上反应了游客岸上活动的需求。McCalla(1998)的研究发现,邮轮港口吸引力由地址(Site)和区位(Situation)等两大类指标体现。Fogg(2001)对美国佛罗里达州三大邮轮港口(Miami、Everglades 和 Canaveral)的属性进行了研究,并发现乘客处理能力(通关、服务等)、周边酒店设施、岸上旅游服务等是邮轮港口的重要规划要素。Castillo-Manzano、Fageda 和 Gonzalez-Laxe(2014)的研究表明,人口密集、临近大型机场、旅游资源独特的港口更容易吸引邮轮游客访问,其中交通指标是主导因素。Wang、Jung 和 Yeo 等(2014)的研究发现,优良的地理位置、交通条件、环境气候、人文文化、旅游资源以及邮轮码头等指标是吸引国际邮轮前来挂靠的重要因素;其中旅游吸引物是主导因素,其次为交通通达性。Lekakou、Pallis 和 Vaggelas(2009)对地中海邮轮港口进行研究后发现,游客设施、邮轮接待能力、安全性、城市旅游服务、交通衔接能力等指标是邮轮公司母港选择的重要指标。

在邮轮游客满意方面，Blas 和 Carvajal-Trujillo(2014)探讨了旅游资源、城市基础设施、城市环境以及社会经济环境等形象对顾客满意与行为意向的影响。研究表明，基础设施、氛围、旅游资源及社区环境等对于提升游客满意度影响较大。Brida、Garrido 和 Devesa(2013)对喀他赫纳港(Cartagena)邮轮乘客的岸上满意度进行研究后发现，交通、噪音、卫生等城市基础设施以及购物环境(特别是街头摊贩的态度)需要引起决策者关注。Brida、Pulina 和 Riano(2013)对该港的另一项研究表明，安全安保设施对游客选择岸上设施的影响也较大。Andriotis 和 Agiomirgianakis(2010)通过对到访希腊伊拉克利翁(Heraklion)的邮轮游客研究发现，满意度最高的指标为个人安全、当即居民友好性以及店主和工作人员态度；而岸上游玩时间充足性则是满意度最低的指标。Satta、Parola 和 Penco 等(2015)对意大利邮轮游客的研究发现，码头设施、乘客登船经历、旅游信息服务、码头购物区域、周边交通设施以及码头安保程序等对邮轮港口满意度的提升具有显著的影响。Ozturk、Gogtas(2016)对夏威夷邮轮游客的研究表明，目的地的交通、安全性、价格等因素对游客的满意度有较大影响。Brida、Bukstein 和 Tealde(2015)研究发现，邮轮游客的岸上餐饮消费往往不足。基础性的餐饮设施难以吸引邮轮游客，区域特色餐饮服务能提高顾客满意。Brida 和 Pulina 等(2012)对加勒比海地区卡塔赫纳港出发的游客进行了满意度研究，测评指标包括机场设施、酒店、旅游信息、巴士和的士司机、历史中心、居民友好、清洁城市、交通和噪音、天气、街头小贩、港口设施和服务、价格等。Pranić、Marušić 和 Sever(2013)以克罗地亚邮轮游客为研究对象，识别出了四类满意度测量指标：①信息服务与观光，包括游客信息中心服务、旅游宣传册可得性、有组织的城市/乡村旅游；②目的地总体满意指标，包括总体旅游体验、物超所值，清洁整齐、人身安全和旅游标识质量；③美食，包括餐饮质量与品种和居民好客；④目的地产品，包括可参观/可参加事情的多样性、购物和纪念品供给。此外，孙晓东、武晓荣和冯学钢(2015)从服务功能配备的角度总结出了邮轮游客的九大类服务指标，包括停车场、候船室、交通服务、行李服务(行李寄出、预寄包裹)、旅游信息、安全保障、网络服务、残疾人设施以及其他基础设施(比如步道、邮局、特殊租赁等)。

## 13.3　指标选取与研究设计

### 13.3.1　指标选取

从国际邮轮业的实践来看，邮轮目的地属性对游客选择将产生重要影响，游客在选择邮轮产品时往往从目的地开始。比如，在邮轮预定网站，目的地、出游时间、出发港是游客选择菜单的重要选项。作为邮轮航线的吸引力的重要体现,邮轮港口岸上产品设计与活动策划对邮轮游客满意度具有重要影响,并进一步影响游客的重游意愿。北美、北欧、地中海、澳洲、亚洲等邮轮目的地均非常重视游客岸上满意度的调研。可以说,挂靠港的自然环境、基础设施、景区景点、社区服务水平和岸上观光/活动的品质直接影响游客对邮轮旅游的满意度,是邮轮公司航线设置考虑的重要因素(Sun et al,2015)。

在指标识别与选取方面,我们一方面通过文献分析进行测评指标的初步识别,初始指标主要来自 Brida 和 Pulina 等(2012)、Brida,Garrido 和 Devesa(2012)、Andriotis 和 Agiomirgianakis(2010)、Satta,Parola 和 Penco 等(2015)、Pranić,Marušić 和 Sever(2013)、孙晓东、武晓荣和冯学钢(2015)等研究成果;另一方面通过专家访谈(6 人)、旅行社邮轮领队调研(13 人)以及邮轮游客预调研(20 人)等方法对指标含义的明确性、指标体系的增减和提炼征求意见。最终,构建了包含 21 个单项指标的游客岸上活动满意度的指标体系,其中食品与餐饮质量、个人安全保障、导游服务、上下船服务与效率、观光时间充裕、导游/司机的语言沟通、景点吸引力、天气气候、景点多样性和购物丰富程度等指标的重要度得分最高,如表 13-1 所示。

**表 13-1 岸上活动满意度指标描述性统计及其权重**

| 岸上满意测评指标 | 重要度 | 极小值 | 极大值 | 均值 | 标准差 | 重要度权重 | 变异系数权重 | 综合权重 |
|---|---|---|---|---|---|---|---|---|
| 休闲娱乐设施 | 3.84 | 1 | 5 | 3.428 6 | 0.817 6 | 0.044 7 | 0.044 3 | 0.044 5 |
| 停靠港设施与服务 | 4.09 | 1 | 5 | 3.609 5 | 0.840 8 | 0.047 6 | 0.043 3 | 0.045 4 |
| 天气气候 | 4.17 | 1 | 5 | 3.677 7 | 0.964 7 | 0.048 5 | 0.048 8 | 0.048 6 |
| 食品与餐饮质量 | 4.42 | 1 | 5 | 3.838 9 | 0.853 2 | 0.051 4 | 0.041 3 | 0.046 4 |
| 上下船服务与效率 | 4.24 | 1 | 5 | 3.406 5 | 0.903 8 | 0.049 3 | 0.049 3 | 0.049 3 |
| 旅游信息服务 | 4.01 | 1 | 5 | 3.338 1 | 0.854 5 | 0.046 7 | 0.047 6 | 0.047 1 |
| 居民友好/好客与欢迎 | 3.93 | 1 | 5 | 3.586 5 | 0.778 9 | 0.045 7 | 0.040 4 | 0.043 0 |
| 景点吸引力 | 4.17 | 1 | 5 | 3.090 0 | 0.923 0 | 0.048 5 | 0.055 6 | 0.052 1 |
| 景点多样性 | 4.14 | 1 | 5 | 3.150 0 | 0.894 0 | 0.048 2 | 0.052 7 | 0.050 4 |
| 街边商贩 | 3.69 | 1 | 5 | 3.448 3 | 0.813 3 | 0.042 9 | 0.043 8 | 0.043 4 |
| 交通秩序与噪音 | 4.11 | 1 | 5 | 3.731 1 | 0.929 3 | 0.047 8 | 0.046 3 | 0.047 1 |
| 价格 | 4 | 1 | 5 | 3.304 8 | 0.779 1 | 0.046 5 | 0.043 8 | 0.045 2 |
| 观光时间充裕 | 4.23 | 1 | 5 | 2.627 9 | 1.254 3 | 0.049 2 | 0.088 7 | 0.069 0 |
| 购物丰富程度 | 4.14 | 1 | 5 | 3.080 2 | 0.963 6 | 0.048 2 | 0.058 2 | 0.053 2 |

（续表）

| 岸上满意测评指标 | 重要度 | 极小值 | 极大值 | 均值 | 标准差 | 重要度权重 | 变异系数权重 | 综合权重 |
|---|---|---|---|---|---|---|---|---|
| 公共交通 | 3.92 | 1 | 5 | 3.645 0 | 0.794 7 | 0.045 6 | 0.040 5 | 0.043 1 |
| 个人安全保障 | 4.36 | 1 | 5 | 3.805 7 | 0.809 9 | 0.050 7 | 0.039 6 | 0.045 1 |
| 店主与店员态度 | 4.07 | 1 | 5 | 3.748 8 | 0.806 0 | 0.047 4 | 0.040 0 | 0.043 7 |
| 导游服务 | 4.26 | 1 | 5 | 3.660 3 | 0.886 3 | 0.049 6 | 0.050 0 | 0.047 3 |
| 导游/司机的语言沟通 | 4.17 | 1 | 5 | 3.502 3 | 0.899 0 | 0.048 5 | 0.047 7 | 0.048 1 |
| 当地整洁卫生程度 | 4.12 | 1 | 5 | 3.831 8 | 0.873 2 | 0.047 9 | 0.042 4 | 0.045 1 |
| 出租车 | 3.87 | 1 | 5 | 3.562 8 | 0.780 5 | 0.045 0 | 0.040 7 | 0.042 9 |

### 13.3.2　研究设计

邮轮航线岸上产品满意度的测评采用问卷调查的方式进行。首先，通过文献分析总结出初始的满意度指标，然后通过专家访谈的方法增减测量题项。进一步设计调查问卷，并发放给13个邮轮领队，就指标含义、指标增减和答题时间征求意见。调整后的问卷发放给20个邮轮游客进行了预调研。所有测量题项均采用打"√"的方式进行，以节省答题时间。最终的问卷包含三个部分：第一部分对岸上活动测评指标的重要程度进行调研；第二部分对邮轮游客的满意程度进行调研，两部分均采用里克特5级打分法；第三部分收集邮轮游客的人口统计学信息，包括性别、年龄、婚姻、教育、收入和工作情况等。

正式调研通过"上海巴士国际旅游有限责任公司"进行问卷发放和实际操作。目标邮轮为皇家加勒比邮轮公司"海洋水手号"；始发母港为上海吴淞口国际邮轮港，邮轮航线为日韩航线（"上海—大阪—别府—上海"6晚7日游）；起航时间为2015年6月14日，返航时间为2015年6月20日。由于采用"包船模式"进行邮轮产品销售，在实际操作中，调查问卷通过邮轮领队进行发放和答题控制。本次包船共由90个团组成，每团40人左右，乘坐同一辆旅游巴士。除了将家庭成员安排在同一个团，游客基本随机分布。最终确认向9个旅行团发放问卷，共计360份问卷，最终回收问卷325份，回收率为90.3%。最后在剔除答题不够完整的问卷后保留了245份样本，占总问卷量的75.4%。

## 13.4　研究方法

### 13.4.1　满意度指标权重的确定方法

在满意度指标权重方面，采用游客重要度打分和基于满意度数据的变异系数法进行确定。基本含义为,一个指标如果游客认为越重要,且在游客满意方面的变异/差异越大,其权重则越大,则具有更大的提升紧迫性和提升空间,在满意度提升时应重点考虑。指标权重的确定过程为:假设调研的邮轮游客数量为 $m$,岸上活动满意度共有 $n$ 个测评指标,$s_i(j)$ 为第 $i$ 个顾客对第 $j$ 个指标的打分,则第 $j$ 个指标的权重可通过以下公式确定:

$$w_j = \frac{W_j + I_j}{2}, \quad (j = 1, 2, \cdots, n)$$

$$W_j = \frac{v_j}{\sum\limits_{i=1}^{m} v_i}, \quad (j = 1, 2, \cdots, n) \tag{13-1}$$

其中,$w_j$ 为第 $j$ 个满意度指标的权重;$W_j$ 为第 $j$ 个指标的变异系数权重;$I_j$ 为邮轮游客对第 $j$ 个指标重要度均值的标准值;$v_j = \frac{\sqrt{S_j^2}}{\bar{s}_j}$,$S_j^2 = \frac{1}{n-1} \sum\limits_{i=1}^{m} (s_i(j) - \bar{s}_j)^2$ 为第 $j$ 个指标的满意度标准差,$\bar{s}_j = \frac{1}{n} \sum\limits_{i=1}^{m} s_i(j)$ 为第 $j$ 个指标的均值。

## 13.4.2　指标的期望满意差距识别方法

在满意度测评方面,借鉴 Liou、Hsu 和 Yeh 等(2011)对航空业服务质量测评的方法,采用多指标综合评价中的灰色关联分析(Grey Relational Analysis,GRA)理论来测评和识别游客的满意水平及期望满意差距。首先,基于邮轮游客对满意度测评指标的打分,构筑基于"期望满意水平"的测评模型,从而获得总体满意度以及单项指标的满意程度。具体来说:对于特定指标 $j$,假设所有游客打分中分数最高为 $a^*(j)$,称为期望满意水平(Aspired Level)。那么,指标 $j$ 在游客 $i$ 上相对于期望满意水平的灰色关联系数为:

$$\begin{aligned}
&r(a^*(j), s_i(j)) \\
&= \frac{\min\limits_i \min\limits_j |a^*(j) - s_i(j)| + \xi \max\limits_i \max\limits_j |a^*(j) - s_i(j)|}{|a^*(j) - s_i(j)| + \xi \max\limits_i \max\limits_j |a^*(j) - s_i(j)|}, \\
&(j = 1, 2, \cdots, n)
\end{aligned} \tag{13-2}$$

其中,$r(a^*(j), s_i(j))$ 取值越大,游客 $i$ 对指标 $j$ 的满意度就越高;$\xi \in [0,1]$ 为分辨系数(Distinguished Coefficient),取值为 0.5(Mileski et al,2014)。进一步通过构建指标的加权期望满意差距(Weighted Satisfaction Gap)指数,可以识别出单项指标远离期望满意水平的程度,从而确定迫切需要提升的满意度指标。具体来看,基于特定游客 $i$ 在特定指标 $j$ 上相对于期望水平 $a^*(j)$ 的灰色关联系数,并考虑指标权重来确定单项指标 $j$ 的加权期望满意差距:

$$\text{Gap}(j) = \sum_{i=1}^{m} \text{Gap}_i(j), \quad (j=1,2,\cdots,n)$$

$$\text{Gap}_i(j) = w_j \times [1 - r(a^*(j), s_i(j))], \quad (j=1,2,\cdots,n)$$

(13-3)

其中，$\text{Gap}(j)$为邮轮航线岸上活动满意度指标$j$的期望满意差距；$\text{Gap}_i(j)$为指标$j$相对于游客$i$来说的加权期望满意差距。

## 13.5 日韩航线的案例分析

### 13.5.1 满意度测评

从人口统计资料来看，49.1%的邮轮游客为男性，50.9%的游客为女性，男女比例基本相同；86.8%的游客为已婚人士；游客以中老年为主，45岁以上的游客占接近60%的份额。在教育水平方面，60%以上的游客受过本科或高职/大专教育。游客中退休人员占比达43.1%，另有少量游客为在校学生，占比为3.2%。绝大多数(87.3%)游客家庭年收入低于30万元，其中接近50%的游客家庭年收入在5万～15万之间。在出游经历方面，大多数(78%)游客并无出国旅游的经验，而有出国经历的游客中60%以上的游客是第一次参加邮轮旅游，80%以上的邮轮旅游经历少于3次。将近70%的游客选择家庭成员或同事作为邮轮出游伙伴。从客源地来看，邮轮乘客主要来自长三角地区，其中50%以上的游客来自上海本地。在未来邮轮旅游方面，接近70%的游客还将选择上海作为出发城市。

在满意度测评方面，整体评价结果表明，邮轮游客对日韩航线停靠港目的地的食品与餐饮质量、当地整洁卫生程度、个人安全保障、店主与店员态度、交通秩序与噪音、天气气候等指标的满意度打分最高，而对观光时间充裕、景点吸引力、购物丰富程度、景点多样性和价格等方面的满意度相对较低。进一步，从不满意(分值小于3)的游客比例来看，超过40%的游客对观光时间不满意，普遍认为观光时间不够充裕。此外，购物丰富程度、景点吸引力、景点多样性、上下船服务与效率、旅游信息服务和导游服务等指标游客的不满意比例也较高，均达到10%以上，如图13-1所示。

在确定需要迫切提升游客满意度的指标时，首先基于游客重要度打分和满意度打分的差异性来确定单项指标的总权重。计算结果表明，权重最大的指标包括观光时间充裕、购物丰富程度、景点吸引力、景点多样性、上下船服务与效率、天气气候等。进一步，加权后的期望满意差距表明，观光时间充裕、购物丰富程度、景点吸引力、景点多样性、上下船服务与效率、旅游信息服务、价格等方面与游客的期望满意差距较大，而当地整洁卫生程度、食品与餐饮质量、店主与店员态度、个人安全保障、交通秩序与噪音、公共交通以及居民友好性等指标与游客的期望满意差距较小，如图13-2所示。

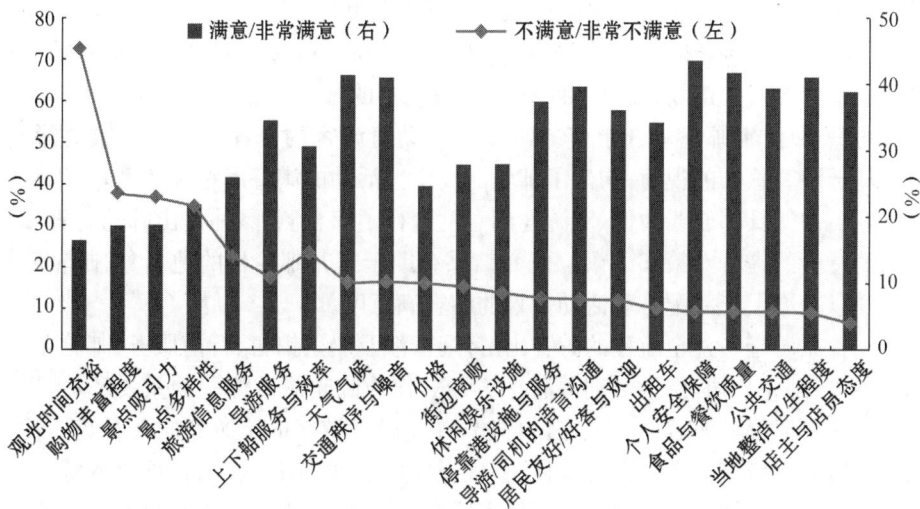

图 13-1　游客岸上活动的满意/不满意情况

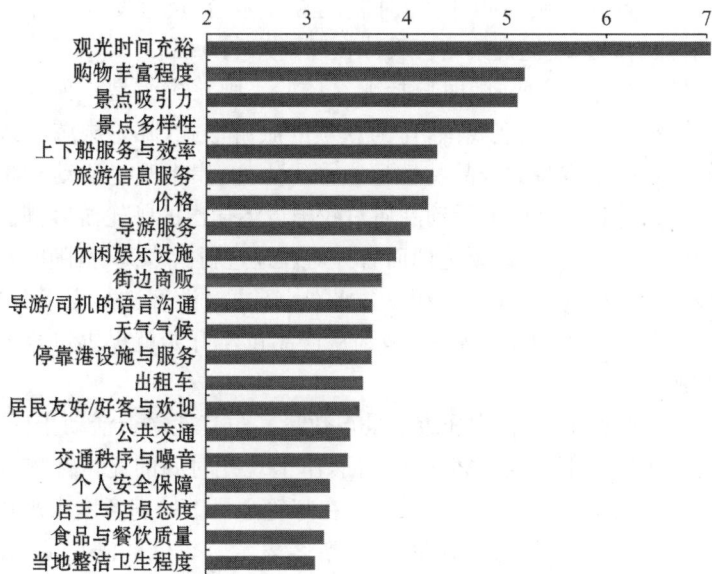

图 13-2　邮轮岸上活动满意度指标的期望满意差距

## 13.5.2　讨论与管理建议

近年来,国际邮轮旅游业的"东移"使得亚太地区成为全球邮轮市场增长最快的区域。在此背景下,中国邮轮产业经历了前所未有的发展,已经成为亚洲邮轮市场的核心组成部分。对于新兴邮轮市场来说,顾客满意是维系邮轮产业可持续发展的重要保障。只有通过高水平的服务向游客提供满意的旅行体验,才能继续吸引邮轮挂靠和游客访问。目前,东北亚地区是从我国沿海母港出发邮轮的重要活动区域和主要目标市场,而日韩航线成为最成熟的邮轮产品之一。作为邮轮旅游体验的重要环节,邮轮航线上停靠港岸上活动对游客的全程体验具有重要影响。本文基于游客感知的视角,构建了邮轮航线岸上活动的满意度指标体系,并以从上海母港出发的日韩航线为例,对游客满意度进行了综合测评,并提出邮轮游客岸上活动满意度的提升对策和建议。研究结果有助于提升邮轮目的地形象、邮轮航线吸引度以及岸上产品配备和活动策划的游客满意度。

邮轮旅游是一种全程的游客出游体验,涉及船票销售、行前服务、邮轮城市、邮轮港口、邮轮公司、岸上活动等各个方面。作为邮轮旅游体验的重要环节,岸上活动满意可以提升游客的全程旅游体验,并能触发游客的重游意愿与行为。优秀的邮轮目的地应该从港口乘客接待、基础设施建设、便利设施配备、旅游资源整合、岸上观光线路策划等方面向游客提供高质量的服务,从而提升邮轮目的地形象、邮轮游客的出游体验和总体满意度。邮轮公司、邮轮目的地等主体应定期而有针对性地进行游客满意度调研与测评,随时监控游客体验,及时发现游客期望满意差距,实施针对性的满意度提升策略。具体在以下几个方面。

(1)定期实施游客调研,随时监控顾客体验。邮轮旅游是一种全航程的游客出游体验,涉及众多环节。在我国,作为新颖的旅游形式,邮轮旅游的认知度还较低。邮轮作为目的地本身的产品特性还未深入人心,岸上观光活动对我国居民的吸引力更大。邮轮目的岸上活动品质对我国母港输出的邮轮游客满意度影响很大。为此,邮轮公司与目的地要定期而有针对性地进行游客调研,随时对游客的体验进行监控,及时把握游客满意度感知。此外,还要对游客进行需求分析,以把握顾客对邮轮产品的需求和期望水平,做到从产品供给开始就提供符合顾客需求的邮轮产品与服务。

(2)延长岸上观光时间,增加旅游景点数量。与其他岸上活动指标相比,无论在期望满意差距还是不满意游客比例方面,岸上观光时间的充裕性均具有最低的游客满意水平。景点吸引力与景点多样性在邮轮心目中的满意度水平也较低。另外,调研发现,在邮轮岸上观光活动方面,游客表示了较低的满意度,有相当数量(65.3%)的游客明确表示会通过邮轮以外的其他方式再次返回目的地旅游,一定程度说明游客岸上观光没有得到完全满足。为此,在邮轮航线设计与产品开发中,应选择高品质的旅游景点景区,并通过旅游景点数量的增加,适当延长岸上观光活动的时间,满足游客深度体验的需求。

(3)完善邮轮码头服务,提高通关安检效率。作为岸上旅游产品提供的中转地,挂靠港码头服务设施的完备与游客服务品质,很大程度上影响邮轮乘客的出游体验。特别是上下船效率很大程度上影响游客岸上活动的时间,而岸上时间的充裕性恰恰是游客认为最重要、满意度水平最低的指标。通关/安检效率的提升是邮轮业一直关注的重要课题。本次调研发现,上下船服务与效率指标与游客的期望满意差距较大,表现出较低的满意度,而且不满意/非常不满意的游客比例较高。为此,在游客服务方面,邮轮访问港要进一步推进旅客联检和便捷通关服务常态化、制度化以及通关签证的自主化和无纸化,尽可能节约旅客通关时间。最终,邮轮港口要通过提升游客通关、安检和登记效率,缩短游客的上下船时间,从而提升邮轮游客对港区服务的满意度。

(4)提高购物多样性,规范旅游市场行为。研究结果显示,邮轮游客对岸上购物多样性以及购物经历表示出较低的满意度。国际邮轮旅游的实践表明,购物经历往往是游客满意度较低或是不满意因素中占比重较大的指标。对于西欧、北美等发达地区来说,邮轮游客购物的满意度仅略低于其他指标;而对于巴哈马、牙买加等发展中地区来说,游客对购物经历的不满意程度较高,其中游客抱怨主要体现在非规范的市场行为方面,使得邮轮乘客对岸上购物体验的负面评价较多,很大程度上降低了游客满意度。此外,购物不满还来自于商品种类的单一和购物设施的不完善,而游客对于巴哈马当地传统的稻草市场的满意度较高,高于当地整体的购物体验。本文研究结果和国际实践经验带来的启示是:在购物方面,邮轮目的地应扩大商品种类,增加购物设施,并针对特色旅游资源开发独特性的旅游产品。特别是新兴邮轮旅游市场要规范旅游市场行为,杜绝销售人员施压、跟随、强迫等不文明现象,减少游客的不满意感知。

(5)拓展邮轮航线布局,提升岸上产品吸引度。从国际邮轮产业的实践经验来看,深入人心的邮轮文化和高水平的航线布局(包括优良的邮轮港口、密集的邮轮航线和优质的岸上产品与服务)是邮轮产业持续健康发展的重要保障。目前,我国邮轮航线的吸引度还比较低,与邮轮旅游相配套的岸上观光与活动产品还比较缺乏,使得邮轮旅游产品的航线设计缺乏新意。单一的产品性质和单薄的产品内容是导致航线吸引度较低、岸上产品价格低廉的最主要原因。全面提升港口岸上产品的质量、数量和价格是有效拓展邮轮航线、打造优质邮轮旅游目的地的关键。邮轮航线吸引力很大程度上取决于岸上(腹地)观光产品的供给情况。因此,邮轮公司及相关组织应在产品开发的过程中充分考虑这一问题,对中国游客的需求和喜好进行调查。在岸上活动开发方面,重点开发包括休闲观光、探险之旅、美食之旅、演出与娱乐、野生动植物探索、沙滩与水上活动、浮潜与潜水、飞行观光以及高尔夫等与国际邮轮旅游相适应的岸上产品。特别地,如前文所述,在航线开发中要重点考虑延长岸上观光时间,增加景点景区游览数量,从而给游客带来更充实的度假体验。

（6）继续加强安全保障措施，防患于未然。从国内外研究现状来看，近年来关于邮轮安保方面的讨论越来越多。而在旅游研究中，海上恐怖主义和邮轮潜在威胁一直是被忽视的研究领域。Bowen、Fidgeon 和 Page（2014）采用情景分析法对邮轮乘客的风险感知进行研究后发现，尽管安全性（safe and security）被业界看作是邮轮旅游的"标志"，但仍有相当一部分（44%）的受访者认为邮轮恐怖袭击事件很有可能发生；为此，相关部门应该不断提升邮轮船舶和邮轮港口的安全保障措施。虽然研究发现安保指标的游客期望满意差距较小，但邮轮目的地应不断加强游客岸上活动的安全保障措施，防患于未然，因为安全问题一旦出现将对邮轮旅游业产生致命打击。

（7）建立多种票价结构，满足不同层次游客需求。随着休闲旅游时代的到来，人们对邮轮旅游的认知度越来越高，价格将会成为触发游客出游行为的重要因素。本次调查结果显示，邮轮游客对岸上价格的满意程度相对较低，仅有不超过 40% 的游客表示满意。此外，游客对于价格的满意度与期望满意之间的差距也相对较大，表明岸上产品的实际价格略高于游客的心理承受价格，性价比不高。因此邮轮公司与岸上服务商一方面要抛弃"捆绑打包"同质产品的开发思路，按照不同港口及腹地属性因地制宜地规划岸上旅游活动，使消费者有满意的旅游体验，从而提升顾客感知价值；另一方面，邮轮公司可采用顾客细分手段，建立更为灵活的票价结构，全面覆盖岸上项目的整个消费市场，满足不同类型邮轮游客的消费需求（Sun，2014）。

# 第14章 邮轮港口岸上产品配备与资源配置特征

邮轮旅游业成熟的标志之一是出入境业务的平衡发展。目前,中国邮轮业正处于以游客输出为主要业务的发展阶段,邮轮旅游出入境逆差明显。沿海港口往往重视母港航线开发而忽略了岸上旅游资源与产品的规划与设计,使得作为邮轮目的地的吸引力不足。深入挖掘并整合不同邮轮港口的特色资源,配备兼顾国际水准与中国特色的邮轮岸上产品,是打造具有吸引力的邮轮城市的重要工作,有利于邮轮旅游业的健康发展。本章将以全球第二大邮轮公司皇家加勒比邮轮公布的全球14个邮轮目的地、450余个邮轮港口配备的7大类、超过3 200个岸上旅游产品为研究对象,全面探讨国际邮轮港口岸上产品配备及资源配备的基本特征和区域差异,为中国沿海邮轮港口发展提供思路。词频分析和语义网络分析发现,国际邮轮旅游岸上产品通常包含依托当地丰富的自然资源与人文资源开发的观光类产品(Shore Excursions)和游客体验度较高的探险、运动、户外、挑战等活动类产品(Shore Activities)。其中,探险之旅(Active Adventures)与海滩、鱼类、自然、珊瑚、暗礁等词汇对应;家庭之旅(Family Connections)与海滩、公园、船、风景、海豚、花园等词汇对应;挑战之旅(Tour Challenge)的高频词出现了激光、足球、滑翔、游艇、鳄鱼、打猎等词汇;与人文之旅(Culture And Sights)对应的高频词包括博物馆、宫殿、艺术、教堂等;美食之旅(Culinary Delights)涉及酒厂、啤酒、购物、朗姆酒、烹饪、食物、葡萄园等高频词;而关爱之旅(Caring Discoveries)则与鲸鱼、植物、海豹等动植物密切相关。最后针对中国主要邮轮港口的资源特点,提出了邮轮旅游岸上产品与活动设计的对策建议。

## 14.1 导言

现代邮轮业经历40余年的快速发展,邮轮产业已成为全球旅游与接待业发展最迅猛、经济效益最显著的行业之一,被称为漂浮在"黄金水道上的黄金产业"。随着欧美邮轮旅游市场的逐渐饱和,全球邮轮市场呈现重心"东移"的趋势,以中国为代表的亚太邮轮旅游市场增势迅猛。巨大的客源市场、密集的政策支持以及邮轮产品认知度的不断提高将使邮轮旅游成为我国重要的旅游新业态。目前,歌诗达(Costa)邮轮、皇家加勒比(Royal Caribbean)邮轮、公主(Princess)邮轮、地中海

(MSC)邮轮、丽星(Star)邮轮、诺唯真(Norwegian)、星梦(Dream)邮轮等国际邮轮公司均已进驻中国大陆邮轮市场。

随着旅游产品向休闲度假型、商务会展型、文化型、生态型等新兴旅游产品转型,邮轮旅游产品越来越深受人们的喜爱(李华、周溪召和智路平,2015)。邮轮旅游产品涉及游客全程旅行中对全部有形产品和服务的体验,既包括邮轮船上体验,也包括不同挂靠港的岸上旅游体验(孙瑞红、叶欣梁和徐虹,2016)。目前,中国邮轮业正处以游客输出为主要业务的发展阶段,邮轮旅游出入境逆差明显。沿海港口往往重视母港航线布局而忽略了作为邮轮目的地的使命,即向游客提供优良的岸上旅游产品与活动,使得我国邮轮港口作为挂靠港的吸引力严重不足。而岸上产品是否具有独特吸引力、岸上活动类型是否多样是国际邮轮公司选择挂靠港时需要考虑的核心问题。对于我国邮轮港口来说,在成为热门母港或始发港后,要想真正成为优秀的邮轮目的地,必须通过腹地资源的合理配置来提升岸上产品的吸引力,最终来达到邮轮旅游出入境平衡的目的。为此,本研究选取全球第二大邮轮公司皇家加勒比邮轮公布的全球 14 个邮轮目的地、458 个邮轮港口配备的 7 大类、3 259 个岸上旅游产品为分析样本,对国际邮轮旅游港口岸上产品的配备特点以及相应的资源配置问题进行了深入研究,以期能为我国沿海港口腹地旅游产品的开发与设计提供借鉴,促进中国邮轮产业更快、更全面的发展。

## 14.2 相关文献综述

目前学术界关于邮轮产品的研究主要集中在邮轮航线设计以及岸上观光产品方面。关于邮轮航线的研究,Rodrigue 和 Notteboom(2013)认为,邮轮旅游产业销售的是由一系列邮轮港口组成的邮轮航线,而非旅游目的地本身。Henthorne(2000)研究了邮轮游客的出游时间长度,发现 3 天、4 天和 7 天的邮轮旅游产品最常见。Hersh 和 Ladany(1978)以航行时间、启航时间、单位日票价、港口停留时间、邮轮规格等为参数,采用动态规划的方法探讨了邮轮航线设计的最优化问题。此外,Leong 和 Ladany(2001)则以航线吸引度最大为目标来确定最优的停靠点、各停靠点的逗留时间及港口挂靠顺序。孙晓东、武晓荣和冯学钢(2015)认为,目前我国正处在邮轮产业发展的初级阶段,航线设置较为单一。母港航线主要布局于东北亚韩国地区(主要以天津、青岛和上海为出发港)、东南亚越南地区(主要以三亚为出发港)以及海峡两岸区域(主要以厦门为出发港),尚未形成特色鲜明、主题多样、长短结合的布局态势。邮轮航线吸引力很大程度上取决于岸上产品的供给情况,而全面提升港口岸上产品的质量、数量是打造优质邮轮旅游目的地的关键。徐虹和高林(2010)指出邮轮船上的星级客房、各种购物、娱乐及会务等设施一应俱全,是海上旅游的主要组成部分,而中途靠岸的观光、购物或游览活动对游客体验的影响作用也很大。叶欣梁和孙瑞红(2007)指出国际上最受欢迎的邮轮航线是 7 天左右的短期航程,因此在设计邮轮产品时需要考虑航程时间。刘竞和李瑞(2012)认为邮轮旅游产品要与国内客源市场的需求相结合,中国市场更适合行程 2~5 天的短线产品,且价格应更为低廉。杨彦锋和吴雪娇(2011)指出我国邮轮旅游市场的主要航线之一就是日韩航线,随着中国台湾开放大陆居民赴台旅游限制和两岸三通政策的进一步落实,台湾也成为最具吸引力的旅游目的地。此外,独具热带风情的东南亚国家拥有独特的气候条件和资源优势,邮轮旅游可全年运营,邮轮航班密度高,邮轮航线选择也多,对我国游客也产生强烈的吸引力。

　　在邮轮岸上产品研究方面,Teye 和 Leclerc(1998)认为除了交通、住宿、餐饮、船上娱乐,停靠港口的岸上游览活动也是邮轮产品的重要组成部分,其中岸上活动包括城市观光游、植物参观、潜水等项目。在国内邮轮岸上产品方面,段学成(2013)以浙江省为例进行研究发现,舟山海岛观光游、东方大港宁波溪口名人故居游、温州雁荡山世界地质公园游、嘉兴文化古镇游、海上名山天台游等精品旅游产品与邮轮旅游相适应。叶欣梁和孙瑞红(2007)认为对于第一次乘坐邮轮的中国游客来说,观光游览和购物是主要的邮轮岸上活动。因此,除了邮轮本身,停靠港优美的风景、独特的文化和多样的购物选择对我国游客有较大的吸引力。孙晓东、武晓荣和冯学钢(2015)按照皇家加勒比邮轮公司的产品性质分类标准,分析发现邮轮航线岸上产品的基本类别有休闲观光、探险之旅、美食之旅、演出与娱乐、野生动植物探索、沙滩与水上活动、浮潜与潜水、飞行观光以及高尔夫等九大类,且休闲观光/城市旅游是邮轮旅游岸上活动的主导产品,其次是沙滩与水上活动、演出与娱乐、探险之旅、野生动植物探索以及美食之旅。钟妮(2012)认为当前目的地观光仍然是中国游客主要的出游动机,而目前岸上观光产品在项目选择、语言服务、运作模式等等方面都不能满足中国邮轮游客的需要。杨忠振和朱晓聪(2014)以东北地区的中产阶级群体为研究对象发现,游客更偏爱于价格较低的短期邮轮旅游产品和中等水平的船上住宿及娱乐设施,而对参观山水风光、文物古迹等岸上活动要求较高。

　　通过以上文献分析发现,目前关于邮轮岸上产品配备及具体资源配置的研究很少,而且大多是对邮轮岸上产品的泛泛而谈,少有文献深入探讨邮轮旅游岸上产品配备的特点以及与资源配置之间的关系。为此,本文以全球第二大邮轮公司皇家加勒比邮轮在售的岸上产品为分析对象,通过词频分析、语义网络分析、长尾分析等方法,对岸上产品的类型划分及对应的特色资源配置进行了系统研究。其中,研究样本涉及全球 14 个著名的邮轮目的地、458 个邮轮港口、7 大类 3 200 余个岸上产品,完全可以代表全球邮轮旅游的发展情况。

## 14.3 数据来源及分析方法

### 14.3.1 数据来源

在研究对象选取方面,本文以皇家加勒比邮轮公司官方网站在售的岸上产品数据为研究对象。皇家加勒比邮轮集团旗下的皇家加勒比国际游轮(Royal Caribbean International)是全球第一大邮轮品牌,共有量子、绿洲、自由、航行者、灿烂、梦幻、君主7个船系的23艘大型现代豪华邮轮和将近7万个邮轮床铺(Berth),乘客运力位列全球第一。根据邮轮市场观察(Cruise Market Watch)公布的数据表明,2015年皇家加勒比邮轮游客接待量将近400万,获得营业收入超过50亿美元(Cruise Market Watch,2015)。

皇家加勒比邮轮公司运营全球10余个目的地、超过400个港口的邮轮产品,航线布局于阿拉斯加(Alaska)、亚洲(Asia)、澳大利亚/新西兰(Australia/New Zealand)、巴哈马(Bahamas)、百慕大(Bermuda)、加拿大/新英格兰(Canada/New England)、加勒比(Caribbean)、古巴(Cuba)、欧洲(Europe)、夏威夷(Hawaii)、太平洋海岸(Pacific Coastal)、南太平洋(South Pacific)、跨大西洋(Transatlantic)以及跨太平洋(Transpacific)等14个邮轮旅游区域。

在数据获取方面,采用八爪鱼软件抓取了皇家加勒比国际邮轮英文官方网站(www. royalcaribbean. com)体验(The experience)栏目下的岸上观光(Shore excursions)模块的文本数据,涵盖14个邮轮目的地、458个邮轮港口。样本数据包括探险之旅(Active Adventures)、家庭之旅(Family Connections)、人文之旅(Culture And Sights)、美食之旅(Culinary Delights)、挑战之旅(Tour Challenge)、关爱之旅(Caring Discoveries)和多日之旅(Multi-day Adventure)等7大类3259个岸上产品以及单个产品的文本描述、所属类型、所属目的地、所属挂靠港以及活动时长和价格等信息,所有内容为英文。从整个国际邮轮市场来看,对于不同的邮轮公司来说,相同邮轮港口的岸上产品或活动通常具有很大的相似性,可以说本文的数据能较充分地代表全球邮轮旅游市场的现状。

### 14.3.2 分析方法

在数据分析方面,采用处理英文文本的 Text Mechanic 软件以及 Ucinet 软件和 Netdraw 软件。首先针对产品类型、时间花费与金钱花费进行了描述性分析,然后对所有岸上产品及7大类不同的岸上产品描述进行了词频分析(Frequency Analysis)、长尾理论(Long Tail Theory)分析以及语义网络分析(Sematic Network Analysis)分析,进一步识别出岸上产品的配备特征与资源配置特点。其中,词频分析是一种较为初级但十分有效的文本挖掘方法,主要用于统计网络文本材料中词语的出现次数,发现隐藏在文本内容中的核心信息,并借助语义网络分析等手段发现研究对象词汇描述中的规律性。语义网络分析主要以词频分析为基础,关注的焦点不是词语本身,而是词与词之间的关系模式,对网络文本内容句法与概念之间的语义路径进行解构,从而识别出文本词汇的关联和意义,实现对邮轮岸上产品配备与资源配置之间关系的解读。

## 14.4　描述性分析

### 14.4.1　产品类型特征

　　皇家加勒比邮轮官方网站公布了 7 大类 3 259 条岸上产品,并采用文本方式详细介绍了单个产品的类型与特征以及时间花费与金钱花费,其中岸上产品类型包括探险之旅(Active Adventures)、家庭之旅(Family Connections)、人文之旅(Culture And Sights)、美食之旅(Culinary Delights)、挑战之旅(Tour Challenge)、关爱之旅(Caring Discoveries)和多日之旅(Multi-day Adventure),其中探险之旅占比最高,达到 62.5%,表明这类岸上产品受游客欢迎程度较高,其次为家庭之旅(占比 19.24%)、人文之旅(9.21%)、美食之旅(7.79%),而挑战之旅和多日之旅的占比均小于 1%,如图 14-1 所示。

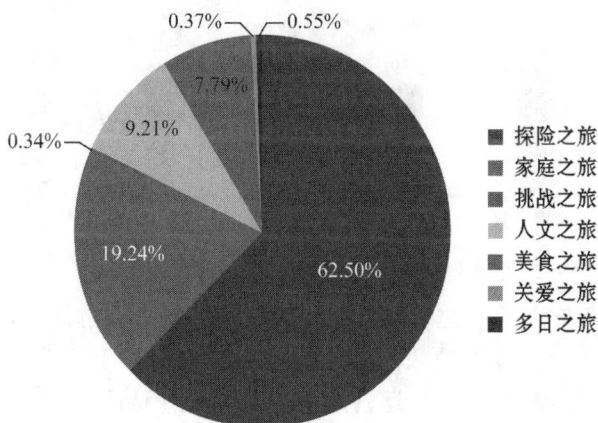

图 14-1　皇家加勒比游轮岸上产品类型分布图

　　从活动时间来看,国际邮轮旅游岸上产品的时间花费一般在 3～5 小时之间。邮轮一般采用"早晨到港傍晚离港"的挂靠模式,通常停靠时间在 7～8 小时,因此岸上旅游产品安排在 2 小时车程以内的范围为宜。分析发现,多日之旅的平均花费时间为两天左右(平均 38 小时左右),也就是邮轮在特定港口过夜的情况。多日之旅与传统的陆上旅游类似,游客通常在岸上住宿,整个行程通常较为高端,价格也较高。因此,从产品特点来看,多日之旅可以看作是邮轮公司提供的"邮轮+旅游"的产品形式。在单日产品中,花费时间最长的是关爱之旅(4.92 小时)和人文之旅(4.73 小时),两者均主要涉及观光类活动,因此耗时较长,其中前者主要是动植物观赏与保护活动,后者则主要是人文景观的参观活动等;其次为美食之旅(4.24 小时)和家庭之旅(4.09 小时),均超过 4 小时;而探险之旅(3.78 小时)与挑战之旅(3.59 小时)含有大量即时的体验型活动(比如高空滑索、帆船、赛车等),所以耗时较少,如图 14-2 所示。

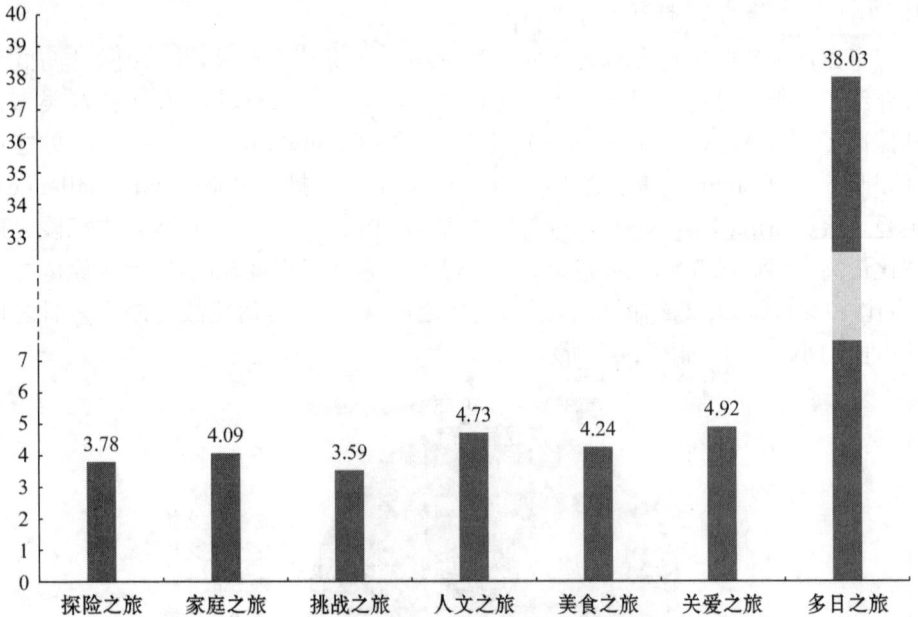

图 14-2　不同类型岸上产品的时间花费

从活动花费来看,多日之旅通常是包含住宿的陆上旅游活动,所以耗时较长,价格也很高,游客平均花费为 898.28 美元。从单日的岸上活动来看,美食之旅往往涉及品酒、美食、烹饪等项目,运营成本较高,因此产品价格也较高,平均花费为 176.47 美元;其次是关爱之旅、探险之旅和人文之旅,平均花费均超过 100 美元,分别为 121.04 美元、109.27 美元和 101.64 美元;家庭之旅往往是较为纯粹的观光游,而挑战之旅的产品形式则更为单一,因此两类产品的平均价格也较低,分别为 99.86 美元和 94.18 美元,如图 14-3 所示。

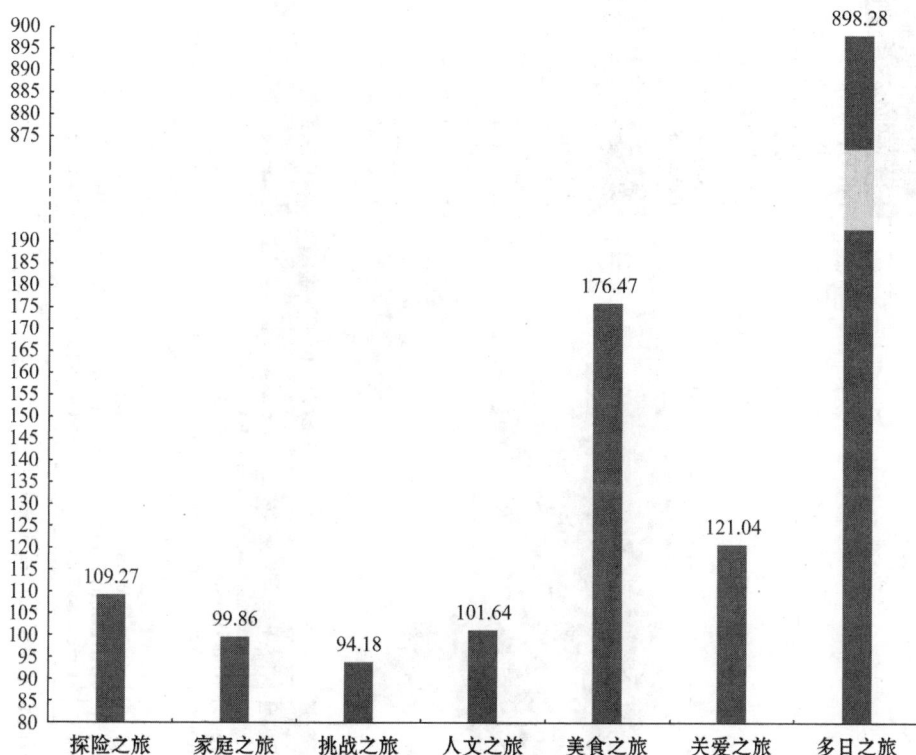

图 14-3　不同类型岸上产品的金钱花费

## 14.4.2　区域差异特征

在区域分析方面,以 10 个主要的邮轮区域为研究对象,探讨岸上观光活动的产品数量、特色类型、平均价格、平均时长以及热门港口(观光产品数量最多)的基本情况,如图 14-4 所示。从产品数量来看,最热门的邮轮区域为加勒比地区(Caribbean),产品数量达到 792 个,占比约 38%。一直以来,加勒比海地区就是世界上最受欢迎的旅游目的地。作为世界上邮轮航线最多的地区,加勒比地区拥有全球最多的邮轮港口和岸上产品组合。欧洲(Europe)地区岸上产品数量为 432 个,占比约 21%。阿拉斯加(Alaska)、澳新地区(Australia/New Zealand)岸上产品数量相当,分别占比约 9% 与 8%。夏威夷(Hawaii)、百慕大(Bermuda)和亚洲(Asia)地区岸上观光产品的数量较少,占比 2% 左右。

从产品类型来看,探险之旅(Active Adventures)是各个邮轮目的地最热门的产品类型。除此之外,阿拉斯加州(Alaska)的特色产品类型为人文之旅(Culture and Sights),美食之旅(Culinary Delights);欧洲(Europe)地区的特色产品类型为人

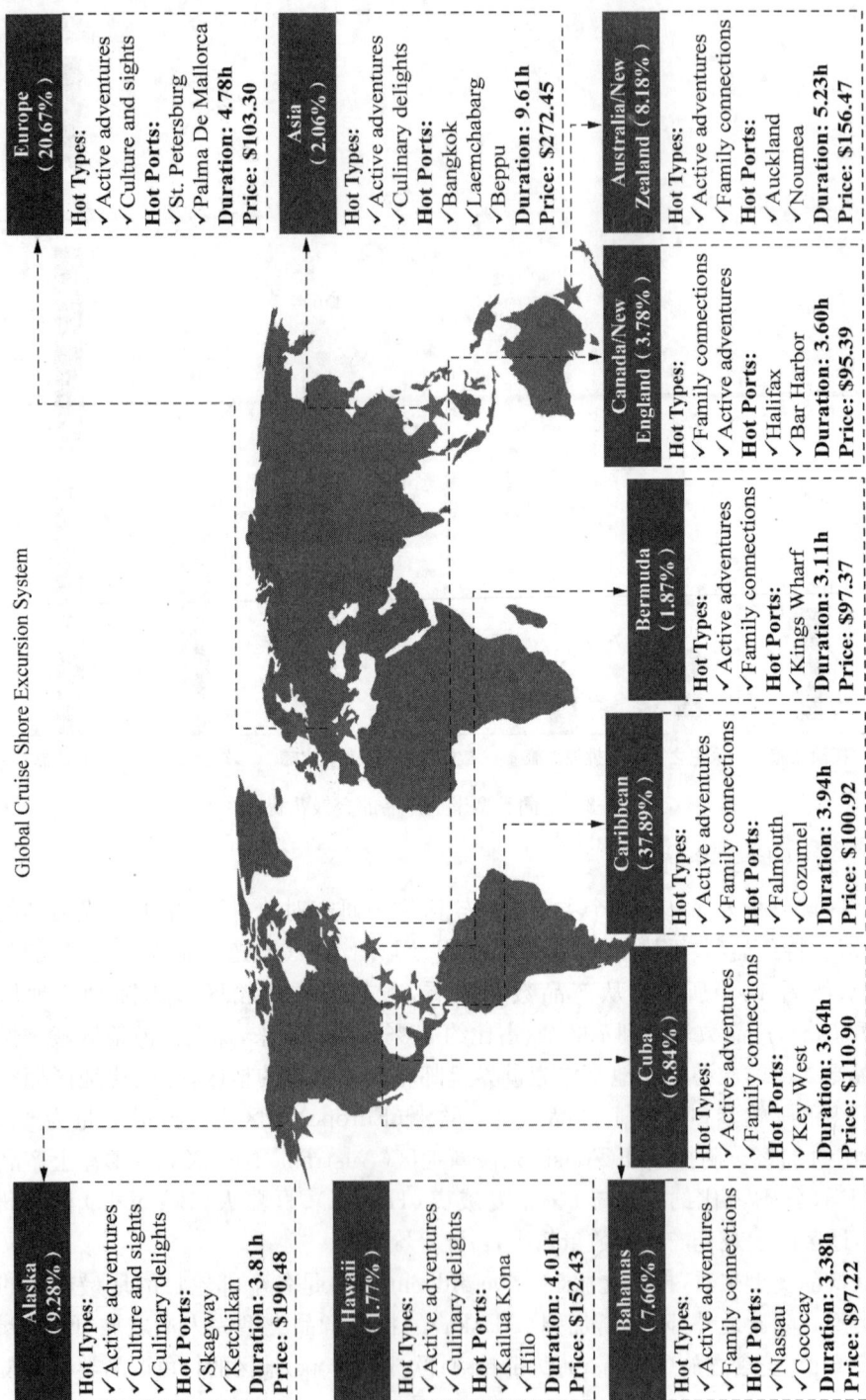

Global Cruise Shore Excursion System

**Europe (20.67%)**
Hot Types:
✓Active adventures
✓Culture and sights
Hot Ports:
✓St. Petersburg
✓Palma De Mallorca
**Duration: 4.78h**
**Price: $103.30**

**Asia (2.06%)**
Hot Types:
✓Active adventures
✓Culinary delights
Hot Ports:
✓Bangkok
✓Laemchabarg
✓Beppu
**Duration: 9.61h**
**Price: $272.45**

**Australia/New Zealand (8.18%)**
Hot Types:
✓Active adventures
✓Family connections
Hot Ports:
✓Auckland
✓Noumea
**Duration: 5.23h**
**Price: $156.47**

**Canada/New England (3.78%)**
Hot Types:
✓Family connections
✓Active adventures
Hot Ports:
✓Halifax
✓Bar Harbor
**Duration: 3.60h**
**Price: $95.39**

**Bermuda (1.87%)**
Hot Types:
✓Active adventures
✓Family connections
Hot Ports:
✓Kings Wharf
**Duration: 3.11h**
**Price: $97.37**

**Caribbean (37.89%)**
Hot Types:
✓Active adventures
✓Family connections
Hot Ports:
✓Falmouth
✓Cozumel
**Duration: 3.94h**
**Price: $100.92**

**Cuba (6.84%)**
Hot Types:
✓Active adventures
✓Family connections
Hot Ports:
✓Key West
**Duration: 3.64h**
**Price: $110.90**

**Bahamas (7.66%)**
Hot Types:
✓Active adventures
✓Family connections
Hot Ports:
✓Nassau
✓Cococay
**Duration: 3.38h**
**Price: $97.22**

**Hawaii (1.77%)**
Hot Types:
✓Active adventures
✓Culinary delights
Hot Ports:
✓Kailua Kona
✓Hilo
**Duration: 4.01h**
**Price: $152.43**

**Alaska (9.28%)**
Hot Types:
✓Active adventures
✓Culture and sights
✓Culinary delights
Hot Ports:
✓Skagway
✓Ketchikan
**Duration: 3.81h**
**Price: $190.48**

图 14-4 不同区域邮轮港口岸上产品配备特征

文之旅(Culture and Sights);亚洲(Asia)和夏威夷(Hawaii)的热门产品类型为美食之旅(Culinary Delights);家庭之旅(Family Connections)则是澳大利亚/新西兰(Australia/New Zealand)、加拿大/新英格兰(Canada/New England)、巴哈马(Bahamas)、百慕大群岛(Bermuda)、加勒比海(Caribbean)以及古巴(Cuba)的特色产品类型。

从具体挂靠港(Ports of Call)来看,Alaska 地区岸上产品数量最多的热门挂靠港为 Skagway 和 Ketchikan, Asia 的热门挂靠港为 Bangkok/Laemchabang 和 Beppu,Australia/New Zealand 的热门挂靠港为 Auckland、Noumea,Bahamas 的热门挂靠港为 Nassau、Cococay,Canada/New England 的热门挂靠港为 Halifax、Bar Harbor,Bermuda 的热门挂靠港为 Kings Wharf,Caribbean 的热门挂靠港为 Falmouth、Cozumel,Cuba 的热门挂靠港为 Key West,Europe 的热门挂靠港为 St. Petersburg、Palma De Mallorca,Hawaii 的热门挂靠港为 Kailua Kona、Hilo。

从时间花费(Time Duration)上来看,由于多日之旅主要分布在亚洲地区,所以亚洲(Asia)地区的岸上观光时间最长,平均花费为 9.61 小时;其次为澳新地区(5.23 小时)和欧洲地区(4.78 小时)。巴哈马和百慕大地区岸上观光产品的花费时间最短,约 3 小时。从金钱花费来看,由于时间较长,而且存在部分过夜产品,亚洲地区的岸上产品价格最高,平均为 272.45 美元,其次为阿拉斯加(190.48 美元)、澳新地区(156.47)与夏威夷地区(152.43 美元)。相比较而言,巴哈马、百慕大和加拿大/新英格兰地区岸上观光产品的价格较低,少于 100 美元。

此外,分析发现,邮轮岸上产品在不同区域间的时间、金钱花费上存在显著性差异。探险类产品在各区域的占比最高,体现出目前探险类邮轮岸上产品最受消费者喜爱。进一步采用词频分析法、网络图分析法探讨各区域间岸上产品的特色及相互间差异,具体如下:

(1) 阿拉斯加州(Alaska)区域主打以冰川、森林、山脉、瀑布等资源及直升机、滑雪橇等项目为主的探险型活动,同时开发以历史遗迹、育空河、公园等资源为主的文化之旅。

(2) 亚洲(Asia)的主打产品类型为探险型与美食类,从探险、骑行等词可体现活动的刺激性,从午餐、晚餐、美味的等词可看出游客对美食的提及次数较多。此外,出现了较多的人文旅游资源,包括寺庙、宫殿、堡垒等。

(3) 澳大利亚/新西兰(Australia/New Zealand)。该地区的形容词出现了异国情调的、友好的、崎岖的、难忘的等词。在资源维度出现了社区、小镇、博物馆等人文气息较浓厚的资源,可让游客体验当地的特色文化;在自然资源中出现了岛屿如塔希提岛、莫雷阿岛等,与该区域地形有关。在提供的产品或设施中出现了酒厂、葡萄酒、茶等特色词汇,体现出该地盛产酒和茶供游客体验。在体验类词汇处也有刺激性的活动,如滑翔、潜水、浮潜等,整体来看,该区域参观游览类与体验冒险类均有涉及。

(4)巴哈马(Bahamas)。该区域出现了乐园、俱乐部等名词,可吸引亲子家庭出游市场,体验类词汇中出现了喂养、冲浪等词,与其主推产品中的家庭类相对应。

(5)百慕大群岛(Bermuda)。相对而言高频词较少,新出现的不同于其他区域的词汇有船坞,这与当地的历史有关,建于二战后的皇家海军船坞已经成为百慕大的一个重要旅游景点,餐厅、商店、沙滩、水上娱乐活动以及博物馆等等应有尽有。

(6)加拿大/新英格兰(Canada/New England)。主推家庭类岸上产品,出现了公园、小镇、野生动物、高尔夫等观赏性、慢节奏的词汇,体现了家庭游的轻松惬意的氛围。体验类词汇中出现了单足蹦跳这一刺激性项目,提供的产品中出现了酒吧,可满足年轻群体的需求,还出现了高尔夫,可吸引高端商务人群。

(7)加勒比海(Caribbean)。该区域的岸上产品较多,因此该区域的产品较为丰富,涵盖了探险类、文化观光类等不同产品类型。它的高频词中基本涵盖了其他地区出现的词汇,相比较而言,新出现了驾驶、帆船、漂浮、日光浴等产品项目,较有体验性。

(8)古巴(Cuba)。古巴主打探险类与家庭类,涉及古城堡、大教堂、手工艺品市场等场所,适合开展文化观光类产品,让游客体验并融入当地特色文化。

(9)欧洲(Europe)。该区域的主打产品除探险类外,为文化体验类,主要依托的是城堡、教堂、寺庙、宫殿、博物馆等场所,充分展现了欧洲的地域特色,让游客更好的感受并融入欧洲文化风情。

(10)夏威夷州(Hawaii)。该地区的主打产品是探险类和美食类,主要依托瀑布、熔岩、火山、鲸鱼、珊瑚、海岛等资源,展现该地区的自然美景,以及通过船舶、直升机等设施向游客提供驾驶、骑行、潜水、游泳、徒步等户外活动。

## 14.5 词频分析

### 14.5.1 总体岸上产品的词频分析

使用 Text Mechanic 软件对 3 259 个岸上产品的英文文本信息进行词频分析。词频分析主要关注高频特征词与出现频次较低的长尾词两个层面。通过对特征词的分析,可以探索国际邮轮港口岸上产品配备的基本特征,并对相应的资源配置特点进行初步识别。通过对排序前 100 的特征词进行归纳与分析后发现,邮轮港口岸上产品的高频词可分为三大类,即自然资源类词汇、人文资源类词汇和体验活动类词汇,如表 14-1 所示。

表 14-1　邮轮旅游岸上产品的词频分析

| 序号 | 词汇 | 频数 | 序号 | 词汇 | 频数 | 序号 | 词汇 | 频数 | 序号 | 词汇 | 频数 |
|---|---|---|---|---|---|---|---|---|---|---|---|
| 1 | 海滩 | 1 499 | 26 | 加勒比 | 397 | 51 | 潟湖 | 180 | 76 | 山谷 | 121 |
| 2 | 岛 | 1 112 | 27 | 珊瑚 | 372 | 52 | 绿松石 | 180 | 77 | 丛林 | 118 |
| 3 | 探索 | 993 | 28 | 河 | 370 | 53 | 帆 | 179 | 78 | 堡垒 | 116 |
| 4 | 景色 | 904 | 29 | 邮轮 | 356 | 54 | 晶体 | 177 | 79 | 岩石 | 116 |
| 5 | 海域 | 817 | 30 | 有历史的 | 351 | 55 | 雨林 | 177 | 80 | 教堂 | 114 |
| 6 | 通气管 | 796 | 31 | 镇 | 331 | 56 | 太阳 | 168 | 81 | 遗产 | 112 |
| 7 | 骑 | 787 | 32 | 船 | 324 | 57 | 酒吧 | 166 | 82 | 野生的 | 112 |
| 8 | 游泳 | 750 | 33 | 山 | 308 | 58 | 钓鱼 | 166 | 83 | 摩托 | 111 |
| 9 | 海 | 712 | 34 | 沙 | 286 | 59 | 森林 | 163 | 84 | 宫殿 | 111 |
| 10 | 风景 | 685 | 35 | 步行 | 277 | 60 | 桨 | 163 | 85 | 寺庙 | 108 |
| 11 | 冒险 | 644 | 36 | 玛雅 | 266 | 61 | 文化 | 162 | 86 | 滑翔 | 104 |
| 12 | 热带的 | 618 | 37 | 村庄 | 262 | 62 | 自然 | 157 | 87 | 街道 | 102 |
| 13 | 公园 | 549 | 38 | 潜水 | 254 | 63 | 攀登 | 155 | 88 | 树 | 102 |
| 14 | 鱼 | 529 | 39 | 全景 | 250 | 64 | 地标 | 155 | 89 | 码头 | 100 |
| 15 | 城市 | 519 | 40 | 港口 | 249 | 65 | 水塘 | 150 | 90 | 法国人 | 99 |
| 16 | 海的 | 519 | 41 | 漫步 | 243 | 66 | 海龟 | 146 | 91 | 海滨 | 99 |
| 17 | 暗礁 | 515 | 42 | 港 | 240 | 67 | 皮艇 | 145 | 92 | 建筑学 | 98 |
| 18 | 商店 | 482 | 43 | 海洋 | 237 | 68 | 海岸线 | 143 | 93 | 洞穴 | 98 |
| 19 | 大自然的 | 452 | 44 | 野生动物 | 217 | 69 | 朗姆酒 | 143 | 94 | 建筑 | 97 |
| 20 | 海岸 | 447 | 45 | 追踪 | 216 | 70 | 艺术 | 137 | 95 | 徒步旅行 | 96 |
| 21 | 海湾 | 425 | 46 | 遗址 | 212 | 71 | 跳舞 | 136 | 96 | 船 | 95 |
| 22 | 船 | 424 | 47 | 花园 | 207 | 72 | 鸟 | 135 | 97 | 瀑布 | 95 |
| 23 | 海豚 | 422 | 48 | 古代的 | 203 | 73 | 啤酒 | 128 | 98 | 车辆 | 94 |
| 24 | 开车 | 406 | 49 | 帆船 | 193 | 74 | 黄貂鱼 | 128 | 99 | 纪念品 | 67 |
| 25 | 历史 | 397 | 50 | 博物馆 | 189 | 75 | 葡萄酒 | 122 | 100 | 哺乳动物 | 61 |

　　(1) 自然资源类。海滩、岛、鱼、海豚、珊瑚、海洋、雨林、森林、海龟、山谷、丛林、瀑布等自然旅游资源类词汇出现频次较高,表明邮轮旅游岸上产品依托丰富的自然旅游资源来开发观光游览活动,游客上岸后可欣赏大自然美景,并与大自然亲密接触。

　　(2) 人文资源类。现有研究表明,邮轮游客重要的出游动机之一是亲身融入旅游目的地的社区来体验当地的风土人情和文化氛围。本研究发现,公园、遗址、花园、博物馆、教堂、宫殿、寺庙等体现异国风情的人文资源类词汇出现频次也较高,表明邮轮旅游岸上活动会依托人文资源让游客体验到当地的风土人情与历史文化,从而满足游客需求。

　　(3) 体验活动类。除自然、人文资源类词汇,探索、骑、游泳、潜水、漫步、钓鱼、攀登、跳舞、滑翔等体验活动类词汇出现频率也较高。词频分析表明,国际邮轮旅游岸上产品通常包含两大类,一类是观光类产品(Shore Excursions),另一类是活动类产品(Shore Activities),其中前者主要依托当地丰富的自然资源与人文资源向游客提供观光游,而后者主要是一些游客参与体验性的探险、运动、户外、挑战类活动。

## 14.5.2　不同类型岸上产品的词频分析

　　为了进一步探索不同类型邮轮岸上产品的配备特征,分别对 7 大类产品进行了词频分析。因篇幅有限,下面仅列出排名前 30 位的高频词,如表 14-2 所示。研究发现,探险之旅所包括的高频词主要有海滩、鱼类、自然、珊瑚、暗礁、公园等词汇,与总体产品的词频分析结果类似,即反映了观光产品的特点,又体现了借助当地资源向游客提供探索类活动的思路。家庭之旅中的高频词包括海滩、公园、船、风景、海豚、花园、村庄等,主要反映具备一定观赏性、轻松惬意、适合家庭游览参观的场所;挑战之旅主要体现了具备一定参与性、体验性、冒险性甚至刺激性的活动,包括激光、足球、滑翔、游艇、鳄鱼、打猎等词汇,可满足年轻游客或小众群体的喜好。人文之旅中涉及的高频词主要包括博物馆、宫殿、艺术、教堂等内容,蕴含浓重的文化气息,能满足游客探索当地人文习俗的需求。在美食之旅中,高频词包括酒厂、啤酒、购物、朗姆酒、烹饪、食物、葡萄园等,主要体现了参观、品酒、烹饪等餐饮活动特色,迎合了邮轮游客对"美食化"(Foodcations)追求的需求。关爱之旅既可能是一种带有教育性的动植物观赏活动,又可能是一种对自然资源以及动植物保护的行动,其中高频词包括鲸鱼、植物、海豹、海豚、鸟等。而多日之旅的高频词涉及寺庙、宫殿、山、泰姬酒店、新西兰、雕刻等,更像"邮轮＋旅游"产品的一部分,通常向游客提供岸上住宿、观光、活动等一条龙服务。

表 14-2　不同类型岸上产品的词频分析

| 序号 | 探险之旅 | 家庭之旅 | 挑战之旅 | 人文之旅 | 美食之旅 | 关爱之旅 | 多日之旅 |
|---|---|---|---|---|---|---|---|
| 1 | 海域 | 海滩 | 海岸 | 有历史的 | 酒厂 | 鲸鱼 | 寺庙 |
| 2 | 海滩 | 岛 | 公园 | 探索 | 地方的 | 游泳 | 探索 |
| 3 | 岛 | 海域 | 丛林 | 参观 | 有历史的 | 浮潜 | 湖 |
| 4 | 浮潜 | 游泳 | 激光 | 景色 | 啤酒 | 小海湾 | 河 |
| 5 | 骑 | 骑 | 游泳 | 城市 | 城市 | 风景 | 宫殿 |
| 6 | 海 | 海 | 文化 | 博物馆 | 参观 | 海湾 | 城市 |
| 7 | 鱼 | 公园 | 帆 | 公园 | 购物 | 帆 | 山 |
| 8 | 热带的 | 景色 | 足球 | 镇 | 景色 | 帆船 | 玛雅 |
| 9 | 探索 | 城市 | 滑翔 | 地方的 | 街道 | 探索 | 船 |
| 10 | 自然 | 有历史的 | 有历史的 | 骑 | 开车 | 调酒 | 笏 |
| 11 | 游泳 | 冒险 | 游艇 | 风景 | 朗姆酒 | 朗姆酒 | 古代的 |
| 12 | 海的 | 海的 | 活动 | 文化 | 岛 | 比赛 | 地方的 |
| 13 | 公园 | 放松 | 冒险 | 开车 | 海滩 | 植物 | 邮轮 |
| 14 | 海豚 | 玛雅 | 古代的 | 宫殿 | 镇 | 公园 | 漫步 |
| 15 | 船 | 热带的 | 海滩 | 古代的 | 村庄 | 桨 | 泰姬酒店 |
| 16 | 风景 | 加勒比 | 鳄鱼 | 海 | 样品 | 海的 | 历史 |
| 17 | 珊瑚 | 野生的 | 海豚 | 步行 | 海湾 | 驼背 | 风景 |
| 18 | 暗礁 | 船 | 鸭子 | 海域 | 烹饪的 | 历史 | 酒厂 |
| 19 | 海湾 | 风景 | 家庭 | 房子 | 风景 | 吊床 | 采矿 |
| 20 | 地方的 | 自然的 | 人物 | 村庄 | 食物 | 探险队 | 皇后镇 |
| 21 | 邮轮 | 地方的 | 食物 | 艺术 | 墨西哥 | 饼干 | 新西兰 |
| 22 | 河 | 河 | 打猎 | 海豚 | 花园 | 百慕大群岛 | 建筑学 |
| 23 | 开车 | 鱼 | 狮子 | 花园 | 景点 | 酒吧 | 佛 |
| 24 | 沙 | 海湾 | 马德拉 | 海湾 | 文化 | 烤 | 雕刻 |
| 25 | 有历史的 | 海豚 | 玛雅 | 船 | 西班牙 | 大西洋 | 摩托 |
| 26 | 海岸 | 花园 | 玩 | 商店 | 公园 | 锚 | 遗址 |

（续表）

| 序号 | 探险之旅 | 家庭之旅 | 挑战之旅 | 人文之旅 | 美食之旅 | 关爱之旅 | 多日之旅 |
|---|---|---|---|---|---|---|---|
| 27 | 港 | 漫步 | 风景 | 自然的 | 酒吧 | 在船上 | 社区 |
| 28 | 茂盛的 | 村庄 | 海 | 玛雅 | 山谷 | 潮汐 | 博物馆 |
| 29 | 野生动物 | 商店 | 通气管 | 岛 | 海岸 | 商店 | 羊 |
| 30 | 船 | 船 | SPA | 教堂 | 葡萄园 | 海豹 | 泻湖 |

### 14.5.3 长尾词频分析

为了更全面地分析不同类型岸上产品的特征词汇,进一步将每种产品的前120位高频词的序号和频数作为变量进行了曲线拟合。研究发现,7类岸上产品的高频词均符合幂指数分布,比如图14-5所示的探险之旅的拟合曲线。根据长尾理论可推断出,邮轮旅游岸上产品的词频分布呈明显的"长尾"分布特征,即排序在后的低频词汇也可反映岸上产品的配备特色,具有一定的借鉴意义。不同类型产品的部分长尾特征词如表14-3所示。

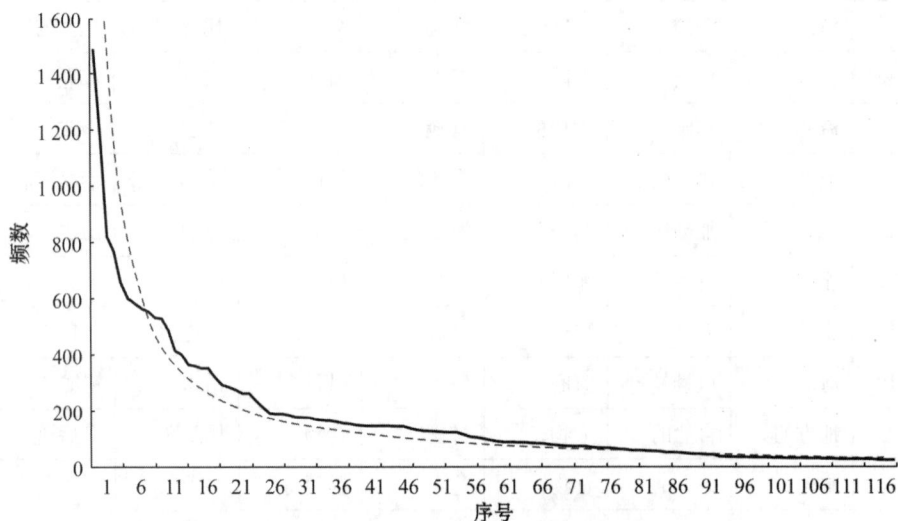

图 14-5　Active Adventures 类频数分布曲线

研究发现,排序靠后、出现频次较低的长尾词反映的并非冷门的岸上产品或活动,有时恰恰反映了当地人文、历史、自然、物种等资源的独特性,完全可以开发成为非常具有吸引力的岸上产品或活动。比如,探险之旅的长尾特征词中出现了汽艇、坦克、直升机、高空滑索等词汇,具备体验性、探险性的特色,虽然出现频次较低,不是大众型产品,但能满足游客对户外运动、探险类产品的需求。家庭之旅中出现了帆船、植物园、丛林、雨林等长尾词汇,对满足家庭出游群体需求具有良好的作用。挑战之旅中的高空滑索、跳舞、赛车、露营地、航行等活动可以满足游客对自我挑战、寻找刺激的需要。人文之旅中出现的寺庙、城堡、修道院、军事等词汇同样可以展现当地独特的历史文化与建筑遗产等特色。美食之旅中出现的农场、厨房、鸡尾酒、零食、咖啡馆等词汇也是邮轮岸上餐饮体验的重要内容。关爱之旅中出现的鹰、滑雪橇、缟鳁鲸、长须鲸等低频词中一般包含了珍稀物种或特定目的地才能出现的动植物(比如北极圈的雪橇犬等),因此频次出现较低,但同样对游客具有很大的吸引力。多日之旅的长尾词出现了曼谷、卡瓦劳河、圣彼得堡、金字塔等地方,反映出国际邮轮旅游岸上产品配备的广度与深度,涉及的景点较多,尽可能满足不同游客的需求。

表 14-3  不同产品类型的长尾特征词分析

| 序号 | 探险之旅 | 家庭之旅 | 挑战之旅 | 人文之旅 | 美食之旅 | 关爱之旅 | 多日之旅 |
|---|---|---|---|---|---|---|---|
| 1 | 攀登 | 钓鱼 | 高空滑索 | 哥特式 | 菜 | 海豚 | 曼谷 |
| 2 | 徒步旅行 | 博物馆 | 跳舞 | 城堡 | 啤酒 | 鹰 | 峡谷 |
| 3 | 汽艇 | 丛林 | 赛车 | 寺庙 | 农场 | 滑雪橇 | 卡瓦劳河 |
| 4 | 坦克 | 动物 | 航行 | 罗马 | 厨房 | 缟鳁鲸 | 圣彼得堡 |
| 5 | 直升机 | 帆船 | 露营地 | 水族馆 | 鸡尾酒 | 长须鲸 | 金字塔 |
| 6 | 短吻鳄 | 雨林 | 砍 | 修道院 | 零食 | 观鸟 | 王宫 |
| 7 | 高空滑索 | 植物园 | 防空洞 | 军事的 | 咖啡馆 | 志愿者 | 洞穴 |

## 14.6  语义网络分析

### 14.6.1  总体产品的语义网络分析

为了进一步识别出文本词汇的关联和意义,进而实现对邮轮岸上产品配备与资源配置之间关系的解读,借助 Ucinet 和 Netdraw 软件对 3 259 个岸上产品的高频词进行语义网络分析。语义网络分析可以对词与词之间的关系模式以及网络文本内容句法与概念之间的语义路径进行可视化解构(彭红松和陆林等,2014),从而直观反应高频词之间的关联以及联系的紧密程度。词与词之间离得越近、线条越密集,则表明两词共线频率高,关联度较大。分析结果表明,语义网络图展现出一种"核心—边缘"结构,反映了国际邮轮港口岸上产品配备的广度与深度,如图 14-6所示。通过对全部产品的语义网络分析可以发现,邮轮岸上产品类型多样,品质很高。具体来看:

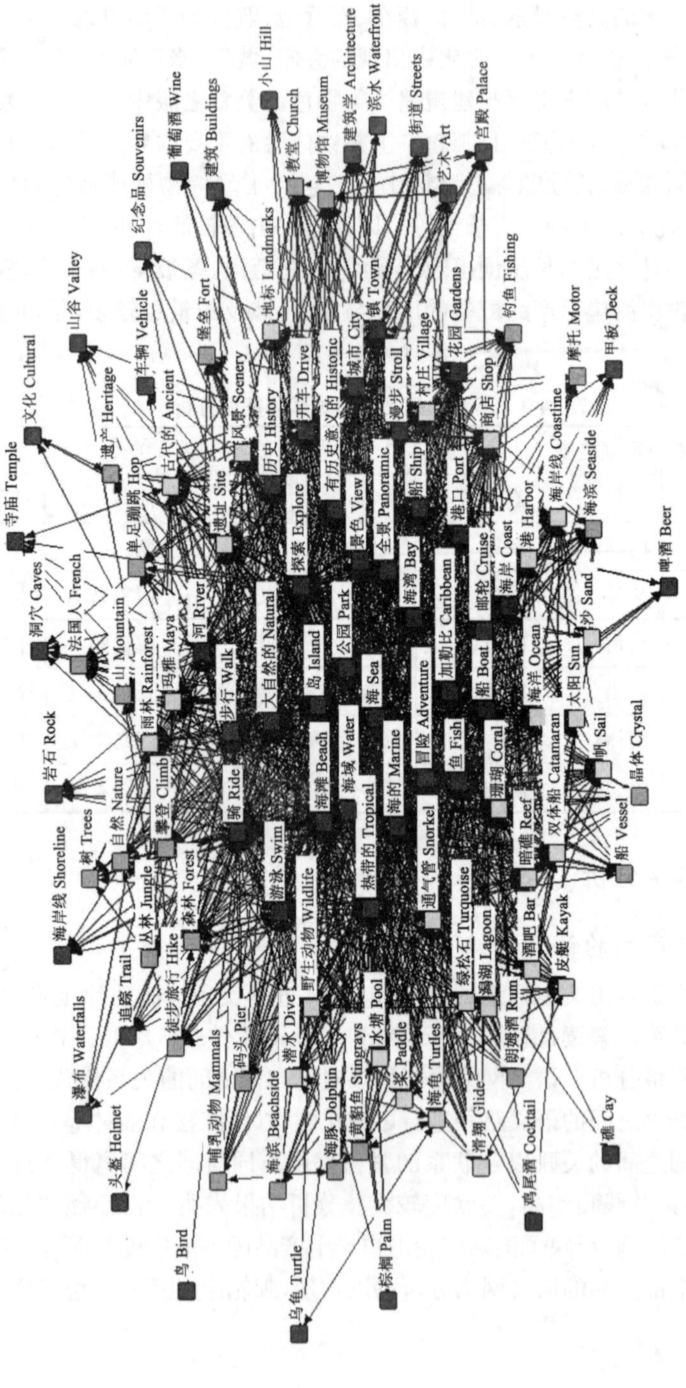

图 14-6 岸上产品总体高频词可视化网络图

（1）核心层。核心层展现了海洋、海湾、船舶、港口、海岸、岛屿等词汇，充分体现了邮轮旅游的产品特性，表明岸上产品或活动会布置在海边、沙滩等场所，游客可以看到船、海、岛等自然景观，并体验骑行、步行、游泳、漫步、驾驶、探索等活动。可以说，核心层出现的词汇相互作用构成了国际邮轮业最受欢迎的岸上产品或活动。

（2）次核心层。是对核心层内容的进一步拓展，主要有潜水、滑翔等体验型活动以及桨、帆船、皮艇、帆等活动的具体承载物，侧面反映出邮轮岸上产品同样具备冒险体验型活动。

（3）过渡层。过渡层出现的词汇较为广泛，有文化观光类的场所、冒险刺激型活动及自然美景等，包括海豚、哺乳动物、黄貂鱼、珊瑚、海龟、森林等动植物名词，说明动植物观赏或自然资源保护等活动也是比较流行邮轮岸上产品；博物馆、教堂、堡垒、艺术等内容体现了当地的人文历史特色，徒步旅行、丛林、攀登、跳舞等词则体现出岸上活动的刺激性与冒险性。

（4）边缘层。边缘层出现了较多的啤酒、葡萄酒、鸡尾酒等美食类词汇、瀑布、岩石、洞穴、山谷等自然景观类词汇以及凸显当地文化艺术特质的宫殿、纪念品、文化、寺庙、街道、建筑等词汇。

## 14.6.2　不同类型产品的语义网络分析

在不同类型产品方面，语义网络图同样展现出层级关系，如图 14-7 所示。探险之旅的语义网络图表明该类产品主要是体验性的游览观光活动。核心层包含的词汇有海域、游泳、岛、探索、风景、公园、开车、帆、船等内容，与总体网络图的核心词汇基本相一致，说明探险之旅是比较流行的岸上产品。次核心层的词汇则出现了潜水、攀登、雨林等体验类活动以及公园、异国情调、动物等观光类活动。过渡层出现了日光浴、村庄、山谷、丛林、汽艇、洞穴、波浪、酒吧等词，有一定的体验性。第四层线条稀疏，与核心词关联度较小，属于小众旅游项目，比如鲸鱼、狮子、鹰等动植物观赏以及直升机、高空滑索、徒步旅行等刺激性探险项目。

家庭之旅语义网络图展现出一种较为综合的岸上产品类型，既有观光、休闲项目，又包含了带有冒险性、刺激性、运动性特点的体验类产品见图 14-8。其中，核心层包含的主要词汇有热带的、自然的、游泳、钓鱼、公园、景色、岛、海滩、漫步等，反映出轻松休闲的特质，适合家庭出游。次核心层的花园、商店、博物馆等场所，过渡层的寺庙、城堡、遗产、建筑、湖泊等词汇和佛罗里达州、科苏梅尔岛等地名以及边缘层出现较多的农场、种植园、教堂等场所均与家庭出游的轻松氛围相适应。此外，过渡层的单足蹦极、潜水、攀登等活动以及边缘层出现的滑翔、悬崖等词汇带有一定的冒险性，可以满足家庭特定成员、特别是年轻成员的需求。而边缘层出现的鸟、企鹅、黄貂鱼、鲨鱼、鲸鱼等动植物观光项目与家庭休闲度假需求也十分匹配。

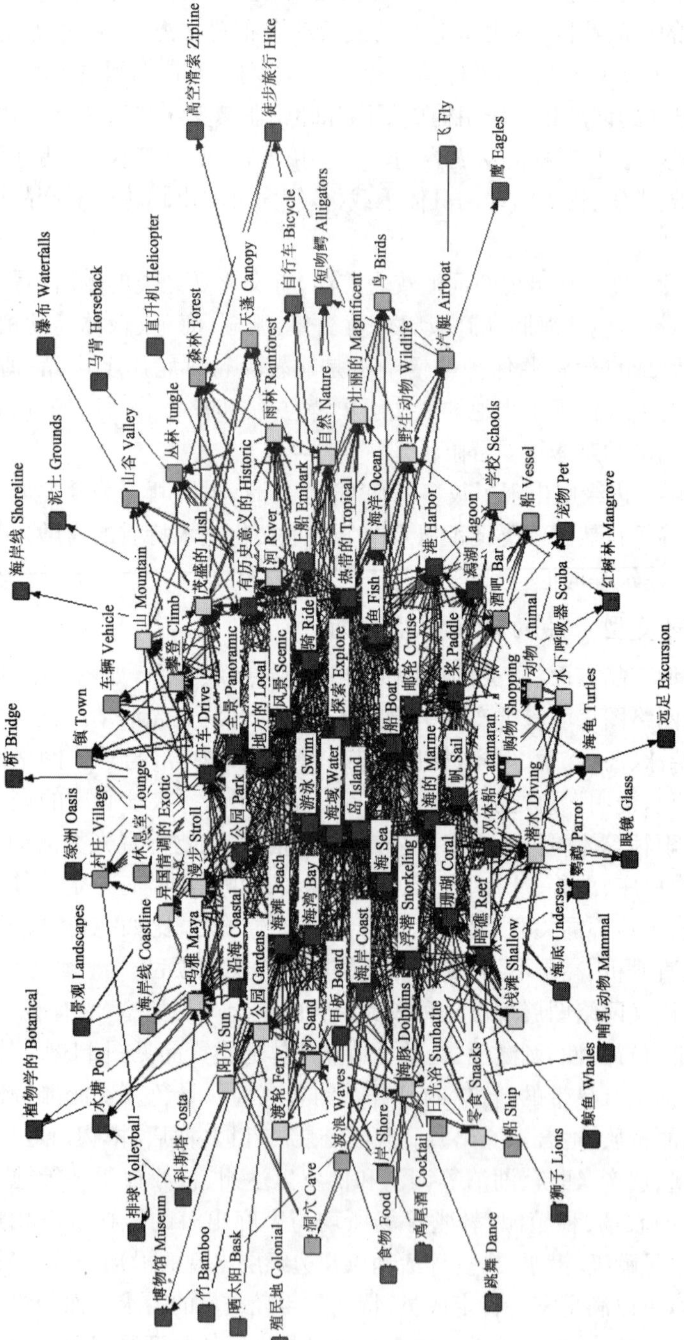

图 14-7 探险之旅的语义网络图

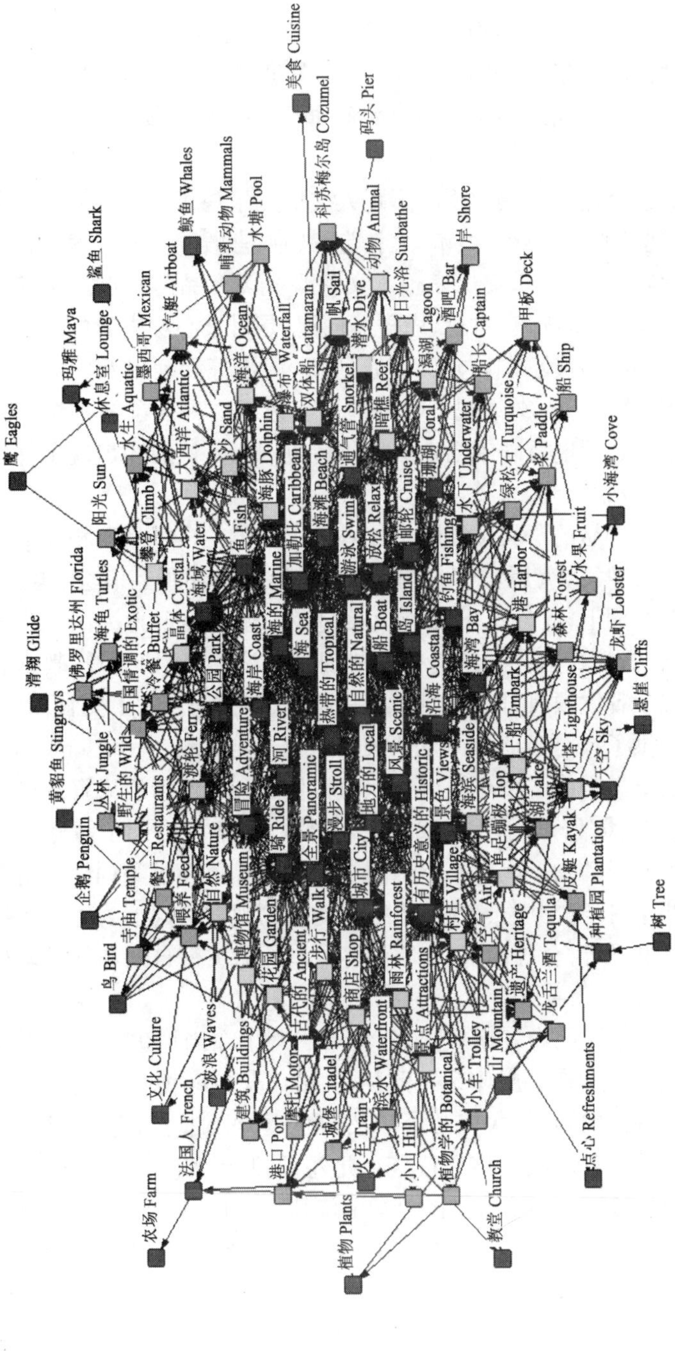

图 14-8　家庭之旅的的语义网络图

　　挑战之旅的语义网络图总体展现了具有挑战性、冒险性特色的体验类项目见图 14-9。比如，核心层出现的词汇有丛林、活动、高空滑索、通气管等惊险刺激项目以及海豚、狮子、鳄鱼等野生动物。次核心层是对核心层的补充，包含滑翔、打猎、独木舟等冒险性活动。过渡层则展现了攀登、单足蹦极、冒险等词汇，而边缘层主要体现了较为温和的产品或活动，比如游艇、城堡、博物馆、海洋、足球、防空洞、展览、雕刻、瀑布、修剪等。

　　人文之旅的语义网络图集中反映了跟人文历史景观相联系的词汇见图 14-10。其中，核心层展现了购物、小镇、城市、大教堂、教堂、宫殿、房子、艺术、博物馆、公园等具有当地文化特色的词语，突出表现了文化观光类产品的特点。次核心层出现了建筑、文化、哥特式、水族馆、古代、塔楼等词汇，是对核心层内容的补充。过渡层总体体现出一种轻松活泼氛围，包括钓鱼、跳舞、漫步等活动以及巴黎、大西洋、西班牙、玛雅、法国、罗马等人文景观丰富的地方。边缘层出现了图书馆、磨坊、种植园、寺庙等场所，一定程度反映了当地的文化特色；此外，该层还出现了部分体验类项目，比如垂钓、潜水等。

　　美食之旅岸上产品的语义网络图中核心层出现了较多跟品酒相关的词汇见图 14-11。比如酒吧、啤酒、鸡尾酒等，次核心层则集中展现了品酒会、美食、龙舌兰酒、烹饪、菜等餐饮词汇，此外也出现了画廊、艺术、建筑等观光类词汇。第三层涉及了购物、食物、朗姆酒等词语，还包括一些观光类词汇，比如宫殿、教堂、城堡等。边缘层仍然展现了餐饮项目，比如咖啡馆、啤酒厂、零食等。除了美食体验，美食之旅同样向游客提供了针对当地人文自然景观的观光类活动。

　　关爱之旅的语义网络图展现了以当地独特生物和自然景观为资源开发的观赏类以及动植物保护类活动见图 14-12。比如，核心层集中出现了海豚、海豹、长须鲸、缟鳁鲸、鹰等海洋动物。次核心层出现了冒险、航海、浮潜等词汇。过渡层则以观鸟、滑雪橇、赛车、比赛、草原、森林、山谷等动植物观赏类词汇为主。边缘层出现了志愿者、社区、书、研讨会等词汇，表明游客可以体验关爱自然和保护动植物的志愿者活动。

　　多日之旅的网络图的内容比较丰富，集中展现了在当地进行岸上观光旅行的活动见图 14-13。其中，核心层体现了购物、宫殿、纪念碑、博物馆、艺术、寺庙、佛、曼谷等反映当地特色的词语；次核心层涉及的小镇、玛雅、金字塔、圣彼得堡、考古等词汇同样反映了多日之旅的核心特点。此外，过渡层和边缘层的词汇也具有人文特点，比如乡村、印度、王宫、新西兰、泰姬酒店、采矿、湖畔、隐士、雕刻等词汇。进一步对文本进行分析发现，多日之旅主要向欧美游客提供以印度、泰国、新西兰等亚太地区为目的地的人文景观之旅。

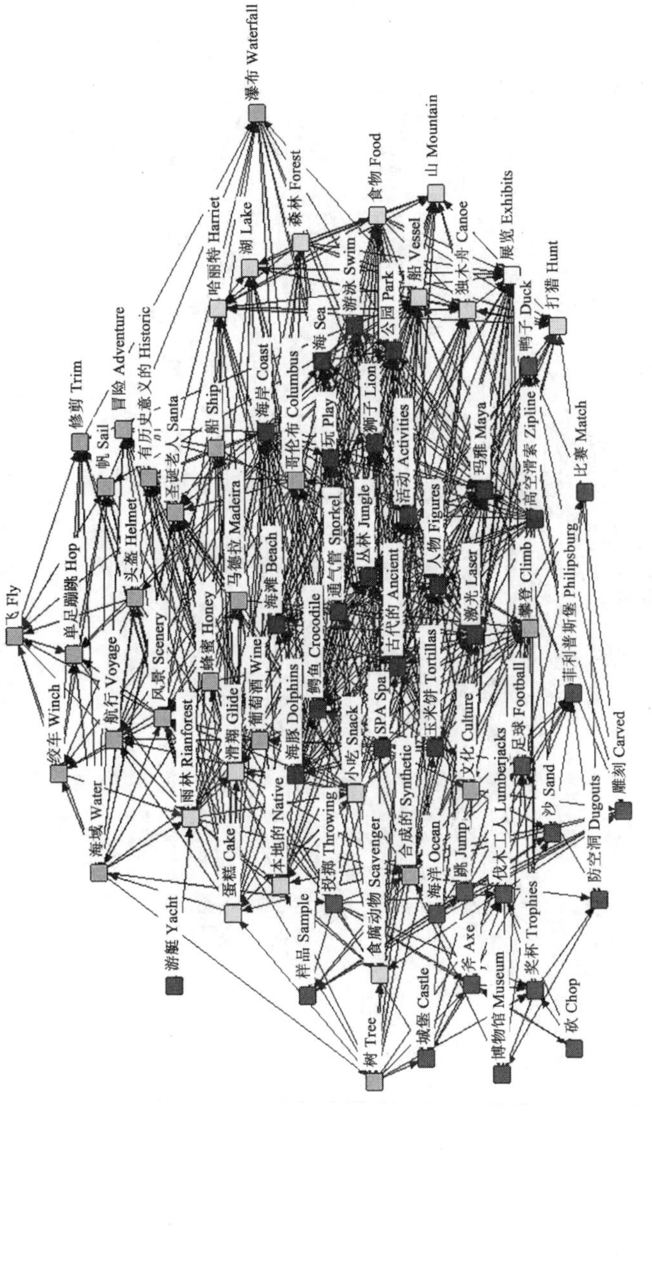

图 14-9　挑战之旅的语义网络图

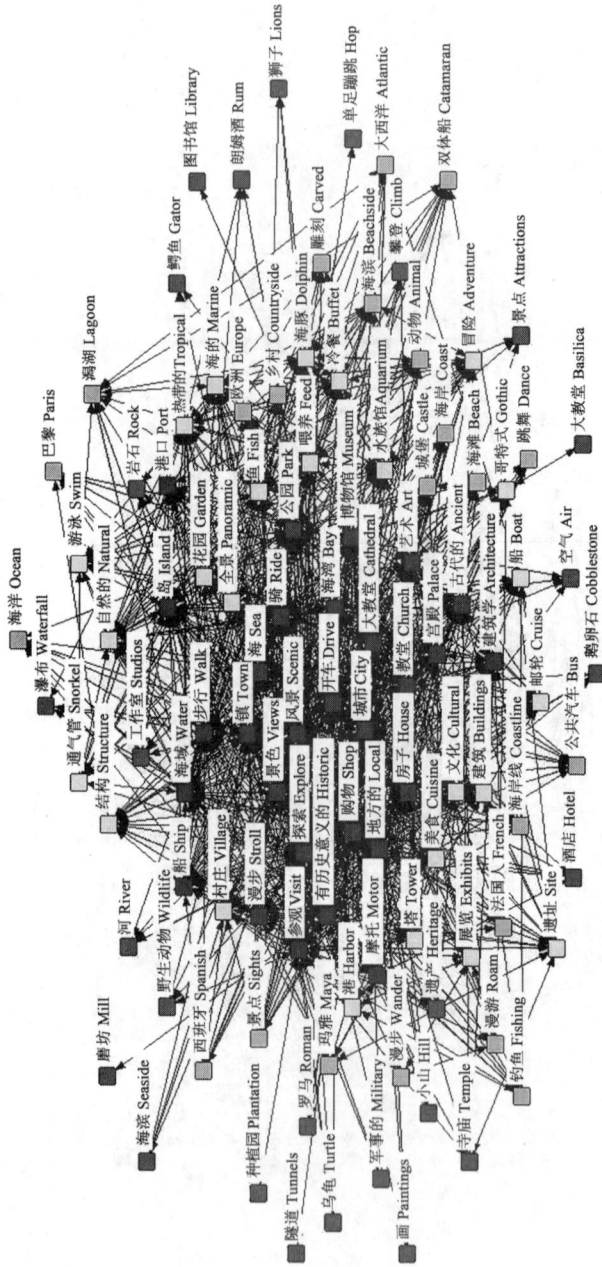

图 14-10　人文之旅的语义网络图

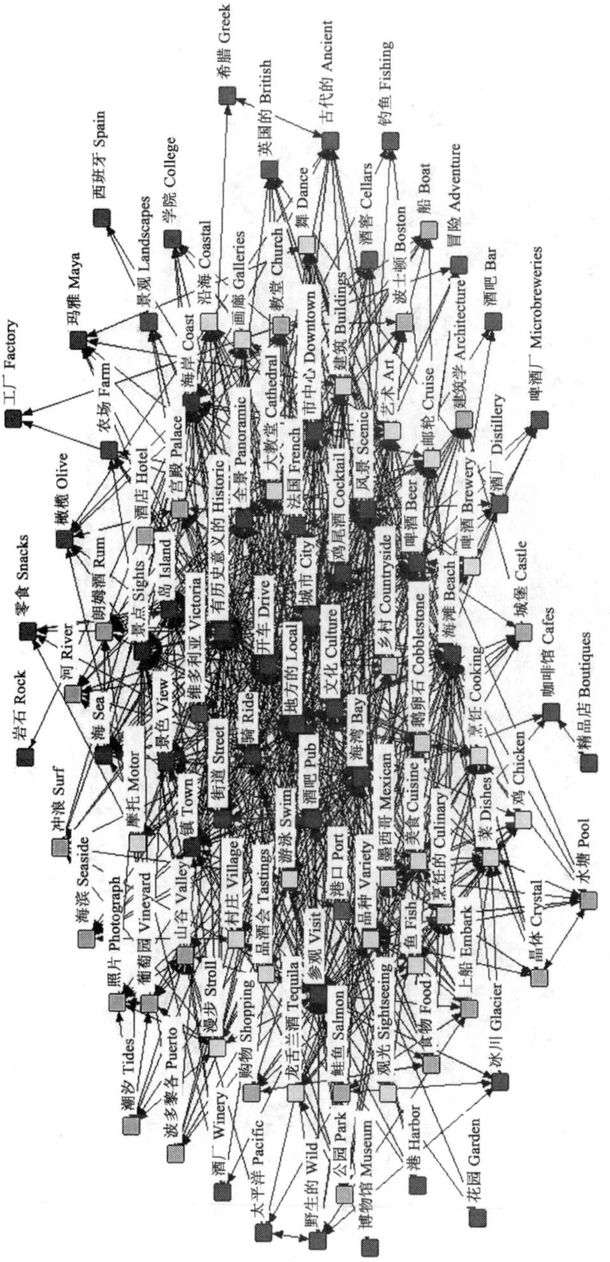

图 14-11　美食之旅的语义网络图

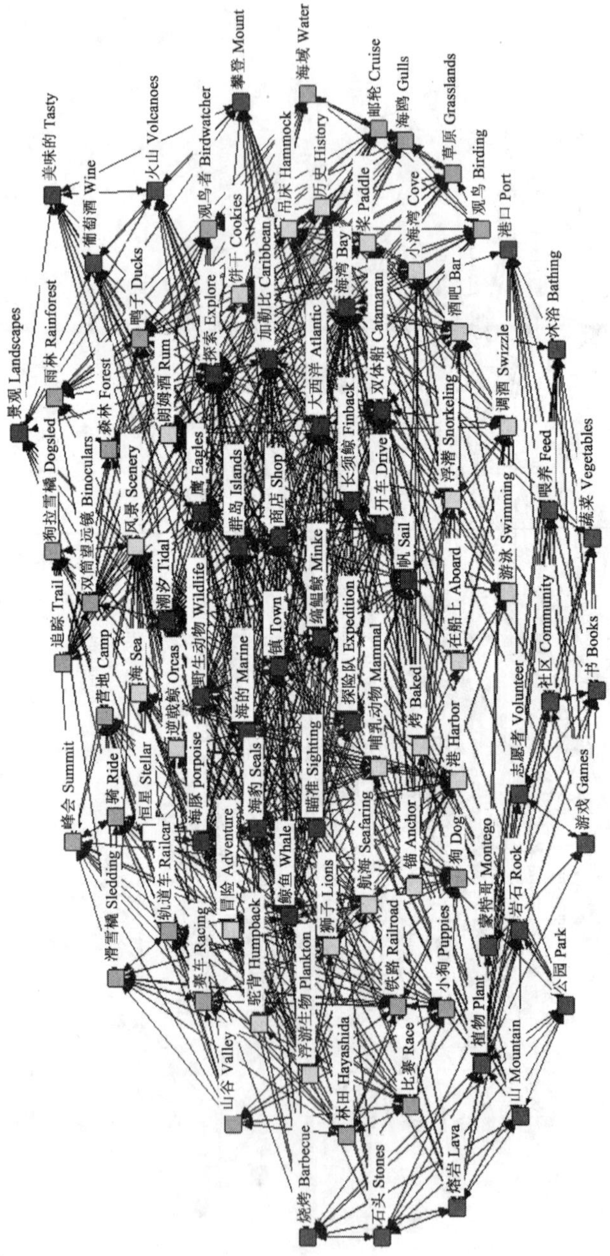

图 14-12 关爱之旅的语义网络图

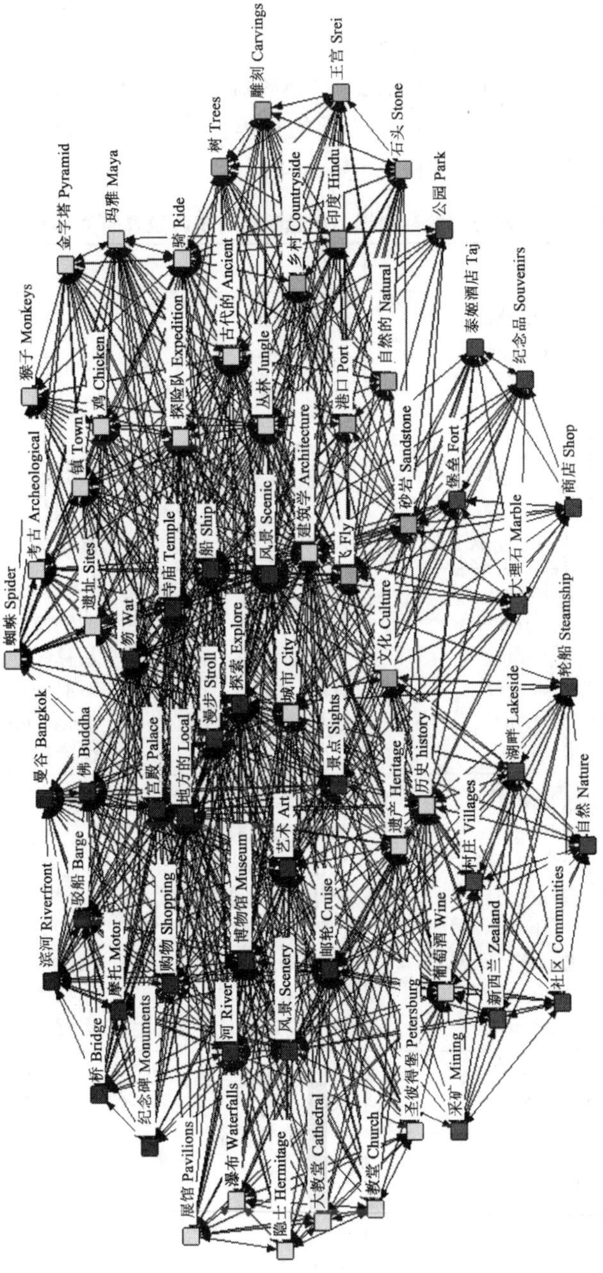

图 14-13　多日之旅的语义网络图

## 14.7 产品配备与资源配置的关系

为了探索邮轮岸上产品与资源配置之间的关系,进一步结合词频分析和语义网络分析结果,对岸上产品开发所依托的具体资源进行了分析。在资源分析方面,参照国家标准 GB/T1897-003 对旅游资源的分类依据,对 7 个大类下的产品配备以及资源配置关系进行了对应分析,如表 14-4 所示。

**表 14-4 国际邮轮港口岸上产品配备与资源配置的关系**

| 岸上产品类型 | 产品配备 | 资源配置 | |
| --- | --- | --- | --- |
| 探险之旅 | 浮潜(snorkel)<br>探索(explore)<br>游泳(swim)<br>驾驶(drive)<br>漫步(stroll)<br>攀登(climb)<br>购物(shop)<br>日光浴(sunbathe) | 海滩(beach)<br>岛屿(island)<br>公园(park)<br>海豚(dolphin)<br>船(boat)<br>景观(scenery)<br>暗礁(reef)<br>森林(forest) | 洞穴(cave)<br>珊瑚(coral)<br>瀑布(waterfall) |
| 家庭之旅 | 游泳(swim)<br>漫步(stroll)<br>钓鱼(fishing)<br>跳舞(dance)<br>购物(shop)<br>潜水(dive) | 海滩(beach)<br>岛屿(island)<br>公园(park)<br>城市(city)<br>景观(scenery)<br>花园(garden) | 博物馆(museum)<br>丛林(jungle)<br>帆船(catamaran)<br>文化(culture)<br>遗产(heritage) |
| 挑战之旅 | 游泳(swim)<br>滑翔(glide)<br>冒险(adventure)<br>打猎(hunt)<br>飞行(fly)<br>滑索(zipline)<br>跳舞(dance)<br>赛车(racing) | 公园(park)<br>丛林(jungle)<br>文化(culture)<br>足球(football)<br>游艇(yacht)<br>海滩(beach)<br>瀑布(waterfall)<br>独木舟(canoe) | 城堡(castle)<br>博物馆(museum)<br>露营地(campground) |
| 人文之旅 | 观光(tour)<br>驾驶(drive)<br>游泳(swim)<br>购物(shop)<br>冒险(adventure)<br>跳舞(dance)<br>钓鱼(fishing)<br>漫步(stroll) | 博物馆(museum)<br>公园(park)<br>文化(culture)<br>宫殿(palace)<br>村庄(village)<br>花园(garden)<br>教堂(church)<br>城堡(castle) | 遗产(heritage)<br>寺庙(temple)<br>美食(cuisine) |

（续表）

| 岸上产品类型 | 产品配备 | 资源配置 | |
|---|---|---|---|
| 美食之旅 | 参观（visit）<br>品尝（taste）<br>购物（shop）<br>驾驶（drive）<br>冒险（adventure）<br>漫步（stroll） | 酒厂（distillery）<br>啤酒（beer）<br>景色（view）<br>街道（street）<br>岛屿（island）<br>咖啡馆（cafe） | 村庄（village）<br>花园（garden）<br>酒吧（bar）<br>山谷（valley）<br>农场（farm）<br>博物馆（museum） |
| 关爱之旅 | 探索（explore）<br>浮潜（snorkel）<br>航海（seafaring）<br>比赛（race）<br>观光（sighting）<br>滑雪橇（sledding）<br>攀登（climb）<br>野营（camp）<br>烧烤（barbecue）<br>赛车（racing）<br>航海（seafaring）<br>观鸟（birding） | 鲸鱼（whale/orcas）<br>鼠海豚（porpoise）<br>鹰（eagle）<br>海豹（seal）<br>风景（scenery）<br>海湾（bay）<br>公园（park）<br>酒吧（bar）<br>营地（camp）<br>山脉（mountain）<br>雨林（rainforest）<br>岛屿（island） | 草原（grassland）<br>火山（volcano）<br>山谷（valley）<br>野生动物（wildlife）<br>植物（plant） |
| 多日之旅 | 探索（explore）<br>观光（tour）<br>漫步（stroll）<br>雕刻（carving） | 城市（city）<br>小镇（town）<br>乡村（countryside）<br>风景（sight） | 风景（scenery）<br>遗址（site）<br>博物馆（museum）<br>艺术（art） |
| 多日之旅 | 飞行（fly）<br>骑行（ride）<br>购物（shop）<br>巡游（barge） | 寺庙（temple）<br>宫殿（palace）<br>河流（river）<br>历史（history） | 教堂（church）<br>瀑布（waterfall）<br>丛林（jungle）<br>王宫（srei） |

研究发现，探险之旅主要依托海滩、岛屿、公园、海豚、森林、洞穴、瀑布等自然资源来开发和设计浮潜、游泳、开车、漫步、攀登、购物、日光浴等产品/项目。家庭之旅类岸上活动相对比较丰富，能够满足家庭出游群体的多种需求。在产品开发与设计时，同时依托人文资源与自然资源，包括海滩、岛屿、公园、丛林、城市、博物馆、花园、文化、遗产等，而提供的活动既有购物、漫步等休闲项目，又有跳舞、潜水等较为刺激的体验性项目。挑战之旅的产品则是更具冒险性和刺激性的户外运动项目，包括游泳、滑翔、冒险、打猎、SPA、高空滑索、跳舞及赛车等，主要依托的资源包括公园、丛林、游艇、海滩、瀑布、露营地、城堡、博物馆等活动项目。人文之旅主要是依托当地的人文景观资源来开发旅游产品，包括博物馆、公园、文化、宫殿、村庄、教堂、城堡、寺庙、当地美食等，可开发与设计的活动包括观光、驾驶、游泳、购

物、跳舞、钓鱼、漫步等项目。美食之旅充分反映了接待业中的餐饮(food & beverage)特征,岸上活动主要包括参观、品尝、品酒、购物、驾驶、冒险、漫步等项目,依托的资源主要是当地的特色美食及其生产作业场所,包括酒厂、啤酒、红酒、酒吧、咖啡吧、农场、山谷、景观、岛屿、海滩、村庄、花园等资源。关爱之旅主要依托目的地的动植物以及自然资源来设计动植物观赏、自然资源保护以及其他体验类的岸上活动。其中动植物资源包括鲸鱼、长须鲸、缟鲲鲸、鼠海豚、鸟类(鹰)、海豹等,而自然资源包括自然景观、海湾、公园、营地、山脉、雨林、岛屿、草原、火山、山谷等。多日之旅则主要依托目的地独特的人文自然景观来向欧美游客提供住宿、观光、餐饮、娱乐、购物、运动等体验项目,依托的资源主要包括寺庙、宫殿、遗址、博物馆、教堂、王宫等人文景观以及山岳、风景、瀑布、丛林、城市、村庄、河流、瀑布等自然资源。

## 14.8　对策建议与结论展望

### 14.8.1　总体建议

目前,我国邮轮旅游产业还处于重视母港航线开发阶段,忽视了作为邮轮目的地的岸上旅游产品开发工作。港口城市并未依据自身特征来打造优秀的邮轮目的地,同时也没有考虑到不同主题邮轮产品对岸上旅游活动的要求(董媛和蒋文恬,2013)。本文以皇家加勒比邮轮公司在售的全球3 259个岸上产品为研究对象,通过词频分析与语义网络分析识别出不同的岸上产品的基本特征及其对应的资源配置情况,为中国邮轮旅游岸上产品的开发与设计提供了较好的经验借鉴。总体的启示包括:

(1) 设计多样化的岸上产品。目前国内的港口城市岸上旅游产品多以观光游为主,产品的文化性与体验性不足(王佩、李景妃和刘焕庆,2015)。而随着国内游客从观光游向注重旅游体验的转变,港口城市应针对自身的特色人文自然资源来设计多样化的岸上产品,比如探险类、家庭类等旅游项目,从而提升游客体验度。

(2) 定位不同类型的目标市场。邮轮港口需针对不同类型游客的特征来细分目标市场,比如商务奖励型旅游市场、新婚旅游市场、学生旅游市场、老年旅游市场等。针对不同类型的游客提供合适的邮轮岸上产品,比如向老年群体提供观光类和美食类旅游产品,向学生群体提供动植物观赏、探险类产品,向新婚旅游市场提供多日之旅的浪漫岸上游、教堂参观、旅拍等项目。

(3) 整合特色的旅游资源。本文研究发现不同类型岸上产品具有自身的特色,而且资源配置也具有一定的规律性。比如,探险与挑战类产品会包含高空滑索、跳舞、露营地等项目,观光类产品则与博物馆、宫殿、艺术、教堂等资源对应。美食类活动则涉及酒厂、啤酒、朗姆酒、烹饪、食物、葡萄园、农场等项目。家庭旅行类产品的资源包括海滩、公园、风景、海豚、花园等。因此,国内港口城市在设计岸上产品时应结合当地特色资源,开发设计与国际邮轮相匹配的产品。此外,不同类型岸上产品之间的项目各有侧重但并非完全分离,比如人文之旅也会涉及冒险性的体验项目,而挑战类岸上活动也包含温和的观光游产品。家庭之旅和多日之旅的产品配备则更具复合型特点。因此,产品配备的关键是因地制宜地整合当地特色的人文自然资源。

## 14.8.2　针对不同港口的具体建议

(1) 大连的海域辽阔,海岸线绵长,港湾和岛屿众多,大小港湾达 30 多处。大连可依托大连湾、大窑湾、普兰店湾、长山岛、广鹿岛、獐子岛、长兴岛等岛屿资源开发设计浮潜、海底探险、游艇、日光浴、沙滩排球、沙雕等项目;依托金石滩国家旅游度假区、棒棰岛、东海公园、老虎滩海洋公园等海滨旅游度假景点开发休闲度假产品;依托白云山、骆驼山等森林公园开发海滨泳浴、垂钓、渔业观光、风俗节事等旅游项目。

(2) 天津是一座历史文化名城,资源丰富,内涵深厚。天津可依托大沽口炮台、天后宫、独乐寺、石趣园、霍元甲故居、石家大院、古式教堂等历史人文资源开发文化观光游;依托盘山国家级风景名胜区、黄崖关长城、九龙山国家级森林公园、八仙山国家级自然保护区、翠屏湖风景区等景点开发自然观光类项目。

(3) 青岛的海洋旅游资源丰富。青岛可依托得天独厚的海滨资源、海滨步行道开发城市观光游;依托康有为故居、老舍故居及具有哥特建筑风格的圣弥爱尔大教堂等历史人文资源开发名胜古迹观光游;依托青岛啤酒旧厂开发青岛啤酒工业旅游观光,依托海尔工业园开发海尔工业旅游观光;依托石老人国家旅游度假区、琅琊台旅游度假区、田横岛旅游度假区等资源开发中高端休闲度假游。

(4) 上海是一座历史悠久的文化城市和经济城市。上海可依托佘山、天马山、凤凰山、横云山等山地类旅游资源开发登山、户外探险、高空滑索等探险型旅游项目;依托上海博物馆、上海自然博物馆、上海市历史博物馆、外滩、人民广场、南京西路建筑群等资源开发文化观光类旅游项目;依托崇明岛、长兴岛、佘山岛等岛沙类旅游资源开发浮潜、游泳、钓鱼、日光浴等旅游项目;依托中共一大会址、中共二大会址、孙中山故居、鲁迅故居、周公馆、毛泽东故居等革命遗址开发红色旅游产品;依托老城隍庙、吴江路、云南路、黄河路、乍浦路、仙霞路等饮食文化区及陆家嘴、徐家汇、新虹桥等商业街区开发美食、购物项目;依托上海迪士尼、欢乐谷、野生动物园等资源开发家庭之旅项目。

(5) 舟山是我国唯一以群岛著称的海上城市。舟山可依托蓝天、碧海、绿岛、金沙、白浪等资源开发生态休闲游;依托普陀山、嵊泗列岛、岱山岛、桃花岛等岛屿类旅游资源开发游艇出海、沙滩戏沙、日光浴等旅游项目;依托古朴清幽的庙宇老天福寺、化成禅寺、普陀山普济寺、观音山广济寺开发宗教文化游。

(6)厦门是一座具有深厚文化底蕴的滨海城市。厦门可依托日月谷温泉主题公园、翠丰温泉、盛之乡温泉等资源开发 SPA 类旅游项目;依托凯歌高尔夫球场、观音山游艇中心、五缘湾游艇帆船集散中心等开发高尔夫、游艇等高端娱乐项目;依托战地观光园内的英雄三岛军民史迹馆、国防教育馆等开发科普文化游。

(7)深圳作为现代滨海城市,常年阳光普照、繁花似锦。可依托良好的自然条件优势及深圳小梅沙海洋世界、深圳仙湖植物园、深圳市野生动物园等景点开发家庭之旅及动植物关爱之旅。深圳是个移民城市,中西文化融汇交流,从而形成了独具特色的文化氛围。因此可依托深圳世界之窗、锦绣中华民俗村等资源开发人文之旅,使游客进一步感受深圳文化。此外,还可依托深圳欢乐谷开发探险之旅,满足小众群体的冒险需求。

(8)广州的旅游资源丰富,文物古迹众多,人文底蕴浓厚,可依托南越王墓、光孝寺、怀圣寺、广州起义烈士陵园、黄花岗七十二烈士墓、黄埔军校旧址、洪秀全故居等景点资源开发人文之旅;依托广州花卉博览园、花都香草世界、王子山森林公园、华南植物园等开发轻松休闲的家庭之旅;依托上下九路商业步行街、北京路商业步行街等开发美食、购物项目。

(9)海口作为海南省的政治、经济、文化中心,有着独特的自然、人文资源。海口可依托琼山府城传统民居历史文化街区、海口骑楼建筑历史文化街区等开发文化观光游;依托荣堂村、儒道村、玉库玉墩村、美社村等传统村落开发乡村民宿旅游,亲近大自然;依托长堤路、海甸岛、新埠岛、盈滨半岛、金沙湾等资源开发沙滩排球、日光浴、垂钓等休闲游憩项目。

(10)三亚不仅具备现代国际旅游五大要素——阳光、海水、沙滩、绿色植被、洁净空气,而且还拥有河流、港口、温泉、岩洞、田园、热带动植物、民族风情等各具特色的旅游资源。三亚可依托亚龙湾、大东海、三亚湾等众多海湾开发水上娱乐活动、潜水、游艇、沙滩戏沙、日光浴等项目;依托南山佛教文化旅游区开发宗教文化观光游;依托亚龙湾天堂森林公园开发生态休闲游。

(11)北海位于广西壮族自治区的北部湾海岸,旅游资源十分丰富,兼具海、滩、岛、山、湖、林、湾等自然景色和汉韵、欧风、南珠情等人文景观。北海邮轮码头可依托具有"天下第一滩"美誉的北海银滩开发亚热带海滨风情体验、休闲观光、沙滩排球、日光浴等项目;国家地质公园涠洲岛为火山喷发堆集凝结而成,浅海生长的珊瑚礁,是中国大陆架最大的活珊瑚群,因此可依托此景点开发海岛探险、海边垂钓、沙滩拾贝、潜水探奇等项目;此外,依托国家级山口红树林保护区开发动植物探索之旅,领略天然红树林的自然奥秘。

### 14.8.3　结论及展望

近年来,我国邮轮产业发展迅速,已经形成了由大连、天津、青岛、上海、舟山、厦门、深圳、广州、海口、三亚、北海等沿海港口构成的邮轮港口系统。中国已经成为全球第二大邮轮客源市场。国际邮轮业的实践表明,沿海港口城市要想实现邮轮产业的长久繁荣,必须努力成为优秀的邮轮目的地而非邮轮始发港本身。目前,我国邮轮业仍然处在过度重视客源市场开发而忽略了腹地产品规划的阶段,不利于邮轮产业健康而可持续性的发展。本研究的数据来自全球第二大邮轮公司公布的 3 259 个岸上旅游产品,涉及全球 14 个邮轮目的地和 458 个邮轮港口,具有充分的代表性,目的是探索全球邮轮港口岸上产品的配备特点以及不同类型产品与资源配置之间的关系,从而为我国邮轮港口的腹地旅游产品开发提供国际借鉴。通过对 7 大类岸上产品的文本数据进行分析后发现,以当地自然资源与人文资源为依托开发的观光类产品和以探险、运动、户外、挑战、品鉴等活动为核心的体验类产品是国际邮轮业最流行的产品形式,其中观光游几乎出现在每种产品大类中,占比最高。进一步,词频分析与语义网络分析识别出了探险之旅、家庭之旅、人文之旅、美食之旅、挑战之旅、关爱之旅和多日之旅等产品的配备特点以及基本的资源配置规律。沿海邮轮城市应该整合当地特色的人文、历史与自然资源来设计多样化、高品质的岸上产品,以满足不同邮轮细分市场的需求。

从数据来源来看,虽然本文的数据具有较好的代表性,但不能完全反映全球邮轮市场的发展情况。未来的研究可以关注更多的邮轮公司或邮轮品牌,进一步探讨不同邮轮品牌在岸上产品配备方面的差异性。另外,本研究的立足点为邮轮旅游供给方。未来的研究可从游客角度来探讨邮轮岸上产品开发的影响因素及配备效果,比如基于游客感知来探讨邮轮游客对岸上产品的选择偏好、影响因素、评价指标以及满意度评价等。最后,从不同邮轮目的地角度来探讨邮轮旅游岸上产品配备与资源配置的区域差异也将是有意义的研究方向。

# 主要参考文献

[1] 鲍青青. 邮轮业游客满意度调查分析——以丽星邮轮双鱼号为例[J]. 旅游纵览月刊,2014.

[2] 蔡二兵,史健勇. 国内邮轮港口相关研究综述[J]. 世界海运,2014,37(8):17-20.

[3] 蔡晓霞,牛亚菲. 中国邮轮旅游竞争潜力测度[J]. 地理科学进展,2010,(10):1273-1278.

[4] 蔡晓霞,牛亚菲,韦智超. 我国邮轮产业发展潜力测度研究[J]. 发展研究,2010(3):62-66.

[5] 曾凡华,马军. 港口国际中转竞争力评价指标体系的构建[J]. 综合运输,2008,06:69-71.

[6] 陈紫华. 港口城市邮轮旅游业竞争力评价研究[D]. 厦门:厦门大学,2008.

[7] 董媛,蒋文恬. 基于市场需求的我国内河邮轮旅游产品研发——以长江邮轮旅游为例[J]. 重庆第二师范学院学报,2013,26(3):39-41.

[8] 杜禳,李宏涛,温源远. 德国汉堡港阿尔托那邮轮码头绿色岸电经验及启示[J]. 环境与可持续发展,2016,41(4):40-43.

[9] 段学成. 海洋经济背景下的浙江邮轮旅游产业化研究[J]. 国土与自然资源研究,2013(6):72-75.

[10] 葛亚军. 国际邮轮咨询师开发之探——兼论我国邮轮咨询师开发策略[J]. 天津商业大学学报,2010(4):56-59;69.

[11] 管思源,吴新宇. 中国邮轮游客满意度调查[J]. 产业与科技论坛,2014,13(14):127-128.

[12] 何玲,朱家明,蔡经纬,等. 基于马尔可夫预测法邮轮定价策略的研究[J]. 商丘师范学院学报,2016,32(9):1-5.

[13] 胡建伟,陈建淮. 上海邮轮产业集群动力机制研究[J]. 旅游学刊,2004,19(1):42-46.

[14] 黄旦妮,邱羚. 中国游客邮轮消费行为特点调研分析[J]. 上海企业,2014(6):78-80.

[15] 孔洁,刘利娜. 基于邮轮游客满意度的国际邮轮乘务服务研究[J]. 武汉职业技术学院学报,2015(3):98-100.

[16] 李华,周溪召,智路平. 河口海港型城市邮轮经济发展研究——以南京为例[J]. 世界地理研究,2015,24(1):113-122.

[17] 刘竞,李瑞. 国内邮轮旅游消费市场特征分析及发展对策[J]. 南阳师范学院学报,2012,11(9):60-65.

[18] 刘润茜,杨鹏辉,张露,等. 基于多项指标预测的邮轮定价策略[J]. 河北北方学院学报(自然科学版),2016,32(7):56-60.

[19] 刘小培. 我国沿海邮轮母港选址问题研究[D]. 大连:大连海事大学,2010.

[20] 刘永涓,孟世文. 厦门邮轮旅游市场消费行为调查研究[J]. 福建师大福清分校学报,2017(2):89-96.

［21］ 栾晨焕.邮轮运输突发事件应急体系及其法制衔接［J］.中国海商法研究,2016,27(1)：47-54.

［22］ 栾航.邮轮港口对区域经济带动量研究［D］.大连：大连海事大学,2008.

［23］ 马得懿.培育环渤海区域邮轮经济法律问题论略［J］.东北财经大学学报,2008(6)：68-71.

［24］ 聂莉,董观志.基于熵权-TOPSIS法的港口城市邮轮旅游竞争力分析［J］.旅游论坛,2010(6)：789-794.

［25］ 彭红松,陆林,路幸福,等.基于社会网络方法的跨界旅游客流网络结构研究——以泸沽湖为例［J］.地理科学,2014,34(9)：1041-1050.

［26］ 乔勇.上海邮轮旅游营销策略探析［J］.现代商贸工业,2010(1)：113-114.

［27］ 邱羚,夏雪梅.中外邮轮游客消费行为比较研究［J］.交通与港航,2017,4(4)：17-22.

［28］ 邵磊,张良.论发展"邮轮经济"大背景下提高邮轮检查效率的途径［J］.上海公安高等专科学校学报,2007(2)：76-79;94.

［29］ 沈瑞光,闵德权.探悉邮轮文化［J］.水运科学研究,2007(1)：24-26.

［30］ 沈世伟.国内邮轮业研究综述与展望［J］.旅游研究,2011,03(3)：22-29.

［31］ 孙欢.基于GIS和组合赋权法的环渤海邮轮母港竞争力评价［D］.大连：大连海事大学,2014.

［32］ 孙亮,王翠婷.邮轮制造——未来民用造船领域的新星［J］.世界海运,2009,32(1)：64-65.

［33］ 孙琳,周其厚."一带一路"背景下广西邮轮旅游的创新发展——基于广西邮轮消费需求的调查研究［J］.社会科学家,2017(7)：118-122.

［34］ 孙琳.国内邮轮旅游者消费行为与动机研究［J］.旅游纵览月刊,2015(11)：218-220.

［35］ 孙瑞红,叶欣梁,徐虹.中国邮轮市场的价格形成机制与"低价困境"研究［J］.旅游学刊,2016,31(11)：107-116.

［36］ 孙晓东,冯学钢.邮轮公司如何定价:基于北美市场的实证分析［J］.旅游学刊,2013,28(2)：111-118.

［37］ 孙晓东,冯学钢.中国邮轮旅游产业：研究现状与趋势［J］.旅游学刊,2012,27(2)：101-112.

［38］ 孙晓东,武晓荣,冯学钢.邮轮航线设置的基本特征与规划要素研究［J］.旅游学刊,2015,30(11)：111-121.

［39］ 孙晓东,侯雅婷.邮轮母港游客满意度测评与提升研究——基于上海的实证分析［J］.地理科学,2017,37(5)：756-765.

［40］ 孙晓东,倪荣鑫.邮轮游客船上满意度测评的指标体系与实证研究［J］.统计与信息论坛,2017(10)：116-122.

［41］ 孙晓东.邮轮产业与邮轮经济［M］.上海：上海交通大学出版社,2014.

［42］ 孙妍.国际邮轮母港对区域经济的带动效应研究——以三亚为例［J］.现代城市研究,2017(4)：120-124.

［43］ 汪泓.邮轮绿皮书:中国邮轮产业发展报告(2015)［M］.北京：社会科学文献出版社,2016.

［44］ 汪泓.邮轮绿皮书:中国邮轮产业发展报告(2016)［M］.北京：社会科学文献出版社,2017.

[45] 汪泓.邮轮绿皮书:中国邮轮产业发展报告(2017)[M].北京:社会科学文献出版社,2018.

[46] 汪军,周强,杨开宇.基于元胞自动机的邮轮码头应急疏散策略研究[J].武汉理工大学学报(交通科学与工程版),2012,36(3):587-589.

[47] 王珏,黄景贵.循环经济模式下国内外邮轮旅游污染防治及其海南启示[J].绿色科技,2015,10:296-299.

[48] 王佩,李景妃,刘焕庆.我国邮轮港口岸上旅游产品开发研究[J].经营管理者,2015(7):217-218.

[49] 王葳,张文玉.邮轮母港规划设计[J].水运工程,2008,12:88-93.

[50] 王帷洋.我国邮轮经济的区域合作分析[D].大连:大连海事大学,2008.

[51] 吴慧,王道平,张茜,张志东.基于云模型的国际邮轮港口竞争力评价与比较研究[J].中国软科学,2015,02:166-174.

[52] 谢芳,李慧明,李丹.基于全生命周期评价的邮轮环境污染控制机理及其应对策略[J].海洋通报,2010,29(6):702-706.

[53] 谢凌峰,赵彬彬,陈有文.广东省邮轮码头布局规划[J].水运工程,2012(5):65-67.

[54] 徐虹,高林.基于供应链视角的邮轮旅游刍议[J].北京第二外国语学院学报,2010,32(1):58-62.

[55] 许曹炎,吴新宇.上海邮轮旅游者行为调查[J].合作经济与科技,2015(3):43-44.

[56] 许婷,孙连成,李铁良.天津港国际邮轮码头工程泥沙数模试验研究[J].水道港口,2008(2):100-105.

[57] 鄢红叶.邮轮航线规划研究[D].大连:大连海事大学,2012.

[58] 杨建明.邮轮旅游研究的回顾与前瞻——基于国外英文期刊论文的评述[J].世界地理研究,2015,24(1):130-139.

[59] 杨彦锋,吴雪娇.中国邮轮旅游市场供给特征研究[J].特区经济,2011(9):164-167.

[60] 杨忠振,朱晓聪.基于中产阶级需求的近海型邮轮航线设计[J].中国航海,2014,37(4):105-109.

[61] 叶欣梁,孙瑞红.基于顾客需求的上海邮轮旅游市场开发研究[J].华东经济管理,2007,21(3):110-115.

[62] 于得全.大连邮轮母港竞争力研究[D].大连:大连海事大学,2008.

[63] 张芳芳,方百寿.青岛开发邮轮旅游的前景分析[J].中国水运:理论版,2006,4(6):26-28.

[64] 张树民,程爵浩.我国邮轮旅游产业发展对策研究[J].旅游学刊,2012,27(6):79-83.

[65] 张伟强,骆泽顺.国外邮轮旅游研究进展[J].湖南商学院学报,2011,18(5):77-83.

[66] 张晓娟.邮轮旅游经济效应及其传导机制研究[D].厦门:厦门大学,2008.

[67] 张言庆,寇敏,马波.境外邮轮旅游市场研究综述[J].旅游学刊,2012,27(2):94-100.

[68] 赵玲.高等院校邮轮旅游人才培养模式研究[J].航海教育研究,2009,26(2):57-60.

[69] 钟妮.浅谈国内邮轮度假产品现状及发展思路——2012 国际邮轮巨头加速抢滩布局中国市场之感[J].中国外资月刊,2012(2):139-139.

[70] 周欢欢.国内邮轮旅游研究综述[J].东方企业文化,2013(20):169-170.

［71］ 朱乐群. 基于因子分析的我国邮轮港口旅游竞争力评价研究［J］. 淮海工学院学报（社会科学版），2010(9)：40-42.

［72］ Ahmed Z U，Johnson J P. Country-of-origin and brand effects on consumers' evaluations of cruise lines［J］. International Marketing Review，2002，19(2/3)：279-302.

［73］ Andriotis K，Agiomirgianakis G. Cruise visitors' experience in a Mediterranean port of call［J］. International Journal of Tourism Research，2010，12(4)：390-404.

［74］ Bagis O，Dooms M. Turkey's potential on becoming a cruise hub for the East Mediterranean Region：The case of Istanbul［J］. Research in Transportation Business & Management，2014，13：6-15.

［75］ Biehn N. A cruise ship is not a floating hotel［J］. Journal of Revenue and Pricing Management，2006，5(2)：135-142.

［76］ Blas S S，Carvajal-Trujillo E. Cruise passengers' experiences in a Mediterranean port of call. The case study of Valencia［J］. Ocean & Coastal Management，2014，102：307-316.

［77］ Bowen C，Fidgeon P，Page S J. Maritime tourism and terrorism：customer perceptions of the potential terrorist threat to cruise shipping［J］. Current Issues in Tourism，2014，17(7)：610-639.

［78］ Brejla P，Gilbert D. An exploratory use of web content analysis to understand cruise tourism services［J］. International Journal of Tourism Research，2012，16(2)：157-168.

［79］ Brida J G，Bukstein D，Garrido N，et al. Cruise passengers' expenditure in the Caribbean port of call of Cartagena de Indias：A Cross-Section data analysis［J］. Tourism Economics，2012，18(2)：431-447.

［80］ Brida J G，Bukstein D，Tealde E. Exploring cruise ship passenger spending patterns in two Uruguayan ports of call［J］. Current Issues in Tourism，2013，18(7)：684-700.

［81］ Brida J G，Chiappa G D，Meleddu M，et al. A comparison of residents' perceptions in two cruise ports in the Mediterranean Sea［J］. International Journal of Tourism Research，2014，16(2)：180-190.

［82］ Brida J G，Fasone V，Scuderi R，et al. Clust of Var and the segmentation of cruise passengers from mixed data：Some managerial implications［J］. Knowledge-Based Systems，2014，70：128-136.

［83］ Brida J G，Garrido N，Devesa M J，et al. Cruise passengers' satisfaction：Cartagena de Indias［J］. Benchmarking：An International Journal，2012，19(1)：52-69.

［84］ Brida J G，Pulina M，Riaño E，et al. Cruise passengers in a homeport：A market analysis［J］. Tourism Geographies，2013，15(1)：68-87.

［85］ Brida J G，Pulina M，Riaño E，et al. Cruise passengers' experience embarking in a Caribbean home port. The case study of Cartagena de Indias［J］. Ocean & Coastal Management，2012，55：135-145.

［86］ Brida J G，Scuderi R，Seijas M N. Segmenting Cruise Passengers Visiting Uruguay：a

Factor-Cluster Analysis [J]. International Journal of Tourism Research, 2014, 16(3): 209-222.

[87] Brida J G, Zapata S. Cruise tourism: economic, socio-cultural and environmental impacts [J]. International Journal of Leisure and Tourism Marketing, 2010, 1(3): 205-226.

[88] Brida J G, Zapata S. Economic impacts of cruise tourism: the case of Costa Rica [J]. Anatolia, 2010, 21(2): 322-338.

[89] Butt N. The impact of cruise ship generated waste on home ports and ports of call: A study of Southampton [J]. Marine Policy, 2007, 31(5): 591-598.

[90] Carić H, Klobučar G, Štambuk A. Ecotoxicological risk assessment of antifouling emissions in a cruise ship port [J]. Journal of cleaner production, 2015.

[91] Carić H, Mackelworth P. Cruise tourism environmental impacts—The perspective from the Adriatic Sea [J]. Ocean & Coastal Management, 2014, 102: 350-363.

[92] Caric H. Challenges and prospects of valuation—cruise ship pollution case[J]. Journal of Cleaner Production, 2016, 111: 487-498.

[93] Castillo-Manzano J I, Fageda X, Gonzalez-Laxe F. An analysis of the determinants of cruise traffic: An empirical application to the Spanish port system [J]. Transportation Research Part E: Logistics and Transportation Review, 2014, 66: 115-125.

[94] Chase G, Alon I. Evaluating the economic impact of cruise tourism: a case study of Barbados [J]. Anatolia, 2002, 13(1): 5-18.

[95] Chatzinikolaou S D, Oikonomou S D, Ventikos N P, et al. Health externalities of ship air pollution at port—Piraeus port case study[J]. Transportation Research Part D-transport and Environment, 2015, 40: 155-165.

[96] Chen C. How can Taiwan create a niche in Asia's cruise tourism industry? [J]. Tourism Management, 2016: 173-183.

[97] Chua B L, Lee S, Goh B, et al. Impacts of cruise service quality and price on vacationers' cruise experience: Moderating role of price sensitivity [J]. International Journal of Hospitality Management, 2015, 44: 131-145.

[98] Dawson J, Stewart E J, Johnston M E, et al. Identifying and evaluating adaptation strategies for cruise tourism in Arctic Canada[J]. Journal of Sustainable Tourism, 2016, 24(10): 1425-1441.

[99] De Cantis S, Ferrante M, Kahani A, et al. Cruise passengers' behavior at the destination: Investigation using GPS technology[J]. Tourism Management, 2016, 52: 133-150.

[100] De La Vina L, Ford J. Logistic regression analysis of cruise vacation market potential: demographic and trip attribute perception factors [J]. Journal of Travel Research, 2001, 39(4): 406-410.

[101] Dehoorne O, Tatar C, Theng S. Cruise Tourism: Global Logic and Asian Perspectives

[M]. Springer International Publishing, 2014.

[102] Del Chiappa G, Abbate T. Resident's perceptions and attitudes toward the cruise tourism development: insights from an Italian tourism destination [C]. Venezia: Marketing Trends Association. 2012.

[103] Dowling R. Research Note: The Growth of Cruising in Australia [J]. Journal of Hospitality and Tourism Management, 2011, 18(01): 117-120.

[104] Duman T, Mattila A S. The role of affective factors on perceived cruise vacation value [J]. Tourism Management, 2005, 26(3): 311-323.

[105] Elliot S, Choi H S. Motivational Considerations of the New Generations of Cruising [J]. Journal of Hospitality and Tourism Management, 2011, 18(01): 41-47.

[106] Erkoc M, Iakovou E T, Spaulding A E. Multi-stage onboard inventory management policies for food and beverage items in cruise liner operations [J]. Journal of food engineering, 2005, 70(3): 269-279.

[107] Esteve-perez J, Garcia-sanchez A. Cruise market: Stakeholders and the role of ports and tourist hinterlands [J]. Maritime Economics & Logistics, 2015, 17(3): 371-388.

[108] Fogg J A. Cruise ship port planning factors [D]. Miami: Florida International University, 2001.

[109] Giachetti R E, Damodaran P, Mestry S, et al. Optimization-based decision support system for crew scheduling in the cruise industry [J]. Computers & Industrial Engineering, 2013, 64(1): 500-510.

[110] Gibson P, Bentley M. A study of impacts—cruise tourism and the south west of England [J]. Journal of Travel & Tourism Marketing, 2006, 20(3/4): 63-77.

[111] Gibson P. Cruising in the 21st century: Who works while others play? [J]. International Journal of Hospitality Management, 2008, 27(1): 42-52.

[112] Henthornetl. An Analysis of Expenditures by Cruise Ship Passengers in Jamaica[J]. Journal of Travel Research,2000,38(3): 246-250.

[113] Hersh M, Ladany S P. Optimal Scheduling of Ocean Cruiser [J]. Infor Information Systems & Opevational Research, 1989, 27: 48-57.

[114] Hershm, Ladany S P. Optimal Seat Allocation for Flights with One Intermediate Stop [J]. Computers & Operations Research,1978, 5( 1) : 31-37.

[115] Hosany S, Witham M. Dimensions of cruisers' experiences, satisfaction, and intention to recommend [J]. Journal of Travel Research, 2010, 49(3): 351-364.

[116] Howitt O J A, Revol V G N, Smith I J, et al. Carbon emissions from international cruise ship passengers' travel to and from New Zealand [J]. Energy Policy, 2010, 38 (5): 2552-2560.

[117] Huang J, Hsu C H C. The impact of customer-to-customer interaction on cruise experience and vacation satisfaction [J]. Journal of Travel Research, 2010, 49(1): 79-92.

[118] Huang J-H, Peng K-H. Fuzzy Rasch model in TOPSIS: A new approach for generating fuzzy numbers to assess the competitiveness of the tourism industries in Asian countries [J]. Tourism Management, 2012, 33(2): 456-465.

[119] Hung K, Petrick J F. The role of self-and functional congruity in cruising intentions [J]. Journal of Travel Research, 2011, 50(1): 100-112.

[120] Hung K, Petrick J F. Why do you cruise? Exploring the motivations for taking cruise holidays, and the construction of a cruising motivation scale [J]. Tourism Management, 2011, 32(2): 386-393.

[121] Hwang J, Han H. Examining strategies for maximizing and utilizing brand prestige in the luxury cruise industry [J]. Tourism Management, 2014, 40: 244-259.

[122] Hyun S S, Han H. Luxury cruise travelers: Other customer perceptions [J]. Journal of Travel Research, 2015, 54(1): 107-121.

[123] Hyun S S, Kim M G. Negative Effects of Perceived Crowding on Travelers' Identification with Cruise Brand [J]. Journal of Travel & Tourism Marketing, 2015, (ahead-of-print): 1-19.

[124] Iso-Ahola S E. Motivational foundations in leisure. In E. L. Jackson & T. L. Burton, Leisure studies: Prospects for the twenty-first century [M]. State College, PA: Venture Publishing, 1999.

[125] Ji L, Mazzarella J. Application of modified nested and dynamic class allocation models for cruise line revenue management [J]. Journal of Revenue and Pricing Management, 2007, 6(1): 19-32.

[126] Jones R J. Chemical contamination of a coral reef by the grounding of a cruise ship in Bermuda [J]. Marine pollution bulletin, 2007, 54(7): 905-911.

[127] Jones R V. Motivations to Cruise: An Itinerary and Cruise Experience Study [J]. Journal of Hospitality and Tourism Management, 2011, 18(1): 30-40.

[128] Jordan E, Vogt C A, Deshon R P, et al. A stress and coping framework for understanding resident responses to tourism development [J]. Tourism Management, 2015: 500-512.

[129] Kaldy J. Using a macroalgal δ15N bioassay to detect cruise ship waste water effluent inputs[J]. Marine pollution bulletin, 2011, 62(8): 1762-1771.

[130] Kerstetter D L, Yin Yen I, Yarnal C M. Plowing uncharted waters: A study of perceived constraints to cruise travel [J]. Tourism Analysis, 2005, 10(2): 137-150.

[131] Klein R A. Cruise ship squeeze: the new pirates of the seven seas [M]. Gabriola Island: New Society Publishers, 2005

[132] Klein R A. Responsible cruise tourism: Issues of cruise tourism and sustainability [J]. Journal of Hospitality and Tourism Management, 2011(18): 107-116.

[133] Kwortnik R J. Shipscape influence on the leisure cruise experience [J]. International Journal of Culture, Tourism and Hospitality Research, 2008, 2(4): 289-311.

[134] Ladany S P, Arbel A. Optimal cruise-liner passenger cabin pricing policy [J]. European Journal of Operational Research, 1991, 55(2): 136-147.

[135] Larsen S, Marnburg E, Øgaard T. Working onboard-job perception, organizational commitment and job satisfaction in the cruise sector [J]. Tourism Management, 2012, 33(3): 592-597.

[136] Larsen S, Wolff K, Marnburg E, et al. Belly full, purse closed: Cruise line passengers' expenditures [J]. Tourism Management Perspectives, 2013(6): 142-148.

[137] Lee S, Ramdeen C. Cruise ship itineraries and occupancy rates [J]. Tourism Management, 2013(34): 236-237.

[138] Lee-Ross D. Occupational communities and cruise tourism: testing a theory [J]. Journal of Management Development, 2008, 27(5): 467-479.

[139] Lekakou M B, Pallis A A, Vaggelas G K. Which homeport in Europe: the cruise industry's selection criteria [J]. Tourismos: An International Multidisciplinary Journal of Tourism, 2009, 4(4): 215-240.

[140] Leong T Y, Ladany S P. Optimal cruise itinerary design development [J]. International Journal of Services Technology and Management, 2001, 2(1): 130-141.

[141] Li Y, Miao Q, Wang B X. Modeling a cruise line revenue management problem [J]. Journal of Revenue & Pricing Management, 2014, 13(3): 247-60.

[142] Lichtenstein D R, Bloch P H, Black W C. Correlates of price acceptability [J]. Journal of Consumer Research, 1988, 15(3): 243-252.

[143] Liou J J, Hsu C, Yeh W, et al. Using a modified grey relation method for improving airline service quality[J]. Tourism Management, 2011, 32(6): 1381-1388.

[144] Liu C H, Tzeng G H, Lee M H. Strategies for improving cruise product sales in the travel agency-using hybrid MCDM models [J]. The Service Industry Journal, 2013, 33(5): 542-563.

[145] Loehr L C, Beegle-Krause C J, George K, et al. The significance of dilution in evaluating possible impacts of wastewater discharges from large cruise ships [J]. Marine pollution bulletin, 2006, 52(6): 681-688.

[146] Ma Y, Halsall C J, Crosse J D, et al. Persistent organic pollutants in ocean sediments from the North Pacific to the Arctic Ocean[J]. Journal of Geophysical Research, 2015, 120(4): 2723-2735.

[147] Maddah B, Moussawi-Haidar L, El-Taha M, et al. Dynamic cruise ship revenue management [J]. European Journal of Operational Research, 2010, 207(1): 445-455.

[148] Mak J, Sheehey C, Toriki S. The passenger vessel services act and America's cruise tourism industry [J]. Research in Transportation Economics, 2010, 26(1): 18-26.

[149] Marsh E A. The effects of cruise ship tourism in coastal heritage cities: A case study of Charleston, South Carolina [J]. Journal of Cultural Heritage Management and

309

Sustainable Development, 2012, 2(2): 190-199.

[150] Marti B E. Trends in world and extended-length cruising (1985—2002) [J]. Marine Policy, 2004, 28(3): 199-211.

[151] McCalla R J. An investigation into site and situation: Cruise ship ports [J]. Tijdschrift voor economische en sociale geografie, 1998, 89(1): 44-55.

[152] McCarthy J P, Romein A. Cruise Passenger Terminals, Spatial Planning and Regeneration: The Cases of Amsterdam and Rotterdam [J]. European Planning Studies, 2012, 20 (12): 2033-2052.

[153] McCarthy J. The cruise industry and port city regeneration: The case of Valletta [J]. European Planning Studies, 2003, 11(3): 341-350.

[154] Meng S M, Liang G S, Yang S H. The relationships of cruise image, perceived value, satisfaction, and post-purchase behavioral intention on Taiwanese tourists [J]. African Journal of Business Management, 2011, 5(1): 19-29.

[155] Mentzer M S. Factors affecting cruise ship fares [J]. Transportation Journal, 1989, Fall: 38-43.

[156] Mescon T S, Vozikis G S. The economic impact of tourism at the Port of Miami [J]. Annals of Tourism Research, 1985, 12(4): 515-528.

[157] Mileski J P, Wang G, Beacham L L. Understanding the causes of recent cruise ship mishaps and disasters [J]. Research in Transportation Business & Management, 2014 (13): 65-70.

[158] Ng I C L. Establishing a service channel: a transaction cost analysis of a channel contract between a cruise line and a tour operator [J]. Journal of Services Marketing, 2007(21): 4-14.

[159] Ng I, Yip N K T. Mechanism design in an integrated approach towards revenue management: the case of Empress Cruise Lines [J]. The Service Industries Journal, 2011, 31(3): 469-482.

[160] H Oh, AM Fiore, and M Jeoung. Measuring Experience Economy Concepts: Tourism Applications [J]. Journal of Travel Research, 2007, 46 (2): 119-32.

[161] Ozturk U A, Gogtas H. Destination attributes, satisfaction, and the cruise visitor's intent to revisit and recommend [J]. Tourism Geographies, 2016, 18(2): 194-212.

[162] Papathanassis A, Matuszewski I, Havekost K. "Short of a Picnic?": Reconsidering sandwich-programmes in cruise education[J]. Journal of Hospitality, Leisure, Sport & Tourism Education, 2013(13): 47-59.

[163] Papathanassis A. Guest-to-guest interaction on board cruise ships: Exploring social dynamics and the role of situational factors [J]. Tourism Management, 2012, 33(5): 1148-1158.

[164] Petrick J F, Tonner C, Quinn C. The utilization of critical incident technique to examine

cruise passengers' repurchase intentions [J]. Journal of Travel Research, 2006, 44(3): 273-280.

[165] Petrick J F. Are loyal visitors desired visitors? [J]. Tourism Management, 2004, 25 (2): 463-470.

[166] Petrick J F. Segmenting Cruise Passengers with Perceived Reputation [J]. Journal of Hospitality and Tourism Management, 2011, 18(1): 48-53.

[167] Petrick J F. Segmenting cruise passengers with price sensitivity [J]. Tourism Management, 2005, 26(5): 753-762.

[168] Pizam A, Mansfield Y. Consumer behavior in travel and tourism [M]. New York: Haworth Hospitality Press, 1999.

[169] Poplawski K, Setton E, McEwen B, et al. Impact of cruise ship emissions in Victoria, BC, Canada [J]. Atmospheric Environment, 2011, 45(4): 824-833.

[170] Pranić L, Marušić Z, Sever I. Cruise passengers' experiences in coastal destinations-Floating "B&Bs" vs. floating "resorts": A case of Croatia [J]. Ocean & coastal management, 2013, 84: 1-12.

[171] Qu H, Ping E W Y. A service performance model of Hong Kong cruise travelers' motivation factors and satisfaction [J]. Tourism Management, 1999, 20(2): 237-244.

[172] Rodrigue J P, Notteboom T. The geography of cruises: itineraries, not destinations [J]. Applied Geography, 2013, 38: 31-42.

[173] Royal Caribbean International (RCI). The Chinese cruise market profile study. In: Presented to the 8th China Cruise Shipping & International Cruise Expo [C]. Shanghai: 2013.

[174] Schembari C, Bove M C, Cuccia E, et al. Source apportionment of PM10 in the Western Mediterranean based on observations from a cruise ship [J]. Atmospheric Environment, 2014, 98: 510-518.

[175] Sehkaran S N, Sevcikova D. "All Aboard": Motivating Service Employees on Cruise Ships [J]. Journal of Hospitality and Tourism Management, 2011, 18(01): 70-78.

[176] Stewart E J, Dawson J, Draper D. Cruise tourism and residents in Arctic Canada: Development of a resident attitude typology [J]. Journal of Hospitality and Tourism Management, 2011, 18(01): 95-106.

[177] Sun L, Liu W, Zhang H, et al. Cruise Route Simulation Designs for South Asia[J]. Journal of Coastal Research, 2018: 254-262.

[178] Sun X, Feng X, Gauri D. The cruise industry in China: Efforts, progress and challenges [J]. International Journal of Hospitality Management, 2014, 42:71-84.

[179] Sun X, Gauri D K, Webster S. Forecasting for cruise line revenue management [J]. Journal of Revenue and Pricing Management, 2011, 10(4): 306-324.

[180] Sun X, Jiao Y, Tian P. Marketing research and revenue optimization for the cruise

industry: A concise review [J]. International Journal of Hospitality Management, 2011, 30(3): 746-755.

[181] Terry W C. Geographic limits to global labor market flexibility: The human resources paradox of the cruise industry [J]. Geoforum, 2011, 42(6): 660-670.

[182] Testa M R. Leadership dyads in the cruise industry: the impact of cultural congruency [J]. International Journal of Hospitality Management, 2002, 21(4): 425-441.

[183] Teye V B, Leclerc D. Product and service delivery satisfaction among North American cruise passengers [J]. Tourism Management, 1998, 19(2): 153-160.

[184] Teye V, Leclerc D. The white Caucasian and ethnic minority markets: Some motivational perspectives [J]. Journal of Vacation Marketing, 2003, 9(3): 227-242.

[185] Teye V, Paris C M. Cruise Line Industry and Caribbean Tourism: Guests' Motivations, Activities, and Destination Preference [J]. Tourism Review International, 2010, 14(1): 17-28.

[186] Teye V, D Leclerc. Product and service delivery satisfaction among North American cruise passengers [J]. Tourism Management, 1998, 19(2): 153-160.

[187] Toh R S, Rivers M J, Ling T W. Room occupancies: cruise lines out-do the hotels [J]. International Journal of Hospitality Management, 2005, 24(1): 121-135.

[188] Toudert D, Bringasrabago N L. Impact of the destination image on cruise repeater's experience and intention at the visited port of call[J]. Ocean & Coastal Management, 2016, 130: 239-249.

[189] van Beukering P, Sarkis S, van der Putten L, et al. Bermuda's balancing act: The economic dependence of cruise and air tourism on healthy coral reefs [J]. Ecosystem Services, 2015(11): 76-86.

[190] Véronneau S, Roy J. Global service supply chains: An empirical study of current practices and challenges of a cruise line corporation [J]. Tourism Management, 2009, 30 (1): 128-139.

[191] Vitić-Ćetković A, Bauk S. E-Services and Positioning of Passenger Ports in the Context of Cruise Tourism Promotion [J]. PROMET-Traffic & Transportation, 2014, 26(1): 83-93.

[192] Vogel M P. Monopolies at Sea: The Role of Onboard Sales for the Cruise Industry's Growth and Profitability [M]. Physica-Verlag HD: Tourism Economics, 2011: 211-229.

[193] Wang Y, Jung K, Yeo G T, et al. Selecting a cruise port of call location using the fuzzy-AHP method: A case study in East Asia [J]. Tourism Management, 2014, 42: 262-270.

[194] Weaver A. The McDonaldization thesis and cruise tourism [J]. Annals of tourism research, 2005, 32(2): 346-366.

[195] Weeden C, Lester J-A, Thyne M. Cruise tourism: Emerging issues and implications for a maturing industry [J]. Journal of Hospitality and Tourism Management, 2011, 18 (1): 26-29.

[196] Wie B-W. A dynamic game model of strategic capacity investment in the cruise line industry [J]. Tourism Management, 2005, 26(2): 203-217.

[197] Wie B-W. Open-loop and closed-loop models of dynamic oligopoly in the cruise industry [J]. Asia-Pacific Journal of Operational Research, 2004, 21(4): 517-541.

[198] Xie H, Kerstetter D L, Mattila A S. The attributes of a cruise ship that influence the decision making of cruisers and potential cruisers [J]. International Journal of Hospitality Management, 2012, 31 (1): 152-159.

[199] Yarnal C M, Kerstetter D. Casting off an exploration of cruise ship space, group tour behavior, and social interaction [J]. Journal of Travel Research, 2005, 43(4): 368-379.

[200] Yi S, Day J, Cai L A. Exploring Tourist Perceived Value: An Investigation of Asian Cruise Tourists' Travel Experience [J]. Journal of Quality Assurance in Hospitality & Tourism, 2014, 15(1): 63-77.

[201] Zhang Z, Ye Q, Song H, et al. The structure of customer satisfaction with cruise-line services: an empirical investigation based on online word of mouth [J]. Current Issues in Tourism, 2013 (ahead-of-print): 1-15.

[202] Zhang Z, Ye Q, Song H, et al. The structure of customer satisfaction with cruise-line services: an empirical investigation based on online word of mouth [J]. Current Issues in Tourism, 2015, 18(5): 450-464.

# 索　引